Graham Hancock

Händler der Armut

Wohin verschwinden unsere
Entwicklungsmilliarden?

Aus dem Englischen von
Reiner Pfleiderer

Droemer Knaur

»Händler der Armut« ist jenen leitenden Beamten der Weltbank gewidmet, die sich im Frühstadium meines Projektes widerrechtlich meine ersten schriftlichen Aufzeichnungen beschafften und lasen. Ihre Versuche, mir von Beginn an den Zugang zu internen Informationen zu erschweren, haben mich in der Überzeugung bestärkt, daß die Institutionen der Entwicklungshilfe viel zu verbergen haben.

Bevor auch nur ein einziges Wort dieses Buches geschrieben werden konnte, mußte aus einer Vielzahl von Quellen eine umfangreiche Dokumentation zusammengestellt werden. Bei dieser mühsamen Arbeit halfen mir Stan Winer, Ruth Thorlby und später auch Fiona Bibby. Ich danke ihnen für die vielen Stunden, die sie diesem Buch geopfert haben. Mein Dank gilt ferner Teddy Goldsmith, dem Herausgeber der Zeitschrift »The Ecologist«, der mir seine umfangreiche Bibliothek zu Fragen der Entwicklungspolitik und Entwicklungshilfe zur Verfügung stellte und so freundlich war, meinen Text zu lesen und zu kommentieren. Außerdem danke ich Edward Milner für seine Ratschläge und seine Ermunterung sowie meinen Eltern für ihre kritische Lektüre meiner verschiedenen Manuskriptentwürfe. Ich brauche wohl nicht zu betonen, daß niemand außer mir für eventuelle Fehler dieses Buches verantwortlich ist – das gilt ebenso für Ansichten, die darin vertreten werden.

Von der Idee bis zur Vollendung nahmen die »Händler der Armut« zwei Jahre lang den größten Teil meiner Zeit in Anspruch. Mein wärmster Dank gilt daher meiner Frau Carol und meinen Kindern Luke, Leila und Susan, die mich auf diesem Weg begleitet haben.

Graham Hancock
März 1989

INHALT

Die Regenmacher

Dieses Buch ist eine Kritik an einer Gruppe reicher und mächtiger Bürokratien, die unsere Gutmütigkeit ausgenutzt haben. Ich meine damit jene Organisationen, die in den westlichen Ländern Gelder verwalten und dann den Armen der Dritten Welt zukommen lassen in einem Prozeß, den Bob Geldof einmal als »Pervertierung des Aktes menschlicher Großzügigkeit«[1] bezeichnet hat.

Eines will ich gleich zu Beginn klarstellen: Meine Kritik richtet sich in der Hauptsache gegen *staatliche* Hilfsorganisationen. Auf die Aktionen einiger *freier* Wohlfahrtsverbände in Katastrophenfällen wird nur im ersten Teil eingegangen. Ich habe bewußt darauf verzichtet, freie Organisationen wie Oxfam, Save the Children Fund und Band Aid in Großbritannien oder Catholic Relief Services, Operation California und Africare in den Vereinigten Staaten zur Zielscheibe meiner Kritik zu machen. Das heißt aber nicht, daß ich an den langfristigen Entwicklungshilfeprojekten dieser kleineren *nicht-staatlichen* Organisationen keine Kritik zu üben hätte, beileibe nicht. Doch im großen und ganzen, so meine ich, sind ihre Mitarbeiter sehr motiviert, und ihre Arbeit ist den Aufwand wert. Hinzu kommt, daß sie ihre Mittel aus freiwilligen Spenden der Bürger des jeweiligen Landes beziehen und somit unter angemessenem Druck stehen, das ihnen anvertraute Geld auch vernünftig zu verwenden. Größeren Schaden richten sie in den armen Ländern selten an; mitunter leisten sie ihnen sogar wertvolle Hilfe.

Das allerdings kann man von den staatlichen Hilfsorganisationen nicht behaupten. Ob multinationale – wie die Weltbank – oder bilaterale – wie USAID oder Britain's Overseas Development Administration –, sie alle werden mit Steuergeldern finanziert. Der Bürger hat keinerlei Einfluß darauf, was mit seinem Geld geschieht. Bei den Transaktionen dieser staatlichen Institutionen werden gewaltige Geldsummen bewegt, Summen, die de facto so riesig sind, daß sich die Mittel der freien Verbände im Vergleich dazu unbedeutend oder gar kümmerlich ausnehmen. Daher erscheint es nur vernünftig – sollte man meinen –, daß diese staatlichen Behörden der Öffentlichkeit Rechenschaft ablegen, sich um Transparenz bemühen und in ihre Geschäfte offen Einblick gewähren.

Dies ist leider nicht der Fall — ganz im Gegenteil: Die Durchführung kritischer Studien wird geschickt und wirkungsvoll behindert. Wer etwa Fortschritt, Effektivität und Qualität der Entwicklungshilfe unter die Lupe nehmen will, wird alsbald feststellen, daß die Bürokratien bereits alle Bewertungen vorgenommen haben, die sie für nötig erachten. Unter gewissen Umständen scheuen sie sich nicht, den Fragen »unwissender«, »voreingenommener« oder »feindlich gesinnter« Außenstehender entschlossen mit eiserner Ablehnung zu begegnen. Selbst die wenigen scheinbar unabhängigen Studien auf diesem Gebiet wurden im Regelfall von der einen oder anderen Hilfsorganisation oder von Instituten finanziert, die mit deren Geld aufgebaut wurden. Und dort, wo eine solche Querverbindung fehlt, sind gewöhnlich subtilere Einflüsse am Werk. So etwa schielen Akademiker, die an Instituten für Entwicklungshilfe arbeiten, häufig nach hochdotierten Posten bei den Vereinten Nationen oder bei der Weltbank, und wer will es ihnen verdenken, daß sie die Hand ihres künftigen Brötchengebers nicht allzu kräftig zu beißen wagen. Wenn westliche Journalisten zu Entwicklungshilfeprojekten in die armen Länder reisen, tun sie das gewöhnlich unter der Schirmherrschaft dieser Organisationen. Nach der Besichtigungstour neigen sie dazu, über das, was sie gesehen haben, parteiisch zu berichten. Ähnliches gilt für die Spendenkampagnen im Katastrophenfall, die in den letzten Jahren das öffentliche Bewußtsein für Fragen der Entwicklungshilfe entscheidend mitgeprägt haben. Sie zeichnen von den Organisationen und deren Mitarbeitern ein rundum positives Bild, um nicht zu sagen, sie setzen ihnen einen Heiligenschein auf.

Allgemeiner ausgedrückt: Die Auslandshilfe – inzwischen ist sie bei jährlich 60 Milliarden Dollar angelangt – hat das Gesicht der Welt, in der wir leben, verändert. Sie übt heute einen tiefgreifenden Einfluß auf unser gesamtes Denken aus. Bewußt oder unbewußt nehmen wir viele ernste Probleme auf der Welt durch die Brille dieser »Wohlfahrtsindustrie« wahr. Wenn wir an die Analyse dieser Probleme herangehen, müssen wir auf eine riesige Datenbank zurückgreifen, die ebendiese Wohlfahrtsindustrie erstellt hat – und die sie kontrolliert. Wenn sich eine Einzelperson dazu entschließt, die Lösung dieser Probleme anzupacken, wird sie rasch feststellen, daß die Wohlfahrtsindustrie bereits vorgegeben und definiert hat, welche Richtung sie dabei einzuschlagen hat.

Womit wir es hier also zu tun haben, ist ein mit öffentlichen Mitteln finanziertes Unternehmen, das, obwohl es mit großer internationaler Verantwortung ausgestattet ist, die Vorgänge in seinem Innern vor den Blicken der Öffentlichkeit weitgehend verbirgt. Dieses Unternehmen steckt sich seine eigenen Ziele, entscheidet selbst darüber, wie diese Ziele erreicht werden sollen, und nimmt von Zeit zu Zeit Bewertungen seiner eigenen Arbeit vor, die dann nach Maßgabe der Unternehmensinteressen veröffentlicht werden. Vielleicht ist es in einer so hermetisch abgeschlossenen Welt unvermeidlich, daß diese Berichte tendenziell geschönt werden und uns glauben machen wollen, daß alles seine Richtigkeit habe und daß man ernst zu nehmende Schwierigkeiten langsam, aber sicher in den Griff bekomme, kurz gesagt eben, daß Entwicklungshilfe im Prinzip eine gute Sache sei. Und in der Tat ist die Verbreitung beschwichtigender, aufmunternder und optimistischer Botschaften inzwischen eine großangelegte internationale Strategie, die Tausenden von Mitarbeitern Arbeit und Brot gibt und jährlich Werbebudgets von mehreren hundert Millionen Dollar verschlingt.

Diesen Kampagnen ist es zuzuschreiben, daß Auslandshilfe heute eine heilige Kuh ist. In den westlichen Ländern, ungeachtet ihres Wohlstands oder ideologischen Standorts, ist Entwicklungshilfe kein Thema der politischen Diskussion mehr: »Von allen Staatsausgaben wird sie als letzte hinterfragt.«[2] Vielleicht erklärt dieser völlige Mangel an kritischer Prüfung, warum die Budgets für Entwicklungshilfe stetig wachsen. Gewiß, sie wachsen hier schneller, dort langsamer. In allen Geberländern wird Jahr um Jahr mehr Geld für Entwicklungshilfe ausgegeben – selbst in Zeiten der Sparpolitik.

Während wir also unseren Verteidigungshaushalt beschneiden, die Etats für unser Bildungswesen zusammenstreichen und unser Gesundheitssystem durchforsten, bleibt die Auslandshilfe unangetastet. Sie wird keiner Kosten-Nutzen-Analyse unterzogen, und selten wird auch nur vorgeschlagen, die Bewilligung weiterer Mittel von Erfolgen vor Ort abhängig zu machen. Dazu Professor Bauer von der London School of Economics: »Gleichgültig, was in den Empfängerländern auch geschieht, es kann in jedem Fall als Rechtfertigung für die Beibehaltung oder den Ausbau der Entwicklungshilfe angeführt werden. Fortschritte sind ein Beweis ihrer Effizienz und somit ein Argument für ihre Ausweitung. Bleiben Fortschritte aus, beweist das nur, daß die Dosierung zu niedrig war und folglich erhöht werden muß. Die einen halten es für nicht ratsam, denen, die Fortschritte machen, weitere Hilfe zu verweigern, und die anderen finden es grausam, sie den Armen, die stagnieren, vorzuenthalten. Mit Auslandshilfe ist es wie mit Champagner: Der Erfolgreiche hat ihn verdient, der Erfolglose braucht ihn.«[3]

Natürlich wird an der Wohlfahrtsindustrie auch Kritik geübt – aber diese Kritik bewegt sich in ziemlich engem Rahmen. Am häufigsten wird der Einwand vorgebracht, unsere Entwicklungshilfe sei zu niedrig und müsse erhöht werden. Einige Kritiker verwerfen bestimmte Formen der Entwicklungshilfe als unzweckmäßig (zum Beispiel die Sendung von Nahrungsmitteln, Entwicklungsprogramme oder Hilfe beim Aufbau einer Schwerindustrie). Andere wiederum prangern Einzelfälle von Verschwendung und Korruption an oder führen Klage darüber, daß Mittel an Regierungen fließen, die dem Westen politisch nicht genehm sind. Was auch immer bemängelt wird, eines haben alle diese Kritiker gemein: Sie versäumen es, so Professor Bauer, die »Entwicklungshilfe als solche in Frage zu stellen«.[4]

Genau das jedoch war mein erklärtes Ziel, als ich beschloß, *Händler der Armut* zu schreiben: Ich wollte die Entwicklungshilfe als solche in Frage stellen. Damit ist von vornherein klar, daß ich in diesem Buch nicht für mehr Hilfe plädiere. Wenn wir in eine schlechte Sache noch mehr Geld hineinpumpen, kann in meinen Augen nur etwas noch Schlechteres dabei herauskommen. Ebensowenig plädiert dieses Buch dafür, Entwicklungshilfe neu zu verteilen – etwa nur besser durchdachte Projekte zu finanzieren oder nur noch Länder zu unterstützen, bei denen es sich lohnt. Viele meinen, es genüge, Methode Y durch Methode X zu ersetzen, schleunigst politische oder wirtschaftliche Hemmnisse aus dem Weg zu räumen, nur noch gezielt die Ärmsten zu unterstützen und dergleichen mehr – und schon werde die Entwicklungshilfe funktionieren. Ich teile diese Ansicht nicht. Solche Formeln, die im übrigen bei der Wohlfahrtsindustrie sehr beliebt sind, halte ich für etwa so vernünftig und einleuchtend wie die billigen Ausflüchte eines Regenmachers, der es grundsätzlich ablehnt, die Absurdität seines Tanzes unter sengender Sonne anzuerkennen, und die Erfolglosigkeit seiner Bemühungen mit mysteriösen, aber durchaus korrigierbaren Fehlern beim Vollzug des Rituals erklären will. Und wie die Regenmacher rechnen es sich die Hohenpriester der Auslandshilfe als ihr Verdienst an, wenn sich die Dinge, meist durch irgendeinen glücklichen Zufall, doch noch zum Guten wenden.

Auch wenn es den Regenmachern nicht gelingt, Regen herbeizuzaubern, so bleiben sie doch im Geschäft, weil sie es verstehen, die eigentlichen Probleme geschickt zu verschleiern. Und mit ähnlichen professionellen Tricks wird in der westlichen Welt die Öffentlichkeit beeinflußt, damit auch weiterhin zuverlässig riesige Geldsummen an Hilfsorganisationen fließen, die selten – wenn überhaupt – greifbare Erfolge erzielen. Unzählige Moden und Launen haben das Entwicklungshilfegeschäft im letzten halben Jahrhundert gekennzeichnet. Da wurden neue Techniken ausprobiert, neue Wege gegangen, und endlos wurde alles politisch neu überdacht. Und obwohl dabei Hunderte von Milliarden Dollar ausgegeben wurden, gibt es keinen handfesten Beweis dafür, daß die Armen in der Dritten Welt davon tatsächlich profitiert haben. Jahr für Jahr jedoch, und das steht außer Frage, werden von diesem Geld saftige Gehälter gezahlt, die den Beamten, Beratern, Entwicklungshilfe-Experten und Schmarotzern jeglicher Couleur, die das internationale Personal der Hilfsorganisationen stellen, einen privilegierten Lebensstil garantieren.

Da ich diese Bürokraten in *Händler der Armut* herausgreife und an den Pranger stelle, kann es nicht ausbleiben, daß einige Leser in dem Buch einen charakterlosen Angriff auf eine Gruppe grundsätzlich achtbarer und fürsorglicher Menschen sehen werden. Ebenso bin ich mir darüber im klaren, daß ich gegen den Strom herrschender Vorurteile schwimme, wenn ich auf unappetitliche oder gefährliche

Aspekte wie Dummheit und Habgier im Gebaren der Wohlfahrtsindustrie hinweise – und mich damit in gewisser Weise nicht gentlemanlike verhalte. Was ich zu sagen habe, wird viele Leute schwer beleidigen. Ich habe nicht die Absicht, mich dafür zu entschuldigen. Wir leben in demokratischen Gesellschaften und haben das Recht, über Organisationen, die aus öffentlichen Mitteln finanziert werden, die ganze Wahrheit zu erfahren – und nicht nur Teilwahrheiten, mit denen uns die Bürokraten dieser Institutionen abspeisen wollen.

KAPITEL EINS

Retter bei Katastrophen?

> Und ihr solltet dieses Kulturgesetz kennen:
> Zwei Zivilisationen können einander nie
> wirklich kennen- und verstehen lernen.
> Am Anfang werdet ihr blind und taub sein.
> Ihr werdet in eurer Zivilisation zufrieden
> sein ... aber Signale aus der anderen Zivili-
> sation bleiben für euch so unverständlich, als
> hätten die Bewohner der Venus sie gesandt.
>
> RYSZARD KAPUSCINSKI, *The Emperor*

Was tut sie eigentlich, die hübsche weiße Frau in dem blauen
Paisleyrock? Dort, unter der heißen, fremden Sonne, müde,
Schweißperlen auf der Stirn, rastlos und bleich, der Blick matt und
besorgt. Was kann sie dort nur wollen?
Sie mißt den Armumfang schwarzer Kinder, sie wiegt marastische
Säuglinge in Tragschlingen, sie verteilt nahrhafte Kekse an apathi-
sche, mutlose Kinder, sie mischt lebensrettende Elektrolytlösun-
gen, sie überwacht die Verteilung von Getreiderationen, sie gräbt
eine Latrinengrube. Sie ist Ernährungswissenschaftlerin, Krankenschwester oder Bauingenieurin, sie ist Freiwillige ohne Ausbildung
oder hochqualifizierte Spezialistin, sie ist Evangelistin oder Athei-
stin, sie arbeitet für den Deutschen Entwicklungsdienst (DED) oder
UNICEF, für World Vision oder für das Rote Kreuz. Im Jahr 1988
war sie in Moçambique, im Sudan, in Äthiopien und in den Flüchtlingslagern entlang der Grenze zwischen Kambodscha und Thailand. Sie war auch schon 1987 in diesen Ländern und 1986. Und sie
wird auch 1989 und 1990 dort sein. Von *unserer* Nächstenliebe in
die Entwicklungsländer entsandt, verkörpert sie Hoffnung und
Zuversicht. Sie ist überall dort anzutreffen, wo Katastrophen über
Menschen hereinbrechen. Auf sie schwenken die Kameras, wenn sie
in Feldlazaretten Choleraopfer versorgt, von ihr erhaschen Reporter ein Wort, wenn sie Lebensmittel verteilt, und ihre müden Augen
sagen uns, daß sie all das schon einmal gesehen hat und damit
rechnet, es auch in Zukunft immer wieder sehen zu müssen.

Freunde in der Not?

Westliche Katastrophenhelfer in der Dritten Welt sind zu einem mächtigen Symbol für die grundsätzliche Anständigkeit und Richtigkeit internationaler Hilfe geworden. Selbstverständlich müssen wir helfen, wenn Menschen leiden, wenn Menschenleben in Gefahr sind, wenn der Himmel seine Schleusen öffnet oder die Erde verdorrt. So knauserig wir sonst auch sein mögen, eine plötzliche Krise stimmt uns mildtätig.

Wohlfahrtsverbände, die gegründet wurden, um den Armen Gutes zu tun, wissen, daß sie von diesem mächtigen, wenn auch kurzlebigen Altruismus profitieren können, und rühren deshalb kräftig die Werbetrommel, wenn eine Hilfsaktion ansteht. Für die freien Wohlfahrtsverbände ist das eine simple Tatsache des Lebens: Bei entsprechendem Medienrummel werden Hungersnöte, dramatische Flüchtlingsströme, Überschwemmungen und andere Katastrophen dieser Art zu wahren Verkaufsschlagern für die tätige Organisation.

Ein Blick auf die Zahlen von Oxfam bestätigt dies. Nach mehreren Jahren relativ langsamer Expansion gelang es der weltbekannten britischen Hilfsorganisation von 1978 bis 1980, ihre Einnahmen zu verdoppeln. Maßgeblichen Anteil daran hatten großangelegte Spendenaktionen für die Hunger- und Kriegsopfer in Kambodscha im Gefolge der vietnamesischen Invasion in das südostasiatische Land im Jahr 1979. Danach blieb das Spendenaufkommen von Oxfam ziemlich stabil, bis es 1985 durch eine Kampagne für die Hungernden in Äthiopien von weniger als 20 Millionen Pfund in den Jahren 1983/84 auf die Rekordhöhe von 51,1 Millionen Pfund schnellte.[1]

Es überrascht nicht, daß Katastrophenfälle weitaus mehr dazu angetan sind, die Hilfsbereitschaft der Öffentlichkeit zu mobilisieren, als die eher routinemäßigen, langfristigen Entwicklungsprojekte von Oxfam. Das gilt im gleichen Maße auch für andere Wohlfahrtsverbände. 1985 beispielsweise sammelte Band Aid bei britischen Bürgern 76 Millionen Pfund für die vom Hunger Betroffenen.[2] Durch ergreifende Spendenaufrufe für Hunger- und Katastrophenopfer im Fernsehen angespornt, spenden die Amerikaner privaten und freiwilligen Hilfsorganisationen, die sich in der Dritten Welt engagieren, Jahr für Jahr über eine Milliarde Dollar. Alles in allem können freie Verbände wie Misereor, Brot für die Welt und die Welthungerhilfe in Deutschland, War on Want, Oxfam und Christian Aid in Großbritannien, World Vision, CARE Incorporated und Project Hope in den Vereinigten Staaten und Médecins Sans Frontières in Frankreich jährlich mit wohltätigen Spenden in einer Gesamthöhe von 2,4 Milliarden Dollar rechnen, um damit ihre Projekte und Programme in den Entwicklungsländern zu finanzieren.[3] Der internationale Medienrummel um die Hungersnot in Äthiopien brachte diese Zahl, wenn auch nur vorübergehend, auf fast 4 Milliarden Dollar.[4] In Deutschland wurden bei einem einzigen Medienereignis, das auf humanitäre Hilfe für Hungeropfer abzielte – *Ein Tag für Afrika* (23. Januar 1985) –, fast 120 Millionen Mark für die 18 beteiligten Hilfswerke gesammelt. Der Löwenanteil floß an Misereor (38 Millionen Mark), Welthungerhilfe (24,3 Millionen Mark) und Brot für die Welt (33 Millionen Mark).[5]

Unsere Unterstützung für die humanitären Bemühungen freier Wohlfahrtsverbände spiegelt sich auch in Meinungsumfragen wider. Eine neuere Untersuchung im Auftrag der Weltbank in den Vereinigten Staaten kam zu dem Schluß, daß »Skepsis hinsichtlich der Fähigkeit des Staates, effizient Hilfe zu leisten, dazu führt, daß nicht-staatliche Kanäle bei der Verteilung von Mitteln bevorzugt werden«.[6] In zehn europäischen Ländern wurden Menschen gefragt: »Welche Organisationen leisten für die Entwicklungsländer die wirksamste Hilfe?« Nur 12 Prozent der Befragten antworteten: »Der Staat«. 25 Prozent meinten: »Private Organisationen«.[7] Eine andere Studie in den USA kam zu dem Ergebnis, daß »die Amerikaner aus moralischen und humanitären Gründen eindeutig für die Unterstützung der armen Länder sind«, und fuhr dann fort: »Die öffentliche Unterstützung ist dann am stärksten, wenn es darum geht, elementare Probleme wie Hunger und Unterernährung, Krankheit und Analphabetismus zu bekämpfen.«[8] Eine Präsidialkommission der Vereinigten Staaten zum Hunger in der Welt stellte fest: Wenn Hilfe als »Maßnahme zur Bekämpfung des Hungers« beschrieben wurde, waren 77 Prozent der Amerikaner dafür, sie entweder beizubehalten oder auszuweiten; wurde sie aber mit dem Begriff »Wirtschaftshilfe« umschrieben, sank die Zustimmung auf 49 Prozent.

Die unmittelbare emotionale Wirkung, die der Anblick leidender Menschenmassen auf die Bürger der reichen Nationen hat, ist groß. Er bringt uns dazu, das Scheckbuch zu zücken, wenn Wohlfahrtsverbände im Katastrophenfall zu Spenden aufrufen. Er beeinflußt außerdem – durch uns – das Verhalten der von uns gewählten Regierungen: Obwohl Großbritannien und die Vereinigten Staaten über langfristige Entwicklungshilfe für das sozialistische Äthiopien einen politischen Bann verhängt hatten, leisteten beide bei den Hungersnöten 1984/85 und 1987/88 großzügige »humanitäre« Hilfe.

Die von Regierungen kontrollierten Budgets stellen die Mittel, die freien Wohlfahrtsverbänden zur Verfügung stehen, natürlich bei weitem in den Schatten.[9] Doch wir sollten nicht vergessen, daß auch dieses Geld aus unseren Taschen stammt – jede staatliche Hilfeleistung, ob nun für »langfristige Ziele« oder für Notfälle bestimmt, wird durch Steuergelder finanziert. In die Dritte Welt gelangen sie durch zwei recht unterschiedliche Arten von Organisationen – durch »bilaterale« (wie das Bundesministerium für wirtschaftliche Zusammenarbeit, Britain's Overseas Development Administration, und die United States Agency for International Development) und »multilaterale« (wie die Generaldirektion Entwicklung und Zusammenarbeit der EG, die Weltbank und verschiedene Organisationen der Vereinten Nationen wie die Ernährungs- und Landwirtschaftsorganisation, die Weltgesundheitsorganisation und das Hochkommissariat der Vereinten Nationen für Flüchtlinge).

Verallgemeinert heißt das: Je effektiver eine staatliche Organisation ihre Arbeit als humanitär und wohltätig herauszustellen vermag, desto eher kann sie damit rechnen, die Unterstützung der Öffentlichkeit zu finden. Ein leitender Mitarbeiter bei UNICEF (Weltkinderhilfswerk) erzählte mir, er finde es aufregend und zugleich erfüllend, für eine Organisation zu arbeiten, deren Aufgabe so »sexy« sei. »Natürlich kommt ein Großteil unserer Mittel direkt von den Mitgliedstaaten der UNO«, sagte er, »aber den Normalbürger erschüttert es, wenn er notleidende Kinder sieht. Deshalb kaufen die Leute auch unsere Weihnachtskarten. Für die sind wir einfach gute Jungs.«

Der spontane Wunsch, durch Spenden zu helfen, ist im Katastrophenfall stärker als sonst. Doch Hilfsbereitschaft ist eine zweischneidige Sache. Einerseits bringt sie eine Menge Geld ein, andererseits verbietet sie die Frage, wozu dieses Geld verwendet wird – und setzt jeden, der solche Fragen stellt, dem Verdacht der Knauserigkeit aus. Mildtätigkeit und Großzügigkeit zu kritisieren kommt einer Kritik an der Institution der Mutterschaft gleich. So etwas tut man einfach nicht. Ein Beobachter hat dieses Problem besonders treffend formuliert:

Menschenfreunde bitten Individuen und Politiker aus Nächstenliebe um Geld, damit Wunden verbunden, Schwache getröstet und Menschenleben gerettet werden können. Wer aus Mitgefühl handelt, erwartet, daß jeder der Methode zustimmt. Da er sich von einer moralischen Tugend, nämlich von Mitleid, leiten läßt, muß alles, was ihn an der Verwirklichung seiner humanitären Ziele hindert, unmoralisch sein. Und da sein Ziel so ehrenwert ist, hält er es für undenkbar, daß die Empfänger es gar an Dankbarkeit fehlen lassen könnten.[10]

Aber wofür sollen die Empfänger eigentlich dankbar sein?
In vielen Fällen haben sie sehr viel weniger Grund dazu, als Spender und Steuerzahler das vielleicht erwarten. So etwa im August 1988, als der Nil über die Ufer trat und der Sudan (nach vorausgehender Dürre) von einer Überschwemmung heimgesucht wurde. In Khartoum, der Hauptstadt des Landes, wurden über Nacht mehr als eine Million Menschen obdachlos. Als das Wasser weiter anschwoll, wurde die Gefahr einer Cholera- oder Typhusepidemie immer bedrohlicher. Hinzu kam, daß viele Opfer der Überschwemmung völlig mittellos waren. Sie hatten weder etwas zu essen noch ein Dach über dem Kopf. Hilfsorganisationen in den Industrieländern reagierten auf die Katastrophe mit eindringlichen Spendenaufrufen in Presse und Fernsehen, und binnen kurzer Zeit wurden Millionen von Dollar gespendet. Doch zwei Wochen nach der Überschwemmung war am Schauplatz der Flutkatastrophe kaum ein Anzeichen praktischer Hilfe zu entdecken: hier ein Dutzend Plastikplanen, dort ein paar Decken von der Organisation Roter Halbmond und eine Station zur Verteilung von Lebensmitteln, die über ganze zwölf Säcke Mehl verfügte. Angereisten Reportern wurde stolz ein neu errichtetes Lager vorgeführt, bestehend aus 300 Zelten, die aus Großbritannien eingeflogen worden waren. Aus Gründen, die niemand vor Ort zu erklären vermochte, standen die Zelte leer und wurden von Bewaffneten bewacht – während Zehntausende Obdachloser in der Umgebung ziellos durch den Schlamm wateten.
Zu diesem Zeitpunkt waren durch nicht weniger als 85

Flüge 1 200 Tonnen Hilfsgüter aus Europa und den USA ins Land geschafft worden. Unglücklicherweise waren nur 400 Tonnen Nahrungsmittel darunter (nach einer UNO-Schätzung wären 12 000 Tonnen nötig gewesen, um den unmittelbaren Bedarf zu decken). »Deshalb stellen wir überall, wohin wir kommen, fest, daß die Leute nichts bekommen haben«, sagte der Abgeordnete Al Haj Nugdalla Rahman. Unter den Lebensmitteln, die mit den Sendungen ankamen, befand sich auch ein großer Container voll Frischfleisch, das, in Ermangelung geeigneter Kühlmöglichkeiten, rasch verdarb. Bei der Verteilung »roch es schon deutlich«, sagte ein Helfer. Nicht verderbliche – und dringend benötigte – Dinge wie Kleidung, Seife und Sanitätszelte fehlten dagegen bei den Hilfslieferungen in den ersten beiden Wochen fast ganz.[11]

Trotz solcher Pannen in den entscheidenden ersten Tagen der Überschwemmung wurden im Sudan in der Folgezeit einige ernsthafte Anstrengungen unternommen, um den Bedürftigen zu helfen. Allzuoft jedoch folgen den Spendenaufrufen keinerlei praktische Maßnahmen, welcher Art auch immer. In Deutschland, zum Beispiel, haben in den letzten Jahren drei Hilfswerke, die allesamt von der Günter-Tesch-Gruppe geleitet werden (Internationaler Missions-Hilfsdienst, ABC-Soforthilfe-Programm und die Diakonisch-missionarischen Dienste) erfolgreich Millionen von Mark gesammelt, aber nur einige Tausend davon an die Armen weitergeleitet.[12] Eine andere Organisation, die es in der Kunst, viel zu sagen, aber wenig zu tun, zu wahrer Meisterschaft gebracht hat, ist The Hunger Project, ein mächtiges internationales Unternehmen, das in den Vereinigten Staaten, in Großbritannien und in vielen anderen Ländern Spenden sammelt und sich nach eigenen Aussagen ganz der Aufgabe gewidmet hat, »Hunger und Unterernährung in der Dritten Welt auszurotten«.[13] In Wahrheit schickt der Verband fast gar kein Geld an die Hungernden. Laut Informationsbüro der US National Charities nahm The Hunger Project im Jahr 1985 Spenden in einer Gesamthöhe von 6 981 005 Dollar ein. Davon gingen 210 775 als Zuschüsse an andere Organisationen, die in der Dritten Welt den Hunger bekämpfen. Der ganze Rest wurde in den USA unter Rubriken wie »Anwerbung und Aktivitäten der Komitees«, »Kommunikation, Information und Ausbildung«, »Publikationen«, »Management und Verwaltung« sowie »Spendenerhebung« ausgegeben. Die Telefonkosten in dem betreffenden Jahr verschlangen fast eine halbe Million Dollar.[14] Im Jahr 1984 sammelte das britische Büro von The Hunger Project in der Öffentlichkeit 192 658 Pfund. Davon flossen ganze 7 048 Pfund in die Dritte Welt.[15]

Im Jahre 1985 wurde International Christian Aid, ein großer freier Wohlfahrtsverband in den USA, von Beamten der UNO und des amerikanischen Außenministeriums beschuldigt, von den 18 Millionen Dollar, die er für Hungerhilfe in Äthiopien gesammelt hatte, nicht einen Cent in das afrikanische Land geschickt zu haben.[16] ICA bestritt die Anschuldigungen. Nach seinen eigenen Zahlen wurden 28 Prozent der Einnahmen für Spendenaktionen und Verwaltung in den USA aufgewendet, der ganze Rest, also 72 Prozent, ging angeblich in die Dritte Welt.[17] Doch eine Überprüfung der Organisation durch das US Better Business Bureau führte zu einem anderen Ergebnis: Eine genaue Analyse der ICA-Ausgaben für 1983 ergab, daß lediglich 41 Prozent des Spendenaufkommens in dem Jahr den Programmen zugeflossen waren, für die laut Spendenaufrufen das Geld bestimmt war.[18] Ein ähnliches Beispiel ist die Hilfsorganisation Priority One International mit Sitz in Dallas. In einem Jahr zwackte sie nur 18 Cents von jedem gespendeten Dollar für die Armen ab.[19]

Zum Glück ist eine humanitäre Gesinnung nicht immer die letzte Zuflucht für gerissene Gauner. In Deutschland bemühen sich die meisten Hilfswerke nach Kräften, ihre Verwaltungskosten niedrig zu halten: Im Jahr 1987 betrugen sie bei Misereor nur 5,1 Prozent des gesamten Spendenaufkommens, bei der Welthungerhilfe 5,8 Prozent.[20] Ebenso belegen Zahlen der Charities Aid Foundation, daß die meisten der 21 wichtigsten freien Wohlfahrtsverbände in Großbritannien pro eingenommenes Pfund nur etwa 10 Pence für laufende Geschäftskosten, Verwaltung und Spendensammlungen ausgeben. Während der Hungersnot in Äthiopien 1984/85 arbeitete Band Aid besonders wirtschaftlich. Die Unkosten wurden auf 7 Pence pro 100 Pfund gedrückt. Die Organisation War on Want, die im Oktober 1986 unter Beschuß geriet, als ihr damaliger Direktor, George Galloway, beschuldigt wurde, in knapp 18 Monaten 20 000 Pfund in Luxushotels verjubelt zu haben, gab 1984/85 nur 1,7 Prozent ihrer Einnahmen für Verwaltung und das Sammeln von Spenden aus. Der Verband Save the Children Fund, dessen Kosten sich im gleichen Jahr auf 7,42 Prozent des Spendenaufkommens beliefen, teilte mit: »Wir sind bestrebt, unsere Aufwendungen unter 15 Prozent der Einnahmen zu halten ... Wir wollen möglichst viel einnehmen, um möglichst viel zu geben.«[21]

Schmarotzer, Narren, Glaubenseiferer

Doch ob Hilfe nun karitativ oder staatlich ist, ob sie aus freiwilligen Spenden oder Steuergeldern finanziert wird, die Mitarbeiter der betreffenden Organisationen vor Ort spielen ein Schlüsselrolle. Auf ihnen lastet eine ungeheure Verantwortung. Sie müssen die Bedürfnisse der Armen richtig erkennen, und sie müssen auf diese Bedürfnisse schnell und mit Sachverstand reagieren.

Im allgemeinen gilt es als selbstverständlich, daß sie beides tun und daß sie es gut tun. Die Berichterstatter in Presse und Fernsehen neigen denn auch dazu, Helfer in der Dritten Welt zu selbstlosen Samaritern hochzustilisieren. So mancher Empfänger westlicher Wohltaten hat dagegen seine Zweifel, was jene angeht, die ihm zu Hilfe kommen. So fragte etwa ein afrikanischer Flüchtling gereizt: »Warum kleben an jedem US-Dollar, den wir bekommen, gleich zwanzig Amerikaner?«[22]

Bei vielen Katastrophen in der Dritten Welt wird ein Großteil der Gelder dafür verwendet, amerikanische und europäische Fachleute einzustellen. In einer detaillierten Studie über Flüchtlingshilfe in Südostasien heißt es:

> Die Aufwendungen der Organisationen für Verwaltung, Logistik und »Verschiedenes« sind enorm hoch. Die Akten hierzu bilden einen undurchdringlichen Dschungel. Jede Organisation errechnet sie auf einer anderen Grundlage. Irgendwo dazwischen stecken die immensen Personalkosten. Das Internationale Komitee vom Roten Kreuz verköstigt seine Mitarbeiter vorzüglich. In Phnom Penh wurde ein Großteil der für sie bestimmten Lebensmittel aus Europa eingeflogen. In Thailand klagten UN-Beamte ständig darüber, daß die Schweizer weit besser als alle anderen lebten, klimatisierte Autos fuhren und die Wochenenden am Strand verbrachten ... Ein Beamter der Weltgesundheitsorganisation forderte eine Vergütung von 50 000 Dollar, üppige Tagesspesen und ein Flugticket für seine Frau, als er für kurze Zeit nach Phnom Penh kommen

sollte. Man einigte sich schließlich auf 16 000 Dollar Honorar und die Tagesspesen. Die Ehefrau blieb zu Hause ... UN-Beamte bekamen in zwei Tagen mehr Spesengeld, als aus dem Hilfsprogramm in 27 Monaten an den durchschnittlichen Kambodschaner geflossen war.[23]

Die Helfer, die diese Mittel verbrauchen, sind Menschen unterschiedlichster Art und Couleur. Einige leisten hervorragende Arbeit – und sind ihr Geld zweifellos wert. Andere sind außergewöhnlich schlecht, ihre Motivation ist fragwürdig, und ihre Leistungen sind gleich Null oder schaden sogar. Allzuoft werden Helfer, Experten und Berater im Katastrophenfall keiner sorgfältigen Prüfung unterzogen, bevor sie zum Einsatz in die Dritte Welt geschickt werden. Beim Wettlauf um schnelle Hilfe bleibt der gesunde Menschenverstand auf der Strecke.

Es soll gleich zu Anfang darauf hingewiesen werden, daß ein Großteil dieser Hilfe für die Katastrophenopfer kaum spürbar wird. Viele westliche Katastrophen-Experten rücken meist nur zu kostspieligen Erkundungsmissionen aus. In der Praxis bedeutet das: Sie treffen mit leeren Händen ein und reisen mit einer Fülle von Informationen wieder ab, die später vielleicht, aber auch nur vielleicht, in praktische Maßnahmen umgesetzt werden. Auf dem Höhepunkt der Dürrekatastrophe im Sudan im Februar 1985 wimmelte es im Khartoumer Hilton (ein Einzelzimmer ohne Frühstück kostet dort 150 Dollar pro Nacht) von Delegationen, die angereist waren, um »die Lage vor Ort zu studieren«. Obwohl in weiten Teilen des Landes dramatische Wasserknappheit herrschte und das verheerende Ausmaß der Dürre in den vorangegangenen vier Monaten eingehend untersucht worden war, war bis zu diesem Zeitpunkt nicht eine Bohranlage ins Land gekommen.[24]

Schlimmer noch ist, was ein Anthropologe, der mehrere Jahre unter afrikanischen Flüchtlingen gelebt hat, beobachtete: »Bei einem Notstand, was auch immer seine Ursache sein mag, hat fast jeder Weiße, der auf der Bildfläche erscheint, unabhängig davon, was er kann oder nicht kann, die Chance auf einen Job.«[25]

Von der Richtigkeit dieser Bemerkung durfte ich mich 1987 während der Hungersnot im ostafrikanischen Somalia überzeugen, als ich dort zufällig einen braungebrannten australischen Globetrotter traf, der im Auftrag eines hochangesehenen britischen Wohlfahrtsverbandes eine Nahrungsmittelhilfeaktion leitete. Seine einzige

Qualifikation für diese Aufgabe bestand anscheinend in der Tatsache, daß seine Frau Afrikanerin war. Obwohl sie keine Somali war, stellte er sie ein, was unter den einheimischen Mitarbeitern tiefe Verstimmung hervorrief, da sie – und zwar zu Recht – der Meinung waren, sie seien für diese Arbeit besser geeignet. Wie er mir erzählte, war er 1985 in Äthiopien auf den Gehaltslisten der Organisation gelandet, als er sich dort als Tourist aufgehalten hatte. (Er meinte, er habe »ein Mordsglück« gehabt.) Später sei er auf einen leitenden Posten nach Uganda versetzt worden – wohin er auch so bald wie möglich zurückkehren wollte. Seine Frau stammte von dort. Als ich Zweifel daran äußerte, daß sein Aufenthalt in Somalia für irgend jemanden von Nutzen sein könnte – er hatte das Land nie zuvor besucht und verabscheute es zutiefst, wie er selbst behauptete –, versicherte er mir, er sei nur für kurze Zeit hier. Zum absoluten Fehlen relevanter praktischer Erfahrung (er hatte Jura studiert) kam also noch erschwerend eine krasse Unkenntnis der Verhältnisse und Bräuche in Somalia hinzu.

Ebenfalls in Somalia, allerdings ein paar Jahre früher, verschwendeten International Christian Aid, World Vision und andere amerikanische Wohlfahrtsverbände wiederholt wertvolle Spendengelder. Sie stellten für die Flüchtlingslager, die nach den Kämpfen an der äthiopischen Grenze errichtet worden waren, christliche Fanatiker ein. Nicht genug damit, daß diese Leute jung, nicht ausgebildet und unerfahren waren, sie beleidigten auch noch die Moslems in den Lagern und brachten sie gegen sich auf. Robert Smith, ein »wiedergeborener« Vertreter von World Vision in Somalia, stiftete unter den Lieferanten für Ausrüstung und Baumaterial einige Verwirrung – und Heiterkeit –, weil er jede seiner Bestellungen per Telex mit den Worten »Gott segne Robert« unterzeichnete.[26] Inwieweit Gott seinem Wunsch nachkam, ist nicht bekannt. Fest steht nur, daß die Bestellungen der amerikanischen Wohlfahrtsverbände häufig schlecht durchdacht und verschwenderisch waren. ICA baute mit Vorliebe Unterkünfte aus importierten Materialien, die nicht sachgerecht mit Insektiziden behandelt worden waren, was zur Folge hatte, daß die meisten von Termiten zerfressen wurden und über ihren Bewohnern zusammenstürzten.

Eine Krankenschwester, die angewidert den Dienst quittierte, sagte: »Die Lagerleiter waren für diese Art von Arbeit in keiner Weise ausgebildet. Einige von ihnen schienen mehr Wert

darauf zu legen, das Evangelium zu verbreiten, als sich um die physischen Bedürfnisse der Flüchtlinge zu kümmern.«[27]
Viele krasse Fehler gehen darauf zurück, daß man die Verkündung des Evangeliums wichtiger nimmt als eine gute Organisation. So orderte etwa eine amerikanische Organisation für die Lager Gerät und Baumaterial im Wert von 100 000 Dollar und stornierte dann den Auftrag, weil man – reichlich spät – bemerkt hatte, daß das Budget weit überzogen war. Aber damit nicht genug. Die christlichen Mitarbeiter, auf deren Kappe diese Schlamperei ging, beschlossen zusätzliche Sparmaßnahmen und stoppten laufende Projekte im Gesundheitsbereich – unter anderem alle lebenswichtigen Wiederholungsimpfungen in der zweiten Phase einer Impfkampagne, die in elf Lagern angelaufen war. Tausende von Kindern, bei denen der Immunisierungsprozeß wohl in Gang gesetzt, aber nie zu Ende geführt wurde, waren jetzt anfälliger für tödliche Epidemien, als sie je gewesen wären, wenn die christlichen Wohltäter sie einfach in Ruhe gelassen hätten.[28]
Wo immer Religion unüberlegt mit Wohltätigkeit vermengt wird, haben Menschen darunter zu leiden. Doch obwohl es dafür eine Fülle von mahnenden Beispielen gibt, bleibt die Ausbreitung des Christentums ein wichtiges Anliegen vieler freier Wohlfahrtsverbände. Hören wir dazu Ted Engstrom, bis zum 30. Juni 1987 Präsident von World Vision: »Wir analysieren jedes Projekt, jedes Programm, das wir durchführen, um zu gewährleisten, daß im Rahmen dieses Programms die Verkündung des Evangeliums einen wichtigen Stellenwert hat. Wir können die Menschen nicht ernähren und dann zulassen, daß sie zur Hölle fahren.«[29]
Diese Politik brachte dem gigantischen Wohlfahrtsverband in den Jahren 1980/81 schwerwiegende Anschuldigungen gegen sein Flüchtlingsprogramm in Honduras ein. Das Programm stand im übrigen unter der Oberaufsicht des Hochkommissariats der Vereinten Nationen für Flüchtlinge (UNHCR). Die Vorwürfe, die in ihrer Mehrzahl energisch bestritten wurden, erhoben andere Helfer vor Ort. Nach Aussagen dieser Zeugen haben Mitarbeiter von World Vision salvadorianischen Flüchtlingen häufig mit Essensentzug gedroht, um sie zur Teilnahme an protestantischen Gottesdiensten zu nötigen. Anderen Behauptungen zufolge – die ebenfalls bestritten wurden – soll World Vision mehrere ehemalige Angehörige der dortigen Geheimpolizei (DNI) eingestellt und der honduranischen

Militärpolizei freien Zugang zu den Lagern der Organisation gestattet haben. Aber es gibt noch schwerwiegendere Beschuldigungen. Angeblich haben Mitarbeiter von World Vision in der Nacht des 22. Mai 1981 in dem honduranischen Dorf Colomoncagua zwei salvadorianische Flüchtlinge, die dort Zuflucht gefunden hatten, aufgelesen, in ein Fahrzeug verfrachtet und unter dem Vorwand, sie in das Flüchtlingslager nach Linones zu bringen, den Militärs übergeben. Einige Tage später wurden die beiden Flüchtlinge an der Grenze tot aufgefunden.[30] World Vision bestritt, mit diesem Vorfall etwas zu tun gehabt zu haben.

Ein sehr hoher Kommissar

Wie bereits am Beispiel Honduras angesprochen, kooperiert das Hochkommissariat der Vereinten Nationen für Flüchtlinge (UNHCR) in Sachen Flüchtlingshilfe mit vielen privaten und freien Organisationen und finanziert deren Aktivitäten. Entgegen weitverbreiteter Ansicht führt das HCR selbst keine Projekte durch. Es beschafft lediglich Geld von den Mitgliedstaaten der UNO und leitet es an die Wohlfahrtsverbände weiter, die mit der eigentlichen Arbeit vor Ort betraut werden.

Entsprechend locker sind die Kontrollrichtlinien, wenn sie nicht sogar ganz fehlen. Solche Vorgehensweisen laden zum Mißbrauch förmlich ein. Vor kurzem kaufte beispielsweise ein freier Wohlfahrtsverband, der in Beirut HCR-Programme durchführt, mit UN-Geldern Zelte, Betten, Decken und Laken durch vier Scheinfirmen zu einem Aufpreis von mehr als 300 Prozent. Wie Buchprüfer später entdeckten, »überstiegen die eingekauften Mengen in sehr vielen Fällen die Zahl der Flüchtlinge, und die bezahlten und tatsächlich angelieferten Mengen differierten beträchtlich«. Der Verlust aus diesen Transaktionen lag bei rund einer halben Million Dollar.[31]

Mitunter gelangt das Geld nicht einmal in das Land, das die Flüchtlinge beherbergt – geschweige denn zu den Flüchtlingen selbst. Ein amerikanischer Wohlfahrtsverband, der in Ostafrika aktiv ist, erhielt von der Weltorganisation 400 000 Dollar, um »Kosten für Hilfspersonal« zu decken. Das betreffende Hilfspersonal bestand vorwiegend aus Abgängern der Columbia University, die allesamt noch nicht trocken hinter den Ohren waren.[32] Keiner von ihnen war jemals in Afrika gewesen, keiner hatte relevante Berufserfahrung. Trotzdem wurden sie auf UNO-Kosten (also auf Kosten des Steuerzahlers) in den praktischen Einsatz vor Ort geschickt, wo sie als Lagerleiter Macht und Autorität über das Leben Hunderttausender von »hilflosen Flüchtlingen« erhielten, unter denen sich viele befanden, die für diese Aufgabe weitaus qualifizierter gewesen wären. In ähnlicher Weise wurde 1985 im Sudan ein Ausländer ohne geeignete Ausbildung auf HCR-Kosten eingestellt, um für Flüchtlingsprogramme medizinisches Hilfspersonal anzuheuern. Einige der Flüchtlinge – es handelte sich um Ugander – hatten medizinische Qualifikationen. Doch weder dieser Ausländer noch der Wohlfahrtsverband, für den er arbeitete, machten sich die Mühe, sie danach zu fragen. Das Ergebnis war, daß viele Fehler gemacht wurden.[33]

Auch Beamte des Hochkommissariats selbst sind gegen diese Art von Arroganz und Dummheit nicht gefeit. Im Jahr 1987 bewarb sich Bishara Ali, ein in Kanada lebender Somali (er hatte dort sein Examen in Volkswirtschaft, Soziologie und Sozialarbeit abgelegt), für den Posten des Field Assistant im HCR-Büro in der mittelsomalischen Stadt Belet Uen. Der Assistent des HCR-Bevollmächtigten in Somalia, Robin MacAlpine, lehnte ihn mit der erstaunlichen Begründung ab, er sei überqualifiziert. »Nach den breiten Erfahrungen, die Sie in Kanada gesammelt haben«, schrieb MacAlpine, »halten wir es für unwahrscheinlich, daß Sie imstande wären, einen solchen Posten über Jahre hinweg ohne beträchtliche Frustrationen zu bekleiden.«[34] Bishara sagte mir 1988:

Nach diesem Brief war ich zornig und fühlte mich erniedrigt und zurückgewiesen. Für mich war das der Beweis, daß wir (Menschen der Dritten Welt) uns als Wissenschaftler, Spezialisten oder Techniker noch so anstrengen können – von den weißen Bürokraten, die sich auf unsere Kosten ein schönes Leben machen, werden wir nie akzeptiert.«[35]

Interessant ist nun festzustellen, welche Leute das HCR für die Posten in Belet Uen tatsächlich für geeignet hält. Sydney Waldron – er arbeitete als Bauingenieur für einen amerikanischen Wohlfahrtsverband, der in Somalia Programme durchführt – erinnert sich, daß er einmal wegen eines »sanitären Notfalls« in die Stadt in Mittelsomalia gerufen wurde. Zu der Zeit war Waldron sehr beschäftigt und wegen Bauarbeiten in der Nähe der Hauptstadt Mogadischu eigentlich unabkömmlich. Da die Anweisung jedoch von keinem Geringeren als dem Regionalleiter des UNHCR in Belet Uen kam, hielt er es für ratsam, ihr auch Folge zu leisten. Nebenbei bemerkt, liegt die Stadt an den Ufern des hochwasserträchtigen Webi Shebeli, und ganz in der Nähe befinden sich mehrere Flüchtlingslager. Dort besteht ständig die Gefahr, daß Cholera-Epidemien ausbrechen. »Sanitärer Notfall« war deshalb wahrscheinlich der Euphemismus des UN-Diplomaten für eine tödliche Epidemie. So jedenfalls vermutete Waldron und beriet sich umgehend mit einem somalischen Sanitärtechniker über »den Bau von Gräben und Gruben, die Beschaffung von Arbeitskräften und Werkzeug und über andere Fragen, die für die Erstellung sanitärer Einrichtungen für etwa 200 000 Flüchtlinge wichtig waren«. In seinem Bericht fährt er fort:

> Nach siebzehnstündiger Fahrt unter denkbar unbequemen Bedingungen (sechs Personen und Gerät in einem Toyota mit kurzem Radstand) kam ich in Belet Uen an und sah, welcher Art der sanitäre Notstand war, dessentwegen man mich gerufen hatte. Die Stadt Belet Uen war überschwemmt, und der Regionalleiter des UNHCR war gezwungen gewesen, seine Wohnung in ein provisorisches Feldlager zu verlegen. Meine ganze und einzige Aufgabe bestand nun darin, ihm eine Latrinengrube mit einer Mauer drum herum und eine Dusche zu bauen. Von den notwendigen Bauarbeiten, die er selbst in einem UNHCR-Bericht als dringend erforderlich skizziert hatte, hat er mich also im wesentlichen nur seiner persönlichen Bequemlichkeit wegen abgehalten. Meine Lösung seines baulichen Problems war von geradezu modellhafter Effizienz: Ich beförderte eine Handvoll Schillinge aus seiner Hand in die Hände von vier somalischen Arbeitern, und die hoben daraufhin die gewünschte Grube aus.[36]

Die Nacht darauf verbrachte Waldron an einem ungewöhnlichen Ort – auf zwei Kühlschränken in dem Haus, das die Hilfsorganisation, für die er arbeitete, in Belet Uen gemietet hatte. Die Kühlschränke waren, so fiel ihm auf, »aus den Vereinigten Staaten eingeflogen worden und – abgesehen davon, daß man auf ihnen schlafen konnte – völlig nutzlos, da sie mit 110-Volt-Systemen arbeiteten. Wie in den meisten Ländern Afrikas hat man auch in Somalia 220 Volt.«[37]

Ramsch, Abfall, Dummheit

Kühlschränke waren nicht die einzigen kostspieligen und nutzlosen Artikel, die zu dieser Zeit infolge von Mißmanagement und Fehlplanung der Wohltäter in die Flüchtlingslager Somalias gebracht wurden. Bei dem vielleicht grandiosesten Schildbürgerstreich ging es um eine Anzahl universal verwendbarer medizinischer Zentren, deren Fertigteile in Finnland produziert wurden. Veranschlagt waren 1 Million Dollar pro Stück. Dazu noch einmal Waldron:

Als sie dann zur Verschickung fertig waren, hatten sich die Kosten für diese medizinischen Zentren plötzlich verdoppelt, d. h., der Einzelpreis war auf die schwindelerregende Höhe von 2 Millionen Dollar gestiegen. Die Mehrkosten wurden mit der Entscheidung in Zusammenhang gebracht, nicht nur ein, sondern zwei Wasserklosetts einzubauen. Nur gab es in den Lagern weder Installationen noch eine Wasserquelle, an die man sie hätte anschließen können. Als die medizinischen Zentren schließlich so nach und nach in Mogadischu eintrafen, tauchte ein neues Problem auf: Die zerlegten Fertigteile waren doppelt so breit wie die Ladefläche des größten verfügbaren Lastwagens. Man trug mir (allen Ernstes) die Aufgabe an, die Bauelemente in den Docks von Mogadischu zu zersägen. Nur eines dieser Zentren wurde während meiner Zeit in Somalia errichtet. Es war praktisch unbrauchbar, weil es drinnen fürchterlich heiß war. In den Lagern gab es keine Elektrizität für die Klimaanlagen.«[38]

Über die Torheit, Unzweckmäßigkeit – und die mitunter gefährliche Idiotie – vieler Maßnahmen, die das Etikett humanitäre Hilfe tragen, lassen die Hilfsorganisationen öffentlich kein Wort verlauten, aus verständlichen Gründen. Im Gegenteil, ihre Presseverlautbarungen malen alles in rosigen Farben. Doch die Katastrophenopfer müssen mit den Realitäten leben. Vielleicht ist der Umstand, daß sie diese Presseerklärungen nicht zu lesen bekommen, der Grund dafür, daß einige von ihnen allmählich wählerischer werden und nicht mehr alles akzeptieren.

Etwa zur gleichen Zeit, als sich Sydney Waldron mit der beängstigenden Herausforderung konfrontiert sah, in Somalia medizinische Zentren in zwei Teile zu zersägen, war die Nachrichtensprecherin Beverly Draper aus Detroit mit dem Flugzeug in ebendieses unterentwickelte Land unterwegs. Die Maschine, eine Hercules der US Air Force, hatte Lebensmittel, Medikamente und Kleidung an Bord, die Mrs. Draper für die Flüchtlingslager gesammelt hatte. Die Medikamente, vorwiegend Vertreterproben, die wohlmeinende Ärzte und Apotheker gespendet hatten, wurden später von somalischen Beamten des öffentlichen Gesundheitsdienstes vernichtet, nachdem sie zutreffend als »Abfall« qualifiziert worden waren.[39] Neben wertlosen Medikamenten, ursprünglich dazu bestimmt, die Leiden wohlhabender Patienten zu lindern, erhielten die Armen und Hungernden in Somalia, einem Land, das zu den heißesten der Welt zählt, Mittel gegen Frostbeulen aus Minnesota[40], elektrische Heizdecken und eine riesige Sendung von Schlankmacher-Suppen und Diätgetränken mit Schokoladengeschmack.[41]

Doch selbst wenn der Inhalt solcher Hilfslieferungen durchaus brauchbar ist, können so viele Probleme entstehen, daß der Aufwand in keinem Verhältnis zum Nutzen steht. Wie etwa bei dem Konvoi, der am ersten Weihnachtsfeiertag 1986 Khartoum, die Hauptstadt des Sudan, verließ, um Hilfsgüter in die Stadt Wau tief im Süden des Landes zu transportieren, wo, bedingt durch Krieg und Dürre, Hungersnot herrschte. Der Konvoi hatte 200 Tonnen Lebensmittel geladen, doch als er im späten Januar 1987 in Wau eintraf, waren 22 Tonnen auf mysteriöse Weise verschwunden. Einer der Lastwagen hatte für das örtliche Krankenhaus einen Generator gebracht. Wie sich zeigte, waren so viele Teile abmontiert worden, daß er unbrauchbar war. Und als sei das nicht genug, war auch der Treibstoff, den man für die Rückfahrt nach Khartoum benötigte, gestohlen worden. Fast alle verbliebenen Lebensmittel mußten verkauft werden, um so Ersatz zu beschaffen und die Soldaten auszuzahlen, die den Konvoi eskortiert hatten. Joseph Nykindi, Bürgermeister von Wau und Vorsitzender des Hilfskomitees der Stadt, schrieb später an die Spender: »Wir wissen Ihre Bemühungen zu schätzen, aber wenn Nahrungsmittelhilfe so aussieht, wollen wir sie nicht.«[42]

Auch Lebensmittellieferungen der Europäischen Gemeinschaft sind geschenkte Gäule, die immer häufiger kritisch betrachtet werden. Die Liste der Beschwerden von Empfängern ist lang. Mit den Worten des Europa-Abgeordneten Robert Balfe: »Es ist völlig unakzeptabel, daß wir Lebensmittel versenden, die wir selbst nicht essen würden.« Doch nach den weitverbreiteten radioaktiven Niederschlägen, verursacht durch den Unfall im russischen Kernkraftwerk Tschernobyl 1986, tauchten hochverseuchte Lebensmittel der Gemeinschaft, deren Vertrieb in Europa verboten war, in Hilfslieferungen auf. So mußte 1987 am Roten Meer eine Nudelfabrik geschlossen werden, nachdem sie eine Lieferung mit verstrahltem italienischem Mehl erhalten hatte. Das Mehl war aus griechischem Weizen hergestellt worden. Ein Jahr später, 1988, sah sich eine Reihe verarmter afrikanischer Länder gezwungen, Lebensmittel der EG zurückzuweisen, weil sie in gefährlichem Maße radioaktiv belastet waren.[43]

»Bei Katastrophen kommt Ausschuß aller Art herein«, sagt Larry Simon von Oxfam America. Er hat recht. Food for Hungry Inc., eine private Hilfsorganisation in Amerika, schickte 1979/80, während der großen Hungersnot in Kambodscha, 19 Tonnen »lebensnotwendiger Nahrungsmittel und Medikamente« in dieses Land. Die Lebensmittel waren so alt, daß Zoowärter in San Francisco sich geweigert hatten, sie an ihre Tiere zu verfüttern, und bei manchen Medikamenten war das Verfallsdatum um 15 Jahre überschritten.[44] Bei einem Notstand in Afrika schickte ein britischer Wohlfahrtsverband packenweise Tee, Papiertaschentücher und Tampax, und eine westdeutsche Organisation lieferte 1000 Iglus aus Polystyrol, in denen es so heiß wurde, daß die Empfänger nicht darin wohnen konnten. Da sich die Iglus nicht zerlegen ließen, mußten sie verbrannt werden.[45] Hungeropfer in Indien erhielten Decken, die sie weder benötigten noch benutzten. Bei der nächsten Gelegenheit reichte die indische Regierung die Decken nach Nepal weiter, das sie, später, wieder den Indern vermachte.[46]

Abführmittel und Medikamente gegen Magenbeschwerden sind bei Organisationen, die den Hungernden humanitäre Hilfe leisten, sehr beliebt. Dazu Mary de Zuniga, Beamte im öffentlichen Gesundheitswesen von Nicaragua: »Offenbar muß immer, wenn Medizin gespendet wird, viel Magnesiummilch dabeisein. Vielleicht können wir sie brauchen, um das Gebäude zu tünchen.«[47]

Kürzlich schickten Hilfsorganisationen fast 800 Kisten mit alter Babynahrung und Nahrungszusätzen in ein honduranisches Flüchtlingslager.[48] Und trotz der bekannten Gesundheitsrisiken, die entrahmte, nicht mit Vitaminen angereicherte Trockenmilch für kleine, unterernährte Kinder darstellt,[49] bleibt dieser Artikel bei Hungersnöten beliebt. Einem Bericht des Europäischen Rechnungshofs aus dem Jahr 1987 zufolge »erhielt Botswana 500 Tonnen entrahmtes, nicht-vitaminiertes Milchpulver, was den elementarsten Geboten des gesunden Menschenverstands widerspricht. Da die Milch für den Verzehr durch Kinder in Schulen und kleinen Krankenhäusern bestimmt war, hätte sie vitaminiert werden müssen, um dem Risiko ernsthafter gastrischer Störungen vorzubeugen.«[50]
Auch Mauritius bekam 500 Tonnen nicht-vitaminierte Trockenmilch. Dazu die Rechnungsprüfer:

> Die Anreicherung mit Vitaminen war lebenswichtig – da das Pulver für die sofortige Verteilung an mehr als 100 000 Menschen der gefährdetsten Kategorien bestimmt war. In dem Lieferabkommen mit der Regierung war ausdrücklich vereinbart worden, daß Vitamine zugesetzt werden sollten, aber die Generaldirektion Entwicklung und Zusammenarbeit der Kommission versäumte es, die Generaldirektion Landwirtschaft davon in Kenntnis zu setzen.[51]

Ein weiteres bemerkenswertes Beispiel verunglückter »Wohltätigkeit« durch die EG sind 15 000 Tonnen Mais, die in Le Havre für das hungergeplagte Moçambique verladen wurden. Wie sich bei Eintreffen der Sendung herausstellte, war der Mais alt, viele Körner waren geplatzt, verunreinigt und angeschimmelt – und folglich für den menschlichen Verzehr völlig ungeeignet. Eine Lieferung von 26 000 Tonnen Mais an Hungernde im Niger wurde von den Revisoren ebenfalls geprüft. Der traurige Befund: »Nicht einmal als Tierfutter verwendbar.« Im Jahr 1982 besaß die kleine, von einer Dürre heimgesuchte afrikanische Republik Djibouti tatsächlich die Kühnheit, 974 Tonnen europäisches Weizenmehl zurückzuweisen. Die Begründung: für den menschlichen Verzehr nicht geeignet! Doch die EG, fest entschlossen, ihre Ware an hungernde Afrikaner loszuwerden, fand schließlich in Zaire einen Abnehmer für das Mehl – wenn auch erst 1984, also zwei Jahre später.[52]

32

Im Jahr 1983 beschloß Marokko, 240 Tonnen Butteröl aus Beständen der EG zur Herstellung von Seife zu verwenden – das Öl enthielt viermal mehr aerobe Bakterien, als die in Europa geltenden gesetzlichen Höchstwerte zuließen. Im selben Jahr erhielt Tunesien 345 Tonnen Butteröl von noch bedenklicherer »Qualität« – es enthielt hohe Mengen Superoxid und war zudem noch mit Fäkalien verunreinigt.[53] Auf der anderen Seite waren die 4500 Tonnen EG-Butter, die Libyen, ein reicher Öl-Exporteur, 1986 zum stark subventionierten Preis von etwa 50 Pfennig das Pfund kaufen durfte, in einwandfreiem Zustand. Das Geschäft über 21 Millionen Mark schloß auch 700 Tonnen subventioniertes Rindfleisch ein – ein zweifellos beliebter Artikel auf den Tischen der Libyer, die zu den Völkern mit dem höchsten Pro-Kopf-Einkommen der Welt zählen. Als Rechtfertigung für ihre Maßnahme führte die Brüsseler Kommission an, subventionierte Verkäufe von Butter und Fleisch bester Qualität an Libyen seien billiger, als diese überschüssigen Waren in Europa zu lagern. Dennoch muß man mit dem britischen Abgeordneten Tony Marlowe fragen: »Und was ist mit den Armen? Was ist mit den hungernden Menschen in der Dritten Welt?«[54]

Die Wahrheit ist traurig. Wie die Revisoren mit Bedauern feststellten, nimmt sich die Bilanz der humanitären EG-Hilfe für die Armen wie ein »Katalog von Fiaskos« aus – bürokratische Fehler, Ineffizienz, Verschwendung, Unzweckmäßigkeit und unverzeihliche Verzögerungen waren an der Tagesordnung. Im Juni 1983 bat Indonesien aufgrund einer Mißernte die Kommission um Hilfe. Als Antwort auf diese Anfrage wurden 15000 Tonnen Weizen verschifft – allerdings erst im August 1984, als die nächste Ernte bereits eingefahren war. Nach verheerenden Stürmen auf Mauritius bewilligte die Kommission am 25. März 1981 2000 Tonnen Getreide als »Soforthilfe«. Die Sendung traf erst fünfzehn Monate später ein, am 20. Juni 1982. Eine Dürre in der Provinz Hubei veranlaßte China, die Kommission im März 1981 um dringende Hilfe zu ersuchen. Die Lieferung traf erst im Juli 1982 ein. Und obwohl die EG wußte, daß die Maisvorräte in Sambia im April 1983 erschöpft sein würden, lief die Nahrungsmittelhilfe im Juli desselben Jahres überhaupt erst an.[55]

Bei einer Hungersnot in Moçambique 1988 dauerte es bis zu neun Monate, bis die verschiedenen Spender, darunter auch die EG,

Hilfe schickten. Ein weiteres Phänomen war dabei zu beobachten: War eine Sendung endlich eingetroffen, beharrten die jeweiligen Absender häufig darauf, daß sie in die Provinz geschickt wurde, für die sie ursprünglich bestimmt gewesen war – selbst dann, wenn die betreffende Provinz inzwischen überversorgt war und die Not auf andere Gebiete übergegriffen hatte. Dies stürzte die Bauern in Moçambique, denen es allen Widrigkeiten zum Trotz gelungen war, eine Ernte einzufahren, in ernste Schwierigkeiten: Spender, die in diesen Gebieten Lebensmittel verteilten, verdarben die Preise und damit den Bauern das Geschäft.[56]

Nahrungsmittelhilfe unter der Regie wohlmeinender, aber ignoranter Menschenfreunde bringt häufig mehr Schaden als Nutzen. Gemäß einer Studie der amerikanischen Agency for International Development erhielt Guatemala nach einem verheerenden Erdbeben von hilfsbereiten, aber gedankenlosen Spendern 41 000 Tonnen Nahrungsmittel. Von den Vorräten des mittelamerikanischen Staates war bei dem Beben jedoch nur ein Bruchteil vernichtet worden, und zudem hatten die Bauern im Land gerade eine Rekordernte eingebracht. Die sichtbarste Folge der Welle der Hilfsbereitschaft, die über Guatemala hereinbrach, war ein dramatischer Preissturz auf dem heimischen Getreidemarkt, der die Not der ländlichen Produzenten drastisch verschärfte.[57]

Die dynamische Hilfsorganisation Band Aid, von Bob Geldof mit dem erklärten Ziel ins Leben gerufen, auf die tatsächlichen Bedürfnisse der Dritten Welt einzugehen und solchen Unfug zu vermeiden, verschwendete über 4 Millionen Dollar Spendengelder bei der Anschaffung von 80 gebrauchten Lastwagen für den Sudan. Die Lastwagen, in Kuwait gekauft, waren in so schlechtem Zustand, daß sie praktisch nicht zu gebrauchen waren. Man brauchte fünf Monate – und viele zusätzliche Dollars –, um sie zu reparieren.[58]

Oder ein Beispiel aus Äthiopien: Fest entschlossen, sich in den humanitären Bemühungen nicht durch lokale politische Probleme behindern zu lassen, beschloß Band Aid, den Menschen in Eritrea und Tigre direkt Hilfe zu bringen, d. h. Hilfsgüter durch die von Rebellen kontrollierten Landstriche in diese Provinzen zu transportieren. Ein Lastwagen sollte per Schiff nach Port Sudan gebracht werden und von dort über Land nach Tigre fahren. Unglücklicherweise lief das Schiff den äthiopischen Hafen Assab an. Mit der provozierenden Aufschrift »Den Menschen in Tigre von den Menschen in Watford« auf der Seite stand der Lastwagen an Deck, gut sichtbar für die äthiopischen Zöllner, die ihn kurzerhand beschlagnahmten – mit der durchaus einleuchtenden Begründung, daß Tigre zu Äthiopien gehöre.[59]

Doch trotz solcher Pannen waren die Bemühungen von Band Aid im allgemeinen effektiv und trugen dazu bei, Leben zu retten. Daß humanitäre Hilfe jedoch manchmal auch töten kann, zeigt ein anderes Beispiel. So erhielt die Organisation Map International Inc. in Wheaton, Illinois, von der Firma American Hospital Supply eine Spende im Wert von 17 Millionen Dollar, bestehend aus Herzschrittmachern. Die Spende löste für AHS ein Problem: Sie ermöglichte ihr stattliche Abschreibungen in einem Unternehmensbereich, den sie ohnehin stillegen wollte. Die Schrittmacher, die ordnungsgemäß in die Dritte Welt verschickt wurden, verursachten den Empfängerländern jedoch schon bald Probleme: Abgesehen von anderen lebensbedrohlichen Fehlfunktionen, liefen bei einem Großteil der Geräte die Batterien aus.[60]

Spendenerhebung

Die Methoden der Spendenerhebung, die westliche Wohltätigkeit hervorbringt, können so verwerflich sein wie die Zwecke, denen diese Wohltätigkeit dient. Allzuoft liegt den eindringlichen Appellen – den Bildern von verhungernden Kindern und Menschen, denen die Schrecken des Krieges im Gesicht geschrieben stehen – nicht die aufrichtige Sorge um die Ärmsten dieser Welt zugrunde, sondern eine Art Kapitalismus des Mitleids, bei dem die Hilfsorganisationen um Größe und Prestige wetteifern; und die Menschen in Not, die angeblich von diesen Programmen profitieren, spielen dabei nur eine untergeordnete Rolle. Es ist in höchstem Maße zweifelhaft, ob der Zweck die Mittel heiligt, das steht hier nicht zur Debatte. Wir haben es hier mit einer Situation zu tun, in der die Mittel zum Selbstzweck geworden sind.

Ende 1984 organisierte eine französische Fernsehgesellschaft die Aktion »Lastwagen der Hoffnung«. Ein Konvoi, beladen mit Medikamenten, Geräten und Lebensmitteln für die notleidenden Länder der westafrikanischen Sahel-Zone, durchquerte von der Mittelmeerküste aus die Sahara. Was man den Fernsehzuschauern verschwieg: Um via Satellit ständig Bildkontakt zwischen Frankreich und dem Konvoi zu halten, wurde fast ebenso viel Geld ausgegeben wie für die Hilfsgüter. Ein Großteil des mitgeführten medizinischen Geräts ging unterwegs kaputt, weil man trotz schlechter oder gar nicht vorhandener Straßen ein hohes Tempo vorlegte – denn schließlich sollten die Kameras Bilder eines dramatischen Wettlaufs einfangen. »Wir hatten beschlossen, die Sache als Marathon aufzuziehen, um sie für die Zuschauer spannend zu machen«, erklärte der Organisator dieser Veranstaltung, die damals als »humanitäres Gegenstück zur Rallye Paris–Dakar« bezeichnet wurde.[61]

Die Organisation World Vision, die in Deutschland ebenso erfolgreich operiert wie in Großbritannien und in den Vereinigten Staaten, wendet sich regelmäßig mit eindringlichen und gefühlsbetonten Appellen an unser Mitleid und unsere Menschlichkeit. Ihre aggressiven Verkaufsmethoden erinnern allerdings eher an die Gesetze des Dschungels. Getreu der Maxime, daß nur der Tüchtigste in einem konkurrierenden Markt überlebt – wobei sich »Tüchtigkeit« ganz offensichtlich nicht auf die Arbeit bezieht, die bei den Armen geleistet wird, sondern auf die Quantität der eingenommenen Spenden –, scheut sich World Vision nicht, die Bemühungen anderer Wohlfahrtsverbände zu sabotieren, um die eigenen Kassen zu füllen. Ein klassisches Beispiel für diese Art der Strategie datiert aus den frühen achtziger Jahren, als Operation California, eine Hilfsorganisation mit Sitz in Los Angeles, ein Benefiz-Popkonzert zugunsten kambodschanischer Flüchtlinge veranstaltete. Das Konzert wurde von CBS übertragen, und am Ende der Sendung blendete Operation California für spendenwillige Zuschauer eine Telefonnummer ein. Was man zunächst allerdings nicht wußte: World Vision hatte Werbespots gekauft, um sie zeitgleich mit dem Konzert außerhalb des Sendebereichs Los Angeles auszustrahlen. Dabei blendete World Vision in regelmäßigen Abständen die eigene gebührenfreie Telefonnummer 800 ein. Laut Richard Walden, dem Geschäftsführer von Organisation California, wurde vielen Anrufern verschwiegen, daß sie die gebührenfreie Nummer von World Vision gewählt hatten. Der stellvertretende Distriktstaatsanwalt von Los Angeles, Edward Feldman, bestätigte dies. Er rief die Nummer 800 und fragte: »Spreche ich mit Operation California? Den gleichen Leuten, die das Konzert heute abend veranstalten?« Die Antwort: »Ja.« In Feldmans Augen war das nicht einfach nur unmoralisch: »Das

war Betrug. Ein Verbrechen nach den Bundesgesetzen – die Verbreitung einer gefälschten Nachricht über Ätherwellen und Telefon zum Zweck der Bereicherung ... Aus unserer Sicht wurde das Wohltätigkeitskonzert in betrügerischer Weise ausgenutzt.«
Operation California, deren Zentrale damals aus einem einzigen Raum in Beverly Hills bestand, wandte sich entrüstet an den größeren und weitaus reicheren Wohlfahrtsverband und drohte damit, an die Öffentlichkeit zu gehen. World Vision begnügte sich damit, einen Scheck über 250 000 Dollar zu schicken, ließ aber offen, ob diese Summe ein Ausgleich für die Verluste war, die Operation California durch die Werbespots erlitten hatte, oder ein Schweigegeld.[62]
Offenbar außerstande, dem Reiz der Bilder von der Hungersnot in Äthiopien zu widerstehen, schickte World Vision am 21. Dezember 1984 in ganz Australien eine Weihnachtssondersendung über den Äther, um die Menschen zu Spenden aufzurufen. Dies verstieß gegen die klare Abmachung mit dem australischen Kirchenrat, nicht mit dem traditionellen Weihnachtsappell der Kirchen zu konkurrieren und auf Fernsehspektakel dieser Art zu verzichten. Die rücksichtslose Behandlung der »Rivalen« zahlte sich jedoch aus: Die amerikanische Organisation ist heute der größte freie Wohlfahrtsverband in Australien.[63]
Äußerst erfolgreich agierte sie auch in Deutschland, wo sie die Dienste der in Frankfurt ansässigen Werbeagentur GGK in Anspruch nahm, um ihre laute, aufdringliche und provokative Botschaft zu verbreiten. Die aggressiven Methoden, die sie gelegentlich anwendet, grenzen fast an emotionale Nötigung – nach der Masche: »Wenn Sie diesem Kind nicht helfen, muß es sterben.«[64]
In Großbritannien hatte World Vision mit dem konkurrierenden Einsatz der Medien weit weniger Erfolg. Es gab einige Fehlschläge zu verzeichnen. So etwa 1985, als das britische Büro der Organisation in Northampton an Mohamed Amin, den Kameramann, der im Oktober 1984 die ersten Filmmeter von der Hungersnot in Äthiopien geliefert hatte, 25 000 Dollar zahlte. Das Geld war für eine rührselige, dreißigminütige Dokumentation mit dem Titel »Ein afrikanisches Martyrium« bestimmt, an der Amin gerade arbeitete. An die Zahlung war die Bedingung geknüpft, daß die Zuschauer am Ende des Films dazu aufgerufen werden sollten, an World Vision zu spenden. Die Gelder wären zweifellos reichlich geflossen, und

die Organisation hätte damit ihr verschwenderisches Hilfsprogramm in Äthiopien finanzieren können, wo zu jener Zeit große Summen damit vergeudet wurden, in den nördlichen Provinzen Wollo und Tigre einen regelrechten privaten Flugverkehr zu unterhalten. Die Luftflotte von World Vision umfaßte fünf Maschinen, darunter eine Twin Otter, die laut Listenpreis 2 Millionen Dollar kostet. Doch leider fand die Idee, daß ein einzelner Wohlfahrtsverband alle Spenden kassieren sollte, bei der BBC, die den Film in Großbritannien ausstrahlte, keinen Anklang. Statt dessen wollte man das Geld dem Disaster Emergency Committee zukommen lassen, einer Dachorganisation, die eine Gruppe freier britischer Wohlfahrtsverbände ins Leben gerufen hatte, darunter Cafod, Christian Aid, Oxfam, das Rote Kreuz und Save the Children Fund. Doch eine Stunde bevor die Sendung über den Äther ging, wurde den Fernsehleuten mit gerichtlichen Schritten gedroht, und BBC sah sich gezwungen, den Spendenaufruf von World Vision wieder einzusetzen. Mit Recht wies man jedoch auch eingehend auf das Disaster Emergency Committee hin, so daß die Zuschauer selbst entscheiden konnten, wem sie spenden wollten.[65]

Ein andere Masche von World Vision besteht darin, das Ausmaß von Katastrophen in der Dritten Welt grob zu übertreiben. So wurde in einer Anzeige, welche die amerikanische Zentrale der Organisation am 2. Oktober 1981 im National Catholic Reporter plazierte, behauptet, in Ostafrika stünden 12 Millionen Menschen am »Rande des Hungertodes. Es ist die größte Hungerkrise unserer Zeit«. Eine Darstellung, die nicht der Wahrheit entsprach – wie World Vision selbst zugab, nachdem sich UNO-Vertreter beschwert hatten. Doch der riesige Wohlfahrtsverband zeigte keine Spur von Reue: Im Jahr 1982 strahlte er in weiten Teilen der USA einen rührseligen Fernsehspot aus, der mit der Neuigkeit aufwartete, ein riesiger Flüchtlingsstrom bewege sich von Äthiopien aus ins benachbarte Somalia. Unerwähnt blieb, daß die Bilder und Informationen fast drei Jahre alt waren.[66]

World Vision war in dieser Beziehung jedoch nicht der schlimmste Übeltäter. Zur gleichen Zeit veröffentlichte International Christian Aid eigene Anzeigen zum Flüchtlingsproblem in Somalia. Nach Arthur E. Dewey vom Büro für Flüchtlingsangelegenheiten im US-Außenministerium hat ICA in einem Film »fälschlicherweise behauptet, in Somalia würden 1,5 Millionen Flüchtlinge leben. In

Wirklichkeit war es ein Drittel dieser Menge. Die Kämpfe hatten nicht zugenommen, wie behauptet wurde, sondern waren abgeflaut. Die Kinder bekamen nicht 600 bis 800 Kalorien am Tag, sondern für die meisten Flüchtlinge stand mehr als genug Nahrung zur Verfügung.«[67] Ihn ähnlicher Manier zog die in Dallas heimische Hilfsorganisation Priority One International vielen Menschen mit der Behauptung Geld aus der Tasche, die Missionare in dem südamerikanischen Staat Kolumbien seien so arm, daß sie sich von Popcorn ernähren müßten. Die Missionare selbst waren ehrlicher, wie sich am Telefon herausstellte. Gefragt, warum sie Popcorn äßen, antworteten sie: »Weil es uns schmeckt«, und fügten hinzu, daß aus einer nahe gelegenen Stadt regelmäßig Lebensmittel aus den USA eingeflogen würden.[68]

Der vielleicht schlimmste Aspekt solcher Anzeigen ist, daß nur wenige freie Wohlfahrtsverbände in Katastrophenfällen der Versuchung widerstehen, sich mit immer rührseligeren Appellen an die Öffentlichkeit zu wenden. Zweifellos bringt das Geld ein, gleichzeitig aber erniedrigt es die Empfänger und degradiert sie zu passiven Opfern, die unfähig sind, sich selbst zu helfen. Der Präsident von Priority One International, Maurice J. Mosley, deckte im US-Fernsehen einmal vor der Kamera ein totes Somali-Baby auf, während die Angehörigen des Kindes im Hintergrund Totenwache hielten. »Keine Spende ist zu hoch«, sagte Mosley in die Kamera.[69]

Diese kitschige und herabwürdigende Art der Sensationsmache bleibt nun aber keineswegs auf die freien und privaten Organisationen der Wohlfahrtsindustrie beschränkt. Ähnliche Beispiele aus anderen Bereichen gibt es genug — so etwa die Plakate des Hochkommissariats der Vereinten Nationen für Flüchtlinge (UNHCR). Die Plakate zeigen durchweg Flüchtlinge in einer Haltung der Unterwürfigkeit oder Hilflosigkeit. Um zu veranschaulichen, was er die nachhaltige »psychologische Reaktion auf Flüchtlinge als Menschen, für die wir etwas tun müssen« nennt, hatte der Direktor des Britischen Flüchtlingsrats, Martin Barber, folgendes zu den Objekten der UNHCR-Kampagne zu sagen: »Sie warten darauf, daß etwas geschieht. Sie strecken die Hände aus. Der Fotograf steht, sie sitzen.«[70]

In Deutschland haben solche Bilder die öffentliche Haltung gegenüber Afrika allem Anschein nach wirksam beeinflußt: Wie eine

Untersuchung erbrachte, wird das Foto einer Mutter mit krankem Kind allgemein als zutreffende Darstellung der Realität auf dem afrikanischen Kontinent betrachtet.[71]

Bob Geldof – und das gereicht ihm zur Ehre – hat sich konsequent geweigert, mit einem halb verhungerten Kind an der Hand vor den Fotografen zu posieren. Doch selbst die Organisation Live Aid, die zu Beginn wenigstens Ansätze einer analytischeren und positiveren Haltung erkennen ließ, schwenkte schließlich auf dieselbe Schiene ein. Dazu Steve Bonnist von der Intermediate Technology Development Group:

> Der Erfolg von Live Aid war das Resultat einer ständigen Bombardierung der Öffentlichkeit mit negativen Bildern in den meinungsbildenden Medien. Im Jahr darauf war der gleiche negative Mechanismus am Werk. Sport Aid verkündete, man sammle Geld für langfristige Selbsthilfe-Projekte, doch anstatt positive Bilder von Menschen zu zeigen, die erfolgreich an ihrer Zukunft bauen, wurden wir überall in den Medien wieder mit Bildern von Hungeropfern konfrontiert. In dem berühmt-berüchtigten, im Studio entstandenen Werbefilm, in dem Ratten über die Füße eines Statisten kriechen, wurden dahinschlurfende Zombies gezeigt, die im Staub nach Maiskörnern scharrten. Dieser Film bestätigte nur viele Menschen in dem Vorurteil, daß Afrikaner unfähig seien, sich in irgendeiner Weise selbst zu helfen.[72]

Spendenappelle dieser Art nähren – oder verstärken – den weitverbreiteten Glauben, die verarmten Völker in der Dritten Welt seien grundsätzlich hilflos. Als Opfer zahlloser Krisen und Katastrophen können sie nichts tun, wenn nicht wir, die Reichen und Mächtigen, eingreifen, um sie vor sich selbst zu schützen.

Die Annahme, wir seien dazu in der Lage, ist nicht nur von bedenklichem Hochmut, sie ist auch vollkommen falsch – denn unsere Bilanz auf diesem Gebiet ist eine Kette von Mißerfolgen, Täuschungen und Torheiten. Weit davon entfernt, bloße Einzelfälle zu sein, weisen die Fiaskos im Bereich der humanitären Hilfe, die ich beschrieben habe, auf anhaltende und tiefer liegende strukturelle Probleme hin, die praktisch auch alle anderen Formen der Hilfe von vornherein zum Scheitern verurteilen.

Einige lösbare Probleme

Ich räume durchaus ein, daß eine Reihe von Schwierigkeiten, die speziell die Katastrophenhilfe betreffen, relativ leicht behoben werden könnten. Zum Beispiel könnte das UNHCR die freien Hilfswerke, denen es Aufgaben vor Ort überträgt, gründlicher überprüfen und durchleuchten und so die schlimmsten Mißstände in den Flüchtlingslagern hoffentlich abstellen. Doch bis heute gibt es kein solches Verfahren.[73] Vorläufig gilt noch, was Sydney Waldron treffend so ausgedrückt hat: »Jede Gruppe, die in der Lage ist, Anträge zu stellen, ist damit ausreichend qualifiziert, an Hilfsmaßnahmen mitzuwirken, die vom UNHCR koordiniert werden.«[74]

Ein anderes ernstes Problem, dessen Lösung den menschlichen Erfindungsgeist aber ebenso wenig überfordert, ist die schiere *Anzahl* unterschiedlicher Organisationen, die sich gutartigen Geiern gleich am Schauplatz jeder, aber auch jeder Katastrophe in der Dritten Welt versammeln. Und dabei denke ich gar nicht in erster Linie an die privaten Wohlfahrtsverbände, die naturgemäß ein diffuser, bunter Haufen mit unterschiedlichsten Voraussetzungen und Zielen sind. Was nur wenigen geläufig sein dürfte: Es gibt *mindestens* sechzehn Sonderorganisationen der Vereinten Nationen, die im Bereich der Katastrophenhilfe aktiv werden können und dies auch tun.[75] Und da sie es oft alle gleichzeitig tun, ist es nicht verwunderlich, daß sie einander in die Quere kommen, um Kompetenzen streiten und mitunter in reichlich beschämender Weise um Einfluß ringen. Zu ihnen gehören: UNICEF und die Weltgesundheitsorganisation, UNHCR und das Entwicklungsprogramm der Vereinten Nationen, die Ernährungs- und Landwirtschaftsorganisation der UN, das Welternährungsprogramm, die Weltorganisation für Meteorologie und das UN-Umweltprogramm, um nur einige zu nennen. Und abgesehen von den oft gespannten innerfamiliären Beziehungen, müssen sich diese Behörden zusätzlich noch mit den Wohlfahrtsverbänden, dem Internationalen Komitee des Roten Kreuzes und einzelstaatlichen Behörden wie BMZ, USAID oder Britain's Overseas Development Administration arrangieren – ein Alptraum, dies alles zu koordinieren. Unvermeidlich, daß es böses Blut gibt und viel Arbeit doppelt getan wird.

Ein Teil der Schwierigkeiten liegt darin begründet, daß alle Organisationen, ob nun privat, bilateral oder multilateral, auf einen Bereich spezialisiert sind. Das kann dazu führen, daß sie auf Katastrophen nicht objektiv, sondern subjektiv reagieren, d. h., sie tun nicht das, was tatsächlich erforderlich wäre, sondern das, was sie gut können. Dazu Hugh Goyder von Oxfam: »Bei Operationen in Katastrophengebieten kommt es zwischen Organisationen, die der medizinischen Versorgung Priorität einräumen, und solchen, die der Nahrungsmittelhilfe Priorität einräumen, häufig zum Streit.«[76] Unstimmigkeiten dieser Art hatten schon fatale Folgen, wie etwa 1987 in einem Lager für Hungeropfer im Sudan. Einer Studie zufolge konzentrierten sich die dortigen Helfer ganz auf die Versorgung der Betroffenen mit Nahrungsmitteln. Sie setzten sich gegen andere durch, die den medizinischen und sanitären Bedürfnissen Vorrang einräumen wollten. Am Ende starben jedoch mehr Menschen an Masern und anderen verhütbaren Krankheiten als an Unterernährung.[77]

Es wäre schon etwas gewonnen, würde man die Katastrophenopfer nach ihren eigenen Prioritäten fragen. Doch dies geschieht in der Regel nicht. Auch hierzu ein Beispiel: Bei der israelischen Invasion im Libanon 1982 waren viele palästinensische Flüchtlingslager schwer beschädigt worden. Es wurden dringend neue Unterkünfte gebraucht. Doch obwohl die Flüchtlinge darin eine Priorität sahen, waren die Ausländer, die ihnen zu Hilfe eilten, anderer Meinung. Der Grund: Unterkünfte zu bauen war nicht ihr Geschäft. Dazu ein Augenzeuge:

> Niemand hungerte, es gab keine Unterernährung, trotzdem wollte eine Organisation, die auf Hungerhilfe spezialisiert war, ein therapeutisches Ernährungszentrum einrichten. Kein Mensch war unterernährt, trotzdem bestanden sie auf einem therapeutischen Ernährungszentrum. Andere Organisationen wollten mit Ambulanzen oder Waisenhäusern helfen, weil sie darauf spezialisiert waren. Vermutlich unterhalten sie in Amerika ein Waisenhaus, und wenn sie nach Äthiopien oder Somalia kommen, wollen sie eben ein Waisenhaus unterstützen. Es gibt nicht viele Waisen in Flüchtlingslagern.[78]

Da Konflikte zwischen Organisationen und schlecht geplante oder unzweckmäßige Hilfsmaßnahmen wie diese bei jeder Hungersnot oder ähnlichen Katastrophe in der Dritten Welt zu beobachten sind, werden anschließend immer verzweifelte Rufe nach besserer Koordination laut. Doch die Rufe finden selten Gehör, nicht einmal dann, wenn eigens Behörden eingerichtet werden, die diese Koordination gewährleisten sollen. Im Jahr 1971 beispielsweise rief die UNO das Amt des Koordinators der Vereinten Nationen für Katastrophenhilfe (UNDRO) ins Leben. Kostenaufwand: über 30 Millionen Dollar, für die der Steuerzahler der Industrienationen aufkam. Der spezielle Auftrag dieser Behörde bestand darin, »internationale Hilfsmaßnahmen zu mobilisieren, zu steuern und zu koordinieren, sowie Untersuchungen zur Verhinderung, Kontrolle und Vorhersage von Naturkatastrophen zu fördern«.[79] Nach einem vernichtenden vertraulichen Bericht der eigenen Revisoren ist es UNDRO in nahezu keinem Punkt gelungen, den Auftrag zu erfüllen:

Nur selten koordinierte UNDRO Hilfeleistungen, und andere koordinierende Maßnahmen wurden nicht wie geplant entwickelt. Trotz vieler Missionen wurde weder ein klares Programm für technische Zusammenarbeit noch irgendein anderes größeres Projekt entwickelt. Ein Großteil der geplanten Forschungsvorhaben wurde verschoben oder nie durchgeführt. Die Informationsverbreitung blieb begrenzt, Konferenzen wurden nur selten einberufen ... Andere Organisationen aus dem UN-System akzeptierten die Führungsrolle des UNDRO nicht. Gemeinsame Aktivitäten waren selten.[80]

UNDRO selbst tätigte verschwenderische Ausgaben genau der Art, die durch Koordination eigentlich eingedämmt oder vermieden werden sollten. Im Jahr 1975 beispielsweise kaufte man im Rahmen eines breit angelegten Programms zur Verbesserung der Kommunikationsfähigkeit innerhalb der UN für 90 000 Dollar zwei tragbare Hochfrequenz-Funkgeräte für den Einsatz in Katastrophen- und Notstandsgebieten. »Die Funkgeräte«, stellten die Prüfer fest, »wurden nur einmal 1976 benutzt (und erfolglos). Seitdem liegen sie im Lager. UNDRO zog in Erwägung, sie an den UN-Außendienst zu verkaufen, doch es kam zu keinem Verkauf.«[81]
Bereits 1976 richtete UNDRO eine Bibliothek ein. Beabsichtigt war, einen Sachkatalog aufzubauen und ständig zu aktualisieren, der allen Typen von Benutzern Informationen liefern sollte. »Diese Ziele wurden nicht erreicht«, urteilen die Prüfer.

Die Bücherei hat keinen Leiter, keinen systematischen Aufbau, keinen Katalog (nur Karteikarten) und wird von UNDRO-Mitarbeitern selten benutzt. Und was noch schwerer wiegt: Während kleinere, in der Katastrophenhilfe tätige Behörden einen regen Informationsaustausch mit wissenschaftlichen Instituten unterhalten und Vorschläge für ein weltweites Informationsnetz der Katastrophenforschung entwickelt werden, betätigt sich UNDRO nicht als Katalysator in der Forschung. Nur selten gelangen Untersuchungen von draußen ins Haus, und falls dies doch einmal geschieht, gibt es keine klare Regelung, wie mit ihnen zu verfahren ist.[82]

Außerdem verwendet UNDRO sein umfangreiches Budget für Dienstreisen nicht in der ursprünglich vorgesehenen Weise. Im Jahr 1975, als die Organisation noch in den Kinderschuhen steckte, veranschlagte man 97 000 Dollar für Dienstreisen – und etwa 92 Prozent davon für Reisen in Katastrophengebiete. Obwohl das Budget seitdem beträchtlich aufgestockt wurde, so die Revisoren, führten nur 27 Prozent der Dienstreisen tatsächlich in Katastrophengebiete. »Der Löwenanteil – 73 Prozent – waren Reisen zu Seminaren oder Konferenzen oder Kontakt- oder Repräsentationsreisen in Geberländer oder zu Hilfsorganisationen.«[83]

Es ist nicht verwunderlich, daß UNDRO kaum etwas zur Koordination von Hilfsleistungen in der Dritten Welt beiträgt, wenn seine Mitarbeiter einen Großteil ihrer Zeit bei Konferenzen in der Ersten Welt absitzen. Es könnte einiges getan werden, um diesen unsäglichen Zustand zu beenden und die Arbeit dieser bislang ziemlich nutzlosen Behörde zu verbessern. Denn eines muß man in der Tat zugeben: Aus den Erfahrungen, die bei der Vielzahl von Katastrophen in den letzten Jahren gesammelt wurden, haben die Hilfsorganisationen zumindest ein paar Lehren in puncto Koordination gezogen und damit begonnen, diese in der Praxis anzuwenden.

Die horrenden Verzögerungen bei Nahrungsmittellieferungen in Hungergebiete dürfen ebenso wenig als unabänderlich hingenommen werden. Sie fallen zwar selten so spektakulär aus wie im Falle der EG, die durchschnittlich 400 Tage braucht, bis sie auf einen Hilferuf reagiert[84], doch auch fast alle anderen internationalen Hilfsorganisationen haben sich in dieser Hinsicht nicht mit Ruhm bekleckert. Eine Studie über das UN-Welternährungsprogramm, der 84 Einsätze zugrunde lagen, erbrachte beispielsweise, daß es im Durchschnitt 196 Tage dauerte, bis Hilfegesuche bearbeitet waren und Nahrungsmittel verschickt wurden.[85] In 196 Tagen können viele Menschen sterben. Durch besseres Management und die Errichtung strategischer Vorratslager an verschiedenen Standorten sollte es doch möglich sein, diese fatale Zeitspanne zu verkürzen. Das Welternährungsprogramm arbeitet ohnehin bereits auf dieses Ziel hin.

Arroganz und Paternalismus

Doch nach wie vor gibt es Probleme, die einfachen organisatorischen Lösungen entgegenstehen. Die Wurzel dieser Probleme ist die humanitäre Ethik selbst, die Hilfe als etwas begreift, das die Reichen mitleidsvoll den Armen gewähren, um diese vor sich selbst zu schützen. Der deutsche Bundespräsident Richard von Weizsäcker scheint die Gefahren einer solchen gönnerhaften Haltung erkannt zu haben: »Im Kampf gegen die Armut in der Dritten Welt ist letzten Endes die schöpferische Kraft der Menschen selbst, ihre Fähigkeit zur Selbsthilfe von herausragender Bedeutung. Diese Kraftquelle zu erkennen, ernst zu nehmen und zu fördern ist unser wichtigster Beitrag.«[86] Doch leider repräsentiert der selbstgefällige Standpunkt der britischen Premierministerin Margaret Thatcher weit eher das westliche Denken in dieser Frage. Sie brachte in der Tat die arrogante Haltung der Reichen gegenüber den bedürftigen Armen treffend zum Ausdruck, als sie in bezug auf äthiopische Kleinbauern sagte: »Wir müssen versuchen, ihnen die Grundlagen langfristiger Landwirtschaft beizubringen.«[87]

In Wahrheit gibt es sehr wenig, was wir diesen zähen, mutigen Menschen über die Grundlagen ihres Gewerbes beibringen könnten und was sie nicht schon viel besser wüßten als wir. Seit Jahrtausenden haben sie den zerklüfteten, erodierten Berghängen ihrer Heimat das abgerungen, was sie zum Leben benötigten – und häufig mehr als das. Wenn sie etwas brauchen, dann sind es die *Mittel*, die es ihnen angesichts der fortschreitenden ökologischen Katastrophe ermöglichen, ihre Produktivität zu erhalten. Doch Margaret Thatchers Haltung in diesem Punkt ist bezeichnend für die Art, wie die merkwürdige Alchimie der Barmherzigkeit schlichte materielle Hilfe in etwas verwandelt, das »wir«, die Reichen, für »sie«, die Armen, tun.

Zwischen arm und reich stehen »unsere« Vertreter vor Ort, die Vermittler sozusagen – die freien, staatlichen und multilateralen Organisationen, die unsere Hilfe in die Dritte Welt weiterleiten. Diese Organisationen sind durchdrungen von Vorstellungen von Mitleid, die, wie ein Beobachter es ausgedrückt hat, »ihrem Wesen nach ethnozentrisch, paternalistisch und unprofessionell sind«.[88] Ihre Angehörigen sind in den nicht-industrialisierten Ländern, in denen sie arbeiten, Außenseiter. Sie kommen aus Gesellschaften, die sich selbst für höher entwickelt halten als andere (d. h. aus entwickelten Gesellschaften im Gegensatz zu *unter*entwickelten) und die von der Überlegenheit ihrer Werte und ihres technischen Wissens zutiefst überzeugt sind.

Exakt diese Haltung war der Grund dafür, daß 1984 im südlichen Sudan eine europäische Krankenschwester ein medizinisches Programm für Flüchtlinge aus Uganda leitete, während einem hochqualifizierten ugandischen Arzt, selbst Flüchtling, nur untergeordnete Aufgaben übertragen wurden. Ebenfalls unter den Flüchtlingen befand sich der ehemalige Rektor einer ungandischen Landwirtschaftsschule. Er wurde nicht beschäftigt, wie Barbara Harrell-Bond, eine Oxforder Anthropologin, die damals Forschungen in den Lagern durchführte, berichtete. Doch:

> In Europa und in den Vereinigten Staaten warben die Organisationen ein Anzahl unerfahrener und niedrig qualifizierter Leute an, die das Landwirtschaftsprogramm *für* die Flüchtlinge leiten sollten. In einer Anzeige wurde der Posten eines landwirtschaftlichen Beraters ausgeschrieben. Sie war besonders aufschlußreich. Gesucht wurden Bewerber, die ugandischen Bauern den Anbau von Süßkartoffeln, Maniok und Hirse *beibringen* konnten. Dabei war das dringlichste Problem der Flüchtlinge, daß sie weder Hacken noch Saatgut hatten.[89]

In einem afrikanischen Land traf ich einen Anthropologen von der Universität Manchester, den die Britain's Overseas Development Administration (ODA) beauftragt hatte, in einer tropischen Region, die zur Ausrottung der Tsetsefliege flächendeckend besprüht werden sollte (in begrenztem Umfang hatte man schon damit begonnen), unter seßhaften Bauern eine Umfrage durchzuführen. Bei eingehenden Gesprächen fand er heraus, daß die Einheimischen erbitterte Gegner des Projekts waren. Nach den ersten Sprühaktionen waren den Bauern zahlreiche Hühner eingegangen, und Hühner deckten einen beträchtlichen Teil ihres Nahrungsbedarfs. Verständlich, daß sie nicht noch mehr Hühner verlieren wollten. Doch das war nicht ihre einzige Sorge. War die Tsetsefliege erst einmal ausgerottet, so ihre Befürchtung, würden nomadisierende Hirten ihr Vieh auf ihre Felder treiben und die Ernte vernichten (wegen der Trypanosomiasis kann in Gebieten, in denen die Tsetsefliege vorkommt, kein Vieh gehalten werden; die Tiere sterben an der »Rinderschlafkrankheit«). ODA ignorierte den Bericht des Anthropologen und setzte die Sprühaktion fort (so daß in der Tat gefragt werden muß, wozu die Behörde überhaupt eine Studie in Auftrag gegeben hatte; nach Aussage des Anthropologen war die Entscheidung, das Gebiet mit Insektiziden zu bombardieren, schon geraume Zeit vorher gefallen und somit unwiderruflich).

Leider ist diese Art, über Hilfsmaßnahmen zu entscheiden, die Regel – die unmittelbar Betroffenen werden vorher nicht gefragt. Nur ganz wenige Wissenschaftler aus den Industrieländern (vorwiegend Anthropologen und Ökologen, die keinen Einfluß auf das Geschehen haben) hören auf die Meinung der vermeintlichen »Nutznießer« der Entwicklungshilfe und haben breiten Zugang zu dem, was ein Beobachter einmal »das umfassende und detaillierte Kenntnissystem der Armen« genannt hat. Auf der anderen Seite nannte er Helfer, die direkt in der Entwicklungshilfe tätig sind, »unwissend und *darauf konditioniert, dieses Wissen zu mißachten*«.[90] Um es allgemeiner auszudrücken: Je größer, renommierter und bürokratisierter eine Organisation ist, desto mehr tendiert sie dazu, die Wünsche und Meinungen ihrer Klienten zu übergehen und zu ignorieren.

Ich möchte wiederholen: Nirgends treten die negativen und oft auch tödlichen Konsequenzen dieser unter westlichen Helfern stark verbreiteten Haltung so tragisch zutage wie im Katastrophenfall, wenn Maßnahmen zu spät erfolgen, unzulänglich oder unangemessen sind. Doch auch die Antworten auf andere Herausforderungen – bei denen es nicht um Soforthilfe in Notfällen, sondern um langfristige Entwicklungsprojekte geht – sind von demselben technischen und kulturellen Überlegenheitsgefühl beeinflußt und folglich ebenso

widersinnig, wie die folgenden Kapitel dieses Buches zeigen werden. Es liegt nun einmal in der Natur von Katastrophen, daß sie die
Dinge schonungslos ans Licht bringen. Die Folge ist, daß ein
Versagen der Hilfsorganisationen in diesem speziellen Bereich deutlicher sichtbar wird als anderswo – und von den Massenmedien
entsprechend häufiger aufgegriffen wird.

Die Dürre in Somalia

Als ich mich 1987 wegen Recherchen in Somalia aufhielt,[91] wurde
ich zufällig Zeuge, wie eine größere Gruppe von Hilfsorganisationen versagte. Ursache ihres Versagens war keine wie auch immer
geartete Böswilligkeit ihrerseits oder ein Komplott in ihren Reihen
(obgleich sie heftig miteinander stritten), sondern schlicht die Einstellung maßgeblicher Verantwortlicher vor Ort. Außerdem trugen
auch die eingefahrenen Arbeitsmethoden der Organisationen, in
deren Dienst sie standen, ihren Teil dazu bei. Was in jenem Jahr in
Somalia geschah, war ein Paradebeispiel für gescheiterte Hilfeleistung. Aus diesem Grund will ich auf den folgenden Seiten etwas
näher auf diese Ereignisse eingehen.
Es gibt eine Gleichung, den sogenannten Schuldendienstquotien-
ten, der für alle Entwicklungsländer von großer Bedeutung ist. Er
spielt in Somalia eine entscheidende Rolle dabei, wie das Verhältnis
zwischen Gebern und Regierung definiert wird. Auf der einen Seite
dieser Gleichung steht die Summe der harten Devisen, die ein Land
jährlich aus seinen Exporten einnimmt, auf der anderen Seite die
Summe der harten Devisen, die es jährlich für Zinsen und Tilgung
aufbringen muß. Wenn die Exporterlöse den Schuldendienst übersteigen – eitel Freude. Wenn der Schuldendienst die Exporterlöse
übersteigt – tiefe Betrübnis. Somalia gehört zur zweiten Gruppe der
Entwicklungsländer. Nach Schätzungen beliefen sich die Auslandsverbindlichkeiten im Jahr 1987 auf 167 Prozent der Exporterlöse,
die damals bei etwa 135 Millionen Dollar pro Jahr lagen.[92] Zum
Vergleich: Die Entwicklungshilfe brachte jährlich Geld und Sachgüter im Wert von annähernd 400 Millionen Dollar ins Land.
Diesen Zahlen ist zu entnehmen, daß die Wirtschaft Somalias von
der Entwicklungshilfe beherrscht wird. Aus ihr finanziert der Staat
sämtliche staatlichen Importe und den Löwenanteil der Schulden-

dienst-Verbindlichkeiten. Somalia ist in einem sehr realen Sinn von der Hilfe *abhängig,* wenn es überleben will. Die Regierung muß sich bei jeder entwicklungspolitischen Initiative, die sie ins Auge faßt, weitgehend auf Finanzhilfe verlassen. Vor diesem Hintergrund überrascht es nicht, daß fast jede internationale Hilfsorganisation in der einen oder anderen Form in Mogadischu, der Hauptstadt des Landes, vertreten ist. Die meisten der bekannteren freien Wohlfahrtsverbände sowie zahlreiche multinationale und einzelstaatliche Organisationen unterhalten dort gut besetzte Niederlassungen.

Da Somalia von Amerikas umfangreichem Hilfsprogramm für die Länder südlich der Sahara profitiert, ist die Agency for International Development der Vereinigten Staaten (USAID) ein besonders prominentes Mitglied der Spendergemeinde. USAID operiert von einem befestigten Gelände in der Nähe des Vororts Medina aus und demonstriert seine Präsenz in jeder Hinsicht eindrucksvoll. Jeder Besucher der Festung muß eine Reihe strenger und einschüchternder Sicherheitskontrollen über sich ergehen lassen. Wenn er endlich passieren darf, muß er einfach glauben, daß man ihm Zugang zu einem höchst bedeutsamen Ort gestattet hat. Und in diesem Eindruck wurde er 1987 durch die Person des damaligen USAID-Bevollmächtigten in Somalia, Lou Cohen, noch bestärkt. Cohen war ein schroffer, finster dreinschauender Pfeifenraucher mit buschigen Augenbrauen. Er blieb stets kühl und sachlich. Sein luxuriös ausgestattetes Büro beherrschten zwei Gegenstände: eine Flagge mit dem Sternenbanner und ein Schreibtisch aus massivem Holz. Hinter letzterem thronte er wie ein Schulrektor. Wurde ein Besucher eingelassen, tat dieser Mann gewöhnlich so, als sei er in seine Papiere vertieft. Manchmal schaute er zehn Minuten lang nicht auf und las oder unterzeichnete Briefe. Erst dann wandte er seine Aufmerksamkeit dem Gast zu, der zu diesem Zeitpunkt oft schon so eingeschüchtert war, daß er nicht mehr imstande war, sein Anliegen überzeugend vorzutragen.

Die Sonderorganisationen der Vereinten Nationen sind ebenfalls wichtige Mitglieder der Spendergemeinde. Ihre Niederlassungen liegen auf einem weitläufigen Gelände am Ende des malerischen Küstenabschnitts, der dort als der Lido bekannt ist. Abgeschirmt durch ein hohe Mauer, ein Eisentor und ein Regiment uniformierter Sicherheitsbeamter, haben dort UNICEF und das UN-Entwicklungsprogramm (UNDP) ihren Sitz. Andere UN-

Organisationen wie die Ernährungs- und Landwirtschaftsorganisation, das Welternährungsprogramm und die Weltgesundheitsorganisation unterhalten Büros in anderen Teilen Mogadischus, doch ihre Mitarbeiter nehmen regelmäßig an Sitzungen des UNDP teil, das als koordinierende Behörde fungiert.

Obwohl Somalia als »hardship posting« (erschwerte Arbeits- und Lebensbedingungen) eingestuft wird – was den USAID-Angehörigen automatisch um 25 Prozent höhere Gehälter einbringt als in anderen, begehrteren Ländern[93] –, ist der Lebensstil der Ausländer ausgesprochen großzügig. UN-Beamte etwa kommen in den Genuß beträchtlicher Steuernachlässe auf importierten Alkohol sowie andere Artikel und beziehen im Durchschnitt ein Jahresgehalt von 55 000 Dollar.[94] Zum Vergleich: Der bestbezahlte Minister der somalischen Regierung müßte fast fünfzig Jahre arbeiten, um diese Summe zu verdienen.[95] Sieht man einmal von Angehörigen freier Wohlfahrtsverbände wie Oxfam ab, die, gemessen an internationalen Standards, schlecht bezahlt werden und folglich mit bescheidenen Gemeinschaftsunterkünften vorliebnehmen müssen, verfügt die Mehrzahl der ausländischen Beamten in Mogadischu über geräumige Häuser und Villen. Die meisten beschäftigen zwei oder mehr Hausangestellte. Und allen stehen für den Privat- und Dienstgebrauch importierte Autos zur Verfügung.

Auch an den Freizeiteinrichtungen für die ausländischen Helfer wird keineswegs gespart. Hauptattraktion ist der Internationale Golf- und Tennisclub, strategisch günstig gelegen auf der Straßenseite gegenüber der USAID-Niederlassung. Neben einem Golfplatz und den Tennisplätzen findet man dort ein gut ausgestattetes Restaurant, in dem erstklassige Steaks serviert werden. Sonnenhungrige können sich eiskalte Drinks an den Swimmingpool bringen lassen, der einem Hilton- oder Inter-Continental-Hotel alle Ehre machen würde. Jeder Ausländer in Mogadischu kann Mitglied werden, und so strömen sie denn auch jeden Nachmittag unter der Woche in Scharen herbei (Dienstzeit für die meisten von morgens 7 Uhr bis 14 Uhr). Alternativen bieten der Anglo American Beach Club[96] und der Italienische Club – beide am Lido. Internationale Restaurants, die mit Meeresfrüchten wie Hummer und Garnelen verwöhnen – in Mogadischu besondere Spezialitäten –, gibt es in Hülle und Fülle. Und wem das noch nicht genügt, der kann sich am Wochenende aufregenderen Freizeitbeschäftigungen widmen.

Als ich 1987 Somalia besuchte, herrschte in den Weidegebieten im Landesinnern – zehn Autostunden von Mogadischu entfernt – nach drei ungewöhnlich niederschlagsarmen Jahren eine verheerende Dürre. Sie führte zu einer Hungersnot, weil ausländische Helfer und Entwicklungsexperten einer ganzen Reihe von bilateralen und multilateralen Organisationen nicht bereit waren, ihre Büros in der Hauptstadt zu verlassen und sich von der Lage im Land ein Bild zu machen. Zudem waren sie arrogant, selbstgerecht in ihrem Urteil und nicht willens, sich die Ansichten Einheimischer anzuhören. Die Hungersnot in Somalia war weder so groß noch so spektakulär wie die in Äthiopien 1984/85 oder in Kambodscha 1979/80, doch ändert dies nichts an der Tatsache, daß sie über eines der ärmsten Länder der Welt beträchtliches menschliches Leid brachte, das ohne weiteres zu verhindern gewesen wäre.

Während der entscheidenden Monate Februar, März und April 1987 herrschte in der Gebergemeinde die Meinung vor, das Problem sei nicht ernst – Somalia erlebe keine Dürre, sondern lediglich eine »ungewöhnlich lange Trockenperiode«. Bedauerlicherweise setzte sich diese Ansicht gegen die weit zutreffendere Analyse der Regierung durch, daß nämlich — unabhängig davon, ob es regnen würde oder nicht — das Problem bald sehr ernste Formen annehmen würde. Wie meine eigenen Nachforschungen in Mogadischu ergaben, hatten sich das somalische Innenministerium und das Ministerium für Viehwirtschaft angesichts der ernsten Lage in den Weidegebieten bereits im Dezember 1986 mit dem UN-Entwicklungsprogramm (UNDP) in Verbindung gesetzt. Im Februar 1987 hatte die Regierung begonnen, die wichtigsten Partner offiziell davon zu unterrichten, daß nach ihrer Einschätzung ein Notstand drohte, und Anfang März hatte sie detaillierte Anträge auf Nahrungsmittelhilfe gestellt – noch bevor die ersten Hungertoten gemeldet wurden. Die Lagebeurteilungen und die frühzeitigen Warnungen der somalischen Regierung wurden in diesem Fall voll und ganz von Oxfam und UNICEF unterstützt, die ihrerseits versuchten, große Hilfsorganisationen davon zu überzeugen, daß Vorkehrungen getroffen werden müßten. Alle diese Appelle stießen auf taube Ohren.

Ein Teil des Problems ging auf Behördenzank zurück. Ein Vorfall dieser Art war ein Streit zwischen UNICEF und der Weltgesundheitsorganisation (WHO), die beide in verschiedenen Distrikten Somalias für die medizinische Grundversorgung verantwortlich waren. Anfang April bat das Innenministerium das Weltkinderhilfs-werk, 26 Todesfällen durch Diarrhöe-Erkrankungen im Distrikt Wanle Weyn am unteren Shebeli nachzugehen. UNICEF infor-mierte umgehend die WHO, die in diesem Distrikt zuständig war. Doch offenbar verärgert, daß sich das Innenministerium nicht direkt an sie gewandt hatte, weigerte sich die WHO, mit UNICEF zusammenzuarbeiten, worauf sich das Kinderhilfswerk allein an die Untersuchung der Todesfälle machte. Später kamen die UNICEF-Ermittler zu dem Schluß, daß »die eigentliche Todesursache Unter-ernährung ist ... in der Region herrscht seit drei Jahren Dürre, und das gegenwärtige Ernährungsniveau in den Dörfern ist extrem niedrig. Es gibt dort offenbar so wenig Nahrung, daß die Bevölke-rung nicht aus eigenen Mitteln überleben kann ... Hunderte von Rindern sind eingegangen.«

Als diese Analyse bei einer der regelmäßigen Sitzungen vorgebracht wurde, weigerte sich die Weltgesundheitsorganisation, etwas zu unternehmen, bestritt die Richtigkeit der Ergebnisse und bezichtig-te UNICEF, »aus einer Mücke einen Elefanten zu machen«.

Ebenfalls bei dieser Sitzung kritisierte sie einen Oxfam-Bericht über die Ernährungslage in den beiden zentralen Regionen Somalias, Hiraan und Galgaduung. Der Oxfam-Bericht, der an ein weniger fundiertes, jedoch ebenso besorgniserregendes Dokument an-knüpfte, das seit Februar in der Spendergemeinde zirkulierte, ba-sierte auf einer detaillierten Untersuchung der Ernährungslage, die im März durchgeführt wurde. Er zeigte, daß ein Großteil der Kinder auf der Wachstumstabelle, die Gewicht und Größe zum Alter in Vergleich setzt, unter den entscheidenden 80 Prozent lag und daß die Bevölkerung in zwei Regionen bedrohlich hohe Verlu-ste an Vieh erlitt. Der Bericht kam zu dem Schluß: »Es drohen Todesfälle durch Dürre, Not und Unterernährung ... Wir müssen uns doch daran erinnern, welche Folgen es hat, wenn wir mahnende Zeichen ignorieren und warten, bis endlich Tausende hungernder Menschen zum Kamerafutter der westlichen Medien geworden sind.«

WHO verwarf den Oxfam-Befund und erklärte, die abschließenden Bemerkungen seien bloße »Panikmache«.

WHO war jedoch nicht die einzige große Hilfsorganisation in Somalia, die sich weigerte, auf die warnenden Stimmen zu hören. Auch USAID – die größte Einzelorganisation für Nahrungshilfe der Welt – stellte sich taub. Bei einer Sitzung unternahmen Mitarbeiter des Central Rangelands Development Project (ein langfristiges Projekt, das von USAID finanziert wird) den Versuch, den anderen Hilfsorganisationen die sich zuspitzende Lage in ihrem Zuständigkeitsbereich zu schildern, und wiesen darauf hin, daß Notmaßnahmen erforderlich werden könnten. Mitten in ihren Ausführungen soll sie ein leitender USAID-Beamter mit den Worten unterbrochen haben: »Sie sind als Entwicklungshelfer hier und nicht als Katastrophenhelfer. Halten Sie also den Mund, und tun Sie Ihre Arbeit.«

Die unübersehbare Entschlossenheit, mit der USAID Initiativen von anderer Seite unterband und Hilfsersuchen der Regierung abblockte, war einer der befremdlichsten Aspekte der Dürre – zumal die US-Behörde im Land über beträchtliches politisches Gewicht verfügt und enormen Einfluß auf die Wirtschaft ausübt.

Der erste aktenkundige Appell der Regierung an USAID erfolgte in einem Brief vom 7. Februar 1987. In dem Schreiben ersucht das Ministerium für Viehwirtschaft um Soforthilfe und bittet um zusätzliches Futtergetreide für das Vieh, Getreide für den menschlichen Verzehr, Medikamente »gegen Darmstörungen der einheimischen Bevölkerung« und veterinärmedizinische Mittel gegen »Zecken und Läuse, die den geschwächten Tieren gegenwärtig zu schaffen machen«.

Die Antwort ließ zehn Tage auf sich warten und bestand in einem kurzen Schreiben vom 17. Februar. USAID verlangte darin »eine Quantifizierung des Bedarfs an jedem einzelnen Artikel, um den Sie ersucht haben«. Gleichzeitig betonte die Behörde, daß die Regierung den Bedarf aus ihren eigenen Vorräten decken sollte, nicht ohne jedoch hinzuzufügen, daß die Vereinigten Staaten unter gewissen Umständen bereit sein könnten, die Kosten für die Operation zu übernehmen. Die Finanzierung sollte nicht in Form neuer Zuschüsse erfolgen, sondern aus »Counterpart«-Fonds bestritten werden – d. h. aus Einkünften, die der somalische Staat in der Vergangenheit durch Verkäufe von aus den USA gelieferten Nahrungsmitteln auf dem inländischen Markt erzielt hatte (solche Mittel liegen auf Interimskonten und werden nur mit schriftlicher Genehmigung von USAID freigegeben).

Ende Februar schickte die Regierung ein zweites Schreiben an USAID. Diesmal war das Finanzministerium der Absender. Wieder wurde auf die drohende Katastrophe in den Weidegebieten im Landesinnern hingewiesen und um Soforthilfe ersucht. In der Antwort vom 2. März bekräftigte die US-Behörde ihre Forderung an die Regierung, einen Verteilungsplan für ihre Vorräte vorzulegen, und erklärte sich abermals dazu bereit, zur Deckung der anfallenden Kosten Counterpart-Fonds freizugeben, vorausgesetzt, Plan und Kostenrechnung seien akzeptabel.

Am 5. März schickte das Innenministerium USAID eine Kostenkalkulation und einen detaillierten Verteilungsplan für die damals am schlimmsten betroffenen Regionen – Hiraan, Galgaduug und Mudug. Obwohl bereits zwei Monate verstrichen waren, fiel diese Schätzung eher moderat aus. Sie ging davon aus, daß monatlich 880 000 Menschen mit Nahrungsmitteln versorgt werden müßten und folglich ein unmittelbarer Bedarf an 13 200 Metertonnen Hirse bestehe. Aufwendungen für Hilfsgüter wie Trockenmilch und Speiseöl, für Transport und Durchführung mitgerechnet, veranschlagte man die Gesamtkosten der Operation auf etwa 75 Millionen Somalische Schilling (etwa 750 000 Dollar).

Die Antwort erfolgte zehn Tage später und war eine hämische Zurückweisung der Schätzungen und Kostenrechnungen der Regierung. USAID nannte die Zahl 880 000 überzogen und behauptete, die wirkliche Zahl der Hilfsbedürftigen liege zwischen 25 000 und 30 000, folglich seien 450 Metertonnen Hirse völlig ausreichend, um den monatlichen Bedarf einer solch kleinen Gruppe zu decken. Die Behörde veranschlagte die Kosten für Kauf und Verteilung von 450 Metertonnen Hirse auf 9,5 Millionen Somalische Schilling (etwa 95 000 Dollar) und erbot sich, diese Summe aus Counterpart-Fonds zu bestreiten, vorausgesetzt, die Regierung lege einen akzeptablen Verteilungsplan vor.

In der Antwort drückte das Innenministerium sein Erstaunen über die Zahl von 25 000 bis 30 000 Betroffenen aus. Wie es möglich sei, so das Ministerium, zu einer so niedrigen Schätzung zu kommen, wo doch die drei wichtigsten Regionen, in denen Dreiviertel der Gesamtbevölkerung wohnten, von der Dürre betroffen seien.

USAID ging auf die Frage nicht ein, sondern forderte in einem Schreiben vom 5. April erneut einen detaillierten Verteilungsplan für 450 Metertonnen Hirse an. Im selben Brief ließ die Behörde durchblicken, daß das Welternährungsprogramm unter Umständen bereit sei, in den betroffenen Gebieten »Food-for-work-Projekte«

durchzuführen. Und mit einer Haltung, die an »Vogel friß oder stirb« erinnerte, schloß das USAID-Schreiben: »Nehmen wir das, was verschiedene Gruppen zugesagt haben, und die eigenen Mittel der Regierung zusammen, so dürfen wir wohl, mit allem schuldigen Respekt, behaupten, daß wir die Angelegenheit gut im Griff haben.«

In der Antwort vom 13. April zeigte sich der Innenminister von Somalia bestürzt über die unnachgiebige Haltung von USAID. Weiter schrieb er in dem Brief, die Regierung habe nicht 450, sondern 1 000 Metertonnen Hirse aus staatlichen Vorräten für die Verteilung in den betroffenen Regionen zur Verfügung gestellt; außerdem sei es ihr gelungen, vom saudiarabischen Roten Halbmond eine Spende von 600 Metertonnen Weizen zu erhalten, die nun ebenfalls verteilt würden. Der Brief schloß mit der Bitte an die Behörde, ihre Position gegenüber der Dürrekatastrophe ohne weitere Verzögerung klarzustellen.

Der nächste Brief von USAID, datiert vom 15. April – also zwei Tage später –, zeugte von geradezu himmelschreiender Ignoranz: Erneut wurde ein detaillierter Verteilungsplan für 450 Metertonnen Hirse verlangt. Darüber hinaus teilte die Behörde der Regierung mit, daß der Ernährungszustand der Menschen in den Weidegebieten ihrer Ansicht nach zwar ernst, doch beileibe nicht kritisch sei (zu diesem Zeitpunkt waren bereits mehrere hundert Kinder an den Folgen der Unterernährung gestorben).

Doch am 21. April schrieb USAID erneut und gab hastig Counterpart-Mittel frei, um die Kosten für 1 000 Metertonnen Sorghumhirse zu decken, die aus staatlichen Vorräten bereits an die Hungeropfer verteilt worden waren. Im Ton unterschied sich dieser letzte Brief merklich von den vorausgegangenen Schreiben. USAID lobte die Verteilungsmaßnahmen der Regierung und schloß mit den Worten, man sei »stolz darauf, die Initiative der Regierung unterstützen zu können«.

Ich selbst besuchte die von der Dürre betroffenen Gebiete zwischen dem 22. und 26. April und veröffentlichte darüber in der britischen Zeitung *The Independent* am 27. April einen Augenzeugenbericht. Bei meiner Reise durch die Regionen Hiraan, Galgaduug und Mudug, auf der ich 2 000 Kilometer zurücklegte, sah ich wiederholt erschütternde Fälle von Unterernährung, insbesondere bei Kindern und alten Menschen. Überall auf den Weiden lagen die Gerippe

verendeter Tiere, und ein Hungerzug notleidender Nomaden hatte
eingesetzt. Am Rand jeder Ansiedlung kampierten Familien – als
Dach für ihre notdürftigen Behausungen dienten ihnen häufig die
Felle ihrer letzten Kamele.

Nach meiner Rückkehr nach Mogadischu interviewte ich den
USAID-Bevollmächtigten für Somalia und fragte ihn, warum seine
Behörde erst so spät aktiv geworden sei. Seine Antwort läßt sich wie
folgt zusammenfassen: Die Regierung habe ihm das ernste Ausmaß
der Dürre nicht deutlich gemacht. Wie auch andere Hilfsorganisationen nach ihm warf er der somalischen Regierung vor, die Ausrufung des Notstands hinausgezögert zu haben.

Am 29. April schließlich erklärte Somalia offiziell den Notstand
und ersuchte um internationale Hilfe. Innenminister Ahmed Sulei-
man teilte versammelten Diplomaten und Leitern von Hilfsorgani-
sationen mit, daß fünf Millionen Menschen in zwölf Regionen des
Landes von einer ernsten Dürre betroffen seien und daß bereits 600
Menschen gestorben seien. Die Verluste an Vieh bezifferte er auf 55
Prozent bei Schafen und Ziegen, 15 Prozent bei Kamelen und 35
Prozent bei Rindern. Unter Hinweis auf den äußerst geschwächten
Zustand der verbliebenen Herden und die große Zahl bereits völlig
verarmter Menschen sagte er, daß für mindestens sechs Monate
Nahrungsmittelhilfe geleistet werden müsse. Wenig später veröf-
fentlichte die USAID-Zentrale in Washington eine Verlautbarung,
in der sie diesen Befund stützte und erklärte, man halte Krisensit-
zungen ab und werde Experten nach Somalia entsenden, um der
Regierung bei der Bedarfsfeststellung zu helfen.

In Anbetracht der offenkundigen Feindseligkeit und Skepsis, die
USAID in den Monaten Februar, März und April 1987 an den Tag
legte, kann es kaum verwundern, daß sich die Regierung nicht
früher zu dem drastischen Schritt entschloß, den Notstand auszuru-
fen. Der Ton, den die Behörde in ihren Schreiben anschlug, und der
Spott, mit dem die größeren Organisationen Studien von Oxfam
und UNICEF zurückwiesen, wurden als deutlicher Hinweis darauf
verstanden, wie eine Notstandserklärung zu einem früheren Zeitpunkt aufgenommen worden wäre. Innenminister Ahmed Suleiman
drückte dies in einem Interview so aus: »Wir mußten annehmen,
daß einige Spender darin nur einen blinden Alarm sehen würden.«
Sogar nach Ausrufung des Notstands blieben die Arroganz der
großen Hilfsorganisationen und ihr eklatanter Mangel an Bereit-

schaft, die tatsächliche Lage in den Weidegebieten im Landesinnern zur Kenntnis zu nehmen, ein wesentlicher Faktor, der die nun anlaufenden internationalen Hilfsmaßnahmen beeinflußte. Anfang Mai schätzte die Regierung, daß von den insgesamt fünf Millionen Menschen in den Dürregebieten etwa 1,6 Millionen eines umfassenden Soforthilfeprogramms bedurften. Die Hilfsorganisationen verwarfen diese Schätzung und konterten mit einer eigenen, viel kleineren Zahl. Ihrer Ansicht nach waren 265 000 auf sofortige Nahrungshilfe angewiesen.

Bedauerlicherweise beruhte diese Zahl nicht auf sorgfältigen Untersuchungen vor Ort, sondern auf vagen Schätzungen von sechs sogenannten »Informationsbeschaffungsteams«, die eine Fahrt durch die Hauptstädte der Regionen und Distrikte unternahmen, kommunale Beamte befragten und dann, auf der Grundlage dieser Gespräche, höchst fragwürdige Berechnungen anstellten. Die Teams entfernten sich nur selten weit von der Hauptstraße, die durch die Weidegebiete verläuft, und unternahmen keinerlei Versuch, Kontakt zu Nomadengruppen aufzunehmen und sie zu befragen, geschweige denn eine Statistik über deren Ernährungslage zu erstellen.

Doch so stümperhaft diese Aktion der Informationsbeschaffung auch war, sie lieferte die Orientierungswerte für die Verteilung von 3 400 Tonnen Getreide, die im Mai unter der Aufsicht des Welternährungsprogramms (WFP) anlief. Nach Aussagen des Innenministeriums in Mogadischu sorgte die Verteilung der ersten Hälfte der Nahrungsmittel »für beträchtliche Verwirrung und Unruhe. Die Verteilung erfolgte nicht gleichmäßig. Einige Dörfer in den betroffenen Gebieten erhielten Hilfe, andere wurden übergangen.« Zusätzlich entbrannte ein Streit über die Transportkosten, die – in strikter Anlehnung an die gängige Praxis bei derartigen Operationen – nur teilweise vom WFP getragen wurden. Die Folge war, daß die somalische Regierung den zweiten Teil der Operation, ursprünglich für Anfang Juni 1987 geplant, verschob, um abzuwarten, bis man sich auf einen vernünftigeren Verteilungsplan geeinigt hätte und geklärt wäre, wer für die restlichen Benzinkosten aufkommen mußte. In der Zwischenzeit setzte Somalia die Verteilung, so gut es ging, mit bilateralen Spenden in Form von Weizen und anderen Hilfsgütern aus befreundeten Dritte-Welt-Ländern wie Indien und Kenia fort.

Ich besuchte die Weidegebiete zum zweitenmal im Juni, um eine

Dokumentation für das britische Fernsehen, Channel 4, zu drehen. Mit Entsetzen mußte ich feststellen, daß sich der ohnehin schon schlechte Ernährungszustand der Menschen seit meinem letzten Besuch noch dramatisch verschlechtert hatte. Die einzige Nahrung, die ihnen zur Verfügung stand, war indischer Weizen, den die somalische Regierung verteilte. Aus dem Hungerzug, den ich im April beobachtet hatte, war eine Massenwanderung geworden. Die verarmte Bevölkerung strömte in provisorisch errichtete Lager ohne sanitäre Einrichtungen und akzeptable Unterkünfte. Zwar hatte mittlerweile der verspätete Frühjahrsregen eingesetzt, doch er kam zu spät, um die Viehherden der Nomaden noch zu retten; sämtliche Tiere waren bereits verendet. Auch den Hungeropfern selbst brachte der Regen keine Linderung. Im Gegenteil, er verlängerte die Chronik ihrer Leiden. Er brachte Kälte und Feuchtigkeit und begünstigte die Ausbreitung tödlicher, durch verunreinigtes Wasser übertragener Krankheiten. Unsere Kameras zeichneten zahlreiche Fälle von schwerem Marasmus bei Kindern auf.

Das Krankenhaus in Galkaio, der Hauptstadt der Region Mudug, war überfüllt mit unheilbaren Patienten. Viele Kinder litten unter katastrophalem Durchfall, weil sie verunreinigtes Wasser getrunken hatten, andere hatten Lungenentzündung – eine bei Unterernährung häufig auftretende Komplikation, die durch Nässe und Kälte zusätzlich begünstigt wurde. In den Krankenhäusern gab es keine injizierbaren Antibiotika. Das medizinische Personal mußte tatenlos zusehen, wie die Menschen starben. Die Weltgesundheitsorganisation, verantwortlich für die medizinische Grundversorgung in Mudug, hatte keine geeigneten Medikamente geschickt.

Etwa zur gleichen Zeit hatten die westlichen Hilfsorganisationen in Mogadischu ein Gremium geschaffen, das die Hilfsmaßnahmen besser koordinieren sollte. Diesem Gremium, das unter dem Namen »Aktionskomitee Dürre« bekannt wurde, gehörten an: der britische Botschafter (als Vertreter der Overseas Development Administration), der Landesbevollmächtigte von USAID sowie Mitarbeiter von Oxfam, UNICEF, der Weltgesundheitsorganisation, der Ernährungs- und Landwirtschaftsorganisation und anderer Behörden. Den Vorsitz führte ein leitender Beamter, dem bei den Entscheidungen der gesamten Gruppe eine maßgebliche Rolle zugedacht wurde. Mit seinen tadellos gebügelten Hemden und seinem stolz zur Schau getragenen Schnauzer erinnerte mich dieser

Herr lebhaft an das Klischeebild des draufgängerischen *Royal Air Force*-Offiziers, der mit seiner Spitfire in die Lüfte steigt, um die Teutonen im Kampf um England zurückzuschlagen. Diese Vorstellung war nicht einmal so abwegig, denn wie sich herausstellte, schien er seine Aufgabe in der somalischen Hauptstadt darin zu sehen, der somalischen Regierung Paroli zu bieten. Er erklärte mir freimütig, daß die somalischen Beamten seiner Meinung nach nur versuchten, »die Dürre als Vorwand zu benutzen, um möglichst viel Hilfe aus uns herauszuholen«, und stellte unmißverständlich klar, daß er durchaus willens sei, diesen verwerflichen Schachzug zu vereiteln. »Wir haben es verdammt satt, daß sie ständig mehr verlangen«, vertraute er mir an.

Obschon ich seinen Wunsch, die westlichen Kassen vor den Plünderungen gieriger Somalis zu schützen, durchaus verstehen – wenn auch nicht gutheißen – konnte, so war ich doch nicht wenig überrascht, als ich im Juni nach meiner Rückkehr aus dem Landesinnern erfuhr, daß er im Verlauf des Jahres 1987 *nicht einmal die von der Dürre betroffenen Gebiete besucht hatte.* Meiner Meinung nach eine, gelinde gesagt, merkwürdige Dienstauffassung für den Vorsitzenden des Dürre-Aktionskomitees. Aber auch eine Dienstauffassung, die es ihm ermöglichte, stur an dem Glauben festzuhalten, das Land stehe nur vor einem kurzfristigen, geringfügigen Problem, das sich mit ein paar tausend Tonnen Lebensmitteln beheben lasse. Und der einsetzende Regen, der in Mogadischu besonders heftig niederging, bestärkte ihn noch in dieser Überzeugung. So soll er eines Morgens, als er beim Joggen in einen sturzbachartigen Platzregen geriet, zum Himmel gedeutet und zu dem Mitarbeiter einer Hilfsorganisation gesagt haben: »Na also, damit ist die Dürre wohl vorüber.« Wenn er davon tatsächlich überzeugt war, dann kann es gut sein, daß er schlicht nicht begriff, daß der Regen die Lage in den entlegenen Weidegebieten verschlimmerte und nicht etwa entspannte.

Mein Kamerateam und ich setzten ihn über die tatsächlichen Verhältnisse in Kenntnis, indem wir ihm eine Rohfassung unseres Filmes zeigten. Daraufhin wurden in aller Eile mehrere Gruppen vor Ort entsandt, um Informationen zu sammeln. Eine längst überfällige statistische Erhebung der Ernährungslage, die zur gleichen Zeit anlief, wurde schon nach wenigen Tagen wieder abgebrochen. Sie hatte sich als sinnlos erwiesen, weil offensichtlich war, daß fast die gesamte Bevölkerung an Unterernährung litt und somit keinerlei Veranlassung mehr bestand, mit der Entscheidung über praktische Maßnahmen zu warten, bis der statistische Nachweis für den ohnehin klaren Sachverhalt erbracht war. Viele Kinder starben, bevor Ärzte und Helfer mit Nahrungsmitteln sie erreichen konnten.

Ich bin auf die verspätete und unzulängliche Reaktion der Hilfsorganisationen auf die Dürre in Somalia 1987 deshalb in aller Breite eingegangen, weil dieses Beispiel eine Tatsache vollkommen deutlich macht: Ausländische Helfer haben die Macht, Entscheidungen zu treffen, von denen Leben und Tod von Hunderttausenden armer Menschen abhängen können. Doch wir können uns nicht darauf verlassen, daß sie die richtigen Entscheidungen treffen. Im Gegenteil, überall in der Dritten Welt treffen sie häufig falsche Entscheidungen. Im Bewußtsein, eine humanitäre Mission zu erfüllen, kommen sie gar nicht erst auf den Gedanken, die Effizienz ihrer Arbeitsmethoden zu überprüfen, und entrüsten sich, wenn jemand ihren Edelmut in Zweifel zieht. Viele von ihnen (UNO- und USAID-Angestellte) genießen diplomatischen Status. Die meisten führen ein privilegiertes Leben. Gemessen an den Verhältnissen des Gastlandes sind ihre Wohnungen unvorstellbar luxuriös, ihre Gehälter geradezu astronomisch. Sie verwalten immense Geldsummen – die sie verteilen oder zurückhalten können, wie es ihnen beliebt. Alle diese Faktoren zusammengenommen machen sie anfällig für einen *Größenwahn*, der tödliche Folgen zeitigen kann.

Déjà vu

Dieser Wahn überdauert hartnäckig alle Zeiten und ist immer wieder der Grund dafür, daß das internationale System der humanitären Hilfe in seiner wichtigsten Aufgabe versagt. Dasselbe geschah auch in Äthiopien in den Jahren 1983 und 1984. Obwohl alles auf eine Hungersnot hindeutete – der Fernsehreporter Michael Buerk sprach später von »biblischen Ausmaßen« –, wurden alle Warnzeichen von den Hilfsorganisationen falsch gedeutet, ignoriert oder verharmlost. Erst als Zehntausende gestorben waren, liefen schleppend die Hilfsmaßnahmen an.[97] Der äthiopischen Regierung wurde später von vielen Seiten vorgeworfen, sie habe es versäumt, die

Helfer vor der drohenden Katastrophe zu warnen. In Wahrheit jedoch hat sie gewarnt, und zwar wiederholt. Das Problem lag bei den Hilfsorganisationen selbst, die einfach nicht zuhören wollten. Sieben Monate *bevor* Buerks bewegender Appell aus dem Krisengebiet bei Korem im Fernsehen ausgestrahlt wurde, erklärte Dawit Wolde-Giorgis, der äthiopische Kommissar für Nothilfe und Wiederaufbau, den versammelten Leitern der Hilfsorganisationen: »Äthiopien steht vor einer Katastrophe beträchtlichen Ausmaßes. Rund ein Fünftel der Bevölkerung des Landes wird in diesem Jahr in der einen oder anderen Form auf Hilfe angewiesen sein. Wenn die Betroffenen keine Hilfe erhalten, wird das erschreckende Folgen haben.« Er stützte seine Ausführungen auf detaillierte statistische Erhebungen. Danach brauchten »in Wollo 1 790 000 von 2 500 000 und in Tigre 1 300 000 von 2 400 000 Menschen« dringend Hilfe. Ein vertraulicher interner Oxfam-Bericht liefert einen erdrückenden Beweis für die Gründe der Katastrophe: »Praktisch keiner nahm das Ersuchen sonderlich ernst, auch Oxfam nicht.«[98] Erst nach der Intervention des Fernsehens begann man, den Warnungen Glauben zu schenken. Wie inzwischen nur allzu bekannt ist, kostete diese Verzögerung über eine Million Äthiopier das Leben.

Plus ça change. Die verheerende Hungersnot, der in den Jahren 1972/73 im westafrikanischen Sahel Millionen zum Opfer fielen, hatte sich seit 1967 durch deutliche Warnzeichen angekündigt, die, obwohl unmißverständliche Indikatoren des Kommenden, von den Hilfsorganisationen im Land ignoriert wurden.[99] Um Verständnis für ihre Unfähigkeit, die Krise rechtzeitig vorauszusehen, warb ein leitender amerikanischer Beamter mit folgender Erklärung: »Fünf Jahre lang näherte sich die Krise auf leisen Sohlen.«[100] Einmal mehr waren es die Massenmedien, die das Ausmaß der Katastrophe aufdeckten und peinliche Fragen stellten, die den Hilfsapparat schließlich zum Handeln nötigten.

»Die Tendenz ist nicht, daß etwas passiert, sondern daß nichts passiert«, sagte Dr. John Seaman, leitender Mediziner bei Save the Children Fund. »Die Spender wollen einfach nicht glauben, was vor sich geht. Erst müssen Menschen vor ihren Augen zusammenbrechen, vorher handeln sie nicht.«[101] Dies scheint unvermeidlich, solange auf allen Etagen nahezu aller unserer wichtigsten Hilfsorganisationen Gruppen hochbezahlter Männer und Frauen sitzen, die den alltäglichen Realitäten weltweiter Armut und Unterentwicklung, die sie eigentlich bekämpfen sollten, hoffnungslos entrückt sind. Diese überbezahlten Bürokraten der humanitären Hilfe beanspruchen – und bekommen – einen Lebensstandard, der oft weit über dem liegt, was sie beispielsweise durch Arbeit in Industrie oder Handel ihres Heimatlands erlangen könnten. Gleichzeitig aber sind ihre Leistungen und Erfolge in keiner Weise den strengen Kriterien des Wettbewerbs unterworfen, die in der Wirtschaft ganz normal sind. Eben weil ihre Branche der »Humanitarismus« ist – und nicht Handel, Produktion oder Technik –, wird nur selten von ihnen verlangt, daß sie den Nutzen ihrer Arbeit in quantitativ meßbarer Form ausdrücken und nachweisen. Wie Druiden des modernen Zeitalters hüllen sich diese *Händler der Armut* in den mystifizierenden Jargon ihrer Zunft und üben eine enorme Macht aus, ohne jemandem Rechenschaft schuldig zu sein.

KAPITEL ZWEI

Der Entwicklungskonzern

> Für jedes Problem gibt eine einfache, klare
> und falsche Lösung.
>
> H. L. MENKEN

An einem warmen Septemberabend flog ich nach Washington, um in Sachen Armut zu recherchieren. Eine Woche zuvor hatte ich mich noch in Äthiopien aufgehalten, davor auf den Philippinen und in Pakistan, doch es erschien mir keineswegs paradox, daß ich nun die Hauptstadt der reichsten Nation der Welt besuchte, um mehr über Armut zu erfahren. Die Reise hatte einen simplen Anlaß: Ich wollte die jährliche Tagung der Gouverneursräte von Weltbank und Internationalem Währungsfonds (IWF) besuchen. Beide Institutionen spielen eine zentrale Rolle bei der Beschaffung von Mitteln und ihrer Verteilung an die armen Entwicklungsländer.

Ich verbrachte die Nacht bei einem befreundeten Ehepaar in ihrem entzückenden Haus – sie ist Beraterin, er Angestellter bei der US-amerikanischen Entwicklungsbehörde (Agency for International Development). Am nächsten Morgen machte ich mich auf den Weg, um mir meine Akkreditierung als Beobachter der Tagung zu beschaffen. Als ich die 19. Straße entlangschlenderte und die langen Reihen der Limousinen bewunderte, die vor den Zentralen von Weltbank und IWF geparkt waren, lief mir eine Beamtin der UNO über den Weg, die ich einige Jahre zuvor kennengelernt hatte. Sie musterte meine Jeans und mein kurzärmeliges Hemd mit abschätzigem Blick. »So können Sie hier nicht herumlaufen«, sagte sie. »In diesem Aufzug wird kein Mensch mit Ihnen reden.«

Sie hatte recht – ich wäre selbst darauf gekommen, wenn mir die

Zeitverschiebung nicht zu schaffen gemacht hätte. Ich sah nur wenige Delegierte auf der Straße, doch alle trugen dunkle Anzüge, glänzende Schuhe, weiße Hemden und Seidenkrawatten. Ich fühlte mich so deplaziert wie ein Kuhbauer an der Wertpapierbörse. Ich ließ mir so schnell wie möglich meinen laminierten Fotoausweis ausstellen und eilte dann zurück, um mich in Schale zu werfen.

Die Schlacht am kalten Buffet

Die jährliche Tagung von Weltbank und IWF ist ein Sammelplatz für alle, die im Geschäft mit der Armut tätig sind: für Geber und Empfänger, private westliche Bankiers, die den Ländern in der Dritten Welt zu ansehnlichen Zinssätzen Geld geliehen haben, Akademiker und Wissenschaftler, UNO-Bürokraten, Firmenchefs, Sachverständige, Zaungäste und Interessierte jeglicher Couleur. Die Tagung ist ein wichtiges Diskussionsforum für Entwicklungsfragen, aber auch eine Art Handelsmesse für Kreditgeber und Schuldner. Sie ist eine ernst zu nehmende Arbeitskonferenz, aber auch ein gesellschaftliches Ereignis mit ganz eigenen Hierarchien und Ritualen. VIPs, sonst in alle Welt verstreut und durch ergebene Gefolgsleute vor Besuchern abgeschirmt, versammeln sich hier für kurze Zeit an einem Ort, werden fürstlich bewirtet und sind für wenige Tage zugänglich für einen größeren Kreis von Menschen. Berge erlesener Speisen werden konsumiert und gewaltige Mengen von Arbeit erledigt, und nebenbei werden auf atemberaubende Weise Macht und Prunk demonstriert, begleitet von hochgestochener, inhaltsloser Rhetorik über das Dilemma der Armen.
Barber Conable, früher US-Kongreßabgeordneter und seit 1986 Präsident der Bank, lief bei der Sitzung, an der ich teilnahm, zu rednerischer Höchstform auf. Glatzköpfig und bebrillt erklomm er das Podium und sagte:

> Unsere Institution ist reich an Mitteln und Erfahrung, doch unsere Bemühungen werden erfolglos bleiben, wenn wir die Welt nicht mit den Augen der Ärmsten betrachten, wenn wir nicht fähig sind, ihre Hoffnungen und Ängste zu teilen. Wir sind hier, um ihren Bedürfnissen zu dienen, um ihnen dabei zu helfen, ihre Stärken zu entwickeln und ihre Potentiale auszuschöpfen und

ihre Sehnsüchte zu verwirklichen … Vereint die weltweite Armut zu bekämpfen, das ist das gemeinsame Anliegen, das uns heute hier zusammengeführt hat. Widmen wir uns also mit ganzer Kraft der Verwirklichung dieser guten Sache.[1]

Die 10 000 Männer und Frauen, die der Konferenz beiwohnten, machten ganz und gar nicht den Eindruck, als könnten sie dieses noble Ziel erreichen. Wenn sie nicht gerade in einer Plenarsitzung gähnten oder vor sich hindösten, traf ich sie bei einer Cocktailparty, bei einem Nachmittagstee oder Mitternachtsimbiß oder bei einem der zahlreichen Lunches und Dinners, die so feudal waren, daß selbst dem gefräßigsten Schlemmer der Appetit verging. Die Gesamtkosten der Festivitäten, die für die Delegierten in dieser einen Woche ausgerichtet wurden, beliefen sich nach Schätzungen auf 10 Millionen Dollar[2] – eine Summe, die, wäre sie anders verwendet worden, den Bedürfnissen der Armen weit besser gedient hätte. Beispielsweise erblinden durch die Vitamin-A-Mangelkrankheit (Xerophthalmie) in Afrika und Asien alljährlich 500 000 Kinder, und Millionen tragen eine bleibende Schädigung der Sehkraft davon. Mit 10 Millionen Dollar könnte man ein ganzes Jahr lang 47 Millionen gefährdete Kinder in den Entwicklungsländern mit Vitamin-A-Tabletten versorgen, was ihnen zweifellos dabei helfen würde, ihre »Potentiale auszuschöpfen«.[3]
Solche Erwägungen freilich schienen den geschniegelten und betuchten Herrschaften fernzuliegen, die von Bank und Fonds zusammengekommen waren, um Probleme der Weltentwicklung zu erörtern. Offensichtlich störte es sie nicht, daß ein Vermögen verschleudert wurde, um ihre Gaumen zu verwöhnen. »Die ganze Stadt ist ausgebucht«, kommentierte William Holman von der Firma Design Cuisine.
Ridgewells, eine bekannte Feinkostfirma in Washington, richtete nach Aussage des Angestellten Jeff Ellis an einem einzigen Tag 29 Parties aus. »Dieses Jahr bevorzugen die Gastgeber teurere Menüs«, sagte er, »und sie laden 30 Prozent mehr Leute ein.« Ein offizielles Dinner, von Ridgewells geliefert, kostete 200 Dollar pro Person. Die Gäste begannen mit Krabbenkanapees, Kaviar und *crème fraîche*, geräuchertem Lachs und Minibeef Wellington. Als Fischgang gab es Hummer mit Maisschnitten, gefolgt von Zitronensorbet. Zum *entrée* wurde Ente mit Limonensoße ge-

reicht, dazu Artischockenböden und Babykarotten, anschließend Palmherzensalat und Salbeikäsesoufflé mit Rotwein-Dressing. Zum Dessert gab es Schokoladenmus auf Himbeercoulis, Eiskrembonbons und Kaffee Royal.

Das Shoreham Hotel schätzte seine Einnahmen aus den 96 Parties, die während der Konferenz gegeben wurden, auf 1 Million Dollar. Laut Harriet Schwarz, Teilhaberin von Caterers Washington Inc., war die Party *A Taste of America*, die ihre Firma im Shoreham ausrichtete, einzig dazu bestimmt, die ausländischen Gäste mit einer kulinarischen Reise durch die feine amerikanischen Küche zu verzücken. Zu einem ähnlich glanzvollen Bankett lud die Weltbank mehr als 1500 Delegierte ins Foundry. Das kulinarische Angebot umfaßte dreißig verschiedene Gerichte von Graved Lachs über Steak Tartare bis hin zu Jambalaya. »Diesmal geht es darum, den Liebhabern erstklassiger Importweine etwas zu bieten«, erklärte Herb Rothberg, Generaldirektor von Central Liquor. »Leute vom IWF kamen zu uns, weil sie viele Veranstaltungen auszurichten hatten. Sie stürzten sich auf importierten Champagner.«

Natürlich wurde die Konferenz nicht in irgendeiner nüchternen Halle abgehalten, sondern stilgemäß in einem erstklassigen internationalen Hotel – im luxuriösen und exklusiven Washingtoner Sheraton. Dort wurden 550 Hotelzimmer vorübergehend in Büros umfunktioniert und 17,6 Kilometer Telefonkabel verlegt. Ein Print-Shop wurde eingerichtet, der rund um die Uhr geöffnet war, und auf Wunsch von Bank und IWF wurden Scheinwerfer mit einer Leistung von 54 000 Watt installiert. Mary Noel Walker, PR-Chefin des Hotels, hatte keine Ahnung, wozu die Scheinwerfer gut sein sollten, wie sie offen zugab. »Für diese Zeit gehört das Haus ihnen«, sagte sie mit einem Schulterzucken. In der Tat ist das Sheraton seit den vierziger Jahren bevorzugte Tagungsstätte der Konferenz. Bank und IWF sind dort inzwischen so heimisch geworden, daß die Hoteldirektion am Ende der siebziger Jahre, als sie einen neuen Anbau plante, bei ihnen Vorschläge einholte. Die neuen Telefonanlagen wurden nach den Wünschen der beiden Institutionen installiert.

Doch das gigantische Hotel ist offenbar nicht mehr in der Lage, den wachsenden Anforderungen der Konferenz gerecht zu werden. Als ich im Foyer auf den Aufzug wartete, weil ich im sechsten Stock an einer Sitzung mit Dr. Chedly Ayari, dem Präsidenten der Arabischen Bank für wirtschaftliche Entwicklung in Afrika, teilnehmen wollte, drängelten sich vor und hinter mir über zwanzig distinguierte, aber unverkennbar gereizte Herren. Unter ihnen, im holzkohlegrauen Anzug, Nigel Lawson, der britische Finanzminister – ein Mann, der es nicht gewohnt ist, daß man ihn warten läßt.

Ich konnte nicht erfahren, wo er den Vorsitz führte, doch als ich meinen Bestimmungsort erreicht hatte, fand ich mich in einer anderen Schlange wieder – und die bestand ausschließlich aus afrikanischen Finanzministern. Sie alle stammten aus Ländern, die von den zusätzlichen Entwicklungsdarlehen in Höhe von 1 Milliarde Dollar profitiert hatten, die Ayaris Arabische Bank seit 1974 an den ärmsten Kontinent der Welt zu günstigen Bedingungen vergeben hatte. Alle waren tadellos gekleidet (Gucci-Schuhe und Aktenkoffer von Louis Vuitton) und warteten auf Ayari, um ihm entweder zu erklären, warum genau sie gerade zu Zinszahlungen nicht in der Lage seien, oder weil sie weitere Kredite von ihm wollten.

Als ich die Wagen sah, mit denen die Delegierten herumfuhren, konnte ich nachempfinden, warum sie möglicherweise genötigt sein könnten, ein Extra-Sümmchen herauszuschlagen. Zeitweise füllte die Schlange der kostspieligen, benzinsaufenden Limousinen die Zufahrtstraße zum Sheraton-Washington in ihrer vollen Länge, bog in die Woodley Road ein und zog sich von dort bis zur Connecticut Avenue hin. Es kam zu solchen Stauungen, daß Delegierte in Nadelstreifenanzügen häufig frustriert aus ihren Wagen sprangen und schwitzend zum Hotel sprinteten, wobei die Ausweise mit ihren Fotografien gegen die eleganten Revers klatschten. »Ein guter Fahrer läßt seinen Kunden keine zwei Schritte zu Fuß gehen«, stöhnte ein Chauffeur zerknirscht.

Doch solchen Unannehmlichkeiten zum Trotz – das Geschäft blühte für die Washingtoner Autovermietungen. Laut John Goldberg, Generaldirektor von Dav-El Livery, wurden bei ihm dreimal mehr Limousinen bestellt, als er in seinem Wagenpark hatte. Er mußte Autos aus New York heranschaffen, um die Nachfrage zu decken. »Wir arbeiten sieben Tage die Woche von morgens bis abends«, sagte Steve Murphy, Geschäftsführer von Embassy Limousine. Er vermietete seine Nobelkarossen bei einer Mindestzeit von zehn Stunden für 44 Dollar pro Stunde. »Man muß sich ganz schön ins Zeug legen. Es ist so, als ob man gleichzeitig pokert und Schach spielt.« Nach Sean Surla, einem Chauffeur, rangiert die

Tagung von Weltbank und IWF gleich hinter den Feierlichkeiten zur Amtseinführung des Präsidenten, und dabei kommt es zu einer wahren Auto-Manie. »Sie lassen sich das eine Menge kosten«, sagte er. »Jeder muß seinen eigenen Wagen haben.«

Die Tagung von Weltbank und IWF findet jedes dritte Jahr in einem Entwicklungsland statt. Als ich 1985 mit den Recherchen zu diesem Buch begann, war die Tagungsstätte das Hilton International in Seoul, der Hauptstadt Südkoreas. Um ausreichend Parkplätze für den Wagenpark der Delegierten zu schaffen, ließ die kooperative koreanische Regierung das von Armut gezeichnete Amüsierviertel, das an das Hotel angrenzte, dem Erdboden gleichmachen. Für diesen Parkplatz wurden 128 Häuser abgerissen.[4]

Im selben Jahr, nach der Konferenz in Seoul, kam die UNO-Gemeinde noch einmal in Nordamerika zusammen, diesmal in New York. Ich erinnere mich noch lebhaft daran, wie die Prozession riesiger Benzinkutschen mehrere Tage lang die Straßen verstopfte. Man konnte kaum einen Schritt tun, ohne einem dieser Blechmonster mit getönten Scheiben und merkwürdig gebogenen Antennen auf dem Kofferraum zu begegnen. Der Grund? Nun, die Vereinten Nationen feierten ihren vierzigsten Geburtstag, und Tausende von Delegierten litten an dem Wahn: Mein Wagen muß größer sein als deiner.

Es ist wie bei siamesischen Zwillingen, die an den Hüften zusammengewachsen sind: Wo Bürokraten der Entwicklungshilfe auftauchen, sind ihre Limousinen nicht weit. Prunk und Protz jeder nur erdenklichen Art, feudale Banketts und Drei-Sterne-Hotels gehören untrennbar zum Alltag derer, die von internationalen Organisationen eingestellt wurden, um das weltweite Problem der Armut zu lösen. Ob im Dienst des UN-Entwicklungsprogrammes oder der Weltbank, nur wenige der betreffenden Beamten sehen in ihrer kostspieligen Sucht nach Status- und Wohlstandssymbolen Symptome eines tief verwurzelten Widerspruchs. Im Gegenteil, die meisten halten ihren privilegierten Lebensstil für ihr unveräußerliches Recht, als fragloslegitimen Ausgleich für die »großen Opfer«, die sie der guten Sache zu bringen meinen.

Deshalb verwundert es auch nicht, daß diese verwöhnten und überbezahlten Bürokraten die Dinge so geregelt haben, daß ihnen auch dann noch ein Leben im Wohlstand gewiß ist, wenn sie *entlassen* werden: Die Weltbank zahlt Abfindungen von durchschnittlich einer Viertelmillion Dollar pro Person. Als Barber Conable 1986 die Präsidentschaft übernahm, gelobte er, mit eisernem Besen auszukehren. Und tatsächlich verloren von den über 6000 Mitarbeitern im Jahr darauf 700 ihre Stellung. Doch die Kosten dieser personellen Entschlackung beliefen sich auf 175 Millionen Dollar;[5] mit dieser Summe hätte man 63 000 Kindern aus armen Familien in Lateinamerika oder Afrika eine komplette Grundschulausbildung finanzieren können.[6]

Die Entwicklungsindustrie

»Die Reorganisation der Bank ist nun abgeschlossen«, versicherte Conable seinem gebildeten und wohlgenährten Publikum bei der Jahrestagung im September 1987. »Ich blicke vertrauensvoll in die Zukunft, weil wir die Fähigkeit unserer Institution, jedem unserer Schuldner sensible, effektive und schnelle Hilfe zu leisten und in Fragen der Entwicklung unsere geistige Führung anzubieten, enorm verbessert haben.«[7] Wer derartige Behauptungen aufstellt, muß eine ziemlich klare Vorstellung davon haben, was »Entwicklung« eigentlich ist. Und bei Conable scheint dies auch tatsächlich der Fall zu sein. Jedenfalls bezeichnete er Maßnahmen zur »Förderung des Wirtschaftswachstums« und zur »Bekämpfung der Armut« als »fundamentale Aufgaben der Weltentwicklung«, und die Institution, die er leitet, apostrophierte er als »der Welt führende Entwicklungsbehörde«.[8]
Aber was genau meint er damit? Auch ein Wohnungsbauprojekt ist Entwicklung, wie überhaupt jeder Vorgang, der eine gegebene Situation verändert. Ebenso kann der logische Schluß aus einem Gedanken als »Entwicklung« beschrieben werden, aber dann gilt dasselbe auch für die Bewußtseinsbildung eines Kindes oder das Knospen eines Teenagerbusens.
In den Lexika variieren die Definitionen dieses häufig gebrauchten und häufig mißbrauchten Wortes. Doch in der einen oder anderen Form beinhalten sie alle Vorstellungen von Wachstum. *Der große Brockhaus* etwa definiert Entwicklung als »die Entfaltung von Anlagen zu ausgebildeten Formen«, wobei die »Frühstadien einer Entwicklung [oft] als Vorstufe der späteren aufgefaßt« werden. Laut *dtv Lexikon* bezeichnet Entwicklung zunächst die »Entfaltung

keimhafter Anlagen«, bei der »Formen, Ordnungen oder Zustände mit innerer Notwendigkeit auseinander hervorgehen«. Somit stellt diese »Abfolge zugleich eine Vervollkommnung« dar. Zwangsläufig enthält das Verb »sich entwickeln« Gedanken wie »Fortschritte machen«, »sich vervollkommnen« oder »von einer primitiven in eine höhere Form übergehen«.

Auf Länder angewandt, ändert sich die Grundbedeutung des Entwicklungsbegriffs nicht. Unterentwickelte Länder müssen in ihrem Wachstum gewissermaßen gehemmt oder zurückgeblieben sein, entwickelte Länder dagegen gereift und fortgeschritten. Hat man erst einmal damit begonnen, sich dieser Sprache zu bedienen, reproduziert man auch die Werturteile, die sie enthält. Natürlich ist es besser, entwickelt als unterentwickelt zu sein. Jeder andere Gedanke wäre absurd. Oder können Sie sich vorstellen, daß jemand seine Anlagen lieber verkümmern läßt, obwohl er sie entfalten könnte, daß jemand lieber rückständig bleibt, obwohl er Fortschritte machen könnte? Selbstverständlich nicht.

Auf der Grundlage einer so gearteten Logik wurde eine gigantische internationale Industrie errichtet, eine ungeheuer komplexe, breitgefächerte und mit umfassenden Kompetenzen ausgestattete Industrie, der Mr. Conables Bank nur als ein – wenn auch wichtiger – Teil eingegliedert ist. Vorwiegend aus der öffentlichen Entwicklungshilfe reicher Länder finanziert und damit betraut, die Entwicklung in den armen Ländern zu fördern, beschäftigt sie rund um den Globus Hunderttausende von Menschen, um eine Vielzahl wirtschaftlicher und humanitärer Ziele zu verwirklichen.

Das *Wall Street Journal* beschrieb sie einmal als »die größte Bürokratie der Geschichte, die sich weltweit der Aufgabe widmet, gute Taten zu vollbringen«.[9] Ich für meinen Teil ziehe die Bezeichnung Entwicklungskonzern vor.

Katastrophenhilfe, wie im ersten Teil dargestellt, ist nur ein kleiner Aspekt der facettenreichen Tätigkeit des Entwicklungskonzerns. So liegt die Vermutung nahe, daß Nahrungsmittel vorwiegend in Katastrophenfällen verschickt werden, doch tatsächlich gehen nur 10 Prozent der Nahrungsmittelhilfe an Katastrophenopfer oder Flüchtlinge.[10] Abgesehen von diesen Lebensmittellieferungen, ist nur knapp 1 Prozent des Geldes, das jährlich für Hilfe ausgegeben wird, für Notstandsfälle vorgesehen.[11] Der ganze Rest fließt in langfristige Projekte und Programme in der Dritten Welt, die laut

Charta der Vereinten Nationen dazu bestimmt sind, »den sozialen Fortschritt und einen größeren Lebensstandard in größerer Freiheit zu fördern ... und internationale Einrichtungen in Anspruch zu nehmen, um den wirtschaftlichen und sozialen Fortschritt aller Völker zu fördern«.[12] So darf man mit einiger Wahrscheinlichkeit davon ausgehen, daß überall dort, wo in armen Ländern öffentliche Großprojekte zur Verbesserung der Infrastruktur im Gange sind – etwa ein Damm, eine Fernstraße oder ein Kraftwerk gebaut werden –, der Entwicklungsmulti beteiligt ist. Um nur ein paar Stichworte zu nennen: Bau von sanitären Anlagen, Wasserwerken und Kläranlagen, von Zementfabriken, Krankenhäusern, Schulen und Hotels, von Seehäfen und Flughäfen; Eisenbahn- und Brückenbau; Ausrottung der Tsetsefliege und Schädlingsbekämpfung; Bohren von Brunnen und Bewässerung; Ausbau der Fischerei; Schaffung von Gesundheitszentren und Viehzuchtstationen auf dem Land; Erschließung und Ausbeutung von Bodenschätzen; Durchführung von Umsiedlungsprojekten, Familienplanungsprogrammen und Alphabetisierungskampagnen auf dem Land; Bereitstellung von Saatgut und Experten; Kredit- und Zahlungsbilanzhilfe; Erweiterung der technischen Zusammenarbeit; Verwaltungsreformen, Unterricht von Fremdsprachen und vieles andere mehr – in der einen oder anderen Form wirkt der Entwicklungskonzern bei all diesen Aktivitäten mit.

Je ärmer das Land, in dem solche Projekte stattfinden, desto wahrscheinlicher ist es, daß alle oder fast alle Unternehmungen aus öffentlicher Entwicklungshilfe finanziert werden (kurz: ODA, nach dem englischen Official Development Assistance). Das heißt: Mittel, die private Wohlfahrtsverbände wie Oxfam bereitstellen, fallen nicht darunter. ODA ist öffentliches Geld, das in Form von Steuern aufgebracht und von öffentlichen Stellen, Regierungen eingeschlossen, vergeben wird. Soll der Transfer von Mitteln (in Form von Geld, Sachgütern oder Fachwissen) als ODA klassifiziert werden, muß er folgende Bedingungen erfüllen: a) Er muß »die Förderung der wirtschaftlichen Entwicklung und das Wohlergehen von Entwicklungsländern zu seinem Hauptziel haben«; b) er muß »Vergünstigungscharakter« haben und ein »Zuschußelement von mindestens 25 Prozent enthalten«.[13]

Demnach gelten Kredite an Länder der Dritten Welt nur dann als ODA, wenn sie zu weichen (vergünstigten) Bedingungen vergeben werden. Nicht darunter fallen folglich Kredite zu kommerziellen oder annähernd kommerziellen Zinssätzen. Desgleichen ist jede Art der Militärhilfe, ob vergünstigt oder nicht, automatisch per definitionem ausgeschlossen, da Hilfe dieser Art eindeutig nicht zur Förderung der wirtschaftlichen Entwicklung beiträgt. Humanitäre Hilfe, die von öffentlichen Organisationen geleistet wird, sowie Katastrophenhilfe (darunter auch Nahrungsmittelhilfe) werden jedoch, wenngleich im strengen Sinne nicht entwicklungsfördernd, bei allen Berechnungen zur ODA hinzugezählt.

Die Höhe der öffentlichen Hilfe, die alle oben genannten Kriterien erfüllt, schwankt zwischen 45 Milliarden und 60 Milliarden Dollar pro Jahr. Einige wohlhabende Länder leisten einen sehr großen individuellen Beitrag, andere wiederum geben viel weniger. Im Jahr 1986 belief sich beispielsweise die Gesamtsumme der weltweit geleisteten öffentlichen Entwicklungshilfe auf 46 Milliarden Dollar. Davon kamen rund 37 Milliarden Dollar aus 18 »westlichen« Industriestaaten. Die Aufschlüsselung im einzelnen: Vereinigte Staaten von Amerika (9,784 Mrd. Dollar); Japan (5,634 Mrd.); Frankreich (5,136 Mrd.); Bundesrepublik Deutschland (3,879 Mrd.); Italien (2,423 Mrd.); Großbritannien (1,750 Mrd.); Niederlande (1,738 Mrd.); Kanada (1,700 Mrd.); Schweden (1,090 Mrd.); Norwegen (796 Mio.); Australien (787 Mio.); Dänemark (695 Mio.); Belgien (542 Mio.); Schweiz (429 Mio.); Finnland (313 Mio.); Österreich (197 Mio.); Neuseeland (66 Mio.); Irland (62 Mio.). Im selben Jahr brachte die Sowjetunion 3,8 Milliarden Dollar für ODA auf, und die reichen Ölstaaten der Organisation der Erdöl Exportierenden Länder (OPEC) steuerten 4,5 Milliarden Dollar bei.[14]

Nun ist es äußerst schwierig, aus derartigen Aufstellungen mit ihren endlosen Zahlenkolonnen, ihren Nullen, Kommas und Dezimalstellen nützliche Erkenntnisse zu gewinnen. Vergleiche zwischen ODA und anderen Ausgaben sind da hilfreicher.

Die USA und die Sowjetunion geben zusammen *täglich* 1,5 Milliarden Dollar für Verteidigung aus. Mit anderen Worten: Die monatlichen Militärausgaben beider Länder entsprechen ungefähr dem Gesamtwert der weltweit in einem Jahr geleisteten Entwicklungshilfe. 50 MX-Raketen (»Peacekeeper«) kosten 4,54 Milliarden Dollar – das ist mehr als die öffentliche Entwicklungshilfe der Bundesrepublik Deutschland. Die Forschungen an »Star Wars« verschlangen im Haushaltsjahr 1988 rund 3,9 Milliarden Dollar; für diese Summe – die größer ist als die ODA-Leistungen von Kanada und Großbritannien zusammen – ist auch ein Flugzeugträger der Nimitz-Klasse zu haben. Ein einziges Trident U-Boot, Kostenpunkt knapp unter 1,5 Milliarden Dollar, verschlingt so viel wie die Hilfsprogramme von Australien und Dänemark zusammengenommen.[15] Seit 1962 haben die USA fast 300 Millionen Dollar für die Abrichtung von *Delphinen* für militärische Zwecke ausgegeben[16] – das ist mehr, als Österreich und Neuseeland zusammen jährlich für Entwicklungshilfe ausgeben. Großbritannien gab 1988 etwa vierzehnmal mehr für Verteidigung aus als für Entwicklungshilfe[17], die Bundesrepublik neunmal so viel.[18] Britische Frauen kaufen mittlerweile jedes Jahr für 480 Millionen Dollar Parfums und Hautpflegeprodukte[19] – mehr, als die Schweiz für Entwicklungshilfe abzwackt. Bei dem weltweiten Handel mit zollfreien Waren auf Flughäfen, Schiffen und in Flugzeugen werden inzwischen pro Jahr 5,5 Milliarden Dollar umgesetzt[20] – das ist mehr als Frankreich für Entwicklungshilfe bereitstellt. Die Amerikaner geben jährlich 22 Milliarden Dollar für Zigaretten aus[21] – mehr als die drei wichtigsten westlichen Geberländer zusammen für Entwicklungshilfe. Weltweit werden jährlich für 35 Milliarden Dollar Personal Computer gekauft[22] – diese Summe übersteigt die Entwicklungshilfe der zehn wichtigsten westlichen Geberländer zusammengenommen.

In den Vereinigten Staaten gibt es nach Schätzungen etwa 832 000 Millionärsfamilien;[23] läge ihr Nettovermögen im Durchschnitt nur bei 1 Million Dollar, dann hätten sie zusammen immer noch achtzehnmal mehr, als die gesamte Welt für ODA-Leistungen aufbringt. Tatsächlich liegt das Nettovermögen in dieser Gruppe weit über 1 Million. In den USA gibt es heute 26 Milliardäre und 400 Einzelpersonen, die mehr als 180 Millionen Dollar besitzen.[24] Michael David Weill von der US-amerikanischen Firma Lazard Frères bezieht ein *Jahresgehalt*, das in etwa den Entwicklungshilfeetats von Irland und Neuseeland entspricht.[25] Die USA stecken mittlerweile 10 Milliarden Dollar pro Jahr in ihre Auslandshilfeprogramme – das ist weniger als die Hälfte des Nettovermögens des reichsten Mannes der Welt: Yoshiaki Tsutsumi, Präsident der Seibu-Gruppe, einer japanischen Immobilien- und Eisenbahngesellschaft.[26]

Schweden gibt jährlich knapp über 1 Milliarde Dollar für Entwick-

lungshilfe aus; fast die gleiche Summe verschlingt der Jahresetat der
New Yorker Polizei.[27] Die Stadt Hamburg gibt jährlich über 1,5
Milliarden Mark für ihre Verwaltung aus[28] – mehr als Norwegen für
Entwicklungshilfe. Tokio gibt 650 Millionen Dollar jährlich für
seine Feuerwehr aus[29] – mehr als Belgien für Entwicklungshilfe. Die
EG läßt sich die *Lagerung* der von europäischen Bauern produzierten Agrarüberschüsse jährlich annähernd 40 Milliarden Mark kosten[30] – das ist mehr als die ODA-Leistungen sämtlicher Mitgliedstaaten der Gemeinschaft zusammengenommen.

In allen offiziellen Statistiken zur Entwicklungshilfe ist es üblich,
die ODA-Leistungen als Prozentanteil am Bruttosozialprodukt
(BSP) des jeweiligen Geberlandes auszudrücken.[31] Um zu größerer
Freigebigkeit anzuhalten, hat die UNO-Generalversammlung in
dieser Hinsicht Zielmarken gesetzt.

Anfang der sechziger Jahre etwa verabschiedete das erlauchte Gremium eine Resolution, in der zum Ausdruck gebracht wird, daß die
internationale Entwicklungshilfe wesentlich angehoben werden
sollte, »damit so schnell wie möglich annähernd 1 Prozent des
nationalen Einkommens aller wirtschaftlich entwickelten Länder
erreicht wird«.[32] Im Jahr 1967 wurde das Ideal bis zu einem
gewissen Grad revidiert. Die Latte wurde niedriger gehängt. Bei der
zweiten Konferenz der Vereinten Nationen über Handel und Entwicklung (UNCTAD), die in jenem Jahr stattfand, stieß der Vorschlag auf breite Zustimmung, 0,75 Prozent des BSP für öffentliche
Entwicklungshilfe auszugeben.[33]

Dann, 1970, verabschiedete die Generalversammlung eine Strategie
für die zweite UN-Entwicklungsdekade, in der jedes Industrieland
aufgefordert wurde, seine öffentliche Entwicklungshilfe stufenwei-
se zu erhöhen und alle Anstrengungen zu unternehmen, um den
Entwicklungsländern bis 1975 mindestens 0,7 Prozent seines Bruttosozialprodukts zu Marktpreisen zur Verfügung zu stellen.[34]

In jüngerer Zeit, 1980, einigte sich die Versammlung auf folgendes:

Alle entwickelten Länder werden ihre öffentliche Entwicklungshilfe rasch und substantiell erhöhen, um das international verein-
barte Ziel von 0,7 Prozent des Bruttosozialprodukts der entwik-
kelten Länder zu erreichen oder, wo möglich, zu übertreffen. Zu
diesem Zweck sollten entwickelte Länder, die das Ziel noch nicht
erreicht haben, alle Anstrengungen unternehmen, um es bis 1985

zu erreichen, keinesfalls aber später als in der zweiten Hälfte der Dekade.[35]

Tatsächlich erreichten nur wenige Industrieländer bis Mitte der achtziger Jahre das gesteckte Ziel. Spitzenreiter 1986 war Norwegen mit 1,2 Prozent seines BSP. An zweiter Stelle rangierten die Niederlande mit exakt 1 Prozent, gefolgt von Dänemark (0,89), Schweden (0,88) und Frankreich (0,72). Demgegenüber hatte Großbritannien ganze 0,33 Prozent erreicht (eine Zahl, die 1987 sogar auf 0,28 absackte), und die Vereinigten Staaten von Amerika, das reichste Land der Welt, brachten es gar nur auf 0,23 Prozent und lagen damit unmittelbar vor Schlußlicht Österreich mit 0,21 Prozent seines BSP. Irland, Italien, Neuseeland, Belgien, Australien, Finnland, die Bundesrepublik Deutschland, Japan, Kanada und die Schweiz waren allesamt unter der 0,7-Prozent-Marke geblieben.[36]

In vieler Hinsicht scheint die Entwicklungshilfe im Rahmen der internationalen Wirtschaftsordnung daher eine ziemlich untergeordnete Rolle zu spielen. Unter einem andern Blickwinkel betrachtet, nimmt sie sich allerdings weitaus eindrucksvoller aus. Wäre der Entwicklungskonzern ein Industrieunternehmen, müßte er beispielsweise unter die größten und mächtigsten multinationalen Unternehmen eingereiht werden. Mit annähernd 60 Milliarden Dollar jährlicher Finanzmasse ist er um einiges größer als etwa Standard Oil Kalifornien, IBM oder Unilever und enorm viel größer als BASF, Bayer, Siemens, Philips, Nestlé, Hitachi oder Volkswagen.[37] Hinzu kommt, daß der Entwicklungskonzern im Gegensatz zu diesen Firmen jeden Pfennig seiner Einnahmen für die Erfüllung seiner Aufgaben ausgeben darf. Weder müssen Profite auf die Seite geschafft, noch Dividende an Aktionäre ausgeschüttet werden. Ein solches Unternehmen kann nie Bankrott machen, weil seine Mittel wie aus dem Füllhorn beständig aufgefüllt werden.

Trotz steigender Beiträge der Sowjetunion und relativ großer ODA-Leistungen der OPEC-Staaten werden dafür in überwältigendem Maße die Bürger der westlichen Industrienationen zur Kasse gebeten: Von 100 Dollar, die unsere Regierungen an Steuern für ihre Haushalte kassieren, fließt durchschnittlich etwa 1 Dollar in die öffentliche Entwicklungshilfe.[38] Dieses Geld wird den Bürokraten verschiedener öffentlicher Organisationen anvertraut, die wir eingerichtet haben, um unsere Entwicklungshilfe zu verteilen.

Ministerien und Behörden

Dazu gehören die britische Overseas Development Administration und die US-amerikanische Agency for International Development, das Bundesministerium für wirtschaftliche Zusammenarbeit, die Deutsche Entwicklungsgesellschaft und viele andere Institutionen in Australien, Belgien, Frankreich, Norwegen, Dänemark, Finnland, Kanada, Schweden, in der Schweiz usw. Insgesamt zählen, wie bereits erwähnt, achtzehn westliche Nationen zu den führenden Geberländern. Alle achtzehn haben Sitze im Entwicklungshilfeausschuß der Organisation für wirtschaftliche Zusammenarbeit und Entwicklung (OECD) – einer Art Spenderclub –, und alle achtzehn haben eigene Entwicklungshilfebürokratien errichtet.

In einigen Fällen sind diese Behörden dem Außenministerium eingegliedert, wie etwa USAID und die britische Overseas Development Administration. Andere sind richtige, selbständige Ministerien – dies ist in der Bundesrepublik, in Frankreich und in den Niederlanden der Fall. Wieder andere – wie in Dänemark und Schweden – sind halb-autonome Körperschaften der Regierung. In allen Fällen jedoch sind es Bürokratien und für gewöhnlich ziemlich große. Selbst die britische Overseas Development Administration, ein Leichtgewicht im Vergleich zu ihren französischen und US-amerikanischen Schwestern, hat 1 500 ständige Mitarbeiter auf ihrer Gehaltsliste, darunter Verwaltungsbeamte, Volkswirte, Fachberater und Wissenschaftler. Wie andere Hilfsorganisationen auch beschäftigt sie darüber hinaus eine Reihe von Mitarbeitern, die sie jeweils bei den von ihr finanzierten Entwicklungsprojekten in der Dritten Welt einsetzt: allein in Sambia 339 Experten und Manager, um nur ein Beispiel zu nennen. Viele dieser Leute werden nicht als ständige Mitarbeiter eingestuft, sondern nur mit Zwei- oder Dreijahresverträgen ausgestattet.[39]

Ähnliches gilt auch für die Bundesrepublik. Zwar beschäftigt das Ministerium für wirtschaftliche Zusammenarbeit (BMZ) nur etwa 560 ständige Mitarbeiter, doch ein ganz anderes Bild ergibt sich, wenn wir all die Organisationen hinzuziehen, mit denen es eng zusammenarbeitet: die Gesellschaft für technische Zusammenarbeit GmbH (GTZ), die Kreditanstalt für Wiederaufbau (KW), die Deutsche Entwicklungsgesellschaft (DEG), die Deutsche Stiftung für Entwicklungsländer (DSE) usw. Rechnen wir die Angehörigen

dieser Organisationen hinzu, so ergibt sich, daß die Bundesregierung mehr als 10 000 ständige Mitarbeiter beschäftigt, die ihre öffentliche Entwicklungshilfe verwalten und weiterleiten.[40]
Staatliche Hilfsorganisationen geben mehr als die Hälfte des Geldes, das sie von den Steuerzahlern des jeweiligen Landes bekommen, für direkte bilaterale Entwicklungshilfe aus. Dabei werden Entwicklungsländer bevorzugt, mit denen sie historische Bande verknüpfen oder die aus anderen Gründen für sie wichtig sind. Die Bundesrepublik Deutschland etwa hat 75 Prozent ihrer Entwicklungshilfe für bilaterale Hilfe ausgegeben; die wichtigsten Empfängerländer waren die Türkei und Indien.[41] In Großbritannien schwankte der Anteil der bilateralen Hilfe in den letzten Jahren zwischen 57 und 63 Prozent vom Gesamtvolumen; Indien und Kenia, beide ehemalige Kolonien, zählten immer zu den wichtigsten Empfängern.[42] In Italien beträgt der Anteil der bilateralen Hilfe fast 60 Prozent[43]; hier sind Somalia und Äthiopien die bevorzugten Adressaten. Der Anteil der bilateralen Entwicklungshilfe am Gesamtvolumen liegt bei fast allen Geberländern etwa gleich hoch, und alle bevorzugen bestimmte Empfängerländer. Die Vereinigten Staaten etwa berücksichtigen ganz besonders die Philippinen, wo sie mehrere Militärbasen unterhalten, und Ägypten, aus amerikanischer Sicht eine konservative Bastion gegen die Ausbreitung des Kommunismus aus dem benachbarten Libyen.
Die 40 Prozent öffentliche Entwicklungshilfe, die nach Abzug der bilateralen Zuwendungen bleiben, werden durch multilaterale Entwicklungsorganisationen weitergeleitet, die, zumindest auf dem Papier, dort Hilfe leisten, wo sie am dringendsten gebraucht wird, ungeachtet politischer Zweckdienlichkeit.

Die EG

Mit Sitz in Brüssel ist die Europäische Gemeinschaft eine wichtige Drehscheibe für multilaterale Hilfe, obwohl sie eigentlich als multi-*nationales* Gebilde bezeichnet werden müßte, da sie die Sonderinteressen einer regionalen Lobby vertritt. Ihr Entwicklungshilfeprogramm – das 66 Ländern in Afrika, in der Karibik und im Pazifik sowie einer wachsenden Zahl von Staaten in Asien und Lateinamerika zugute kommt – wird aus den Beiträgen der EG-Mitglieder finanziert. Zur Veranschaulichung: Großbritannien leitet jedes Jahr fast die Hälfte seiner multilateralen Hilfe über EG-Kanäle weiter; 1986 waren es 223 Millionen Pfund.[44] Die Bundesrepublik gibt eine ähnliche Summe über die Gemeinschaft aus: durchschnittlich etwa 900 Millionen Mark pro Jahr.[45]

Der Europäische Entwicklungsfonds (er erhielt 1986 von der Bundesrepublik 412 Millionen Mark[46] und von Großbritannien 79 Millionen Pfund) ist eines der wichtigsten Instrumente der Gemeinschaft für finanzielle und technische Hilfe. Ihre Leistungen mit einem Gesamtvolumen von etwa 1 Milliarde Dollar jährlich erfolgen entweder in Form nichtrückzahlbarer Zuschüsse oder langfristiger weicher Kredite (in der Regel mit 40jähriger Laufzeit und zu Zinssätzen um 1 Prozent oder darunter). Landwirtschaftliche oder agrar-industrielle Projekte werden bevorzugt finanziert, doch der EEF leistet von Zeit zu Zeit auch Katastrophenhilfe oder unterstützt arme Länder bei dem Ziel, ihre Exporterlöse zu stabilisieren. Weitere vergünstigte Hilfe in Höhe von 1,2 Milliarden Dollar jährlich fließt unter Titel 9 des EG-Jahreshaushalts an die Entwicklungsländer. Etwa die Hälfte dieser Mittel steht für Geldzuschüsse zur Verfügung; die andere Hälfte fließt in die Nahrungsmittelhilfe, die von zwei Schlüsselbehörden abgewickelt wird: der Generaldirektion Entwicklung und Zusammenarbeit (GD VIII) und der Generaldirektion Landwirtschaft (GD VI). Im Jahr 1986 betrug der britische Beitrag zur Nahrungsmittelhilfe des EEF 59 Millionen Pfund. Schließlich betreibt die Gemeinschaft noch die Europäische Investitionsbank, die mehreren Entwicklungsländern Finanzhilfe zu annähernd kommerziellen Bedingungen gewährt.[47]

Die UN-Familie

Institutionen der EG stehen an der Grenze zwischen bilateraler und multilateraler Entwicklungshilfe. Eine große Zahl der eindeutig multilateralen Entwicklungsbehörden gehören dagegen zum UNO-System. Die Weltorganisation hat etwa 160 Mitgliedstaaten, und jeder von ihnen trägt, seinen Mitteln entsprechend, zu ihrer Finanzierung bei. Fast 70 000 Dollar jährlich kommen von jedem der 78 ärmsten Länder, während einige ihrer reicheren Nachbarn Hunderte von Millionen Dollar einzahlen. Das führt dazu, daß die

UNO 30 Prozent ihres Geldes von nur drei wohlhabenden Staaten erhält – den USA, der Bundesrepublik Deutschland und Japan – und 80 Prozent von nur 27 Ländern.[48]
Die Gesamtsumme beträgt mittlerweile etwa 6 Milliarden Dollar jährlich; etwa ein Drittel davon stammt aus Pflichtbeiträgen der Mitgliedstaaten, der Rest aus freiwilligen Beiträgen, die von Jahr zu Jahr schwanken, je nachdem, welche politische Stimmung in den Geberländern vorherrscht und wie groß der Anteil am Staatshaushalt ist.[49] Über die Hälfte des Geldes, das die UNO ausgibt, fließt direkt in die öffentliche Entwicklungshilfe (ODA) und fast der gesamte Rest – zu mehr als 90 Prozent – unter der Kategorie »wirtschaftliche, soziale und humanitäre Aktivitäten« in »entwicklungsbezogene« Projekte.[50]
UN-Behörden, die ODA-Mittel erhalten und ausgeben, beschäftigen sich mit einem breiten Spektrum unterschiedlichster Aufgaben. Beispielsweise beschreibt sich das Entwicklungsprogramm der Vereinten Nationen (UNDP) mit Sitz in New York bescheiden als »das ausgedehnteste Dienstleistungsnetz für Entwicklungshilfe der Welt ... Es gewährt mehr Menschen in mehr Ländern und mehr Sektoren eine größere Vielfalt an Dienstleistungen als jede andere Entwicklungsinstitution. Darüber hinaus ist es die zentrale Finanzierungs- und Koordinationsstelle für technische Zusammenarbeit im gesamten Entwicklungssystem der UNO«.[51] Seine Tätigkeit, die darauf hinwirken soll, »die Fähigkeit eines Landes zu stärken, seine Entwicklung selbst zu planen und zu verwalten«, dient unter anderem der Erschließung natürlicher Ressourcen wie Grundwasser und Bodenschätze, der Anpassung an Computertechnologie und Satellitenkommunikation, der Produktion von Saatgut, der beruflichen Ausbildung und Forschung sowie der Erstellung von Feasibility-Studien.[52]
UNDP wird fast ausschließlich aus freiwilligen Beiträgen finanziert – es erhält jährlich etwa 800 Millionen Dollar.[53] Obwohl es 115 vollbesetzte Länderbüros in der Dritten Welt betreibt, ist es nicht dafür strukturiert, selbst Projekte durchzuführen; dies obliegt – in erster Linie – den 29 »ausführenden Organisationen« des UN-Systems, die alle Geld vom UNDP erhalten und erbittert um ihren Anteil am Kuchen streiten.
Die Ernährungs- und Landwirtschaftsorganisation (FAO) ist mit 10 000 Mitarbeitern (die überwiegende Mehrheit ist ständig in der

Zentrale der Organisation in Rom tätig) die größte dieser ausführenden Organisationen.[54] Ihre Programme werden weitgehend vom UNDP finanziert, allerdings bekommt sie auch Geld – in Form von freiwilligen Beiträgen und Pflichtbeiträgen – direkt von den Mitgliedstaaten der UNO. Alles in allem erhält – und verbraucht – die FAO jährlich zwischen 500 und 600 Millionen Dollar.[55]

Die FAO versteht sich als »Entwicklungsbehörde, Informationszentrale, Beraterin für Regierungen und neutrales Forum«[56] und beteiligt sich alljährlich an mehreren tausend landwirtschaftlichen Projekten in der Dritten Welt, hauptsächlich mit technischer Hilfe. In der Praxis bedeutet das: Sie stellt Fachkräfte zur Verfügung, »um örtliche Institutionen zu stärken, Forschung und Ausbildung zu unterstützen sowie neue Methoden vorzustellen und zu entwikkeln«.[57] In der Regel hat die FAO ständig 3 000 Fachkräfte im Einsatz: Ein Teil davon arbeitet in größeren Gruppen an langfristigen Projekten; andere – die Mehrheit – sind nur in befristeten Missionen unterwegs, etwa um als Berater bei der Suche nach dem geeignetsten Standort für eine Fischzucht zu helfen oder am Aufbau eines nationalen Ausschusses mitzuwirken, der die Vermarktung und Verteilung landwirtschaftlicher Erzeugnisse verbessern soll. Die FAO tätigt keine Investitionen für den Kauf von Maschinen oder für infrastrukturelle Maßnahmen (außer in sehr geringem Umfang); sie führt allerdings ein Investitionshilfeprogramm durch, das »Entwicklungsländern hilft, das Fremdkapital zu beschaffen, das sie zum Ausbau ihrer Landwirtschaft benötigen«.[58]

Mit der FAO verbunden ist das Welternährungsprogramm (WFP), ebenfalls mit Sitz in Rom. Es beschafft und verteilt Nahrungsmittel bei Hungersnöten, führt aber auch *food for work*-Projekte durch, die darauf abzielen, die »wirtschaftliche und soziale Entwicklung« in den armen Ländern zu fördern. Das Budget für den Zweijahreshaushalt beläuft sich auf etwa 1,3 Milliarden Dollar. Ihre Mittel bezieht die Organisation von den Mitgliedstaaten, und zwar vorwiegend in Form von Nahrungsmitteln, in Ausnahmefällen auch in Form von Geldzahlungen oder Dienstleistungen. Wenn das WFP Nahrungsmittel in die Dritte Welt schickt, übernimmt es im Unterschied zur EG die Fracht- und Versicherungskosten; bei den ärmsten Staaten kann das Programm darüber hinaus bis zur Hälfte der im Empfängerland anfallenden Transportkosten übernehmen.[59]

Die Weltgesundheitsorganisation (WHO) mit Sitz in Genf ist eine

weitere wichtige, multilaterale UN-Organisation. Sie gibt jährlich 500 Millionen Dollar aus[60] und wird – wie die FAO – teils vom UNDP, teils durch freiwillige Beiträge und Pflichtbeiträge der Mitgliedstaaten finanziert. Ihr erklärtes Ziel ist, auf der Welt einen Gesundheitszustand zu erreichen, »der es allen Menschen erlaubt, ein sozial und ökonomisch produktives Leben zu führen«.[61] Um das zu verwirklichen, was sie »Gesundheit für alle bis zum Jahr 2000« nennt, hat sie sich vier vorrangige Teilziele gesteckt: Ausbildung und Organisation von Gesundheitspersonal sowie Aufbau und Organisation der für Krankheitsvorbeugung und Routineuntersuchungen erforderlichen technischen Einrichtungen; Ausrottung der wichtigsten Tropenkrankheiten; Immunisierung aller Kinder der Welt gegen die sechs wichtigsten Kinderkrankheiten; Errichtung medizinischer Infrastrukturen, um der Mehrheit der Weltbevölkerung eine primäre Gesundheitsfürsorge zu sichern.[62]
De facto ist das Jahresbudget der WHO kleiner als die Summe, die jedem der vier größten Bezirke des britischen National Health Service[63] zur Verfügung steht, und mehr als zwanzigmal kleiner als die 19,5 Milliarden Mark, die in der Bundesrepublik Deutschland jährlich im Gesundheitswesen ausgegeben werden. Doch die Organisation ist nicht auf sich allein gestellt. Auch UNICEF impft überall in der Dritten Welt Kinder und richtet primäre Gesundheitsdienste ein. Das Weltkinderhilfswerk der UNO gibt jährlich 400 Millionen Dollar aus und ist auf sieben wichtigen Entwicklungssektoren aktiv. Wichtigste Aufgabe ist der Aufbau von »Basisgesundheitsdiensten«. Die anderen Schwerpunkte sind: Wasserversorgung, Ernährung, soziale Einrichtungen für Kinder, Bildung und Ausbildung, Unterstützung und Planung von Projekten sowie Katastrophenhilfe.[64]
UNICEF unterhält weltweit 87 Länderbüros und arbeitet in 118 Entwicklungsländern – davon liegen 42 in Afrika, 33 in Asien, 30 in Lateinamerika sowie 13 im Nahen Osten und in Nordafrika. Die Hauptverwaltung ist zwischen New York und Genf aufgesplittet. Weitere wichtige Verwaltungseinrichtungen befinden sich in Kopenhagen, Sydney und Tokio. Finanziert wird die Organisation hauptsächlich aus freiwilligen Beiträgen der UNO-Mitglieder – zu insgesamt 76 Prozent. Fast der gesamte verbleibende Rest wird durch den Verkauf von Grußkarten aufgebracht. Hinzu kommen private Spenden, die von den nationalen Komitees, die das Hilfs-

werk in vielen Ländern eingerichtet hat, gesammelt werden. UNI-CEF ist die einzige UN-Organisation, die direkt von privaten Spendern Geld erhält.[65]

Ebenfalls in den Bereichen Bildung und Ausbildung tätig ist eine andere Behörde der UNO – die Organisation für Erziehung, Wissenschaft und Kultur (UNICEF). Ziel der UNICEF ist entsprechend ihrer Satzung, »durch Förderung der Zusammenarbeit zwischen den Völkern auf den Gebieten der Erziehung, Wissenschaft und Kultur zur Wahrung des Friedens und der Sicherheit beizutragen, um in der ganzen Welt die Achtung vor Recht und Gerechtigkeit, vor den Menschenrechten und Grundfreiheiten zu stärken, die den Völkern der Welt ohne Unterschied der Rasse, des Geschlechts, der Sprache oder Religion durch die Charta der Vereinten Nationen bestätigt worden sind«.[66] Zu ihren praktischen Aufgaben zählt: Bekämpfung des Analphabetentums in den Entwicklungsländern, Förderung des Ausbaus sozialwissenschaftlicher Einrichtungen in Afrika und Asien sowie Stärkung der »kulturellen Identität, Kreativität und kulturellen Entwicklung«.[67]

Die imposante Zentrale der UNESCO steht an der Place de Fontenay in Paris, wo sie in der Vergangenheit – trotz ihrer Mission in der Dritten Welt – regelmäßig 80 Prozent ihres Zweijahresbudgets in Höhe von 370 Millionen Dollar verbrauchte.[68] Unzufriedenheit angesichts des bürokratischen Wasserkopfes und ganz allgemein mit der Politik des Generaldirektors Amadou Mahtar M'Bow veranlaßte Mitte der achtziger Jahre sowohl die Vereinigten Staaten als auch Großbritannien, die finanzielle Unterstützung der Organisation einzustellen. Ende 1987 wurde M'Bow durch den Spanier Federico Mayor ersetzt.

Auch eine andere multilaterale Behörde der UNO, die Internationale Arbeitsorganisation (ILO), mußte vor einigen Jahren ohne die Beiträge der Vereinigten Staaten auskommen, die ihr »sozialistische« Politik vorwarfen. Die ILO hat ihren Sitz in Genf und führt in den Entwicklungsländern eine große Zahl technischer Hilfsprogramme mit folgenden Zielen durch: »Förderung der Beschäftigung, Erschließung der menschlichen Ressourcen, berufliche Bildung, ländliche Entwicklung, Aufbau von Kleinbetrieben und Genossenschaften, Verbesserung von sozialer Sicherheit, Arbeitschutz und Hygiene am Arbeitsplatz«.[69]

UNIDO, die UN-Organisation für Industrielle Entwicklung mit

Sitz in Wien, widmet sich ebenfalls Fragen der Industrialisierung. Sie leistet technische Hilfe und führt Seminare und Tagungen durch, die darauf abzielen, die Leistungsfähigkeit der Industrie in den Entwicklungsländern zu steigern. Ihre Kosten in den Bereichen Verwaltung und Forschung werden durch den regulären UNO-Haushalt abgedeckt; sie belaufen sich auf etwas weniger als 100 Millionen Dollar pro Jahr. Bei ihrer operationellen Tätigkeit ist sie weitgehend auf Mittel angewiesen, die das UNDP bereitstellt, sowie auf die schwankenden freiwilligen Beiträge der Mitgliedstaaten.[70]

Andere bedeutende multilaterale Behörden innerhalb des UNO-Systems sind: das UN-Umweltprogramm (UNEP) mit Sitz in Nairobi; das UN-Hochkommissariat für Flüchtlinge (UNHCR) mit Sitz in Genf; die UN-Konferenz für Handel und Entwicklung (UNCTAD); das Amt des Koordinators der UN für Katastrophenhilfe (UNDRO); der Fonds der Vereinten Nationen für Bevölkerungsfragen (UNFPA). Daneben gibt es zahlreiche andere Organisationen und Einrichtungen; die Palette reicht von den Wirtschaftskommissionen für Afrika, Asien und Lateinamerika bis hin zum Zentrum der Vereinten Nationen für Wohn- und Siedlungswesen, das sich der mißlichen Lage der Obdachlosen in der Dritten Welt widmet. Alles in allem beschäftigen die Vereinten Nationen heute mehr als 50 000 Menschen zum Wohle der Weltentwicklung.[71]

IFAD und die Regionalbanken

Es gibt eine Reihe von Einrichtungen, die zwar als UN-Sonderorganisationen registriert sind, sich von allen anderen aber erheblich unterscheiden. Sie stellen weder Fachkräfte zur Verfügung, noch leisten sie technische Hilfe. Sie konzentrieren sich ausschließlich auf Kapitalhilfe und fungieren somit im Grunde genommen als Entwicklungsbanken.

Eine davon ist der Internationale Fonds für landwirtschaftliche Entwicklung (IFAD) mit Sitz in Rom. Der Fonds wurde 1977 gegründet und wird hauptsächlich aus freiwilligen Beiträgen der OECD- und OPEC-Mitgliedstaaten finanziert. In den ersten sechs Jahren seiner Tätigkeit unterstützte er 135 landwirtschaftliche Projekte in 80 Entwicklungsländern mit langfristigen, weichen Krediten in Höhe von annähernd 1,6 Milliarden Dollar. Danach geriet der Fonds vorübergehend in eine Flaute. Erst im Januar 1986, als die Verhandlungen über seine weitere Finanzierung zum Abschluß kamen, wurden ihm für den Zeitraum bis 1989 weitere 460 Millionen Dollar für Kreditvergaben bewilligt. Davon kamen 40 Prozent von den OPEC-Staaten und 60 Prozent von den 18 Mitgliedern des Entwicklungshilfeausschusses der OECD (der britische Anteil betrug beispielsweise 13,22 Millionen Dollar). IFAD führt auch ein Sonderprogramm durch, das Projekte in 24 Ländern südlich der Sahara unterstützt, die unter Dürre und Desertifikation leiden. Auch dieses Sonderprogramm wird aus OPEC- und OECD-Quellen gespeist [72] (der bundesdeutsche Anteil beträgt 29 Millionen Mark).[73]

Wie der Name schon sagt, vergibt IFAD speziell Kredite für die Landwirtschaft. Innerhalb und außerhalb des UN-Systems gibt es eine Vielzahl von anderen Entwicklungsbanken und Fonds, die zur Unterstützung von Projekten aller Art Kredite vergeben können. Einige konzentrieren sich auf bestimmte geographische Regionen – so etwa die Asiatische Entwicklungsbank, der Asiatische Entwicklungsfonds, die Afrikanische Entwicklungsbank, der Afrikanische Entwicklungsfonds, die Interamerikanische Entwicklungsbank, die Karibische Entwicklungsbank und die Arabische Bank für wirtschaftliche Entwicklung in Afrika. Alle diese Regionalbanken beziehen aus einer Vielzahl von Quellen Finanzmittel, die sie dann für Entwicklungszwecke verleihen. Ein Beispiel: Im Jahr 1987 sagte die Bundesrepublik der Asiatischen Entwicklungsbank 109,5 Millionen Mark und der Afrikanischen Entwicklungsbank 151,9 Millionen Mark zu.[74] Desgleichen steuerte Großbritannien in den letzten Jahren zum Asiatischen Entwicklungsfonds 72 Millionen Pfund bei und sicherte einem Sonderentwicklungsfonds der Karibischen Entwicklungsbank, der zinsgünstige Kredite vergibt, 20 Millionen Pfund zu. Diese Geldsummen stammen aus dem multilateralen Entwicklungshilfebudget Großbritanniens.[75]

Staatliche Hilfe stellt jedoch nur einen Teil der Finanzmittel dar, die diesen Institutionen zur Verfügung stehen. In der Regel steuern wohlhabende Länder zum Kapital der Banken bei und füllen die Fonds regelmäßig wieder auf, doch beträchtliche Summen werden auch an den internationalen Kapitalmärkten beschafft. Welchen Stellenwert dies alles innerhalb des Systems der Entwicklungshilfe-

multis einnimmt, läßt sich am besten an einer Institution veranschaulichen, nach deren Vorbild alle regionalen Entwicklungsbanken geschaffen wurden. Diese Institution ist die Weltbank. Ihr steht
jährlich mehr Geld zur Verfügung als jeder anderen bilateralen oder
multilateralen Behörde. Sie ist mit Abstand der Welt größter Kreditgeber für die Dritte Welt und verdient es deshalb, etwas genauer
unter die Lupe genommen zu werden.

Ein globaler Kreditgeber

Wie der IFAD ist auch die Weltbank als UN-Sonderorganisation
registriert, in Wirklichkeit jedoch sind ihre Beziehungen zu den
Vereinten Nationen nur lose. Wenn davon die Rede ist, daß die
Organe und Organisationen der UNO jährlich 6 Milliarden Dollar
ausgeben, so sind die Budgets der Weltbank darin nicht enthalten.
Das Management der Bank ist den Vereinten Nationen nicht re-
chenschaftspflichtig, sondern nur seinem eigenen Gouverneursrat,
der sich aus den Finanzministerien der 151 Mitgliedsländer zusam-
mensetzt.[76] Und was noch wichtiger ist: Während die UNO immer
dadurch gekennzeichnet war, daß bei Entscheidungen nach dem
egalitären Prinzip »ein Land − eine Stimme« verfahren wird und
kleine Länder wie Kiribati und Barbados (zumindest theoretisch)
den gleichen Einfluß haben wie die Vereinigten Staaten oder die
Bundesrepublik Deutschland, sind die Stimmanteile bei der
Weltbank nach dem jeweiligen Kapitalanteil gewichtet, den jedes
Mitgliedsland einbringt. Hier wird keine Gleichheit vorgetäuscht −
die Supermächte der Industrienationen dominieren eindeutig die
Entscheidungen.
Die Weltbank hat, wie eine Hindugottheit, vier Arme. Die beiden
stärkeren sind die Internationale Bank für Wiederaufbau und Entwicklung (IBRD) und die Internationale Entwicklungsorganisation
(IDA). Mit beiden werden wir uns noch genauer beschäftigen. Das
dritte Glied ist die Internationale Finanzkorporation (IFC), die mit
ihren Krediten in erster Linie Privatinvestitionen und Privatunternehmen in den Entwicklungsländern fördert. Zuletzt gibt es noch
eine Sonderfazilität für die afrikanischen Länder südlich der Sahara.
Die Weltbank machte durch diese vier miteinander verbundenen, in
funktioneller Hinsicht jedoch unterschiedlichen juristischen Ein-

heiten im Geschäftsjahr 1987 Kreditzusagen im Umfang von 19,207 Milliarden Dollar.[77] Davon kamen allerdings lediglich 920 Millionen Dollar von der Tochter ICF und 613 Millionen Dollar von der Sonderfazilität.[78] IBRD und IDA waren die Hauptkreditgeber für die Entwicklungsländer – 1987 vergab erstere 14,188 Milliarden, letztere 3,486 Milliarden Dollar.[79]

Wenn also von der Weltbank die Rede ist, sind meistens IBRD und IDA gemeint. Beide werden denn auch aus demselben Gebäude – der Weltbankzentrale in Washington – und vom selben Personal verwaltet. Beide unterstützen mit ihren Krediten die gleiche Art von Programmen und Projekten und häufig auch gleichzeitig in denselben Länder. Was jedoch die Art ihrer Finanzierung betrifft, unterscheiden sie sich erheblich, und ihre Kredite vergeben sie zu völlig unterschiedlichen Konditionen.

Die Internationale Entwicklungsgesellschaft

IDA wird häufig als das »weiche Fenster der Weltbank« beschrieben, und zwar deshalb, weil sie zinslose Kredite vergibt und weil die Rückzahlung der Tilgungsbeträge – die erst zehn Jahre nach Unterzeichnung des Kreditabkommens anläuft – sich relativ schmerzlos über 50 Jahre erstreckt.[80] Diese vergünstigten Konditionen qualifizieren IDA-Kredite natürlich als öffentliche Entwicklungshilfe. Im Jahr 1987 flossen von den 3,486 Milliarden Dollar, die IDA verlieh, mehr als 90 Prozent – 3,177 Milliarden Dollar[81] – an die 35 »am wenigsten entwickelten Länder« der Welt.[82] In den elf Jahren von 1977 bis 1988 unterstützte IDA diese Gruppe von Ländern mit insgesamt 31,627 Milliarden Dollar – eine in jeder Hinsicht ernst zu nehmende Summe.[83]

IDA wird in der Hauptsache aus den Entwicklungshilfeetats der Mitgliedstaaten der Weltbank finanziert. Großbritannien, zum Beispiel, gab in den Jahren 1985, 1986 und 1987 jeweils 133,8 Millionen Pfund und sagte 525 Millionen Pfund zu, die   in gleichen Raten auf die Jahre 1988, 1989 und 1990 verteilt – gezahlt werden sollten.[84] Die fraglichen Perioden (1985–87 und 1988–90) fallen mit der siebten und achten »Wiederauffüllung« von IDA zusammen. »IDA VIII« hat ein Gesamtvolumen von 12,4 Milliarden Dollar. Die Vereinigten Staaten steuern 2,875 Milliarden Dollar bei, also viermal mehr als Großbritannien. Japans Anteil beträgt 2,15 Milliarden, der Anteil der Bundesrepublik 1,322 Milliarden Dollar.[85]

Seit Gründung der IDA 1962 hat sich die Stimmgewichtung unter den Mitgliedstaaten beträchtlich verschoben, unter anderem bedingt durch den Aufstieg Japans und der Bundesrepublik in den Rang führender Industriemächte. Mit solchen Verschiebungen ist auch künftig zu rechnen. Allerdings hatten die USA aufgrund ihrer Beitragshöhe stets einen beherrschenden Einfluß und machten zu allen Zeiten wirkungsvoll von ihrem Vetorecht Gebrauch. Auch damit ist künftig zu rechnen. Im Jahr 1987 hielten die USA 18,47 Prozent der Gesamtstimmen bei der IDA; an zweiter Stelle lag Japan mit 8,81 Prozent, an dritter die Bundesrepublik mit 7,09 Prozent, gefolgt von Großbritannien mit 6,33 und Frankreich mit 3,82 Prozent.[86] Am Ende der Skala rangierten Länder wie Afghanistan mit etwa einem viertel Prozent aller Stimmanteile; Kap Verde hielt 0,01 Prozent, Somalia 0,20 Prozent.[87]

Die IBRD

Die »großen fünf« bei der IDA sind auch die großen fünf bei der IBRD. Im Jahr 1987 hielten die USA hier 19,63 Prozent aller Stimmanteile, Japan 5,58 Prozent, die Bundesrepublik 5,52 Prozent, Großbritannien und Frankreich jeweils 5,32 Prozent.[88] Im selben Jahr hielt Bangladesch 0,33 Prozent, der Tschad 0,01 Prozent und Paraguay etwa 0,1 Prozent.[89]

Wie die IDA ist die IBRD in den 35 ärmsten Ländern der Welt aktiv – in Ländern mit einem jährlichen Pro-Kopf-Einkommen von unter 400 Dollar. Von den Kreditzusagen der IBRD in Höhe von 14,88 Milliarden Dollar im Jahr 1987 wurde rund ein Viertel, also 3,253 Milliarden, zugunsten dieser Gruppe gemacht.[90] Im Gegensatz zur IDA vergibt die IBRD ihre Kredite allerdings nicht zu so günstigen Bedingungen, daß sie als öffentliche Entwicklungshilfe eingestuft werden könnten.

Die IBRD wird nicht aus den multilateralen Entwicklungshilfeetats der Mitgliedstaaten finanziert und muß sich den Großteil ihrer Mittel folglich an den internationalen Kapitalmärkten beschaffen – sie ist in der Tat der größte nicht-souveräne Kreditnehmer der Welt. Sie zahlt kommerzielle Zinssätze, doch aufgrund ihres Geschäftsvolumens und ihrer absoluten Kreditwürdigkeit schlägt sie sehr günstige Bedingungen für sich heraus: 1987 durchschnittlich 7,73 Prozent. Dann gibt sie die von ihr geliehenen Fonds als Kredite zu höheren Zinssätzen an die Entwicklungsländer weiter: 8,78 Prozent im Jahr 1987.[91]

Für die ärmsten Nationen – von Bankiers im allgemeinen als zu großes Risiko eingestuft – ist die IBRD eine Quelle für Mittel, die sie von kommerziellen Geldgebern nie bekommen würden. Und für Länder mit mittlerem Einkommen (wie Brasilien oder Indonesien) – an die der Löwenanteil der IBRD-Kredite fließt – sind die Konditionen erheblich vorteilhafter als auf dem freien Markt. Zusätzlich zu relativ günstigen Zinssätzen von etwa 9 Prozent gewährt die IBRD fünf Freijahre, bevor die Tilgung beginnt, sowie fixe Laufzeiten bis zu zwanzig Jahren.[92] Auch wenn dies keine »Hilfe« im strengen Sinn des Wortes ist, so unterscheiden sich Entwicklungskredite dieser Art doch grundlegend von Darlehen, die Geschäftsbanken anzubieten haben. Darüber hinaus sind sie häufig kombiniert mit Krediten von der IDA, weiteren multilateralen Behörden und – bei der Finanzierung bestimmter Projekte – bilateralen Organisationen.

Die IBRD gewährt ihren Kunden – den Regierungen von Entwicklungsländern – *niemals* eine Stundung der Schulden. In diesem Punkt gibt es keinerlei Flexibilität. Zinsen und Tilgungsbeträge müssen pünktlich und exakt nach den Bedingungen, die im Kreditabkommen festgelegt sind, zurückgezahlt werden, sonst wird der Kreditnehmer wegen Zahlungsverzugs angemahnt.[93]

Tatsache ist aber, daß es bei keinem IBRD-Kredit bisher zu Zahlungsverzug kam.[94] Die Schuldner vermeiden es geflissentlich, mit dieser mächtigen Institution die Klingen zu kreuzen, schließlich wollen sie auch künftig aus dieser Geldquelle schöpfen. Folglich tun sie nahezu alles, um ihren Verpflichtungen nachzukommen.

Das Ergebnis: Während andere Kreditgeber mit ihren Schuldnern in den Entwicklungsländern pausenlos über Stundung, Umschuldung und Schuldenerlaß feilschen müssen, kann sich die IBRD aus allem heraushalten und munter ihren gewohnten Geschäften nachgehen. Seit 1948 hat sie in jedem Geschäftsjahr Nettoerträge erwirtschaften können.[95] So nahm sie etwa 1987 1 Milliarde Dollar mehr an Tilgungsbeträgen und Zinsen aus alten Krediten ein, als sie an neuen Krediten an die Entwicklungsländer auszahlte.[96]

Wir haben es hier also mit einer Institution zu tun, die wie eine Art Entwicklungsbehörde funktioniert und einigen der ärmsten und zahlungsunfähigsten Ländern der Welt Geld leiht, aber auch mit einer Institution, die ständig Profit macht und bei den Bankmanagern an der Wall Street und in der Londoner City höchste Kreditwürdigkeit genießt.

Wie kann die IBRD unbeschadet all diese Widersprüche in sich vereinigen? Nun, zunächst einmal deshalb, weil sie durch eine enorm starke Kapitalbasis vor etwaigen geschäftlichen Notlagen und Turbulenzen geschützt ist. Dabei müssen wir unterscheiden zwischen »eingezahltem« Kapital und »abrufbarem« Kapital. Ersteres ist, wie der Name schon sagt, die Summe, welche die Mitglieder der Bank tatsächlich eingezahlt haben. Sie ist relativ klein: 7,2 Milliarden Dollar – das entspricht kaum der Hälfte der jährlich vergebenen Kredite.[97] Letztere ist dagegen sehr groß – 77,9 Milliarden Dollar[98] – und stellt Mittel dar, die für den Fall, daß etwas ernstlich schiefgeht, »abgerufen« werden können. Eingezahltes Kapital ist also verfügbares Geld, mit dem die Bank arbeiten kann. Abrufbares Kapital ist dagegen ein immaterieller Vermögenswert, der nur als *Versprechen* existiert und den man sich am besten als Sicherheit für die Kreditgeber der Bank vorstellt.

Der Umfang dieses Versprechens läßt sich am Beispiel der fünf wichtigsten Anteilseigner der IBRD veranschaulichen. Im Jahr 1987 etwa mußten die Vereinigten Staaten für 15,866 Milliarden Dollar »haften«; im selben Jahr – dem einundvierzigsten Geschäftjahr der Bank – betrug ihr eingezahltes Kapital insgesamt 1,537 Milliarden Dollar. Die entsprechenden Zahlen für Japan waren 4,495 Milliarden und 428 Millionen Dollar; für die Bundesrepublik 4,473 Milliarden und 428 Millionen Dollar; für Großbritannien 4,269 Milliarden und 429 Millionen Dollar. Frankreich mußte im selben Jahr für 4,288 Milliarden Dollar »haften«, zahlte aber lediglich eine Gesamtsumme von 410 Millionen Dollar ein.[99]

Die reichen Mitglieder der Bank befinden sich also in der Lage reicher Onkel, die ihrem Neffen riskante geschäftliche Unternehmungen ermöglichen, indem sie ihm ein kleines Startkapital für Investitionen überlassen und bei jeder Kreditaufnahme als Bürge einspringen. Doch es ist beileibe nicht nur Ansehen, was die reichen Onkels in unserem Fall als Gegenleistung für ihr im wesentlichen nur auf dem Papier geleistetes Versprechen erhalten. Der Umstand,

daß sie ein einflußreiches multilaterales Finanzinstitut kontrollieren, gibt ihnen einen sehr realen politischen und wirtschaftlichen
Hebel in die Hand.

So weit, so gut. Aber sind Umstände denkbar, unter welchen die auf
dem Papier gemachten Zusagen – die finanzielle Sicherheit, die das
abrufbare Kapital der Bank darstellt – tatsächlich auch eingelöst
werden müssen?

Im Zusammenhang mit der wachsenden Verschuldung der Dritten
Welt, die mittlerweile bei über 1 000 Milliarden Dollar angelangt ist,
ist es durchaus vorstellbar, daß mehrere der Hauptschuldner der
IBRD (zum Beispiel Brasilien, Indien, Indonesien oder Mexiko)
zur gleichen Zeit aufhören, ihren Verpflichtungen nachzukommen.
Dies hätte für die Bank über Nacht eine drastische Reduzierung
ihrer Einnahmen an Zins- und Tilgungsbeträgen zur Folge und
könnte sie, im Extremfall, außerstande setzen, ihren eigenen Verbindlichkeiten auf den Geldmärkten nachzukommen. Sie wäre
tatsächlich zahlungsunfähig und müßte ihr abrufbares Kapital ein-
fordern, um die Gläubiger zu befriedigen.

An dieser Stelle sei daran erinnert, daß es letzten Endes die Steuerzahler in den wohlhabenden Mitgliedstaaten der Weltbank sind, die
weitgehend für ihr abrufbares Kapital geradestehen. Sollte die
Weltbank also zusammenbrechen, müßten diese Steuerzahler die
finanziellen Konsequenzen tragen. Aus diesem Grund kann es nicht
angehen, daß sich diese Institution wie ein unabhängiges, selbstän-
diges Finanzinstitut gebärdet. Im Gegenteil, sie muß über ihre
Geschäfte Rechenschaft ablegen, und zwar nicht etwa irgend jemandem, sondern *uns*.

Diese Frage nach der Verantwortlichkeit geht über das Problem der
finanziellen Haftung hinaus. Die Weltbank ist kapitalkräftig, weil
unsere kollektive Finanzkraft groß ist, sie ist mächtig, weil wir – die
Völker der reichen Nationen – mächtig sind. Die Weltbank handelt
in *unserem* Namen, und, wie wir noch sehen werden, vieles von
dem, was sie in den Entwicklungsländern tut, ist äußerst fragwürdig, vieles schadet den Armen und Wehrlosen, vieles schädigt oder
zerstört die Umwelt, vieles ist arrogant und falsch.

Wir haben das Recht, dafür in allen Einzelheiten Rechenschaft zu
fordern. Doch – und auf diesen Punkt werde ich in diesem Buch des
öfteren zurückkommen – wir bekommen sie heute nicht. Im Gegenteil, wer mehr über die Bank erfahren will, als ihre Hochglanz-

broschüren preisgeben, stellt sehr bald fest, daß er an eine unsichtbare Mauer des Schweigens und der Geheimhaltung stößt, die bei einem militärischen Geheimdienst angebracht sein mag, nicht aber bei einer entwicklungspolitischen Behörde.

Projektfinanzierung

Weltbankkredite – ob sie nun von der IBRD zu fast kommerziellen oder von der IDA zu extrem vergünstigten Bedingungen vergeben werden – dienten traditionell der Unterstützung bestimmter Projekte in den Entwicklungsländern. Auch wenn momentan bedeutende Veränderungen im Gang sind, so bleibt dieser Grundsatz doch auch in Zukunft bestimmend. Zum Beispiel flossen 1987, als IBRD und IDA Kredite in einer Gesamthöhe von 17,674 Milliarden Dollar gewährten, 21 Prozent (3,435 Milliarden) in den Energiesektor: Das meiste war für die Finanzierung gigantischer Staudämme und Kraftwerke bestimmt, einiges aber auch für Öl-, Gas- und Bergbauprojekte. Im selben Jahr entfielen auf den Sektor Landwirtschaft und ländliche Entwicklung 2,930 Milliarden Dollar (16,6 Prozent der Gesamtsumme); der Sektor Verkehrswesen – Straßenbau in erster Linie – bekam 1,745 Mrd. (9,9 Prozent); Stadtentwicklung 1,469 Mrd. (8,3 Prozent); Wasserversorgung und Kanalisation 969 Mio. (5,5 Prozent); Telekommunikation 682,3 Mio. (3,9 Prozent); Industrie 418 Mio. (2,4 Prozent). Auch in Sektoren wie Erziehung, Gesundheit und Ernährung wurden Projekte unterstützt, allerdings meist in geringerem Umfang.[100]
Die Anteile der verschiedenen Sektoren sind von Jahr zu Jahr nicht notwendigerweise konstant. So entfiel in den Jahren 1985 und 1986 auf landwirtschaftliche und ländliche Entwicklungsprojekte prozentual bedeutend mehr als 1987, auf Projekte im Sektor Telekommunikation hingegen erheblich weniger – 0,8 Prozent 1985 und dürftige 0,3 Prozent 1986 gegenüber 3,9 Prozent im Jahr 1987. Der Anteil des Energiesektors dagegen schwankte in diesen drei Jahren kaum (20 Prozent 1985, 18,5 Prozent 1986 und 21 Prozent 1987).[101]
Bei zwei von fünf Projekten greift die Bank zum Instrument der Kofinanzierung (was bedeutet, daß auch andere bilaterale und multilaterale Organisationen Mittel zuschießen). Doch selbst dann, wenn sich keine anderen internationalen Geldgeber beteiligen,

steckt die Bank selten mehr als ein Drittel der erforderlichen Gesamtsumme in das Projekt: Den Großteil des Restes muß die Regierung des Empfängerlandes aufbringen. Die Mittel der Bank werden ausschließlich zur Begleichung von Devisenkosten verwendet und zudem nur freigegeben, wenn spezielles Gerät gekauft werden muß oder andere Kosten bei der Durchführung des Projektes anfallen. Der Kreditnehmer bekommt das ganze Geld nicht sofort (auch nicht annähernd sofort). Im Gegenteil, projektbezogene Kredite können auf zehn Jahre verteilt in Raten ausgezahlt werden.[102]

Sektor- und Strukturanpassung

Schnelleres Geld – wenngleich immer noch projektbezogen – stellen die »Sektoranpassungskredite« der Bank dar. Bei diesen Darlehen wird nur ein Teil des Geldes zur Deckung der Kosten für bestimmte Projekte verwendet, der Rest soll politische Veränderungen in dem betreffenden Sektor der Wirtschaft eines Landes unterstützen. Zum Beispiel erhielt Pakistan 1985 von der Bank einen Kredit über 178 Millionen Dollar. Ein Teil des Geldes floß in Energieprojekte; der Rest wurde erst gegen Zusagen von seiten der Regierung ausgezahlt. Pakistan mußte zusichern, a) den Erdgaspreis anzuheben, um für private Unternehmer größere Anreize zu schaffen, sich an der Ausbeutung der Erdgasvorkommen zu beteiligen; b) die Subventionen auf die Strompreise im Land zu kürzen, weil sich die Gestehungskosten künftig exakter im Preis niederschlagen sollten; c) die Elektrizität für den Raum Karachi mit importierter statt heimischer Kohle zu erzeugen.[103]

Einschneidende politische Veränderungen dieser Art, die ganze Sektoren betreffen, sind das kennzeichnende Merkmal der Sektoranpassungskredite. Sie sind Ausdruck der Absicht der Bank, nicht nur als wichtiges Finanzierungsinstitut zu fungieren, sondern auch bei den Entscheidungsprozessen in den Entwicklungsländern eine federführende Rolle zu spielen.

Ein Wunsch freilich, der bei einer anderen Typ Darlehen, dem »Strukturanpassungskredit«, in seiner reinsten Form zum Ausdruck kommt. Charakteristisch für solche Kredite ist, daß sie völlig losgelöst von Projekten und gewöhnlich auch sehr schnell ausge-

zahlt werden, und zwar als Gegenleistung für größere wirtschaftspolitische Veränderungen auf nationaler Ebene. Diese Veränderungen kommen »mit beträchtlicher analytischer Unterstützung seitens
der Bank« zustande[104] und sind vermeintlich das Resultat eines
»politischen Dialogs«.

Regierungen der Dritten Welt, die sich für diesen Weg entscheiden,
werden belohnt: Sie dürfen das Geld, das sie bekommen, nach
eigenem Gutdünken nahezu für beliebige Projekte verwenden.

Zum Beispiel stellte die Bank in jüngerer Zeit einen Strukturanpassungskredit über 80 Millionen Dollar für ein »Sanierungspro-
gramm« in Costa Rica bereit. Erklärtes Ziel dieses Programmes ist,
das Wachstum zu beschleunigen, inbesondere durch eine Erhöhung
der Exporte in Märkte außerhalb Mittelamerikas. Wie bei dem
Sektoranpassungskredit für Pakistan ist die Auszahlung des Geldes
auch hier an wirtschaftspolitische Veränderungen geknüpft, nur daß
diesmal nicht ein einzelner Sektor wie Energiegewinnung betroffen
ist, sondern die Gesamtwirtschaft. An solche Kredite geknüpfte
Auflagen können etwa sein: Senkung von Zöllen und Entschärfung
anderer protektionistischer Maßnahmen; Anpassung des Wechsel-
kurses (bis hin zur Abwertung); Änderungen in der Haushaltspoli-
tik der Regierung; Rückzug des Staates aus bestimmten Bereichen
der Wirtschaft. Im allgemeinen gilt für alle Strukturanpassungskredite, daß die Mittel nicht für spezielle Einkäufe zur Verfügung
gestellt werden, sondern für vielerlei Zwecke frei verwendet werden
können, etwa um Waren aus dem Ausland zu importieren, Auslandsschulden zu begleichen oder – wenn das politische System es
nicht verhindert – die Taschen korrupter Minister zu füllen.[105]

Ob es nur um einzelne Sektoren oder um die gesamte Wirtschaft
geht – in jedem Fall wird mit Anpassungskrediten Politik gemacht.
Ein wohlmeinender Beobachter könnte in ihnen ein probates Mittel
sehen, Regierungen zur Annahme guter Ratschläge zu ermuntern.
Andere verstehen sie eher als Bestechungsgelder, mit denen die
Technokraten der Weltbank mächtige Bürokraten in armen Ländern dazu bewegen, Teile der nationalen Souveränität preiszugeben
– oder anders ausgedrückt: verbriefte nationale Rechte für ein
Linsengericht zu verschachern. Wieder andere zweifeln grundsätzlich an der Fähigkeit der Bank, die Wirtschaft in den Entwicklungsländer zu steuern, und meinen, daß im Fall der Strukturanpassungskredite der Blinde den Blinden führt.[106]

So kontrovers die Meinungen auch sein mögen, in einem Punkt besteht kein Zweifel: Strukturanpassungskredite haben Zukunft. Um es gleich zu sagen: Die Bank erhöht den Anteil dieser Kredite an ihrem Gesamt-Portefeuille ständig. Im Jahr 1986 machten Anpassungskredite 19 Prozent aller Darlehen aus; 1987 waren es schon 23 Prozent (mehr als 4 Milliarden Dollar).[107] Präsident Barber Conable hat sich darauf festgelegt, in den neunziger Jahren noch mehr Kredite dieser Art zu vergeben, und sagt dazu unmißverständlich: »Strukturanpassung ist absolut grundlegend für die Strategie der Bank in der Entwicklungshilfe ... zu ihr gibt es keine Alternative.«[108]

Die Bank führt

Ich bin in diesem Kapitel aus einem ganz bestimmten Grund so ausführlich auf die Weltbank eingegangen: Sie hat innerhalb des Entwicklungskonzerns die Rolle eines Schrittmachers. Nicht allein, daß eine Zahl von regionalen Entwicklungsbanken, wie bereits angesprochen, nach ihrem Vorbild geschaffen wurden. Viel wichtiger noch ist der Umstand, daß *alle* bilateralen und multilateralen Stellen sehr eng mit ihr kooperieren, ihre Politik und ihre sektoralen Prioritäten übernehmen und sich weitgehend das zu eigen machen, was man das »entwicklungspolitische Konzept« der Weltbank nennen könnte.

So ist es fast eine Selbstverständlichkeit, daß sich Christopher Patten, der britische Minister für Entwicklungshilfe, zu einer Zeit, da die Bank gesteigerten Wert auf den politischen Dialog mit den Entwicklungsländern legt, begeistert zur Strukturanpassung bekennt und versichert: »Wir werden einen größeren Teil unseres Entwicklungshilfeetats politischen Reformen widmen.«[109] Und sein westdeutscher Kollege, Bundesminister Hans Klein, erklärt:

Zahlreiche Maßnahmen dienten der Unterstützung des weltweiten Trends zu Strukturanpassung, Deregulation und Entstaatlichung. Die Bundesrepublik Deutschland hat dabei nicht nur durch Einwirkung auf multinationale Finanzierungsinstitute wie Weltbank und IWF, sondern auch durch eigene Programme akute soziale Rückschläge aufzufangen und abzufedern geholfen. Der augenfällige Erfolg von Strukturanpassungsbemühungen der kommunistischen Volksrepublik China sowie die dramatische Reformdiskussion in der UdSSR, vor allem jedoch der eigene wirtschaftliche Niedergang haben in zahlreichen Systemen die Anpassungsbereitschaft deutlich gefördert.[110]

Bei der Vorstellung ihres Programms in den späten achtziger Jahren stieß USAID in das gleiche Horn wie Großbritannien und die Bundesrepublik: »Im Rahmen des politischen Dialogs sprechen die Vereinigten Staaten mit Regierungen über die Abschaffung von ungerechtfertigten Subventionen, Preis- und Lohnkontrollen, Handelsbeschränkungen, überbewerteten Wechselkursen und zu hohen Zinsen. Dies alles beeinträchtigt die wirtschaftliche Leistungsfähigkeit.«[111]
Und natürlich lassen auch offizielle Stellen in Frankreich, Italien, Japan und anderswo ähnliche Töne vernehmen: Mehr oder weniger sind alle bilateralen Organisationen in der westlichen Welt dem Beispiel der Weltbank gefolgt und machen nun einen großen Brokken ihrer Entwicklungshilfe von Strukturanpassung und politischen Reformen in den Empfängerländern abhängig.

Der IWF

Auch wenn die Bank zweifellos die treibende Kraft ist bei der Verbreitung der Botschaft von der Strukturanpassung innerhalb der Entwicklungshilfeindustrie, so muß man dennoch festhalten, daß der eigentliche Vater dieses Konzepts der Internationale Währungsfonds ist – schon seit den vierziger Jahren nötigt er Staaten, sich in der einen oder anderen Form anzupassen. Wie unsichtbare Strahlen wandern Ideen zur Wirtschaftsentwicklung zwischen den beiden Zentralen von Weltbank und IWF in der 19. Straße in New York hin und her, und so überrascht es nicht, daß die Begeisterung für Strukturanpassung bei der Weltbank rasch zunahm, als sie den IWF bei der Arbeit beobachtete.
Die Kooperation zwischen Weltbank und IWF erschöpft sich bei weitem nicht darin, mit vereinten Kräften das Gelage zu organisieren, mit dem die gemeinsame Jahrestagung ihrer Gouverneursräte gefeiert wird. Die Tatsache, daß sie ihren Champagner in denselben

Geschäften kaufen, ist jedoch ein deutlicher Hinweis darauf, welche Werte die beiden Institutionen verbinden. Beide Institutionen verköstigen ihre Gäste in denselben Drei-Sterne-Hotels, mieten ihre Limousinen bei denselben Firmen und bevorzugen dieselbe feine Küche; deshalb darf man getrost davon ausgehen, daß sie auch sonst viele Gemeinsamkeiten haben. Auch ihre Führungsstruktur ist ähnlich. So bemißt sich das Stimmrecht beim IWF – genau wie bei der Bank – nach der Höhe des Kapitals, das jedes Mitgliedsland einbringt. Wieder halten die fünf führenden Industrienationen den Löwenanteil: USA 19,14 Prozent; Großbritannien 6,63 Prozent; Bundesrepublik Deutschland 5,79 Prozent; Frankreich 4,81 Prozent; Japan 4,53 Prozent.[112]

Der IWF ist keine Behörde für Entwicklungshilfe und war es auch nie. Doch er spielt heute bei der Geldbeschaffung für die Dritte Welt eine so wichtige Rolle, daß er zu einem integrierten, ja sogar zentralen Bestandteil des Entwicklungskonzerns geworden ist. Seine Aufgabe besteht darin, Mitgliedstaaten zur Überwindung kurzfristiger Zahlungsbilanzprobleme Kredite zu beschaffen. Allerdings wird dies von Auflagen abhängig gemacht. Dem Kreditnehmer steht das Geld erst zur Verfügung, wenn er sich bereit erklärt hat, seine Wirtschaft politisch zu reformieren, sprich: Strukturanpassungsmaßnahmen vorzunehmen. Daß die oft radikalen Reformen vom IWF streng kontrolliert werden, ist ein fester Bestandteil des Geschäftes. Allerdings nehmen die Entwicklungsländer diese Kontrollen nur allzu gerne in Kauf, erhöhen sie doch ihre Kreditwürdigkeit in den Augen anderer potentieller Geldgeber. Nach Schätzungen lassen Geschäftsbanken und Regierungen reicher Länder jedem Dollar, den der IWF der Dritten Welt zur Verfügung stellt, vier weitere Dollar in Form von Krediten und Refinanzierungen folgen.[113]

Außerdem setzt IWF-Geld große Summen Entwicklungshilfe von der Weltbank frei. Die beiden Institutionen sind nämlich in einer ganz entscheidenden Weise vernetzt: Die Mitgliedschaft im IWF ist Voraussetzung für die Mitgliedschaft in der Weltbank (und somit für die Kreditfähigkeit bei IBRD und IDA). Ein Beobachter hat dies als einen klassischen Fall von Zuckerbrot und Peitsche beschrieben: »Ohne Mitgliedschaft im IWF keine Aufnahme in der Weltbank, ohne Befolgung der IWF-Richtlinien keine Entwicklungshilfe von der Weltbank.«[114]

Eine nette Verschwörung?

Bank und Fonds unterstützen einander nach Kräften. Es ist ihr erklärtes gemeinsames Ziel, »Mitglieder in ihrem Bemühen, die wirtschaftlichen Bedingungen in ihrem Land zu verbessern, zu unterstützen ... Die Bereiche der Wirtschaftspolitik, mit denen sich die beiden Institutionen befassen, und die Finanzhilfe, die jede bereitstellen kann, ergänzen sich gegenseitig und greifen ineinander.«[115] Um dies zu bewerkstelligen, nahmen Mitarbeiter der Bank in den Jahren 1985/86 an Aktivitäten des Fonds in 17 Ländern teil, und Mitarbeiter des Fonds begleiteten ihre Kollegen von der Bank in 18 Länder; zu parallelen oder sich überschneidenden Aktivitäten von Bank und Fonds kam es in 44 Ländern. In den Jahren 1986/87 nahmen IWF-Beamte an 17 Aktivitäten der Bank teil, Mitarbeiter der Bank schlossen sich 15 Aktivitäten des IWF an. »Darüber hinaus«, so der IWF-Jahresbericht 1987, »gab es zahlreiche Beispiele für parallele oder sich überschneidende Aktivitäten von Bank und Fonds, bei denen die Mitarbeiter beider Institutionen vor Ort eng zusammenarbeiteten.«[116]

Diese Zusammenarbeit verfolgt einen ganz bestimmten Zweck: wenn Mitarbeiter von IWF und Weltbank nach Süden reisen, dann in der Absicht, die Botschaft der Strukturanpassung zu verbreiten. Sie wollen Regierungen von der zwingenden Notwendigkeit politischer Reformen überzeugen.

Die Einmütigkeit beider Institutionen in dieser Frage ist so groß, daß sie in den seltenen Fällen, wo sie auf Widerstand treffen, geschlossen gegen das widerspenstige Land vorgehen. Im Jahr 1987 beispielsweise brach Sambia seine Abmachungen mit dem IWF. Sofort stoppte die Weltbank die Auszahlung von Krediten. Doch damit nicht genug. Weitere Sanktionen folgten: Als deutlich wurde, daß der Bruch mit dem Fonds unwiderruflich war, kündigte die britische Overseas Development Administration einen stattlichen Kredit, dessen Erhöhung erst vor wenigen Monaten zugesagt worden war. »Im allgemeinen«, so ein sambischer Volkswirtschaftler, »sind andere Geldgeber zur Zusammenarbeit mit Sambia nur dann bereit, wenn ein Abkommen mit dem IWF erzielt wurde.«[117]

Auch die Bundesrepublik bedient sich dieser Art der Nötigung. So etwa stellte der frühere Wirtschaftsminister Martin Bangemann unmißverständlich klar, daß Schuldnerländer in der Dritten Welt keine andere Wahl bleibe, als die Effizienz ihrer Volkswirtschaften durch Strukturanpassung zu steigern. Im Gefolge von Unstimmigkeiten über ein Strukturanpassungsprogramm des IWF in Tansania 1984 und 1985 strich Warnkes Ministerium die deutsche Entwicklungshilfe für dieses afrikanische Land von 100 Millionen auf 30 Millionen Mark zusammen. Demgegenüber bekam das viel kleinere Togo von der Bundesregierung 70 Millionen Mark, nachdem ihm der IWF Zahlungsfähigkeit bescheinigt hatte.[118]

Angesichts solcher Verhältnisse kann man sich des Verdachts nicht erwehren, daß hier eine Art Komplott geschmiedet wurde – ein Komplott, bei dem die reichen Länder und ihre Institutionen die Dritte Welt mit vereinten Kräften zur Anpassung zwingen wollen. Eine Ansicht, die Christopher Patten, Großbritanniens junger und dynamischer Minister für Entwicklungshilfe, heftig bestreitet: »Es ist lächerlich«, so Patten, »Strukturanpassung als eine Sache zu begreifen, die unwilligen Empfängern von großspurigen westlichen Kapitalisten aufgezwungen wird.«[119]

Und damit hat er vollkommen recht.

Die Empfänger, von denen er spricht, sind *Regierungen* von Entwicklungsländern, und die meisten von ihnen – mit gelegentlichen Ausnahmen wie im Fall Sambias 1987 oder Tansanias 1984/85 – sind ganz und gar nicht *unwillig*. Im Gegenteil, korrupte Finanzminister und diktatorisch regierende Präsidenten in Asien, Afrika und Lateinamerika laufen sich in reichlich unwürdiger Hast die Hacken ihres eleganten Schuhwerks ab, um »sich anzupassen«.

Für Leute dieses Schlags war es noch nie so leicht wie heute, an Geld zu kommen. Von der lästigen Aufgabe befreit, komplizierte Projekte zu verwalten oder Geschäftsbücher zu führen, haben diese käuflichen Herren allen Grund zur Freude, wenn sie bei der Weltbank vorstellig werden dürfen. Mit der Strukturanpassung ist für sie ein Traum wahr geworden. Ihnen persönlich werden keine Opfer abverlangt. Sie brauchen nichts weiter zu tun – und das ist fast zu schön, um wahr zu sein –, als *die Armen zu schröpfen,* und darin haben sie schließlich schon allerhand Erfahrung gesammelt.

Plädoyer für Anpassung

Wie wir später noch sehen werden, hatte der »politische Dialog«, den die Männer in Anzügen aus Washington mit den Männern in Uniformen aus Santiago oder Kinshasa – oder woher auch immer – in den achtziger Jahren führten, für die schwächsten und ärmsten Gruppen in der Dritten Welt verheerende Konsequenzen. Der Grund dafür lag in der Art der Maßnahmen, die Weltbank und Fonds zur Strukturanpassung und Wirtschaftsstabilisierung empfohlen hatten.

Doch um genau zu verstehen, warum diese Maßnahmen gerade den Armen schaden, müssen wir uns zunächst einmal klarmachen, an *was* die Entwicklungsländer sich eigentlich anpassen sollen.

An erster Stelle steht die verheerende Wirkung, die von dem »zweiten Ölpreisschock« ausging – dem Ölpreissprung im Jahr 1979. Überall in der Dritten Welt schnellten die Importrechnungen sozusagen über Nacht in die Höhe, während die Exporteinnahmen gleich blieben – oder in vielen Fällen (vor allem in Afrika) sogar langsam zurückgingen. Für die Gruppe der ärmsten Länder waren die Folgen leicht abzusehen: Zwischen 1979 und 1981 stieg ihr Handelsdefizit von insgesamt 45 Milliarden auf 90 Milliarden Dollar.[120] Und sogar für Entwicklungsländer mit mittlerem Einkommen waren die wirtschaftlichen Kosten hoch. Beispielsweise erhöhten sich zwischen 1979 und 1981 die Ölimportkosten für die Philippinen von 1 Milliarde auf fast 2,5 Milliarden Dollar.[121] Wie die Weltbank und der IWF mit Recht feststellen, machen finanzielle Turbulenzen in solch massivem Ausmaß rasche Anpassung zwingend erforderlich.

Bei ihrem Drängen nach politischen Reformen verweisen beide Institutionen außerdem auf die Schuldenlast der Dritten Welt, die mittlerweile auf über 1 *Billion* Dollar angewachsen ist – in der Tat eine brennende Frage. Wie im vierten Teil dieses Buches gezeigt werden soll, haben sich die bombastischen Entwicklungsprojekte, für die viel Geld ausgegeben wurde, in aller Regel als Luftschlösser und Wahngebilde entpuppt, als nutzlose Kathedralen in der Wüste, die sich finanziell nicht selbst tragen, geschweige denn Gewinn abwerfen. Hinzu kommt, daß die Kredite nicht zu fixen Konditionen, sondern zu variablen Zinssätzen vergeben wurden – ein für die Kreditnehmer verhängnisvoller Umstand, da die Geldmärkte der

Welt in den letzten Jahren überwiegend hohe Zinsen verzeichnen. Das hat dazu geführt, daß arme Länder von ihren Exporterlösen noch mehr als vorher abzwacken müssen, um ihre alten Schulden zu bedienen. Zins und Tilgung kosten den brasilianischen Staat heute beispielsweise vier Fünftel seiner gesamten jährlichen Exporteinnahmen – eine Summe, die dem Mindestjahreslohn von 16 Millionen Arbeitern entspricht. In den Jahren 1982–87 überwies das südamerikanische Land seinen Gläubigern stolze 55 Milliarden Dollar.[122]

Der Ölpreissprung von 1979 und das Wachsen des Schuldenbergs sind natürlich nicht die einzigen Gründe für die politischen Reformen, die Entwicklungsländer in den achtziger Jahren durchführen mußten. Allerdings sind sie wichtige Faktoren in einem breiten und stark vernetzten System von Zwängen, denen die Dritte Welt gegenübersteht, und sie machen verständlich, warum sich IWF und Weltbank gemeinsam mit bilateralen Stellen für Strukturanpassung einsetzen. Nationen, die ständig mehr importieren als sie exportieren, und die mehr ausgeben als sie einnehmen, leben in einer Art wirtschaftlichem Wolkenkuckucksheim und sollten gezwungen werden, etwas dagegen zu unternehmen. Zumindest sollten sie nicht mit weiterer Entwicklungshilfe rechnen dürfen, wenn sie nicht bereit sind, ihr Haus in Ordnung zu halten. Tun sie es trotzdem, dann verhalten sie sich wie ein Verschwender, der von Freunden und Verwandten erwartet, daß sie ihm das nötige Kleingeld zuschießen, wenn er in finanzielle Schwierigkeiten gerät.

Natürlich ist das eine grobe Vereinfachung: Nicht alle Länder der Dritten Welt – und sehr wenige Völker der Dritten Welt – sind »Verschwender«. Und ich möchte auch beileibe nicht den Eindruck erwecken, als seien die Entwicklungsländer allein für ihre mißliche Lage verantwortlich – auch wenn Weltbank und IWF anscheinend diese Meinung vertreten. Im Gegenteil, die meisten Faktoren, die hier eine Rolle spielen, kommen von außen, und die armen Länder haben nur wenig oder gar keinen Einfluß darauf: Sie haben keinen Einfluß auf das Ansteigen der Ölpreise und Zinssätze; sie sind nicht verantwortlich für die Verschlechterung der *terms of trade* in den letzten zwanzig Jahren, durch die der Wert ihrer Exportgüter drastisch sank; sie sind schuldlos am Protektionismus der reichen Länder, der ihnen den Zugang zu den Märkten erheblich erschwert; und schließlich kann man sie – wie übrigens auch jeden anderen, der heute lebt – logischerweise nicht aufgrund einer historischen Entwicklung verurteilen, in deren Verlauf die Weltmächte der nördlichen Halbkugel auf Kosten der südlichen wirtschaftlich florierten. All dies ist wahr, doch ebenso wahr ist, daß es nichts einbringt, anderen Staaten, dem Wetter, der Vergangenheit – oder sonstigen äußeren Einflüssen – die Schuld an den eigenen Problemen anzulasten. Staatschefs der Dritten Welt, die zu einem »Opferkomplex« neigen und ihn in unterschiedlicher Form lautstark zum Ausdruck bringen, verschwenden buchstäblich ihren Atem. Rufe nach »einer neuen Weltwirtschaftsordnung« und ähnliche Formeln sind nur leere Phrasen: Auch noch so viele UN-Konferenzen und fromme Reden werden diese Idee nicht aus dem Äther herbeizaubern und ihr konkrete Gestalt verleihen.

Entwicklungsländer existieren hier und heute, inmitten der nackten, handfesten Tatsachen des ausgehenden 20. Jahrhunderts. Und die mit Abstand wichtigste Tatsache ist, daß sie die bestehende Weltordnung als gegeben akzeptieren müssen – und sei es auch nur, weil sie faktisch machtlos sind, irgend etwas außerhalb ihrer Grenzen zu verändern. Für jene Länder, die mehr ausgeben als sie einnehmen, gleichzeitig aber keinen besonderen Verhandlungstrumpf in der Hand halten – wie etwa eine strategisch günstige Lage –, ist Strukturanpassung schlicht eine unausweichliche und unvermeidliche pragmatische Notwendigkeit.

Insofern liegen die Institutionen des Entwicklungskonzerns richtig, wenn sie die Vergabe ihrer Mittel von umfassenden politischen Reformen in den Empfängerländern abhängig machen. Beklagenswert ist nur, *welche* Reformen sie fordern.

Des armen Mannes Last

Das bewundernswert einfache und klare Ziel der Strukturanpassung ist, die Einnahmen eines Landes zu erhöhen und seine Ausgaben zu senken. Um dies zu erreichen, werden folgende »Sparmaßnahmen« – oft alle, in der Regel aber die meisten – empfohlen: Abwertung der Inlandswährung (weil sie, theoretisch, die Importe verteuert – und damit drosselt – und den Export ankurbelt); massive Einsparungen bei den Staatsausgaben, insbesondere im Bildungs- und Gesundheitswesen; radikale Kürzung oder völlige Streichung von Subventionen bei Nahrungsmitteln und anderen Konsumgütern; Maßnahmen wie Lohnsenkungen und restriktive Kreditpolitik, die ebenfalls dazu beitragen sollen, den Gesamtkonsum im Land zu senken; lineare Abschaffung von Preisbindungen, gekoppelt mit der Privatisierung staatlicher Unternehmen und sofortigen Anhebung der Preise für deren Dienstleistungen (wie Wasser, Strom usw.); und schließlich Erhöhung von Steuern und Zinssätzen.[123]

Dieses Maßnahmenpaket wird *jedem Land* verordnet, das von Weltbank oder IWF Geld bekommt, und erstaunlich selten wird dabei auf die spezifischen Gegebenheiten eines Landes Rücksicht genommen.[124] Es bedarf keiner prophetischen Gaben, die Konsequenzen für die ärmsten und schwächsten Länder in der Dritten Welt vorauszusagen: Natürlich treffen Kürzungen im Gesundheitswesen die Armen; natürlich treffen Lohnkürzungen die Armen; und natürlich treffen höhere Preise für Strom und Wasser die Armen.

Die Fakten bestätigen es:

● Peru ließ seine Entwicklungspolitik weitgehend vom IWF lenken und führte zwei größere Strukturanpassungsprogramme durch. In diesem Zeitraum sank das durchschnittliche Pro-Kopf-Einkommen der Peruaner um 20 Prozent; die Inflation schnellte von 30 Prozent hoch auf 160 Prozent; Arbeitslosigkeit und Unterbeschäftigung nahmen dramatisch zu; und die Löhne fielen in den Keller: Ende 1985 enthielt die Lohntüte eines Arbeiters nur noch 64 Prozent seines Lohnes von 1979, im Vergleich zu 1973 gar nur noch 44 Prozent. Gleichzeitig sanken die Staatsausgaben in »sozialen« Sektoren wie Erziehung und Gesundheitsfürsorge von bisher 26 Prozent des Haushalts auf 18 Prozent; Subventionen für Nahrungsmittel und Brennstoffe, für arme Familien lebenswichtig, wurden komplett gestrichen; die durchschnittliche Nahrungsmittelversorgung der Peruaner sank um 26 Prozent, und die Unterernährung bei Kindern stieg von 42 auf immerhin 68 Prozent.[125]

● Im Jahr 1984 handelten die Philippinen, die damals – wie auch noch 1985 – vom diktatorischen Präsidenten Ferdinand Marcos regiert wurden, mit dem IWF ein Abkommen aus. Als Gegenleistung für Zahlungsbilanzhilfe durch den IWF verpflichtete sich die Regierung, radikale Reformen in den Bereichen der Zoll-, Investitions- und Energiepolitik durchzuführen, die staatlichen Sozialausgaben zu kürzen, die Steuern zu erhöhen und der Kreditschöpfung

Kontrollen aufzuerlegen. Als Folge fiel das Bruttosozialprodukt pro Kopf innerhalb eines Jahres auf den Stand von 1975 zurück. Die Realeinkommen für alle Gruppen von Arbeitern sanken in allen Industriezweigen beträchtlich – von 1982 bis 1985 in städtischen Gebieten um durchschnittlich 46 Prozent bei den Lohnempfängern und um 48 Prozent bei den Selbständigen; in ländlichen Gebieten um 31 Prozent bei den Lohnempfängern und um 41 Prozent bei den Selbständigen. Im dritten Quartal des Jahres 1985 betrugen die Reallöhne nur noch ein Viertel dessen, was die Weltbank für einen Sechs-Personen-Haushalt als »Armutsschwelle« ansetzt; auf dem Land waren sie noch tiefer gefallen – auf ganze 20 Prozent dieses Mindestbetrags. Die Pro-Kopf-Ausgaben der Regierung für Erziehung lagen um 30 Prozent unter dem Stand von 1979. Das System der primären Gesundheitsdienste für die Armen wurde ebenfalls schwer getroffen – Ende 1985 gab die Regierung für primäre Gesundsheitsfürsorge fünfmal weniger aus als für vier supermoderne Privatkrankenhäuser, die den oberen Einkommensgruppen vorbehalten blieben.[126]

● Strukturanpassung in Sri Lanka – wo Nahrungsmittelsubventionen drastisch gekürzt wurden – führte in den achtziger Jahren dazu, daß die tägliche Kalorienaufnahme bei den ärmsten 30 Prozent der Bevölkerung stetig zurückging, während sie bei den besser verdienenden 50 Prozent zunahm. Die Pro-Kopf-Ausgaben für Erziehung und Gesundheit sanken beträchtlich.[127]

● In Chile führten Anpassungsmaßnahmen zu einem massiven Anstieg der Arbeitslosigkeit. Außerdem lösten sie eine galoppierende Inflation aus, die sich offenbar stärker auf Waren niederschlug, die Arme kaufen, als auf Waren, die Reiche kaufen. In der Hauptstadt Santiago nahmen Fälle von Unterernährung bei Schulkindern zu; Armutskrankheiten wie Tuberkulose, Typhus und Hepatitis breiteten sich wieder stärker aus.[128]

● In Jamaica führte ein 1984 mit dem IWF geschlossenes Abkommen zur Streichung staatlicher Subventionen, die im Interesse der ärmsten und wirtschaftlich schwächsten Bevölkerungsgruppen die Preise für Grundnahrungsmittel niedrig gehalten hatten. Ebenfalls zusammengestrichen wurden die Ausgaben im Erziehungs- und Gesundheitswesen. Der Anteil der Kinder, die Symptome von Unterernährung aufwiesen, stieg; das reale Familieneinkommen sank beträchtlich.[129]

● In Brasilien führte die von IWF und Weltbank geforderte Strukturanpassung in den achtziger Jahren zu einschneidenden Kürzungen der staatlichen Sozialleistungen – besonders in den Bereichen primäre Gesundheitsfürsorge und Erziehung. Als Folge davon nahm die Kindersterblichkeitsrate deutlich zu. Die Zahl der Kinder, die der Schule fernblieben oder vor Erreichen eines Abschlusses abgingen, stieg beträchtlich. Es wurden mehr Kinder ausgesetzt, und die Kinderkriminalität nahm zu.[130]

● Von 1980 bis 1985 führten jedes Jahr durchschnittlich 47 Länder der Dritten Welt unter Aufsicht des IWF Strukturanpassungsprogramme durch (und bekamen vom Fonds Gelder in einer Gesamthöhe von 30,3 Milliarden Dollar). Daneben bezogen 21 Entwicklungsländer Struktur- oder Sektoranpassungskredite von der Weltbank, und eine Anzahl anderer Staaten führte auf Drängen mächtiger bilateraler Geber Anpassungsmaßnahmen durch. Es ist beileibe kein Zufall, daß im selben Zeitraum drei Viertel aller Länder in Lateinamerika und Afrika einen deutlichen Rückgang des Pro-Kopf-Einkommens zu verzeichnen hatten.[131] Am schwersten betroffen waren Kinder aus armen Familien, deren Lebensbedingungen sich überall in der Dritten Welt verschlechterten. Acht Länder in Lateinamerika, sechzehn in Afrika südlich der Sahara, drei in Nordafrika und im Nahen Osten sowie vier in Süd- und Ostasien litten unter besonders ernsten Problemen; in nahezu allen Fällen war dies eine unmittelbare Folge der Entbehrungen, die durch Strukturanpassung verursacht worden waren.[132]

Wenn Regierungen der Dritten Welt, die gegenwärtig von IWF und Weltbank verordnete Reformen durchführen, sich dazu entschließen könnten, ihrem Volk zu dienen, anstatt es zu beherrschen, wenn ihnen das öffentliche Wohl mehr am Herzen läge als Macht und persönlicher Reichtum, dann müßte es doch zu vermeiden sein, daß Strukturanpassung solches Leid verursacht.

In einem Land wie Pakistan etwa, das 34,8 Prozent seines Haushalts für das Militär, aber nur 1 Prozent für das Gesundheitswesen ausgibt[133], versteht es sich eigentlich von selbst, daß die Last der Sparmaßnahmen nicht den Armen aufgebürdet werden darf. Die Regierung hat die Wahl, wo sie den Rotstift ansetzt und wo nicht.

Das gleiche gilt für Sri Lanka, das in einem der letzten Jahre Nahrungsmittel für die Armen mit lediglich 1,7 Milliarden Rupien subventionierte, obwohl der geschätzte Bedarf bei annähernd 3 Milliarden Rupien lag. Als Argument führte die Regierung an, daß die zur Verfügung stehenden Mittel nicht ausreichten, um die Zahlungen auf das erforderliche Niveau zu heben. Dieses bewundernswerte Bekenntnis zur Sparsamkeit hielt sie freilich nicht davon ab, die nationale Fluggesellschaft mit 1 Milliarde Rupien zu subventionieren.[134]

Oder nehmen wir ein Land wie Zaïre, das sich vor Jahren mit Hilfe von IWF und Weltbank »angepaßt« hat. Ist es wirklich nötig, daß aus »Budgetgründen«[135] 7000 Lehrer aus dem Schuldienst entlassen werden, während Präsident Mobutu Sese Seko 51 Autos der Nobelmarke Daimler-Benz, elf Schlösser in Belgien und Frankreich sowie eine Strandvilla an der Costa del Sol sein eigen nennt?[136]

Schurkereien und Unregelmäßigkeiten dieser Art, wie sie uns in diesem Buch noch öfter begegnen werden, sind für viele Regierungen in der Dritten Welt typisch – Regierungen, die nur durch Kredite, die ihnen im Zuge der Strukturanpassung gewährt wurden, stark und mächtig geworden sind. Nur wenige haben ein wirkliches Mandat vom Volk, und kaum eine ist darunter, die mehr als nur ein flüchtiges Interesse am Los der Armen im Land hat. Einige verletzen die Menschenrechte auf extreme und abstoßendste Weise, andere betreiben eine verschwenderische und schurkische Politik, wieder andere sind vom Virus der Korruption befallen.

Die Hilfsorganisationen wissen das – und ignorieren es. Die Auflagen, die Regierungen erfüllen müssen, bevor sie Strukturanpassungskredite bekommen, enthalten beispielsweise *nie* Forderungen wie: mehr Menschenrechte oder größere Meinungsfreiheit, Kürzung der Militärausgaben, Kampf gegen Amtsmißbrauch und Korruption oder ähnliche Maßnahmen.

Ebenso sind sich die Hilfsorganisationen bewußt, was Strukturanpassung insbesondere unter den Armen anrichten kann[137] – doch auch das ignorieren sie. Aus Gründen der Imagepflege wird in der Öffentlichkeit hier und da der Zeigefinger erhoben und zu Mäßigung gemahnt, doch das sind nur leere Gesten, in Wahrheit mahlt die Maschinerie unbarmherzig weiter. Der Fonds und die Weltbank, Christopher Patten mit seinem Versprechen, »den Empfängern der Entwicklungshilfe bei ihrer schmerzhaften, aber notwendigen Anpassung zu helfen«,[138] die US Agency for International Development mit ihrer Politik des Dialogs und so ziemlich alle anderen westlichen Behörden und Finanzierungsinstitute für Entwicklungshilfe jeder relevanten Größe ziehen heute an einem Strang.

Erfolglos, auch nach eigenen Kriterien

Würde sich die breit angelegte Offensive für Strukturanpassung in konkreten und meßbaren wirtschaftlichen Erfolgen niederschlagen, wäre der Schaden, der den Armen angetan wird, unter Umständen vielleicht noch akzeptabel – zumindest für Leute, die den Standpunkt vertreten, der Zweck heilige die Mittel. In Wirklichkeit muß man solche Erfolge mit der Lupe suchen.

Die Organisationen selbst verweisen auf die in vielen Fällen beträchtlich gestiegene Exportleistung der Länder. Doch auch hier verhängen dunkle Wolken den Silberstreif am Horizont: Wenn zwanzig Länder, die ähnliche landwirtschaftliche Erzeugnisse produzieren, gleichzeitig ihre Exporte erhöhen, wird der Weltmarkt mit diesen Waren übersättigt, und die Preise fallen rapide – und das führt letzten Endes nicht zu einer Steigerung, sondern zu einem Rückgang der *Einnahmen* aus dem Export. Wenn eine wachsende Zahl von Ländern Anpassungsprogramme durchführt, ist damit zu rechnen, daß dieses schon jetzt akute Problem in absehbarer Zeit bedrohliche Formen annehmen wird. So kommt es nicht von ungefähr, daß die Weltbank inzwischen ernsthaft mit dem Gedanken spielt, in die Rolle einer Kolonialmacht zu schlüpfen und genau zu diktieren, wo in ihrem Reich was produziert werden muß: In einer jüngeren politischen Studie tritt sie etwa dafür ein, »daß Strukturanpassungsprogramme in verschiedenen Ländern aufeinander abgestimmt werden sollten, damit die Märkte für bestimmte Produkte nicht versehentlich durch eine zu große Zahl erweiterter Bezugsquellen übersättigt werden«.[139]

Die Steigerung des Exports ist außerdem nur eines von mehreren Hauptzielen der Strukturanpassung. Als zumindest genauso wichtig gilt die Verringerung des Haushaltsdefizits. Deswegen ist es beunruhigend, was eine vertrauliche interne Studie über Strukturanpassungskredite der Weltbank seit 1980 zu berichten weiß: daß es nämlich nur *zwei* Empfängerländern gelungen ist, ihr Haushaltsdefizit wesentlich zu drücken.[140]

Ein weiteres Hauptanliegen der Strukturanpassungsprogramme ist die Ausweitung des privaten Sektors in den Volkswirtschaften. Dazu die Weltbank: »Der Abbau wirtschaftlicher Tätigkeiten durch die schwerfälligen und ineffizienten Behörden des Staates und ihre Verlagerung auf den freien Markt führt zu einer rascheren Beseitigung von Wettbewerbsverzerrungen und Inflexibilität.«[141] Ironischerweise haben Strukturanpassungskredite jedoch häufig den gegenteiligen Effekt. In der Türkei sank während der vier Jahre, in denen die Weltbank dort Strukturanpassungsmaßnahmen finanzierte, der Anteil der privaten Investitionen an den Gesamtinvestitionen von 48,8 Prozent auf 40,9 Prozent.[142] Im afrikanischen Staat Elfenbeinküste wurden vertraulichen internen Dokumenten zufolge Strukturanpassungskredite dazu verwendet, »die Schulden mehrerer staatlicher Agrarunternehmen zu finanzieren« – mit anderen Worten: ineffiziente staatliche Bürokratien zu subventionieren. In Kenia »wurde eine mögliche Reduzierung staatlicher Anteile an halbstaatlichen Betrieben gar nicht erst in Betracht gezogen«. Senegal deckte mit Anpassungskrediten Entwicklungsausgaben für solche Betriebe, »vorwiegend im landwirtschaftlichen Sektor«. Und in Thailand floß der größte Teil in den öffentlichen Dienst.[143]
Ähnliches gilt für Sambia, bevor das Land mit dem IWF brach. Ein Beamter des Fonds kommentiert die Strukturanpassungsmaßnahmen in diesem afrikanischen Staat wie folgt: »Wir haben, um es ganz offen zu sagen, Sambia erlaubt, seinen Beamten einen Lebensstandard zu ermöglichen (die Gehaltskosten für die Bürokratie machen 20 Prozent des Bruttoinlandsproduktes des Landes aus), der im krassen Gegensatz zu der übrigen Wirtschaft steht.«[144]
Weder solche amtlichen Berichte über immer wiederkehrende Fehler und Pannen noch leicht zugängliche Daten, die eindeutig belegen, daß Strukturanpassungskredite in ihrer Tendenz den Interessen der ärmsten und schwächsten Mitglieder der Gesellschaft schaden, haben das Denken und Handeln von Weltbank und IWF sonderlich beeinflußt. Im Gegenteil, wie wir gesehen haben, spielt Strukturanpassung in der Entwicklungspolitik insgesamt eine immer gewichtigere Rolle.
Daß dies auch künftig der Fall sein wird, obwohl sich die damit verbundenen Gefahren und menschlichen Kosten immer deutlicher abzeichnen, liegt zumindest teilweise an der Arroganz und Gleichgültigkeit politischer Entscheidungsträger in Weltbank und IWF –

liebenswerte Eigenschaften, die dem Beobachter bei der jährlichen Tagung ihrer Gouverneursräte auf so reizende Weise vorgeführt werden.

Und wenn Beamte dieser beiden Institutionen in die Dritte Welt reisen, sind es natürlich nicht die Armen, mit denen sie sprechen – geschweige denn gesellschaftlich verkehren –, sondern Minister, Präsidenten und hohe Staatsbeamte. Kleinbauern und Slumbewohner, besitzlose Landarbeiter und Straßenkinder werden von den anreisenden Bürokraten, wenn überhaupt, nur ganz am Rande ihres Gesichtsfeldes wahrgenommen. So überrrascht es wenig, daß die Interessen und das Wohlergehen der Armen, ihre Leistungsfähigkeit, ihre Initiative und ihr Potential beim »Anpassungsprozeß« unberücksichtigt bleiben. Dies ist die unausweichliche Folge eines Systems, das es zuläßt, daß politische Reformen von betuchten Fremden in Absprache mit der Elite des Landes ausgehandelt werden: Keine dieser beiden Gruppen hat jemals unmittelbar erfahren, was Armut bedeutet.

Triumph der Vermittler

Dieses Problem betrifft nicht nur Einzelpersonen, sondern die Entwicklungsindustrie insgesamt. Es ist ein Problem der Entfremdung – von einer Welt, in der Vermittler ein praktisch uneingeschränktes Mandat bekommen haben, Abkommen zu treffen, Weichen zu stellen und über die Zukunft von Millionen zu entscheiden. In der einfachsten Form läßt sich das Problem wie folgt ausdrücken: Wir, die Steuerzahler der reichen Nationen, haben Mittelsmännern die Möglichkeit in die Hände gegeben, in unser aller Namen zu handeln und den Armen in den Entwicklungsländern zu helfen. Die betreffenden Mittelsmänner sind die Mitarbeiter der verschiedenen Institutionen, die in diesem Kapitel behandelt werden – insbesondere der bilateralen und multilateralen Entwicklungshilfebehörden, der UN-Organisationen für technische Hilfe und der diversen Entwicklungsbanken und Entwicklungsfonds. Es gibt niemanden, der eine dieser Institutionen wirklich überwacht oder kontrolliert: Wenn überhaupt, dann sind sie nur anderen Institutionen des gleichen Typs verantwortlich. Ihre übertriebene Geheimhaltung, ihre »vertraulichen«, »geheimen« und »nur für den Dienstgebrauch bestimmten« Dokumente, ihre Sitzungen unter Ausschluß der Öffentlichkeit – dies alles soll verhindern, daß ihr Tun in irgendeiner Art von der Öffentlichkeit kontrolliert wird.

Selbst die UNESCO, durch ihre Satzung dazu verpflichtet, die »Menschenrechte und Grundfreiheiten« (einschließlich der Redefreiheit) zu fördern, verbietet ihren Mitarbeitern, »Informationen, die ihnen aufgrund ihrer dienstlichen Stellung bekannt sind, an Dritte weiterzugeben« – eine Regelung, die auch nach der Kündigung oder Pensionierung gültig bleibt.[145] Die gleichen Beschränkungen gelten auch in allen anderen UN-Behörden, obwohl diese im Vergleich mit der Weltbank noch recht transparent erscheinen. Die Weltbank hat es als Institution in der Kunst bürokratischer Abschottung zur Perfektion gebracht. Dort wird selbst den Gouverneuren der Einblick in manche Mitarbeiterstudien über besonders umstrittene Projekte und Programme verwehrt. Diese als »interne Papiere« eingestuften Dokumente sind »Regierungen oder der allgemeinen Öffentlichkeit nicht zugänglich«.[146] Ebenso sind Unterlagen, die für das Direktorium erstellt werden und auf deren Grundlage es entscheidet, ob Kredite vergeben werden oder nicht, »streng vertraulich« und »nur für den begrenzten Dienstgebrauch« bestimmt.[147] Steuerzahlern aus den Mitgliedsländern der Bank wird der Zugang zu Informationen jedweder Art über die Institution verwehrt. Sie müssen sich mit dem geschönten Material begnügen, das die Bank nach eigenem Gutdünken zur Veröffentlichung freigibt.

Beim IWF ist ein Großteil der Daten geheim. Besonderen Sicherheitsbestimmungen und Beschränkungen unterliegen interne Berichte über Volkswirtschaften, Beraterstudien und Papiere, in denen Mitglieder um die Bewilligung von Fondsmitteln ersuchen. »Alle diese Berichte sind vertraulich und dürfen nicht freigegeben werden, *nicht einmal von den betreffenden Mitgliedern.*«[148]

Einige bilaterale Behörden, wie etwa USAID, sind relativ »offen«, andere zeigen sich eher zugeknöpft, insbesondere dann, wenn es darum geht, eigene Fehler zuzugeben. Das deutsche Bundesministerium für wirtschaftliche Zusammenarbeit (BMZ) unternahm 1986 einen zaghaften Schritt zur Schaffung von mehr Offenheit. Es veröffentlichte eine Publikation mit dem Titel: *Aus Fehlern lernen.* Allerdings enthält der Text nur spärliche und zudem sehr vage und allgemeine Informationen über gescheiterte Entwicklungsprojekte.

Ein Jahr später, 1987, brachte dasselbe Ministerium eine Broschüre mit dem Titel *Wie wirksam sind Entwicklungsprojekte?* heraus. Doch auch diese Schrift entpuppte sich als wenig überzeugend und lieferte wenig handfeste, kritische Daten. Noch unbefriedigender ist die Qualität der Informationen in den Jahresberichten von BMZ oder GTZ und vergleichbaren Publikationen. Mit Sicherheit liefern sie keine brauchbare Grundlage für eine echte Prüfung durch die Öffentlichkeit.[149] Noch schlimmer sind die Verhältnisse in Großbritannien, wo die Overseas Development Administration die detaillierten Informationen, die sie über einen Großteil ihrer Projekte und Programme zusammenträgt, hinter dem undurchdringlichen Vorhang des Official Secrets Act verborgen hält. Britische Steuerzahler, die nichts Verwerflicheres im Sinn haben als den Besuch der Bibliothek, müssen eskortiert und während ihres dortigen Aufenthalts beaufsichtigt werden und dürfen nur gekürzte Auszüge aus Projekt-Dokumenten einsehen (der überwiegende Teil ist »geheim«) – eine Praxis, die einer aus öffentlichen Mitteln gespeisten Entwicklungsbehörde einer führenden westlichen Demokratie kaum angemessen sein dürfte.

Auch in den Entwicklungsländern sind Mittelsmänner anzutreffen, die sich so verhalten, als ob sie niemandem Rechenschaft schuldig seien. Sie »vertreten« zwar die Armen, sind aber keine Beamten der Entwicklungsindustrie, sondern Minister und Präsidenten. Doch leider sind viele von ihnen eher als brutale, kaltblütige Verbrecher einzustufen, und ein Großteil von ihnen hat seine Macht nicht aus der Wahlurne, sondern aus dem Gewehrlauf. Im Jahr 1988 etwa wurden 29 Entwicklungsländer in Afrika, zehn in Südamerika, sechs im Mittleren und Nahen Osten, drei in Südasien und zehn in Ostasien von Militärs regiert – und der überwiegende Rest hatte in der einen oder anderen Form unter einer zivilen Gewaltherrschaft zu leiden.[150]

Auf der einen Seite haben wir also internationale Beamte, auf der anderen Gangster und Psychopathen. Und in dieser Situation verhandeln Hilfsorganisationen mit Regierungen und Regierungen mit Hilfsorganisationen, Regierungen reden miteinander, und Hilfsorganisationen reden miteinander. Wenn das »Entwicklung« sein soll, dann ist sie nichts weiter als eine Transaktion zwischen Bürokraten und Autokraten – ein Geschäft, das Vermittler und Politiker im Namen anderer abwickeln. Und die eigentlichen Hauptakteure –

die Steuerzahler in den wohlhabenden Staaten und die Armen auf der südlichen Erdhalbkugel – werden so behandelt, als seien sie irgendwie nur zufällig in die Geschichte geraten.

Diese tiefe Entfremdung wahrhaft globalen Ausmaßes wird heute so sehr als *fait accompli* hingenommen, daß niemand mehr ernstlich auf die Idee kommt, die Strukturen, die Institutionen, die Motive oder das Tun der Entwicklungsindustrie in Frage zu stellen. In einem vagen und verschwommenen Sinn ist sie einfach da.

Die Anfänge

Doch die Entwicklungsindustrie gibt es noch nicht sehr lange. Im Gegenteil, sie ist ganz und gar eine Schöpfung unserer modernen Welt und unserer Zeit. Und passend zu all dem nichtssagenden Palaver, das sie seitdem hervorgebracht hat, stehen zwei riesige Konferenzen an ihrem Beginn – die Gründungskonferenz der Vereinten Nationen, die im Juni 1945 in San Francisco stattfand, und davor die Internationale Währungs- und Finanzkonferenz, die vom 1. bis 22. Juli 1944 in Bretton Woods, New Hampshire, abgehalten wurde.

Bretton Woods war von beiden Konferenzen die weitaus bedeutendere. Oberste Aufgabe der Treffens war es, das Fundament für eine freie und stabile Währungsordnung in der Welt nach dem Krieg zu schaffen. Doch sein sekundärer Zweck bestand darin, Schritte zur Verwirklichung der »vier Freiheiten« zu unternehmen, die Präsident Roosevelt zu den langfristigen Zielen der westlichen Alliierten erklärt hatte, darunter auch die »Freiheit von Not ... überall in der Welt«.[151] Das Resultat war die Gründung von Weltbank und Internationalem Währungsfonds.

Keine der beiden Institutionen widmete sich anfänglich besonders intensiv der Aufgabe, die Entwicklungsländer von ihrer Not zu befreien.

Der Fonds befaßte sich in erster Linie mit der Wirtschaft der industrialisierten Länder – und das blieb so auf Jahre hinaus. Und die Bank unterstützte mit ihren Krediten anfangs vorwiegend Projekte, die dem Wiederaufbau im Nachkriegseuropa dienten. Frankreich, die Niederlande, Dänemark und Luxemburg waren die ersten vier Empfänger von Weltbank-Darlehen. Im Jahr 1948 reihte sich

Chile in die Liste ein, und 1949 zogen Mexiko und Brasilien nach. Von da an flossen die Kredite in zunehmendem Maß in den Süden und bestätigten damit ein Wort des Weltbank-Präsidenten John J. McCloy aus dem Jahr 1949: »Die Wiederaufbauphase der Banktätigkeit ist weitgehend abgeschlossen, und die Entwicklungsphase ist in Gang.«[152]

Ungefähr zur gleichen Zeit begann auch das andere große multilaterale Gremium, das am Ende des Zweiten Weltkriegs ins Leben gerufen worden war, die Vereinten Nationen, den Schwerpunkt seiner Arbeit zu verlagern. Nach Unterzeichnung der UN-Charta am 26. Juni 1945 in San Francisco, richtete die Organisation ihren ständigen Sitz in New York ein. Ihre vordringliche Aufgabe bestand zunächst darin, den Frieden zu sichern und die Not zu lindern, die der Krieg in Europa mit sich gebracht hatte. Aus diesem Grund war die Organisation der Vereinten Nationen für Nothilfe und Wiederaufbau (UNRRA), die sich vor allem um Flüchtlinge kümmerte, in der ersten Zeit wohl die aktivste Abteilung. Als UNRRA 1947/48 schließlich aufgelöst wurde, wechselten die meisten Mitarbeiter in andere Sonderorganisationen, die damals nacheinander im System der Vereinten Nationen auftauchten.[153]

Von da an verlagerte sich das Interesse der UNO – wie auch das der Weltbank – zunehmend von Europa auf die armen Länder der Dritten Welt. Ein Schlüsseldatum ist der 4. Dezember 1948. An diesem Tag wandte die Generalversammlung ihre besondere Aufmerksamkeit dem Mangel an Fachkräften und technischen Ressourcen in den – wie es damals hieß – »unterentwickelten Regionen« zu.[154]

Mit der Resolution 200 genehmigte sie später Mittel, die den Generalsekretär dazu ermächtigten, »durch die Vereinten Nationen internationale Gruppen von Sachverständigen einzusetzen, um Regierungen in Fragen der wirtschaftlichen Entwicklung zu beraten, Entwicklungsländer bei der Ausbildung von Technikern zu unterstützen und Regierungen bei der Beschaffung von technischem Personal, technischer Ausrüstung und Material für die Organisierung ihrer Entwicklungsbemühungen zu helfen«.[155]

Diese neue Zielsetzung blieb nicht auf multilaterale Behörden beschränkt. In den USA forderte Präsident Harry Truman in seinem 1949 proklamierten »Point Four«-Programm »weltweite Bemühungen zur Erlangung von Frieden, Wohlstand und Freiheit«.

Präsident Truman ging bei seinem Appell von folgender Ansicht aus:

> Die Hälfte der Weltbevölkerung lebt unter Bedingungen am Rande der Armut ... ihr wirtschaftliches Leben ist primitiv und stagniert. Ihre Armut ist ein Hindernis und eine Bedrohung sowohl für sie selbst als auch für die wohlhabenderen Regionen ... Ich glaube, wir sollten allen friedliebenden Völkern die Vorteile unseres Vorrates an technischem Wissen zur Verfügung stellen, um ihnen dabei zu helfen, ihre Sehnsüchte nach einem besseren Leben zu verwirklichen. Und, in Zusammenarbeit mit anderen Nationen, sollten wir Kapitalinvestitionen in Regionen fördern, die Entwicklung brauchen.[156]

In einem sehr realen Sinn gab es jetzt »Auslandshilfe«. Zudem schienen UNO, Weltbank und Harry Truman in der Frage, wofür sie verwendet werden sollte, einhellig einer Meinung zu sein: für »Entwicklung«. Ebenso war man sich einig, daß eine bestimmte Gruppe von Ländern »entwickelt« werden sollte.
Das führte unter anderem dazu, daß Nationen in eine fiktive Einheit gepreßt wurden, die sich in jeder nur denkbaren Hinsicht – geographisch, kulturell, wirtschaftlich und politisch – erheblich voneinander unterschieden. Die Vorstellung, sie hätten eine elementare Gemeinsamkeit, leitete sich unmittelbar aus dem Umstand ab, daß sie alle als äußerst »hilfsbedürftig« angesehen wurden. Dazu der angesehene britische Volkswirtschaftler Lord Bauer:

> Der Begriff Dritte Welt und seine Vorläufer und Synonyme, wie die unterentwickelte Welt, die weniger entwickelte Welt ... und nun auch der Süden, sind, praktisch gesehen, eine Sammelbezeichnung für Länder, deren Regierungen, mit gelegentlichen Ausnahmen, vom Westen öffentliche Entwicklungshilfe fordern und auch erhalten. Die Begriffe der Dritten Welt oder des Südens sind von der öffentlichen Entwicklungshilfe nicht zu trennen. Sie sind zwei Seiten einer Medaille. Die Dritte Welt ist eine Schöpfung der Auslandshilfe: Ohne Auslandhilfe gibt es keine Dritte Welt.[157]

Die treibenden Motive

So bequem die Vorstellung auch sein mag, die Entscheidung, in der Nachkriegszeit groß angelegte Hilfsprogramme in Gang zu setzen, sei das Ergebnis eines klaren und uniformen Denkens in den Industrienationen gewesen – die Wirklichkeit sieht anders aus. Von Anfang an war eine ganze Anzahl recht unterschiedlicher Motive wirksam, und zwar stets gleichzeitig. Dies hat dazu geführt, daß die Entwicklungshilfe heute in einem Zustand ist, der, psychologisch ausgedrückt, als schizophren bezeichnet werden muß. Sie ist ein Sammelsurium widersprüchlicher – teils gutartiger, teils unheilvoller, teils auch offenkundig neurotischer – Antriebe und Rationalisierungen.

Betrachten wir zuerst die Vereinigten Staaten. Von Anfang an gab es hier eine starke Lobby, die Entwicklungshilfe als moralischen und humanitären Wert verfocht. Der wohl einflußreichste Wegbereiter dieses Gedankens dürfte Truman gewesen sein. Ein anderer war Herbert Hoover, der – auf Trumans Wunsch hin – unmittelbar nach dem Krieg 38 Länder bereiste, dabei 50 000 Meilen zurücklegte und sich ein Bild von der Ernährungslage in aller Welt machte. Hoover wollte herausfinden, wie nordamerikanische Überschüsse sinnvoll verteilt werden könnten. Nach seiner Rückkehr wandte er sich mit einer bewegenden Botschaft an das amerikanische Volk:

> Von den vier Apokalyptischen Reitern ist einer, der Krieg, verschwunden. Aber Hunger, Pest und Tod lasten noch immer auf der Welt. Der Hunger ist ein stiller Besucher, er kommt wie ein Schatten. Er sitzt neben jeder besorgten Mutter, dreimal am Tag. Er bringt nicht allein Kummer und Leid, sondern auch Angst und Schrecken. Und er bringt Aufruhr und lähmt den Staat. Er wirkt zerstörerischer als Armeen, nicht nur auf das menschliche Leben, sondern auch auf die Moral. Bei seiner Invasion zerfallen alle Werte des wahren Lebens, und jeder zivilisatorische Gewinn zerbröckelt. Aber wir können diese Menschen vor dem Schlimmsten bewahren – wenn wir nur wollen.[158]

Nicht lange nach Hoovers hochgesinntem Appell an die Öffentlichkeit fanden andere einflußreiche Amerikaner weitere Gründe, weshalb die Armen vor dem Schlimmsten bewahrt werden sollten. Hilfe, so ihr Argument, sei nicht nur moralisch richtig, sondern auch gut für die Geschäfte. So reiste in den fünfziger Jahren der damalige Präsident der Weltbank, Eugene Black, durch die USA und warb um Unterstützung für eine Erhöhung der Entwicklungshilfe. Seine Botschaft war simpel:

Unsere Auslandshilfeprogramme stellen für die amerikanische Wirtschaft einen deutlichen Nutzen dar. Die drei wichtigsten Vorteile sind: 1. Auslandhilfe erschließt auf direktem Wege einen bedeutenden Markt für Waren und Dienstleistungen aus den Vereinigten Staaten; 2. Auslandshilfe stimuliert die Entwicklung neuer Märkte in Übersee für US-amerikanische Firmen; 3. Auslandshilfe sorgt dafür, daß sich Volkswirtschaften an einem System freien Unternehmertums orientieren, in dem Firmen der Vereinigten Staaten prosperieren können.[159]

Ähnlich äußerte sich 1964 Senator McGovern: »Die Menschen, denen wir heute helfen, sind morgen unsere Kunden ... Ein riesiger Markt für amerikanische Produkte aller Art wird entstehen, wenn es Indien gelingt, die Hälfte der Produktivität Kanadas zu erreichen.«[160]

Und nicht nur Indien, versteht sich. Zwischen 1945 und 1950 wurden Pakistan, Ceylon, Birma, die Philippinen, Indonesien, Jordanien, Syrien und der Libanon unabhängige Staaten und somit zugänglich für die US-Wirtschaft. Kambodscha, Laos und das geteilte Vietnam folgten 1954, Malaya erlangte 1957 seine Unabhängigkeit von Großbritannien. Auf dem afrikanischen Kontinent wurde Libyen unabhängig, die einstige italienische Kolonie Eritrea vereinigte sich mit Äthiopien, und die ehemaligen somalischen Gebiete Großbritanniens und Italiens schlossen sich 1960 zur Republik Somalia zusammen. Etwa zur gleichen Zeit wurde im Sudan, in Marokko, Tunesien und Ägypten die imperialistische Herrschaft beseitigt. Die Goldküste wurde unter dem Namen Ghana unabhängig, wenig später folgten Togo, Kamerun und Guinea. In der Karibik erhielten Puerto Rico und die Niederländischen Antillen neue Formen der Selbstverwaltung, und die bedeutendsten Mitglieder der Westindischen Föderation wurden unabhängige Staaten innerhalb des British Commonwealth.

Die meisten dieser neuen Staaten und viele andere, die ihnen bald in die Unabhängigkeit folgten, waren fast völlig verarmt. Truman und Hoover hatten dies bereits als moralisch verwerflich gegeißelt, und Black und McGovern hatten auf den Nutzen hingewiesen, den amerikanische Unternehmer aus der Entwicklungshilfe ziehen könnten. Jetzt lieferte der Kalte Krieg ein weiteres Motiv. Nach Ansicht von Politikern in Washington bestand die große Gefahr, daß die aufstrebenden Staaten, sofern sie sich selbst überlassen blieben, unter kommunistische Herrschaft geraten könnten. Dieser Gefahr mußte unter allen Umständen begegnet werden, und Entwicklungshilfe wurde zu einem Mittel, dieses politische Ziel zu verwirklichen.

Dazu Senator Hubert Humphrey 1957: »Ich habe gehört, daß Menschen durch Nahrungsmittel von uns abhängig werden könnten. Für mich ist das eine gute Nachricht – denn bevor Menschen etwas tun können, müssen sie essen. Und wenn wir nach einer Möglichkeit suchen, Menschen dazu zu bringen, daß sie sich auf uns verlassen und auf uns angewiesen sind, und zwar in dem Sinne, daß sie mit uns zusammenarbeiten, dann, so meine ich, ist Abhängigkeit durch Nahrungsmittel eine großartige Sache.«[161] Ähnlich äußerte sich auch Präsident Kennedy 1961: »Auslandshilfe ist eine Methode, durch die sich die Vereinigten Staaten in aller Welt eine mächtige und einflußreiche Position erhalten und zahlreiche Länder versorgen, die andernfalls zusammenbrechen oder in den kommunistischen Block abdriften würden.«[162] Sieben Jahre später setzte Präsidenet Nixon hinzu: »Wir wollen eines nicht vergessen: Das Hauptziel unserer Hilfe ist nicht, anderen Nationen zu helfen, sondern uns selbst.«[163]

Dem Mischmasch amerikanischer Motive fügten die wohlhabenden europäischen Industrieländer ein weiteres wichtiges Element hinzu: Schuld. Anders als die Vereinigten Staaten waren sie seit vielen Jahren, manche sogar seit Jahrhunderten, mit den Ländern der südlichen Erdhalbkugel eng verflochten. Doch als sich in der Weltpolitik der Wind drehte und der Prozeß der Dekolonialisierung in den fünfziger und sechziger Jahren begann, wurde ihnen immer häufiger der Vorwurf gemacht, sie trügen die Schuld an der Armut in ihren ehemaligen Kolonien. Kwame Nkrumah, der erste Ministerpräsident Ghanas, war ein eloquenter Verfechter dieser Ansicht. Die Kolonialmächte, so wetterte er,

...waren alle habgierig. Sie ordneten die Bedürfnisse in den unterjochten Gebieten ihren eigenen Ansprüchen unter; sie beschnitten Menschenrechte und Freiheiten; sie unterdrückten und plünderten, erniedrigten und tyrannisierten. Sie nahmen uns unser Land, unser Leben, unsere natürlichen Reichtümer und unsere Würde. Keine von ihnen ließ uns mehr als unseren Groll ... Und als sie fort waren und wir mit den nackten Tatsachen konfrontiert waren – wie in Ghana unmittelbar nach Erlangung unserer Unabhängigkeit –, da kam uns jäh zu Bewußtsein, wie arm das Land nach den langen Jahren der Kolonialherrschaft war.[164]

Solche Anklagen fanden in Ländern wie Frankreich, Großbritannien und Italien, den vormals führenden Kolonialmächten, ein aufnahmebereites Publikum. Daher ist es auch kein Zufall, daß die meisten ihre bilaterale Entwicklungshilfe in diesem Zeitraum erheblich steigerten und zu einer festen Einrichtung machten. Im Jahr 1962 wurde der Entwicklungshilfeausschuß der OECD ins Leben gerufen. Ein Jahr zuvor hatte die Bundesrepublik Deutschland das BMZ eingerichtet, mit Walter Scheel als erstem Bundesminister für wirtschaftliche Zusammenarbeit. Etwa zur gleichen Zeit schufen Frankreich sein Ministère de la Coopération und Großbritannien sein Ministry of Overseas Development (die heutige Overseas Development Administration).

Seit damals wurden die Formulierungen der Schuldbekenntnisse und Selbstgeißelungen noch schärfer. So schrieb Cyril Connors 1969 in Großbritannien: »Es ist ein Wunder, daß der weiße Mann nicht viel verhaßter ist, als er ohnehin schon ist ... Habgier, versteckt unter einer Maske der Heuchelei, prägte unseren Umgang mit jedem Land und führte zu skrupelloser Gewalt gegenüber den Einheimischen ... Grausamkeit, Habgier und Arroganz ... waren kennzeichnend für das, was sich mit einem Wort zusammenfassen läßt: Ausbeutung.«[165] Ähnliche Töne werden in einem Flugblatt angeschlagen, das Studenten Anfang der Siebziger an der Cambridge University verteilten: »Wir holten uns Gummi aus Malaya, Tee aus Indien, Rohstoffe aus aller Welt, und wir gaben fast nichts dafür als Gegenleistung.«[166]

Aus einer solchen durch Schuldgefühle ausgelösten Mode heraus begannen die Europäer zu einem bestimmten Zeitpunkt ihrer Geschichte, Entwicklungshilfe als ein Vehikel der Wiedergutmachung zu begreifen, als ein Mittel, alte Fehler zu korrigieren und sich moralisch reinzuwaschen. Und keine Frage, für alle Betroffenen war das auf eine perverse und masochistische Art auch zutiefst befriedigend. Doch in Verbindung mit den amerikanischen Intentionen verwandelte das Ingredienz des Schuldbewußtseins den Prozeß internationaler Hilfe zu einem brodelnden Gemisch aus humanitärer Gesinnung, kommerziellem Eigennutz, strategischem Kalkül und schlechtem Gewissen – eine ideale Rezeptur für all die Widersprüche, Konfusionen und pathologischen Störungen, mit denen Entwicklungshilfe bis zum heutigen Tag behaftet ist.

Bürokratische Überlebenstechnik

Im Lauf der Jahre spitzte sich das Problem weiter zu. Schuld daran war das Verhalten der Hilfsorganisationen. Auf kriecherische Weise nährten und befriedigten sie die schizophrenen Motive in den Geberländern und trugen ihren Teil dazu bei, Chaos und Orientierungslosigkeit noch zu verstärken: durch Unvernunft, Unentschlossenheit und zwanghaftes Verhalten, durch Habgier und Wechselhaftigkeit.

Ein ganz wichtiges Moment dabei ist, daß alle Institutionen des Entwicklungsmultis, ob nun bilateral oder multilateral, anscheinend zumindest eine Gemeinsamkeit haben: die Fähigkeit nämlich, mit untrüglichem Instinkt die jeweils vorherrschende Stimmung in den Geberländern auszuloten und sich ihr anzupassen. Dies ist ein natürliches Familienmerkmal, wenn man so will, eine angeborene Eigenschaft, die alle zum Überleben brauchen: Wenn humanitäre Gesinnung gefragt ist, dann geben sie humanitäre Erklärungen ab; wenn Umweltschutzbewegungen politisch im Aufwind sind, dann würzen sie ihre Rhetorik mit Ökologie; wenn es angebracht scheint, nationale Schuldgefühle zu lindern oder Sicherheitsneurosen zu nähren, werden sie auch dafür den passenden Tenor finden; ja sie werden sogar das Profitmotiv hervorkehren, sofern sie dies für ratsam halten. Und wenn in den Geberländern die Idee des Wohlfahrtsstaats wieder an Boden gewinnt, werden sie nicht zögern, ihre eigene Rolle bei der Umverteilung des Reichtums zu unterstreichen, und sehr wahrscheinlich werden sie auch zentrale Planung zu einem entscheidenden Faktor im Entwicklungsprozeß erklären. Sollten schließlich konservative Werte wiederaufleben, dann werden sie Rezepte wie »Strukturanpassung« verbreiten, die Vorzüge privaten Unternehmertums rühmen und den »Kräften des Marktes« eine gottähnliche Allmacht zuschreiben.

Die Varianten und Möglichkeiten sind praktisch unbegrenzt. Die Folge davon ist, daß die Entwicklungshilfeindustrie seit dem Zweiten Weltkrieg zu jedem beliebigen Zeitpunkt jede der folgenden Positionen vertreten hat:

● Fortschritt ist in den armen Ländern nur durch eine rasche Industrialisierung auf hohem technischem Niveau zu erreichen, die von zentralen Planungsgremien unter der Ägide des Staates durchgeführt wird; nach ein paar Jahren wird der Nutzen bis zu den Armen »durchsickern«.

● Staatliche Kontrolle und zentrale Planung sind ineffizient, deshalb müssen private Unternehmen im Prozeß der Industrialisierung freie Hand haben.

● Der Vorstoß in Richtung Industrialisierung kam verfrüht. Fortschritt in armen Ländern kann in Wirklichkeit nur durch Ankurbelung der Landwirtschaft erzielt werden – denn sie ist die eigentliche wirtschaftliche Basis für die Mehrheit der Bevölkerung in den meisten Entwicklungsländern.

● Die Landwirtschaft wird am besten durch die Förderung von landwirtschaftlichen Großbetrieben angekurbelt.

● Die Landwirtschaft wird am besten durch die Förderung der Kleinbauern angekurbelt.

● Der Reichtum wird *nicht* zu den Armen durchsickern, deswegen muß sich Entwicklung von unten nach oben vollziehen und nicht umgekehrt.

● Entwicklungspolitik sollte in erster Linie die »Grundbedürfnisse« der armen und schwachen Gruppen befriedigen: durch Lebensmittelsubventionen, durch primäre Gesundheitsversorgung, durch Schaffung von Bildungseinrichtungen auf Dorfebene usw.

● Es kann bedauerlicherweise notwenig werden, die Grundbedürfnisse der armen und schwachen Gruppen zu vernachlässigen, wenn »strukturelle Anpassung« an das feindliche Umfeld der internationalen Wirtschaft erreicht werden soll.

● Es ist möglich, eine »Anpassung mit menschlichem Gesicht« durchzuführen, bei der die angestrebten Einsparungen möglich sind, gleichzeitig aber auch Sicherungen für die Armen eingebaut werden.

● Es ist unmöglich, gleichzeitig Anpassung und Wachstum zu erreichen.

● Es ist trotz allem möglich, Anpassung und Wachstum gleichzeitig zu erreichen.

Die verschiedenen Meinungen und Ideen, die in diesen Positionen enthalten sind – und viele andere mehr –, lösten einander nun nicht etwa in einer Art chronologischer Ordnung ab. Nicht selten existierten zwei oder drei Vorstellungen davon, was Entwicklung eigentlich ist, nebeneinander – beispielsweise vertrat USAID die Theorie des »Durchsickerns«, während ILO den Schwerpunkt auf Projekte legte, die Entwicklung von unten fördern sollten. Gelegentlich – wie in den späten siebziger Jahren, als die Idee, zunächst die Grundbedürfnisse zu befriedigen, ihre Blütezeit erlebte – waren sich die Behörden im Prinzip einig, und nur, was die Durchführung betraf, gingen ihre Auffassungen auseinander. So stritten sich UNICEF und WHO häufig über methodische Fragen der primären Gesundheitsversorgung.

Doch kleine Unstimmigkeiten dieser Art blieben stets im Rahmen erkennbarer – und beständig sich wandelnder – Trends in Denken und Handeln. Oder um es anders auszudrücken: Vorstellungen darüber, wie Entwicklung gefördert werden sollte, waren seit den vierziger Jahren mindestens ebenso den Launen der Mode unterworfen wie die Haarlänge bei Männern oder die Rocklänge bei Frauen. Der Entwicklungsmulti scheute keine institutionelle Verrenkung, wenn es galt, mit dem neusten Trend Schritt zu halten – so flüchtig er auch immer sein mochte. Kein Prinzip war so ehern, daß es nicht verletzt, kein Programm so starr, daß es nicht umgeschrieben, und kein Versprechen so heilig, daß es nicht gebrochen werden konnte.

Hätten wir es hier nur mit wissenschaftlichen Ideen zu tun, wäre dies alles nicht so wichtig. Das Problem ist nur, daß jede Veränderung der vorherrschenden Meinung darüber, was Entwicklung sein sollte, früher oder später seinen praktischen Niederschlag in Projekten vor Ort findet, und wie diese Projekte beschaffen sind, hängt natürlich ganz entscheidend von der Politik der Geberorganisationen ab. Die Tatsache, daß sich diese Politik radikal ändert – und zwar oft binnen kurzer Zeit –, hat zwangsläufig zur Folge, daß der

Entwicklungshilfe eine eindeutige Ausrichtung fehlt. Was da in der Praxis geschieht, ist kein koordiniertes und entschlossenes Bemühen um klar definierte gemeinsame Ziele, sondern ein ewiges Hin und Her, ein ständiges Vor und Zurück, im einen Jahr ein gewaltiger Satz in die eine Richtung, im nächsten Jahr erfolgt eine Kehrtwendung, und man stürmt in die andere Richtung.

Entwicklungspolitik ist also alles andere als eine exakte Wissenschaft. Kein Praktiker kann guten Gewissens behaupten, daß eine bestimmte Methode funktionieren wird – daß etwa »Strukturanpassung mit menschlichem Gesicht« besser ist als Anpassung im herkömmlichen Sinn oder daß ein Gewaltakt zur Befriedigung der Grundbedürfnisse der Armen die Mühe lohnt und weltweit mehr Nutzen bringt als eine breit angelegte Industrialisierung. Jede neue Strategie ist ein Versuch genau wie diejenige, die ihr vorausging. Allein die Tatsache, daß sich solche Strategien ständig ändern, ist ein stillschweigendes Eingeständnis, daß die früheren Bemühungen gescheitert sind oder zu wenig Erfolge erbracht haben.

Das eigentliche Versagen wird jedoch durch die fortdauernde Existenz der Hilfsorganisationen selbst symbolisiert. Hätten sie ordentliche Arbeit geleistet und die Entwicklung in der Dritten Welt gefördert, dann hätten sie sich inzwischen vermutlich schon selbst aus dem Geschäft geboxt. Mittlerweile sind sie fast fünfzig Jahre tätig. In dieser Zeit hätten sie die Probleme, zu deren Lösung sie geschaffen wurden, systematisch meistern, die Firma wieder dichtmachen und den Steuerzahlern damit viel Geld sparen können.

Doch nichts davon ist geschehen. Im Gegenteil, trotz der rapiden Veränderungen in der Nachkriegszeit haben sie zäh ihren Platz auf der politischen Bühne behauptet, und nicht nur das, die meisten sind von Jahr zu Jahr gewachsen und haben mit stetig wachsenden Budgets und immer mehr Mitarbeitern auf den Gehaltslisten immer mehr Projekte durchgeführt.

Obwohl diese Mitarbeiter die Aufgabe haben, den Armen zu helfen, gehören sie zu den bestbezahlten Gehaltsempfängern der Welt. Ihre Mission ist die Arbeit für die Unterprivilegierten – und dennoch genießen sie selbst eine erstaunlich reichhaltige und mannigfaltige Palette von Vergünstigungen und Privilegien. Sie werden nie müde, bei glanzvollen internationalen Konferenzen für die Sache der Armen und Schwachen einzutreten, doch paradoxerweise haben viele von denen, die dort so ergreifend zu reden verstehen,

sich enormen persönlichen Einfluß verschafft, und viele sind geradezu süchtig nach den Insignien von Prestige und Macht. Als
Nobilität auf Kosten der öffentlichen Hand haben sie natürlich ein
lebhaftes Interesse an der Erhaltung des Status quo, denn schließlich
soll auch künftig gewährleistet bleiben, daß Entwicklungshilfe
durch ihre Hände geht.

Im nächsten Kapitel nehmen wir eine Untergruppe dieser Aristokratie der Barmherzigkeit etwas genauer unter die Lupe.

Kapitel drei

Die Aristokratie der Barmherzigkeit

> ...allenthalben
> wird der heilige Vorgang der Unschuld über-
> schwemmt.
> Dem Besten erlahmt der Glaube, und die
> Schlimmsten
> sind voll von leidenschaftlicher Heftigkeit
>
> W. B. Yeats, *Der Jüngste Tag*

Warum arbeiten Menschen in der Entwicklungshilfe?
Die meisten, mit denen ich während der Recherchen für dieses Buch sprach, führten eine Vielfalt von Gründen an. Bei Amerikanern und Europäern spielte »der Wunsch, zu helfen« recht häufig eine Rolle. Stellvertretend für viele sagte mir ein Entwicklungshelfer: »Es ist schön, wenn man arbeiten und gleichzeitig anderen helfen kann.« Und doch, das einzige – oder wenigstens das entscheidende – Motiv war es selten.
Eine ganze Anzahl von Leuten war eindeutig »wegen des Geldes dabei« – so etwa ein Berater, der damit prahlte, er habe das UN-System ausgetrickst, um an Aufträge zu kommen.

Alles erledigt der Computer. Er enthält eine Liste mit Beratern, die für jede Art von Aufgaben in Frage kommen. Man muß nur dafür sorgen, daß der eigene Name auf der Liste steht und daß die im Lebenslauf aufgeführten Qualifikationen und praktischen Erfahrungen unter die verschiedenen Kategorien fallen, auf die der Computer programmiert ist ... In den letzten zehn Jahren war ich nie länger als ein paar Wochen ohne Auftrag. Ich rechne mir gute Chancen aus, daß ich bis zum einundzwanzigsten Jahrhundert so weitermachen kann.

War es ihm wichtig, wohin er entsandt oder für welche Art von Projekt er eingesetzt wurde? »Kein bißchen. Für mich ist das nur ein Geschäft … man muß nur wissen, wie man aus dem System etwas für sich herausschlägt, das ist alles.«

Pragmatische Erwägungen stehen auch bei Afrikanern und Asiaten im Vordergrund, die in der Branche Entwicklungshilfe gelandet sind. Die meisten von ihnen gaben ganz offen zu, daß sie auf einem Posten bei der UNO oder bei einer der Entwicklungsbanken mindestens zehnmal – manchmal sogar hundertmal – soviel verdienen wie im Staatsdienst ihrer Heimatländer. »Ein ganz anderer Lebensstil«, sagte mir ein in New York beschäftigter Pakistani in seinem Luxusapartment hoch über dem Hudson River. »Ich will gar nicht erst so tun, als hätte ich den Job aus Idealismus angenommen … für mich war das Geld ausschlaggebend.« In seinem Wohnzimmer hing eine gerahmte Urkunde des Clipper Club der PanAm, die ihm bescheinigte, daß er im letzten Jahr 100 000 Meilen geflogen war. »Es lohnt sich, wenn man seine Tickets immer bei der gleichen Fluglinie kauft«, vertraute er mir an. »Man bekommt Freiflüge, wenn man genug Meilen zurückgelegt hat … Ich plane eine Urlaubsreise rund um die Welt.«

Sogar für Europäer und Amerikaner liegen die Gehälter in der Entwicklungshilfe weit über dem, was sie in anderen Branchen verdienen können. Und die Sondervergütungen, die mit einer Tätigkeit in Übersee verbunden sind, stellen einen zusätzlichen Anreiz dar: »Man bekommt kostenlos ein möbliertes Haus. Die Nebenkosten für Wasser, Strom usw. werden erstattet. In einem Land bekommen wir sogar einen eigenen Generator, damit wir nicht ohne Licht dasitzen, wenn mal der Strom ausfällt.«

Eine beliebte Vergünstigung, in deren Genuß fast alle in Übersee tätigen Mitarbeiter kommen, ist der großzügige Zuschuß bei den Frachtgebühren, »der einem ermöglicht, Hausrat aus der Heimat in das Entwicklungsland zu schicken, in dem man arbeiten wird, und ihn, wenn die Dienstzeit abgelaufen ist, wieder mit nach Hause zu nehmen«. Ein Angestellter von AID erzählte mir: »Man bekommt von der Behörde eine Liste mit Packern und Spediteuren und darf pro Person 250 Pfund als Luftfracht und 1 500 Pfund als Seefracht versenden, plus 2 000 Pfund Verbrauchsgüter – hauptsächlich Papierwaren und Lebensmittel. Die Möbel sind natürlich schon dort. Ferner verschiffen sie gratis ein Auto für uns.«

Ein anderer AID-Beamter, der gerade von einem Posten in Übersee zurückgekehrt war, präsentierte mir mit einigem Stolz seinen Keller: Er enthielt Tausende Rollen Toilettenpapier, die bis unter die Decke gestapelt waren und die halbe Grundfläche des Raumes ausfüllten. »Es wird Jahre dauern, bis wir uns wieder eine Rolle kaufen müssen«, sagte er. »AID hat sie bezahlt. AID hat sie in unser Haus nach Afrika geschickt und nach dem Job wieder zurückbringen lassen.« Sein Haus in Washington war reich ausgestattet mit Batiken, Korbmöbeln, Schnitzereien und anderen »völkerkundlichen« Gegenständen, die er von seinen diversen Auslandsposten mitgebracht hatte – »und zwar kostenlos«. Entwicklungshelfer, die ich in den scheußlichsten Gegenden der Dritten Welt traf, gestanden mir, daß ihre Gründe, dort zu arbeiten, eher finanzieller als idealistischer Natur waren: »Ich hasse diese Land«, sagte einer, »aber deshalb bin ich hier.« Als ich in diesem Punkt nachhakte, erzählte er mir folgendes:

Leute nehmen in einer solchen Gegend vor allem deshalb Jobs an, weil sie hier Geld auf die hohe Kante legen können – ich spare mir hier ein kleines Vermögen zusammen. Weil die Lebensbedingungen hier als besonders hart eingestuft sind, bekomme ich automatisch ein um 25 Prozent höheres Grundgehalt. Hinzu kommt, daß es sich um ein islamisches Land handelt. Deshalb arbeiten wir sonntags, was mir weitere 25 Prozent einbringt. Die Unterkunft kostet mich nichts, das Essen ist billig, und ansonsten gibt es hier nicht viel, wofür man Geld ausgeben kann, also lege ich mir einen Notgroschen zurück.

Anfangs stellte ich zu meiner Überraschung fest, daß eine unverhältnismäßig große Zahl älterer (in manchen Fällen fast schon vergreister) Beamter solche aufgrund erschwerter Lebensbedingungen höher dotierten Posten innehatte. Dies hatte einen einfachen Grund: »Die Höhe meiner Pension bemißt sich nach dem Jahresgehalt, das ich in meinen letzten drei Dienstjahren bezogen habe«, erklärte mir einer. »Hier verdiene ich 25 Prozent mehr als an einem behaglicheren Dienstort. Wenn ich durchhalte, bekomme ich eine entsprechend höhere Pension.«
Einige Leute, mit denen ich sprach, hatten praktisch keine Chance, woanders als in der Entwicklungshilfe eine Anstellung zu finden.

Ein britischer Geologe hatte es beispielsweise nie geschafft, in Großbritannien eine Ganztagsarbeit in seinem Beruf zu bekommen, doch bei Behörden der Vereinten Nationen hatte er mehrere lukrative Aufträge in Übersee ergattert. »In Großbritannien besteht kein großer Bedarf mehr an Leuten mit meinen Fachkenntnissen«, sagte er mir. »Ich habe alles versucht, doch ich bekam keine Stelle. Ich stand also vor einer einfachen Alternative: entweder zu Hause bleiben und von der Sozialhilfe leben oder im Ausland bei der UNO ein gutes Auskommen haben ... Wofür hätten Sie sich entschieden?«

Mitarbeiter freier Wohlfahrtsverbände wie Oxfam oder Save the Children Fund führen am häufigsten altruistische und humanitäre Motive als wichtigsten oder gar einzigen Grund an, wenn man sie fragt, warum sie in die Dritte Welt gegangen sind. Vermutlich erklärt dies auch ihre Bereitschaft, die mit Abstand niedrigsten Gehälter und zugleich schlechtesten Arbeitsbedingungen in der Entwicklungshilfe zu akzeptieren. »Ich war einfach wütend darüber, daß in Afrika Menschen verhungern, und ich dachte, ich könnte helfen«, sagte einer. Andere argumentieren politischer oder idealistischer: »Es ist einfach nicht richtig, daß einige Menschen so viel und andere so wenig haben ... Ich weiß, das klingt naiv, aber ich will meinen Teil dazu beitragen, daß diese Ungerechtigkeit aufhört.«

Doch romantische Vorstellungen dieser Art spielen – vielleicht sogar erwartungsgemäß – eine immer kleinere Rolle, je älter der Betreffende wird. Mehr als einmal konnte ich feststellen, daß sich bei Entwicklungshelfern im privaten Sektor eine gewisse Ängstlichkeit einstellt, wenn sie auf die Dreißig zugehen. Das anfängliche »Feuer« erlischt, der einzelne wird nachdenklicher, und wenn man ihnen eine Frage stellt, setzen sie eine ernste Miene auf und scheinen ihre Antwort sorgfältig abzuwägen, bevor sie sich äußern.

Es liegt auf der Hand, was in diesen Menschen vorgeht: Sie fangen an, über ihre berufliche Karriere nachzudenken. Nur zu verständlich, daß sie Kinder wollen oder ein Haus (oder auch beides), und bestimmt wünschen sie sich auch ein höheres Gehalt und mehr Sicherheit für ihre Zukunft. Doch wenn sie die ersten fünf, sieben oder zehn Jahre ihres Berufslebens damit zugebracht haben, in der Dritten Welt Bewässerungsprojekte zu überwachen oder statistische Erhebungen zur Ernährunglage zu machen, dann sind ihre

Möglichkeiten, als »Zivilisten« in die Heimat zurückzukehren, leider äußerst begrenzt – und fast gleich Null, wenn sie den Ehrgeiz verspüren, auch künftig »den Armen zu helfen«. Also sehen sie sich nach einer Anstellung bei einer der zahlreichen öffentlichen Hilfsorganisationen um.

Einem aufstrebenden, mobilen Entwicklungshelfer des amerikanischen Peace Corps erscheint beispielsweise ein Posten bei der Agency for International Development als logischer Schritt auf dem Weg nach oben, der neben mehr Prestige auch ein weit höheres Gehalt einbringt. So überrascht es keineswegs, daß 550 ganztägig Beschäftigte der US-amerikanischen Entwicklungsbehörde früher als Freiwillige im Corps dienten.[1] In der Bundesrepublik scheint die Deutsche Gesellschaft für Technische Zusammenarbeit (GTZ) auf heimkehrende Freiwillige, die einen besseren Lebensstandard anstreben, eine magnetische Anziehungskraft auszuüben. Und in Großbritannien ist ein Posten bei der Overseas Development Administration für Mitarbeiter von Oxfam und Christian Aid oder für Heimkehrer des Voluntary Service Overseas sehr verlockend. Ich möchte es noch einmal betonen: Trotz echter Beförderung muß sich der Umsteiger nicht von seinen grundlegenden Idealen verabschieden, wenigstens nicht sofort – er bekommt sein Geld, genießt größere soziale Sicherheit und darf weiter in dem erhebenden Gefühl leben, für die Menschheit »wertvolle Arbeit« zu leisten.

Allerdings bieten die Vereinten Nationen bessere Aussichten auf einen dauerhaften Kompromiß zwischen Altruismus und Eigennutz als jede bilaterale Entwicklungsbehörde. Dabei ist es unerheblich, ob man eine Stelle in der Ernährungs- und Landwirtschaftsorganisation, im UNDP, in der UNICEF oder in irgendeiner anderen Behörde des Systems bekommt, denn hier wie dort wird man stattlich dafür bezahlt, daß man auch künftig »humanitäre« und »sozial wertvolle« Arbeit verrichtet, und noch dazu vor dem Hintergrund liberaler und fortschrittlicher Ideen, mit denen sich leben läßt.

Obwohl das System der Vereinten Nationen nicht über ähnlich umfangreiche Mittel wie etwa die Weltbank oder USAID verfügt, ist es ihm gelungen, sich als das moralische Zentrum der Entwicklungshilfe zu profilieren. Getreu den erhabenen Grundsätzen seiner Charta hat es sich an einer erstaunlichen Vielzahl »guter Werke« beteiligt. Seine zahlreichen Sonderorganisationen und anderen Organe haben ihre Hauptsitze in Städten wie New York, Genf, Rom, Wien und Paris eingerichtet, und diese wiederum erhalten Unterstützung von insgesamt 620 Auslandsbüros in den Entwicklungsländern.[2] Die Folge davon ist, daß Akronyme wie UNHCR, UNDP, FAO, WHO, UNICEF, WFP, UNFPA, und UNEP heute in vielen entlegenen und verarmten Gebieten zu festen Begriffen geworden sind – eine Art Buchstabensuppe, aus der die Unterprivilegierten löffeln dürfen. Es gibt Beamte, die behaupten, daß mittlerweile über 90 Prozent der UN-Unternehmungen darauf abzielen, die wirtschaftliche und soziale Entwicklung im armen Süden zu fördern: UNDP stellt für rund 5000 verschiedene Projekte Fachkräfte und finanzielle Mittel bereit; UNHCR bietet Millionen von Flüchtlingen in Tausenden von Lagern Hilfe und Schutz; UNICEF versorgt etwa 300 000 Gesundheitszentren, Tagesstätten und Schulen mit Material und Gerät.[3] Deshalb wird es kaum überraschen, daß die überwiegende Mehrheit der idealistischen Entwicklungshelfer aus dem privaten Sektor, die mir in der Dritten Welt begegnet sind, den kaum verhohlenen Wunsch hegt, in die Vereinten Nationen »aufzusteigen«. Sie neigen zu der Ansicht, daß die UN-Organisationen die gleiche Arbeit tun wie sie selbst, nur eben in größerem Maßstab und verbunden mit mehr Prestige. Hinzu kommt, daß sie bei ihrer Arbeit in Afrika, Asien oder wo auch immer täglich mit UN-Angestellten Kontakt haben – häufig arbeiten sie an denselben Projekten – und dabei einen Eindruck davon bekommen, wie hoch der Lebensstandard der internationalen Beamten ist. Dieser enge Kontakt mit der »anderen Hälfte« kann auf ihr Denken und ihre Ambitionen nicht ohne Wirkung bleiben. Ein Ernährungswissenschaftler von Oxfam sagte mir dazu:

> Mir fiel auf, daß Leute mit exakt der gleichen Ausbildung und Erfahrung, die das Glück hatten, statt für Oxfam für UNICEF oder WHO zu arbeiten, drei- oder viermal soviel verdienten wie ich. Na ja, ich will dasselbe wie sie ... Ich will auch eine Villa, ein Auto und zwei Diener. Ich will am Monatsende auch in der Lage sein, etwas Geld auf die Seite zu legen. Ich halte das nicht für unvernünftig, Sie etwa? Ich habe jetzt fünf Jahre im praktischen Einsatz gearbeitet – eine ganz schöne Plackerei, und was springt dabei heraus? Nichts. Ich meine, ich habe etwas Besseres verdient.

Es gab eine Phase in meinem Leben, in der ich selbst für die UNO arbeiten wollte. Meine Motive damals waren eine klassische Mischung aus guten Absichten und persönlicher Berechnung. Ich dachte, ich könnte in der Weltorganisation meinen Idealismus befriedigen und mein Bankkonto aus den roten Zahlen bringen, ich könnte gleichzeitig mir selbst und anderen nützen, mit einem Wort: Das eine tun, ohne das andere lassen zu müssen. Ich ging sogar soweit, ein Bewerbungsformular anzufordern. Am Ende füllte ich es dann aber doch nicht aus.

Das Ganze reicht bis ins Jahr 1970 zurück. Damals war ich Mitherausgeber der Zeitschrift *New Internationalist* und hatte viel mit UNICEF und UNFPA zu tun, dem Fonds der Vereinten Nationen für Bevölkerungsfragen. Unserer Zeitschrift war es gelungen, von beiden Behörden lukrative Aufträge im Bereich Öffentlichkeitsarbeit zu bekommen – in erster Linie schrieben und produzierten wir Pressemappen über Kinder- und Bevölkerungsfragen. Wir verschickten sie an internationale Medien und lösten damit eine breite und positive Berichterstattung aus. Ich arbeitete an diesen Aufträgen mehrere Jahre lang und fühlte mich dabei ausgesprochen wohl. Noch geraume Zeit später war das UN-System für mich eine Art Utopia. Insbesondere UNICEF mit seiner missionarischen Botschaft erschien mir als ein Fanal des Anstands und der Vernünftigkeit in einer ungerechten, grausamen Welt.

Beide Organisationen, UNICEF und UNFPA, hatten ihren Sitz in New York, und dorthin wurde ich von meinen Kunden recht häufig zu »Konsultationen« gerufen. Erst viel später wurde mir klar, daß ich damals den typischen Lebensstil eines UN-Beamten pflegte: Ich jettete hin und zurück über den Atlantik, als sei ein Flugticket nicht mehr wert als eine Busfahrkarte oder ein U-Bahn-Billett.

In einer Minute saß ich noch in der winzigen Redaktion des *New Internationalist,* doch schon in der nächsten riefen Leute aus New York an und monierten einen Absatz oder eine Formulierung. Wenig später war ich unterwegs zum Flughafen Heathrow: Flug mit der 747 (die mir immer vertrauter wurde), Landung auf dem Kennedy Airport und schließlich Big Apple selbst. Ich stieg im Tudor Hotel in der East 42nd Street ab (»Wünsche einen angenehmen Tag, Sir«), schlief meinen Jet-lag aus, und am darauffolgenden Morgen schlenderte ich zur United Nations Plaza und bewunderte das Fahnenmeer vor der Generalversammlung, bevor ich mich daranmachte, die angenehme kleine Arbeit zu erledigen, deretwegen ich an diesen wundervollen Ort gerufen worden war.

In jener erstaunlichen Zeit besorgte ich mir eine American Express Card (»Gehen Sie niemals ohne aus dem Haus«), und zum erstenmal in meinem Leben begann ich, Reisen in andere Länder nicht als Privileg oder Luxus, sondern als eine ganz normale, alltägliche Sache zu betrachten. Ich verkehrte in Dutzenden von New Yorker Bars und Restaurants, ging zum Brunch in bestimmte Lokale und schloß viele neue interessante Freundschaften. Was mich aber von allem am meisten anspornte, war, glaube ich, die erhebende idealistische Atmosphäre, die ich bei UNICEF und UNFPA zu spüren glaubte – das Gefühl, daß alle Probleme dieser Welt gelöst werden könnten und daß wir es seien, die sie lösen würden.

Am deutlichsten erinnere ich mich an einen klaren Wintermorgen, an dem ich das Tudor Hotel verließ und das Wort aus Jesaja las, das in eine Mauer gegenüber dem UNO-Sitz gemeißelt ist: »Da werden sie ihre Schwerter zu Pflugscharen und ihre Spieße zu Sicheln machen. Denn es wird kein Volk wider das andere das Schwert erheben, und sie werden hinfort nicht mehr lernen, Krieg zu führen.«

Damals rührte mich diese schlichte Botschaft zu Tränen. Doch es dauerte Jahre, bis ich dahinterkam, daß die Mehrheit der 50 000 UNO-Angestellten[4] in ihr nur frömmlerisches Geschwätz sah. Viele waren Zyniker geworden und gingen ihrer Arbeit für eine bessere Welt nur noch mit mechanischer Routine nach. Ich merkte, daß die idealistische Atmosphäre, die mir einst soviel Auftrieb gegeben hatte, nur Tünche war oder – noch schlimmer – bloße Staffage, eine eindimensionale Bühnenkulisse, von der sich niemand täuschen lassen sollte, denn dahinter verbirgt sich so gut wie nichts. Welch noble Mission die Vereinten Nationen auch einmal gehabt haben mögen, sie ist längst in Vergessenheit geraten, davon bin ich inzwischen überzeugt. Sie ist in dem Maße in Vergessenheit geraten, wie immer neue, nur auf ihr eigenes Überleben erpichte Bürokratien aus dem Boden schossen und ehrgeizige machthungrige Männer sich innerhalb des Systems kleine Reiche schufen und die Posten an ihren Höfen mit Opportunisten und Speichelleckern besetzten. Statt Bescheidenheit und Engagement zu fördern, scheint die heutige Struktur der Weltorganisation egoistische Verhaltensweisen regelrecht zu belohnen und dem Personal vielerlei Möglichkeiten zu eröffnen, die große Verantwortung, die ihm übertragen wurde, zu mißbrauchen.

Durch und durch korrupt?

Beweise für diese korrupten Verhältnisse finden sich auf allen Ebenen der Hierarchie, die eklatantesten aber an der Spitze, bei den Generaldirektoren der größeren Behörden (manchmal heißen sie auch Exekutivdirektoren). Diese Männer (und es sind ausnahmslos Männer) gehören zu den wenigen »gewählten« Beamten im UN-System und werden in der Regel alle fünf oder sechs Jahre von den Delegierten der Mitgliedstaaten ins Amt berufen. Einmal gewählt, üben sie unumschränkte Macht über Entwicklungsprogramme aus, die das Leben von Millionen armer Menschen betreffen. Verschiedene Privilegien und Insignien symbolisieren die Macht, die mit dem hohen Amt verbunden ist: eine schwarze Limousine mit Chauffeur und Motorradeskorte, ein Gefolge katzbuckelnder Untergebener, unbeschränkter Zugang zu den VIP-Räumen auf Flughäfen und das geneigte Ohr der Staatsmänner überall auf der Welt. Nimmt man das Protokoll, das sie umgibt, das Budget, über das sie verfügen, und ihre Möglichkeit, direkten Einfluß auf das Leben anderer auszuüben, so haben diese Behördenchefs mehr mit Präsidenten oder gar mit Majestäten gemein als mit gewöhnlichen Vertretern der menschlichen Rasse. Von einem wurde folgendes erzählt:

Er benahm sich wie ein kleiner Napoleon. Wenn sein Wagen am Vordereingang vorfuhr, hielten ihm die Portiers ehrerbietig die Glastüren auf. Ein anderer Portier hastete derweil quer durch die Haupthalle zu dem Sonderlift, dessen Türen offenstehen mußten, wenn der Generaldirektor dort anlangte. Wenn er ärgerlich war, schritt er für gewöhnlich kräftig aus und warf giftige Blicke um sich. Wenn er gut aufgelegt war, konnte er zu einem Portier, einer Sekretärin, überhaupt jedem, der ihm zufällig über den Weg lief, so charmant sein, daß der Betreffende für den Rest des Tages auf einer rosa Wolke schwebte.[5]

Leute, die in dieser Branche die Spitze erklommen haben, wollen anscheinend auch ausnahmslos dort bleiben. Die Chefs der Weltgesundheitsorganisation und des Internationalen Arbeitsamtes waren 1988 schon fast zwei Jahrzehnte im Amt. Im Jahr davor war es in der UNESCO und in der Ernährungs- und Landwirtschaftsorganisation zu einem Kampf der Titanen gekommen, als die langjährigen Chefs der beiden Institutionen verbissen um ihre Posten kämpften und der Westen gegen eine dritte Amtszeit der beiden heftigen Widerstand leistete. Die Auseinandersetzungen endeten damit, daß der senegalesische Generaldirektor der UNESCO, Ahmadou Mahtar M'Bow durch den Spanier Federico Mayor abgelöst wurde, der FAO-Generaldirektor Edouard Saouma hingegen wurde wiedergewählt und durfte weiteren sechs Jahren unangefochtener Herrschaft über die größte UN-Sonderorganisation entgegensehen. Ein Beobachter über Saouma: »Er kann bei einer Hungersnot über Leben und Tod entscheiden und tut es auch oft.«[6]

Samouas Bilanz bei der Erfüllung dieser schrecklichen Pflicht ist nicht ganz makellos, und da jedem Menschen Fehler unterlaufen, ist dies an sich nicht sonderlich bemerkenswert. Allerdings wurden in Samouas Fall äußerst schwere Anschuldigungen erhoben, die es einem schwermachen, vor diesen Fehlern gnädig die Augen zu verschließen. Ihm wurde unter anderem vorgeworfen, er habe 1984, auf dem Höhepunkt der Hungersnot in Äthiopien, zu einem Zeitpunkt also, als dringender Bedarf an Hilfssendungen bestand, zwanzig Tage lang Nahrungsmittel zurückgehalten. Will man verschiedenen FAO-Beamten und dem äthiopischen Kommissar für Nothilfe und Wiederaufbau, Dawit Wolde-Giorgis, glauben, so kam es zu dieser Verzögerung nur, weil Saouma den damaligen stellvertretenden FAO-Delegierten Äthiopiens, Tessema Negash, nicht leiden konnte und aus dem Amt drängen wollte. Die Lebensmittel wurden angeblich erst freigegeben, nachdem Negash nach Addis Abeba zurückbeordert worden war. Dawit berichtet hierzu:

Ich ging zum Sitz der FAO in Rom und versuchte, mit Saouma die Lage in Äthiopien zu erörtern ... Er unterbrach die Diskussion und sagte, daß unser Vertreter kein besonders sympathischer Mensch sei ... daß es ihm schwerfalle, mit der äthiopischen Regierung richtig zusammenzuarbeiten, solange Tessema Negash unser Land bei der FAO vertrete ... Ich versuchte also, einen leitenden UN-Beamten über die drohende Katastrophe und die Zahl der Menschen zu informieren, die Tag für Tag starben, doch er wollte mit mir über persönliche Animositäten sprechen ... es war widerlich.[7]

Ich wandte mich wegen eines Interviews an Saouma, um diese und andere Fragen zu klären, doch er erklärte sich wegen »seiner vielen Verpflichtungen« außerstande, mich zu empfangen. Allerdings erhielt ich die Kopie eines Dokuments, in dem die Beschuldigungen bezüglich Äthiopiens energisch bestritten wurden. Überzeugender wäre gewesen, wenn Saouma mir Gelegenheit zu einem Gespräch unter vier Augen gegeben hätte.

Wie auch immer, grundsätzlichere Kritik am Generaldirektor der FAO wurde vor seiner Wiederwahl laut. Die Vorwürfe – die Saouma in allen Punkten als unwahr zurückwies – richteten sich gegen seinen Führungsstil, der insbesondere der US-Regierung mißfiel. Im Oktober 1987 schickte das Außenministerium an alle amerikanischen Botschaften ein Telegramm, in dem es hieß: »Edouard Saoumas ... äußerst persönlicher Führungsstil ... in der FAO hat die Initiative des Sekretariats und dessen Bereitschaft, Entscheidungen zu treffen, untergraben. Die Fortsetzung eines solchen Führungsstils würde aller Voraussicht nach die Effektivität der Organisation herabsetzen.«[8] In weniger zurückhaltenden Tönen warf ein leitender kanadischer Beamter dem FAO-Chef »Terrormethoden« vor,[9] und der ehemalige kanadische Landwirtschaftsminister Eugene Whelan bemerkte: »Jede Ähnlichkeit zwischen dem, was wir aus demokratischen Ländern kennen, und der Art, wie die FAO geführt wird, ist rein zufällig.«[10] Großbritannien sah von einer direkten Kritik ab, brachte aber bei mehreren Gelegenheiten deutlich seine Auffassung zum Ausdruck, daß Leiter von UN-Behörden »nicht länger als zwei Amtszeiten dienen sollten«.[11] Dabei ist eines interessant: Obwohl Saouma eine dritte Amtszeit anstrebte, ging er während seiner Kampagne an die Öffentlichkeit und erklärte, daß auch er »im Prinzip« dafür sei, die Dienstzeit von UN-Chefs auf zwei Amtsperioden zu beschränken, doch in seinem besonderen Fall, so sein Argument, mache er eine Ausnahme von dieser wichtigen Regel, da die FAO in einer Periode, in der sie eine Liquiditätskrise durchlaufe, eine erfahrene Hand am Ruder brauche.[12]

Als Saouma im November 1975 erstmals sein Amt antrat, war in der damaligen FAO-Satzung ausdrücklich festgelegt, daß der Generaldirektor nur eine Amtszeit von vier Jahren ableisten durfte. Doch von Anfang an versuchte der neue Amtsinhaber die Vertreter der Mitgliedsländer dahingehend zu beeinflussen, mehrere sechsjährige Amtsperioden zuzulassen, und 1977 faßte die alle zwei Jahre stattfindende Konferenz der FAO einen Beschluß in diesem Sinne – gegen die anfänglichen Widerstände des deutschen Vertreters.[13] Nachdem Saouma dieses Ziel erreicht hatte, so ein ehemaliger FAO-Beamter, »begann er mit einer Kampagne für seine Wiederwahl, wobei er von den Vorrechten und Möglichkeiten, die sich ihm als Generaldirektor boten, eifrig Gebrauch machte – ein Umstand, den die bisherige Regelung, keine zweite Amtszeit zuzulassen, ausgeschlossen hatte«.[14]

Nicht genug damit, daß Saouma von der Satzungsänderung profitierte und für eine zweite Amtszeit kandidieren konnte – zu gegebener Zeit belohnte ihn das System der Vereinten Nationen auch noch dafür, daß er mit seiner Kampagne so früh begonnen hatte: Als er sich im November 1981 zur Wahl stellte, wurde er als einziger Bewerber angenommen und mit einer Mehrheit von 138 Stimmen bei nur einer Gegenstimme im Amt bestätigt.[15]

Danach verwandte er über mehrere Jahre hinweg seine Energie darauf, seine Kontrolle über die Organisation und ihre immensen Mittel auszubauen. In dieser Zeit schottete sich die FAO immer stärker ab und weigerte sich zunehmend, Informationen über ihre Projekte und Programme oder auch nur über die exakte Zahl und Verwendung ihres Personals herauszugeben.[16] Parallel dazu beantragte Saouma immer größere und üppigere Budgets. Dies unterstreicht eine Wachstumsrate von 63 Prozent zwischen 1980 und 1984. Sie ist dreimal höher als bei anderen Entwicklungsbehörden der Vereinten Nationen in diesem Zeitraum.[17] In den Jahren um 1985 gab die Organisation *täglich* über 1,5 Millionen Dollar aus – nach Meinung vieler ohne große Wirkung. Mehr als zwei Drittel der Mitarbeiter saßen hinter ihren Schreibtischen in Rom, statt an Projekten in den Entwicklungsländern zu arbeiten.[18] Ein westlicher Vertreter wies auf diesen Zustand hin und drohte, die finanzielle Unterstützung der FAO einzustellen, falls Saouma eine dritte Amtszeit absolvieren würde: »Mindestens sechs von uns sind der Meinung, daß das Maß jetzt voll ist. Nicht daß wir mehr Kontrolle wollten, doch wir sind unseren Steuerzahlern Rechenschaft schuldig, und unsere Steuerzahler können mit Recht darauf bestehen, daß die Organisation den Armen auch tatsächlich beim Anbau von Nahrungsmitteln hilft.«[19]

Westliche Opposition, die es 1981 nicht gegeben hatte, sorgte denn auch dafür, daß es 1987 nicht wieder zu einem Alleingang Saoumas kam. Zwei alternative Kandidaten wurden aufgestellt: Gonzalo Bula Hoyos aus Kolumbien und Moise Mensah aus Benin. Ein Jahr lang bemühten sich alle drei intensiv, die Delegierten für sich zu gewinnen, doch mit der Zeit wurde klar, daß Saouma auch diesmal wieder das Rennen machen würde. Bula Hoyos trat noch vor der Wahl von der Kandidatur zurück. Moise Mensah bekam bei der entscheidenden geheimen Abstimmung neunundfünfzig Stimmen, auf Saouma entfielen vierundneunzig.[20]

Als Bula Hoyos seine Kandidatur zurückzog, sprach er mit unmißverständlichen Worten aus, worin das Geheimnis von Saoumas Erfolg bestand: »Er reist immer mit Scheckbuch«, klagte der enttäuschte Kolumbianer. »Er kann sich die Gunst und die Stimmen der Regierungen kaufen. Er braucht nur zu fragen: Welches Projekt wünschen Sie?«[21]

Saouma bestritt solche Behauptungen kategorisch. Tatsache ist aber, daß das Wahlverfahren der FAO den Vertretern armer Entwicklungsländer wie Djibouti oder Togo gleiches Stimmgewicht einräumt wie Vertretern aus den Vereinigten Staaten, Großbritannien und anderen reichen Geberländern. Folglich liegt es bei einer solchen Wahl auf der Hand, daß man versucht, die kleinen Nationen für sich zu gewinnen, die eine kleine Sonderration Entwicklungshilfe gut gebrauchen können.

Die vielleicht wirkungsvollste Waffe in Saoumas Wahlkampfarsenal – so behaupten jedenfalls seine Gegner – hatte der Generaldirektor in seiner ersten Amtszeit selbst ersonnen und geformt: das Programm für Technische Zusammenarbeit der FAO (TCP), für das heute fast 40 Millionen Dollar ausgegeben werden, davon rund die Hälfte für Investitionsgüter (abweichend von der sonstigen Praxis der FAO im Bereich der technischen Hilfe). Ob Projekte im Rahmen dieses Programms gebilligt werden oder nicht, liegt weitgehend im Ermessen des Generaldirektors, und das, so monieren die Kritiker, macht das Programm zu einem idealen Instrument zur Belohnung von treuen Delegierten. Saouma hat die Liste der Empfängerstaaten als »streng geheimes« internes Dokument eingestuft. Deswegen ist sie weder Journalisten noch der Öffentlichkeit zugänglich. Doch wie nach seiner Wiederwahl aus mehreren Quellen zu erfahren war, gingen TCP-Projekte zur damaligen Zeit an die eifrigsten Befürworter seiner Alleinkandidatur.[22] Bei der Wahl 1987 bildeten die Vertreter aus den Mitgliedstaaten der Organisation für Afrikanische Einheit das Zünglein an der Waage. Viele erwarteten, daß sie Mensah unterstützen und Saouma aus dem Amt kippen würden. Doch es kam anders – möglicherweise hatte sie die Aussicht auf großzügige TCP-Gaben umgestimmt. Nach Aussagen von Diplomaten stimmten am Ende lediglich zwölf der fünfzig afrikanischen Nationen für den afrikanischen Kandidaten.[23] Die FAO weist jeden Verdacht zurück, TCP-Mittel seien dazu verwandt worden, Stimmen zu kaufen, und beruft sich auf ein unabhängiges Beratergremium, das ihr Programm als »zügig durchgeführt und auf die vordringlichen Bedürfnisse in den Mitgliedsländern zugeschnitten« beurteilte.[24]

Saoumas dritte sechsjährige Amtszeit bringt auch ihm persönlich eine bedeutende Summe ein: 813 276 Dollar, die Zulagen nicht mitgerechnet.[25] Nicht einmal seine erbittertsten Gegner unterstellen ihm, daß die Zielstrebigkeit, mit der er seine Wiederwahl verfolgte, allein – oder hauptsächlich – durch den Wunsch beseelt war, das üppige Salär des Generaldirektors zu behalten, und doch: Es hat nun einmal etwas Irritierendes und Befremdendes, wenn der Leiter einer Behörde für Entwicklungshilfe so viel verdient. Oder wie es Raymond Lloyd, der nach zwanzig Jahren bei der FAO angewidert aus dem Dienst schied, ausdrückte: »Es ist paradox, aus einer Position der Macht und des Wohlstands für die Armen und Unterprivilegierten zu arbeiten.«[26]

Ein Paradox, das der Führungsstil des autokratischen Generaldirektors der FAO zweifellos noch verstärkt. So besteht er darauf, mit »Eure Exzellenz« angeredet zu werden, und nennt ein Büro sein eigen, das einem orientalischen Potentaten Ehre machen würde. Außerdem zeigt er jene Eitelkeit, die häufig mit hohen Ämtern einhergeht: Kameraleute, die Fernsehinterviews mit ihm gedreht haben, behaupten, daß er einen ausgebildeten Maskenbildner in seinem Stab beschäftigt, dessen Aufgabe darin besteht, ihn zu pudern und zu striegeln, bevor er vor die Kameras tritt.

Allgemeiner ausgedrückt: Die Art, wie im römischen Hauptsitz der Behörde die Geschäfte geführt werden, ist geprägt von der dominanten Persönlichkeit des Generaldirektors. Besucher des sechsstöckigen weißen Marmorpalais kommen an den patrouillierenden Wachmännern der Privatarmee nur vorbei, wenn sie nachweisen können, daß sie einen Termin im Haus haben, und wenn sie dann endlich eingelassen werden, müssen sie sich farbige Schildchen anstecken, auf denen das Büro angegeben ist, in das sie möchten. Journalisten erhalten eine Eskorte von der Pressestelle – vermutlich sollen die Begleiter dafür sorgen, daß nicht »herumgeschnüffelt« wird und daß die Beamten auf Fragen richtige Antworten geben. Mehrere leitende Mitarbeiter wurden vom Dienst suspendiert, weil sie vor der Presse »nicht autorisierte Erklärungen« abgegeben hatten, und eine zusätzliche Kontrolle über den Informationsfluß nach draußen übt Saouma dadurch aus, daß er seinen lautesten Kritikern den Zugang zum Hauptsitz verwehrt. Die Informationsabteilung der Behörde verschwendet über 12 Millionen Dollar pro Jahr[27] für Broschüren und Berichte, die – mit Farbfotos auf Hochglanzpapier, versteht sich – darüber informieren, welche Wohltaten die FAO den Besitzlosen und Benachteiligten spendet.

Aus alldem ergibt sich das Bild einer Institution, die von ihrem Weg abgekommen ist und ihren ursprünglichen Auftrag aus den Augen verloren hat, einer Institution, die ihren Platz in der Welt nicht mehr kennt, die nicht weiß, was exakt sie eigentlich tut und warum. Doch die FAO ist in dieser Hinsicht keine Ausnahme: Das Ziel, den Armen der Welt zu einem besseren Leben zu verhelfen, ist überall im System der Vereinten Nationen an die zweite oder dritte Stelle der Präferenzenliste verbannt worden – wenn nicht gar ganz in Vergessenheit geraten. Mitarbeiter aller Dienstgrade lassen sich am liebsten von Fragen ablenken, die eher persönlicher Natur sind, insbesondere von solchen, die ihre Gehälter und Privilegien betreffen.

Sparen ja – aber nicht bei Zulagen

Als ein UN-Beamter des Höheren Dienstes in New York seinen Kollegen kürzlich zurief: »Laßt uns auf die Straße gehen, Freunde, wir wollen ihnen unsere Empörung zeigen«, wollte er nicht etwa auf den Hunger in Afrika aufmerksam machen und wirksamere Maßnahmen gegen die hohe Sterblichkeitsrate unter den Armen in Asien fordern. Der Grund für seine Empörung lag viel näher: Die Parkgebühren in der Tiefgarage unter dem Sitz der UNO am East River sollten von 20 auf 80 Dollar monatlich erhöht werden. New Yorker Bürger, die nicht in der glücklichen Lage sind, ihr Geld als internationale Beamte zu verdienen, müssen für private Garagen monatlich zwischen 220 und 300 Dollar bezahlen.[28]

Der Druck auf die Vereinten Nationen, von ihrem Personal Parkgebühren zu fordern, die den marktüblichen Preisen wenigstens ein bißchen näher kommen – und auf andere Vergünstigungen zu verzichten –, ist Teil einer größeren Kampagne, die Kritiker der Organisation inszeniert haben, unter ihnen auch ein wachsender Kreis amerikanischer Kongreßabgeordneter und Senatoren. Die Regierung der Vereinigten Staaten, die seit jeher ein Viertel aller UN-Mittel aufbrachte, forderte seit Mitte der achtziger Jahre von der Weltorganisation mehr Rechenschaft über die Verwendung ihrer Gelder. Der Grund für diesen Vorstoß: Die USA fühlten sich in der Generalversammlung – wie auch in der FAO – unterrepräsentiert, weil sie zwar hohe Beiträge zahlen, ihre Stimme in Haushaltsfragen aber nicht mehr Gewicht hatte als die von jedem anderen der 159 Mitgliedsländer.

Um dem entgegenzuwirken, wurde 1985 im Kassebaum Amendment zum Foreign Relations Authorisation Act verankert, daß die USA nicht mehr als 20 Prozent des veranschlagten Jahreshaushalts der Vereinten Nationen oder jeder ihrer Behörden bestreiten müssen, sofern diese Gremien bei Abstimmungen über haushaltsrelevante Angelegenheiten kein gewichtetes Stimmrecht zulassen. Im Klartext: Alle Gremien, in denen den Amerikanern das Recht verweigert wird, ein entscheidendes Wort dabei mitzureden, wie ihre eingezahlten Dollars ausgegeben werden.[29] Einer der Hauptgründe, warum dieses Amendment eingebracht wurde, war die Entscheidung der UNO, für 73 Millionen Dollar in Äthiopien ein Konferenzzentrum zu bauen, und zwar zu einer Zeit, als sich die Hungersnot in diesem Land ihrem Höhepunkt näherte. Senator Kassebaum brachte die Einwände der USA auf den Punkt: »Die Kosten für die erste Bauphase werden 73 Millionen Dollar betragen, und die USA werden daran mit 25 Prozent beteiligt sein… wir werden also 18,5 Millionen Dollar für ein Konferenzzentrum in Äthiopien bezahlen, damit sie vom 29. Stockwerk aus zusehen können, wie der Rest der Bevölkerung des Landes verhungert.«[30]

Kurz nach dem Kassebaum Amendment versetzte der Kongreß den

Vereinten Nationen im Dezember 1985 erneut einen Schlag. Der Gramm-Rudman-Plan sollte durch gestaffelte Kürzungen der Staatsausgaben in den fünf Jahren bis 1991 den US-Haushalt sanieren. Dies hatte Auswirkungen auf die Zahlungen an die Vereinten Nationen: Im Jahr 1986 überwiesen die USA nur noch einen Teil ihres Pflichtbeitrags, 1987 strichen sie gemäß dem Kassebaum Amendment sämtliche Gelder aus dem Budget, deren Verwendungszweck unsicher war, und zusätzlich nahmen sie erhebliche Kürzungen bei ihren freiwilligen Beiträgen vor.

Als Folge davon geriet die UNO in eine ernste Finanzkrise, die sich seitdem nicht entspannt, sondern noch weiter zugespitzt hat. Ende 1987 beliefen sich die Zahlungsrückstände der USA auf 324,8 Millionen Dollar. Die schwerwiegenden Folgen dieses Fehlbetrags in den Kassen wurden dadurch noch verschlimmert, daß 92 andere Mitgliedstaaten ebenfalls mit ihren Zahlungen im Rückstand waren.[31] Da diese Finanzkrise nicht ganz unerwartet kam, hatte die UNO durch Generalsekretär Javier Pérez de Cuéllar bereits Sparmaßnahmen eingeleitet und einige Vorschläge auf den Tisch gelegt. Unter anderem wurde erwogen, das umstrittene Konferenzzentrum in Äthiopien (und ein zweites in Thailand) vorläufig nicht zu bauen, die Zahl der Publikationen zu verringern, weniger vordringliche Programme und Tätigkeiten zurückzustellen und auf befristete Zeit kein neues Personal einzustellen.[32]

Doch selbst kurzfristige und kosmetische Sparmaßnahmen wie diese führten unter den internationalen Beamten, die um ihre Privilegien bangten, zu erbitterten Diskussionen. Der vielleicht lächerlichste Streit entzündete sich an der Entscheidung des Generalsekretärs, die 13 Konferenzräume im New Yorker UN-Sitz künftig nicht mehr mit Wasserkaraffen auszustatten. Der Antrag, die Karaffen wieder einzuführen, wurde im Ausschuß für Verwaltungs- und Haushaltsfragen mehrere Stunden lang diskutiert. Der Leiter der Finanzverwaltung, Richard Foran, rechtfertigte diese einschneidenden Sparmaßnahmen mit dem Argument, man dürfe die Kosten, die durch das zweimalige Füllen der Krüge jeden Tag entstünden, nicht unterschätzen. In jedem Raum seien 159 Delegierte, und nicht weniger als fünf Bedienstete müßten »herumrennen« und zwischen den Sitzungen die Gläser wechseln. Der Generalsekretär, so Foran, erhoffe sich von der Streichung dieser Dienstleistung jährliche Einsparungen von insgesamt etwa 100 000 Dollar.

Der erste Delegierte, der das Wort ergriff, bemerkte (und wohl zu Recht), daß zu einer Zeit, in der die Entwicklungshilfe für verarmte Länder empfindlich gekürzt werde, ein Beschluß des Ausschusses, die Karaffen wieder einzuführen, von »verhängnisvoller« symbolischer Bedeutung sein würde. Ein anderer hingegen empfand es als ungerecht, daß der Ausschußvorsitzende, der Leiter der Finanzverwaltung und andere, die auf dem Podium saßen, immer noch Karaffen hatten. Als sich die Sitzung bis in den Abend hinzog, wies ein dritter Redner darauf hin, daß Übersetzer und Wachleute wegen der Sitzung Überstunden machen müßten und daß diese Überstunden möglicherweise so viel kosten würden, wie durch die Abschaffung der Karaffen eingespart werde. Als keine Entscheidung erzielt wurde, beschloß der Ausschuß, die Angelegenheit der Generalversammlung zur Prüfung vorzulegen.[33]

Auch andere Sparmaßnahmen führten auf Ausschußebene und in der Generalversammlung zu hitzigen Debatten. So widersetzten sich Osteuropäer dem von de Cuéllar vorgeschlagenen Einstellungsstopp mit der Begründung, ihre Länder seien in der UNO personell ohnehin schon unterrepräsentiert.[34] Als Mitglieder des Palästina-Ausschusses gefragt wurden, was sie von einer Kürzung ihres Budgets um 10 Prozent hielten, lehnten sie jede Diskussion darüber ab, und die hohen Beamten eines anderen Ausschusses wollten unter keinen Umständen auch nur in Erwägung ziehen, auf ihr Privileg, in der ersten Klasse zu fliegen, zu verzichten.[35] Desgleichen weigerten sich Afrikaner, die Mittel für den Namibia-Rat zu kürzen, und Lateinamerikaner wehrten sich gegen Einsparungen auf Kosten der Rechte von Wanderarbeitern.[36]

»Ich bin wie ein Doktor«, sagte einmal ein müder de Cuéllar. »Ich habe ein Rezept ausgestellt, um dem Patienten zu helfen. Wenn der Patient nicht alle Pillen schlucken will, die ich ihm verordnet habe, dann ist das seine Sache. Aber ich muß ihn warnen – das nächstemal komme ich als Chirurg mit dem Skalpell.«[37]

Einige Vergünstigungen, die das UN-Personal genießt, bieten sich dem Messer des Chirurgen de Cuéllar geradezu an: Ein Jahr nachdem er seine Sparpolitik in Angriff genommen hatte, ließen es sich die Vereinten Nationen 60 000 Dollar kosten, einen hohen Beamten mit Wagen und Chauffeur auszustatten,[38] und 200 000 Dollar verschlang der Bau von Freizeiteinrichtungen für das Personal, darunter ein Schießplatz in New York.[39]

Jeder will das größte Stück vom Kuchen

Auch andere Privilegien werden in absehbarer Zeit nicht verschwinden, so etwa die Möglichkeit der UN-Angestellten, häufig auf Reisen zu gehen: zu Konferenzen, zur Begutachtung von Projekten in den Entwicklungsländern usw. Dienstreisen in fremde Länder sind für jeden Bürokraten ein unverhoffter Glücksfall weil sie – ohne Kosten für ihn selbst – neue Erfahrungen ermöglichen und willkommene Abwechslung zur täglichen Routine im Büro bieten. Hinzu kommt, und das steht außer Zweifel, daß viele Angestellte bei ihren Reisen nach Übersee regelmäßig Geld sparen. Sie sparen nicht nur die Kosten für Verpflegung, wenn sie unterwegs sind, für gewöhnlich sind sie sogar in der Lage, von ihren großzügig bemessenen Tagessätzen – oft weit über 100 Dollar – einen Teil für sich selbst einzusparen.[40]

Darüber könnte man noch hinwegsehen, wenn die Dienstreisen des Personals nicht einen erheblichen Posten im Haushalt der Vereinten Nationen ausmachten. So beantragten der Generaldirektor und der Exekutivrat der UNESCO vor einiger Zeit die Rückerstattung von Reise- und Unterbringungskosten in Höhe von 1 759 548 Dollar – für ein einziges Jahr. Natürlich erhielten sie das Geld. Zum Vergleich: Für die Ausbildung behinderter Kinder in Afrika gab die Organisation 49 000 Dollar aus, für die Erweiterung von Lehrplänen in Pakistan 7 000 Dollar, für die Schulung honduranischer Lehrer 1 000 Dollar.[41] Im Jahresbudget für Dienstreisen bei der Ernährungs- und Landwirtschaftsorganisation sind über 14 Millionen Dollar vorgesehen.[42]

Dienstreisen sind also eine lohnende Sache, bei der keiner zu kurz kommen will. Die Verantwortlichen bei den Vereinten Nationen zeigen keinerlei Interesse, Maßnahmen zur Senkung dieser Kosten zu ergreifen. Sie scheinen vielmehr entschlossen, die Budgets für diese Ausgaben bei jeder Gelegenheit noch zu erhöhen. Dazu Tommy Koh, vormals Botschafter Singapurs bei der Weltorganisation: »Mitglieder des Namibia-Rats unternehmen auf öffentliche Kosten Vergnügungsreisen und predigen Leuten, die ohnehin schon bekehrt sind, das Evangelium eines freien Namibias. Mitglieder des Wirtschafts- und Sozialrats verlegen ihre Sitzungen im Sommer nach Genf, weil dort das Klima im Sommer angenehmer ist als in New York ...«[43]

Auf einer Liste mit hochfliegenden Plänen und Deklarationen der UNO (nach denen sich großenteils sowieso niemand richtet) sind die Namen einiger exotischer Städte verewigt, die hoch in der Gunst internationaler Beamter stehen: Arusha, Alma-Ata, Lima, Nairobi, Neu-Delhi, Caracas und Mar del Plata waren allesamt Schauplätze für Tagungen, an denen Hunderte – manchmal sogar Tausende – von Delegierten teilnahmen. Die privilegiertesten Bürokraten schlagen dabei mehr für sich heraus als die Spesen, einen sonnengebräunten Teint und das Vergnügen, während der Dienstzeit stundenlang im Reisebüro zu sitzen und mit reizenden Damen in Hochglanzprospekten zu blättern. In einer Hauptabteilung der Vereinten Nationen ist eine bestimmte Anzahl von Mitarbeitern *permanent* auf Dienstreise und wird entsprechend bezahlt.[44]

Die Gewohnheit, das Personal immer häufiger auf Dienstreisen nach Übersee zu schicken, kostet die Vereinten Nationen mittlerweile fast 100 Millionen Dollar im Jahr[45] – das ist mehr als die jährlichen Exporteinnahmen mehrerer Entwicklungsländer. Welch hohen Stellenwert die Zugehörigkeit zum Jet-set im Leben der Weltorganisation offensichtlich einnimmt, läßt sich daran ablesen, daß ernsthaft Vorschläge unterbreitet wurden, ein eigenes Reisebüro einzurichten.[46] Inzwischen gibt die Verwaltung des Sekretariats in New York regelmäßig fast 1 Million Dollar im Jahr für zwanzig Mitarbeiter aus, deren einzige Beschäftigung darin besteht, Reisen zu buchen.[47] Unterstützt werden sie dabei von privaten Reiseagenturen, für die es sich finanziell lohnt, in den meisten Hauptverwaltungen der UNO in New York und Genf Zweigstellen zu unterhalten. In Genf ist das Geschäft so lukrativ, daß ein Reisebüro in einem einzigen Gebäude mehrere Filialen eingerichtet hat, in jedem Flügel eine.[48] Versuche, die Reisekosten durch den Kauf von Tickets zu Rabattpreisen oder auf dem grauen Markt zu senken, stoßen auf erheblichen Widerstand. Die FAO führt dagegen das Argument an, Sparmaßnahmen dieser Art »würden die Freiheit der Mitarbeiter beschneiden, mit einer Fluggesellschaft ihrer Wahl zu reisen«.[49] Auch eine andere Organisation der Vereinten Nationen, die Internationale Fernmelde-Union, hält jede Neuerung für inakzeptabel, die zu einer »Verschlechterung der bestehenden Normen bei Reisen führen oder eine Änderung der Personalstatuten erforderlich machen könnte«.[50]

Zugegeben, diese Statuten sind äußerst komplex. Das amtliche

Dokument zu ihnen ist eine »Verwaltungsvorschrift« mit dem Titel »Reisekostenstufen, Reisezeit und Ruhepausen«.[51] Dieses schwerverdauliche Papier weiht in verschiedene bürokratische Mysterien ein, so auch in die exakten Richtlinien der Neun-Stunden-Regel. Nach dieser Regel, die von leitenden UN-Beamten ebenso oft beachtet wie mißachtet wird,[52] gilt folgendes:

> Untergeneralsekretäre, Beigeordnete Generalsekretäre und etwaige in Frage kommende Familienangehörige sollen bei Reisen in dienstlicher Angelegenheit oder zu Zusammenkünften, bei Versetzung oder Entlassung Plätze in der ersten Klasse bekommen, wenn die Dauer des betreffenden Fluges neun Stunden übersteigt; bei Flügen, die weniger als neun Stunden dauern, sollen diese Mitarbeiter Plätze in der nächsten Klasse unter der ersten Klasse bekommen.[53]

Die dienstliche Rangfolge wird im nächsten Absatz festgelegt:

> Mitarbeiter unter dem Beigeordneten Generalsekretär und etwaige in Frage kommende Familienangehörige sollen bei Reisen in dienstlicher Angelegenheit oder zu Zusammenkünften, bei Versetzung oder Entlassung Plätze in der nächsten Klasse unter der ersten Klasse bekommen, wenn die Dauer des betreffenden Fluges neun Stunden übersteigt; bei Flügen, die weniger als neun Stunden dauern, sollen diese Mitarbeiter Plätze in der günstigsten Klasse bekommen, die im Preisgefüge der Fluggesellschaften normalerweise angeboten wird.[54]

Es ist überraschend, wie viele Reiseziele mehr als neun Flugstunden von New York entfernt liegen. Eine Liste häufig besuchter Städte weist nicht weniger als 130 Orte auf, auf die sich die Neun-Stunden-Regel anwenden läßt.[55] Bei Reisen in jede dieser Städte dürfen internationale Beamte je nach Rang Tickets der ersten Klasse oder der Business Class kaufen. Flüge über besonders große Entfernungen bringen eine zusätzliche Vergünstigung: Bevor die Arbeit wieder aufgenommen wird, hat der ermattete Reisende zunächst einmal Anspruch auf »Ruhetage«, bei voller Bezahlung, versteht sich. So erhält ein UN-Mitarbeiter jedesmal, wenn er beispielsweise von New York nach Singapur, Nairobi oder Bangkok fliegt, zusätzlich zu seinen sechs Wochen Jahresurlaub zwei bezahlte Urlaubstage und noch einmal zwei, wenn er wieder zurückfliegt. Wer die Beschwernisse einer Reise nach Tahiti auf sich nehmen muß, wird für Hin- und Rückflug mit jeweils einem Tag entschädigt, die Unglücklichen hingegen, die nach Nassau auf den nahe gelegenen Bahamas entsandt werden, gehen leer aus.[56]

Eine Klasse für sich

Reisespesen und zusätzliche Urlaubstage sind nicht die einzigen Vergünstigungen, die das Personal des internationalen öffentlichen Dienstes zu einer Klasse für sich machten. Die Ergebnisse einer jüngst von Senator Jesse Helms veröffentlichten Studie lieferten einen weiteren ärgerlichen Beweis dafür, wie gut es ihnen geht im Vergleich zu den 18 000 Beamten, die in New York für die Regierung der Vereinigten Staaten arbeiten. Während US-Beamte trotz der astronomisch hohen Mieten im »Big Apple« keinerlei Wohngeldzuschuß bekommen und auch in Zukunft nicht darauf hoffen dürfen, haben es andere Amerikaner – die UN-Bediensteten – ungleich besser getroffen, wie Helms bei seiner Untersuchung herausfand. So erhielt ein stellvertretender Delegationsleiter einen Zuschuß von 10 661 Dollar *im Monat* für sein Apartment mit drei Schlafzimmern im River Tower, einem luxuriösen Hochhaus in der East 54th Street 420, nahe dem Sitz der UNO. Das Gebäude, laut Aussagen eines Immobilienmaklers »eines der tollsten« in ganz New York, bietet verschiedene Extras wie einen eigenen Weinkeller, direkte Durchwahl zur Concierge, Hausdiener und Hausmeister, einen eigenen Floristen, einen Weinhändler, mehrere gute Restaurants und eine Tiefgarage mit zwei Parkdecks.[57]
Vielleicht liegt es an der sorglosen Atmosphäre des schnell und leicht verdienten Geldes, die angesichts üppiger Zulagen und Privilegien dieser Art zwangsläufig entsteht, daß sich einige Angestellte ermuntert fühlen, ihre Taschen auch auf unredliche Weise zu füllen. Außerdem besteht guter Grund zu der Annahme, daß zumindest in den oberen Etagen der UN-Bürokratie betrügerische Machenschaften stillschweigend geduldet werden. Ein Beispiel: Im Jahr 1986 wurden acht Mitarbeiter bestraft, weil sie unberechtigt mehr als 100 000 Dollar Ausbildungsbeihilfe für ihre Kinder in Anspruch

genommen hatten. Sieben wurden entlassen, doch der achte – ein Inder namens Ramaswamy Mani, der behauptete, er habe das Geld nur durch ein Versehen erhalten – blieb im Amt, nachdem sich der Generalsekretär persönlich für ihn eingesetzt hatte. Die Empfehlung des Disziplinarausschusses, ihn an die Luft zu setzen, wurde vom Tisch gewischt. Mani kam mit einer Zurückstufung davon. Der Vorwurf der Vetternwirtschaft wurde laut: Mani war Chefassistent (und enger Freund) von Jean Ripert, dem Generaldirektor und zweithöchsten Beamten der UNO. »Von einem bestimmten Dienstgrad aufwärts genießt jeder die Gunst des Generalsekretärs«, klagte ein Beamter der Personalvertretung, »aber darunter gibt es keine Gnade.« Vor der Zurückstufung hatte Mani ein Jahressalär von rund 105 000 Dollar bezogen. Die Gehaltskürzung um 2 000 Dollar, die er als Strafe für sein Vergehen hinnehmen mußte, nannte ein Kollege zutreffend »eine lächerliche Summe«.[58]

Wer für die Vereinten Nationen also in einer gehobenen Position arbeitet, gehört damit automatisch einer privilegierten Aristokratie an, die wirksam vor den Härten des täglichen Lebens geschützt ist. Die FAO in Rom beschäftigt 750 Personen, die den pensionsberechtigten Besoldungsgruppen angehören und zwischen 70 000 und 120 000 Dollar im Jahr verdienen – darunter sind 11 Assistent Directors General, 31 Senior Directors, 125 Direktoren, 362 Senior Officers und 221 First Officers.[59] Der Rektor der Universität der Vereinten Nationen verdient über dreimal soviel wie der norwegische Ministerpräsident.[60] Viele andere UN-Beamte, insbesondere die wachsende Zahl der Mitarbeiter in den obersten Besoldungsgruppen, bekommen mehr als jeder US-Beamte, sieht man einmal vom Präsidenten ab. Einer dieser Männer, ein Untergeneralsekretär, wurde unlängst mit einer Prämie von fast einer halben Million Dollar und einer Jahrespension von 50 000 Dollar in den Ruhestand entlassen. Wenig später nahm ihn die UNO für ein Honorar von 150 000 Dollar jährlich als Berater unter Vertrag.[61]

Kein Wunder, daß die Gemeinsame Inspektionsgruppe (JIU) – ein hausinterner Wachhund der Vereinten Nationen – bezüglich der »Vertretbarkeit des gegenwärtigen Besoldungsniveaus im Höheren Dienst«[62] Vorbehalte anmeldete. Allerdings räumten die JIU-Prüfer ein, daß nur wenige internationale Beamte ihre Ansicht teilten: »Personalvertreter halten an ihrer Position fest, daß die Bezahlung nicht angemessen sei, und treten aktiv für höhere Gehälter ein.«[63]

Das ist nur zu wahr. Viele Leute bei den Vereinten Nationen glauben allen Ernstes, die Gehälter und Kostenerstattungen, die sie beziehen, seien zu niedrig. Und so reagieren sie jedesmal mit Entsetzen auf Andeutungen, sie seien überbezahlt. Ed Freeman, der Generalsekretär der Association of Professional Staff (ein gewerkschaftsähnlicher Zusammenschluß von Beamten des Höheren Dienstes; A. d. Ü.) bei der FAO in Rom, steht da für viele. Im Briefwechsel mit mir widersprach er energisch meiner Ansicht, die Mitglieder seiner »Association« (Wahlspruch: »Erst der Dienst, dann das Vergnügen«) seien überbezahlte Schmarotzer, die in Saus und Braus lebten. Im Gegenteil, so seine Behauptung, die Arbeit für die Sache der Weltentwicklung verlange ihnen große persönliche Opfer ab.

Um dies zu veranschaulichen, schickte mir Freeman das Persönlichkeitsprofil eines 44jährigen Amerikaners namens »Al Ristoro«, der »vor einem Jahr in die Organisation als P-3, Step 5, eingetreten ist« (d. h. als Verwaltungsbeamter II. Klasse des Höheren Dienstes; die Kategorie »professional«, von der im folgenden noch die Rede sein wird, ist die »Laufbahngruppe Höherer Dienst«; A. d. Ü.). Sein Nettogehalt lag 1987 bei monatlich 3200 Dollar (4,5 Millionen Lire) – und damit weit unter dem damaligen Durchschnitt im UN-System. Trotzdem, so berichtete Al, habe für ihn und seine Frau alles ganz vielversprechend geklungen, »bevor wir hierher kamen«. Doch die Ernüchterung ließ nicht lange auf sich warten. Al wollte mit seiner Familie in der Altstadt von Rom wohnen, doch wie sich dann herausstellte, waren dort die Mieten für ihn unerschwinglich. Schließlich zog er in ein Haus 20 Kilometer außerhalb. »Weil es bis zum nächsten öffentlichen Verkehrsmittel eine halbe Stunde zu Fuß war«, klagte Al, »mußte ich ein Auto kaufen. Das und die vier Millionen Lire, die ich als Mietvorauszahlung und für den Einzug bezahlen mußte, fraßen die 12 Millionen Lire Niederlassungszuschuß auf.«

Al Ristoros Kummer beschränkte sich aber nicht darauf, daß er seinen Niederlassungszuschuß dafür ausgeben mußte, sich in Rom häuslich niederzulassen. »Das Schulgeld für meine drei Jungs«, monierte er, »hat mich 7000 Dollar mehr gekostet, als ich an Ausbildungsbeihilfe für sie bekomme ... Dann die Arztrechnungen. Ich dachte, bei der FAO sei das toll geregelt, doch ich mußte über 1000 Dollar bezahlen, die nicht erstattet wurden.« Weitere finanzielle Sorgen bereitete ihm die Anschaffung von Winterkleidung: »Dort, wo wir wohnten, war es das ganze Jahr über warm. Wir hatten nicht einen Mantel und überhaupt keine warmen Sachen zum Anziehen. Meine Frau schätzt, daß es rund 3 000 Dollar kosten wird, uns alle auszustatten, aber ich habe ihr gesagt, daß wir mit viel weniger auskommen müssen.« Alles ins allem, so schließt der Bericht, »glaubt Al, daß er pleite sein wird, bevor er seinen Dreijahresvertrag erfüllt hat«.[64]

Andere UN-Bedienstete in Rom befinden sich in einer ähnlich mißlichen Lage wie Al. Zur Veranschaulichung übersandte mir Mr. Freeman Auszüge aus einem Brief, den die Association of Professional Staff von einem Beamten des Welternährungsprogramms (einer FAO-Filiale) bekommen hatte. Was dem Beamten Sorgen bereitete, war die schulische Ausbildung seiner Kinder, da die Privatschulen in Rom das Schulgeld heraufsetzten und der Dollarkurs stetig fiel: »Leider«, so klagte er, »liegt die Höchstgrenze der UN-Ausbildungsbeihilfe bei 4 500 Dollar pro Jahr und Kind (und es besteht wenig Hoffnung, daß sie in absehbarer Zeit heraufgesetzt wird). Das bedeutet, daß die Eltern die Mehrkosten, die durch die Erhöhung des Schulgeldes entstehen, allein tragen müssen ...« Diese Erhöhung sei so dramatisch, daß

»Mitarbeiter in unserer Situation auch unter erheblichen Opfern höchstens noch ein Jahr in Rom überleben können. Viele meiner Kollegen, deren Kinder in die gleiche Schule gehen, haben bereits ihre ernste Besorgnis ausgedrückt, und ich weiß von mehreren Fällen, bei denen die Ausbildungskosten ein ausschlaggebender Faktor bei der Entscheidung waren, die Kinder von der Schule zu nehmen. Die Kinder mußten ihre Ausbildung in ihren Heimatländern oder an italienischen Schulen fortsetzen, und das sind keine befriedigenden Alternativen ...«[65]

Und natürlich gilt unser Mitgefühl diesen Leuten, die der erschrekkenden Aussicht ins Auge sehen müssen, ihre Kinder womöglich auf italienische Schulen zu schicken! Da diese Aussicht auf mehreren Mitgliedern der Association of Professional Staff nun wie ein Alptraum lastet, erscheint es beinahe abgeschmackt, sie daran zu erinnern, daß 400 Millionen Kinder in der Dritten Welt überhaupt keine Schule besuchen können,[66] weil sie zu arm sind − nebenbei bemerkt so arm, daß sie sich nicht einmal etwas zu essen kaufen können: Woche für Woche sterben 280 000 von ihnen an den Folgen der Unterernährung.[67]

Angesichts dieser fortdauernden globalen Katastrophe erscheint das Gejammer der UN-Bediensteten über die Aushöhlung ihrer Einkommen oder den neusten Anschlag auf ihre »angestammten Rechte« besonders unangebracht, wenn nicht sogar pervers. Gemessen an jedem normalen Standard liegen ihre Einkünfte weit über dem Durchschnitt.

Sie verdanken das dem Umstand, daß ihre Beschäftigungsbedingungen nach dem »Noblemaire-Prinzip« festgelegt werden. Nach diesem Prinzip, das seinen Namen dem französischen Diplomaten Georges Noblemaire verdankt, der in den zwanziger Jahren für den Völkerbund arbeitete, sollen internationale Organisationen so attraktive Gehälter und zusätzliche Leistungen bieten, daß sie auch Bürger aus dem Land mit den bestbezahlten Beamten als Mitarbeiter gewinnen können. Deshalb orientiert sich die Besoldung bei den Vereinten Nationen heute an den Gehältern, die das reichste Land der Welt, die Vereinigten Staaten von Amerika, seinen Staatsdienern zahlt.

Ein Vergleich dieser beiden Gruppen fällt heute jedoch eindeutig zugunsten der Bürokraten der Vereinten Nationen aus. In allen Besoldungsgruppen und Diensträngen sind die Gehälter und sonstigen Leistungen erheblich höher als im öffentlichen Dienst der USA. Dafür einige Beispiele:

● Mitarbeiter der Vereinten Nationen erhalten Ausbildungsbeihilfen, US-Beamte nicht.[68]

● Ein UN-Bediensteter hat vom Tag seines Dienstantritts Anspruch darauf, daß sein Gehalt im Krankheitsfall neun Monate lang voll und weitere neun Monate lang zur Hälfte weitergezahlt wird. Diese Regelung gilt jeweils für einen Zeitraum von vier Jahren. Im Vergleich dazu müßte ein US-Beamter vierzehn Jahre lang arbeiten, ohne einmal krank zu werden. Erst dann würde sein Gehalt bei Krankheit neun Monate lang weitergezahlt.[69]

● Bedienstete im System der Vereinten Nationen werden schneller befördert als ihre Kollegen im öffentlichen Dienst der USA. Ein durchschnittlich qualifizierter UN-Beamter braucht acht bis zehn Jahre, bis er die zehnte Beförderungsstufe erreicht, ein US-Beamter braucht dazu achtzehn Jahre.[70]

● Alle UN-Beamten der Laufbahngruppe Höherer Dienst und der darüber liegenden Ränge haben alle zwei Jahre Anspruch auf fünfzehn Tage Heimaturlaub mit ihrer Familie auf Kosten der Vereinten Nationen, zuzüglich der Tage, die sie für Hin- und Rückreise brauchen. Dieser Heimaturlaub wird zusätzlich zu dem regulären sechswöchigen Jahresurlaub gewährt, den jeder UN-Bedienstete erhält. Im Gegensatz dazu bekommen Beamte der Vereinigten Staaten nur vier Wochen Jahresurlaub.[71]

● UN-Beamte des Höheren Dienstes arbeiten durchschnittlich 10,3 Prozent weniger Stunden als ihre Pendants im öffentlichen Dienst der USA. In einem Jahr summiert sich dies zu der Differenz von immerhin 21,7 Arbeitstagen.[72]

● Auch wenn die beträchtlichen Bareinkünfte durch Gehaltsnebenleistungen nicht mitgerechnet werden, ist das Nettoeinkommen im System der Vereinten Nationen auf allen Ebenen höher als im öffentlichen Dienst der USA. UN-Bedienstete verdienen durchschnittlich 24 Prozent mehr,[73] in manchen Fällen sogar über 30 Prozent mehr.[74]

● UN-Pensionen sind bis zu 43 Prozent höher als die Pensionen im öffentlichen Dienst der USA.[75]

Warum eigentlich sollen Bezahlung und zusätzliche Leistungen im UN-System so viel besser sein als im öffentlichen Dienst des reichsten Landes der Welt? Nach Ansicht des Generalsekretärs de Cuéllar ist es ganz entscheidend, »Beschäftigungsbedingungen beizubehalten, die es den Vereinten Nationen ermöglichen, Mitarbeiter anzulocken und zu halten, die ein Höchstmaß an Kompetenz, Tüchtigkeit und Integrität mitbringen«. Und er fügt eine Warnung hinzu: »Jeder Versuch, die finanziellen Schwierigkeiten der Organisation auf Kosten der Bediensteten zu lösen, wäre äußerst kurzsichtig und unklug und hätte weitreichende nachteilige Folgen.«[76]

Ein Behördenchef brachte dies im Gespräch mit mir etwas markiger zum Ausdruck. »Wenn Sie Spitzenleute dazu bewegen wollen, in der Entwicklungshilfe zu arbeiten«, sagte er, »müssen Sie auch Spitzengehälter bezahlen. Für einen Apfel und ein Ei bekommen Sie nur Nichtskönner.«

Prämien für Mittelmäßigkeit

Auf den ersten Blick sticht dieses Argument. Doch mancher intime Kenner der Vereinten Nationen ist der Ansicht, daß die Weltorganisation, trotz der Spitzengehälter, die sie bezahlt, zu viele Nichtskönner in ihren Reihen hat. Dazu die Meinung eines Experten: »Nichts deutet darauf hin, daß man sich systematisch darum bemüht, an die Mitarbeiter hohe Anforderungen zu stellen oder Beamte des Höheren Dienstes für die besonderen Aufgaben ausbilden, die sie erfüllen sollen. Im Gegenteil, die Nachlässigkeit, die auf diesem Gebiet vorherrscht, legt den Eindruck nahe, daß großer Wert auf Mittelmäßigkeit gelegt wird.«[77]

Dies sagt nun nicht irgendein Außenstehender, der einen Groll gegen die Vereinten Nationen hegt. Diese Worte sind in einem offiziellen Dokument nachzulesen, das ein international angesehener Kenner der Verhältnisse verfaßt hat – Maurice Bertrand, führendes Mitglied der Gemeinsamen Inspektionsgruppe der Vereinten Nationen. »Der durchschnittliche Qualifikationsgrad der Mitarbeiter im Höheren Dienst«, fährt er fort, »steht in keinem Verhältnis zu ihrer Verantwortung … Statistiken belegen, daß bei der UNESCO 30 Prozent ohne Universitätsabschluß sind. Einen Abschluß ersten Grades haben 32 Prozent, einen Abschluß zweiten oder höheren Grades 38 Prozent.« Ähnliche Verhältnisse herrschen bei den anderen Behörden, und auch an der Spitze der Hierarchie sieht es nicht besser aus: »Bei den Direktorendienstgraden (D-1 und D-2) ist der prozentuale Anteil der Mitarbeiter ohne akademische Ausbildung ungefähr gleich.«[78]

Bertrand zieht eine vernichtende Schlußfolgerung:

> Verantwortungsgefühl, Führungsqualitäten und analytische Fähigkeiten sind in den höchsten Rängen (Direktor, Beigeordneter Generalsekretär, Untergeneralsekretär) eine Glückssache, da bei der Ernennung Qualifikation oder berufliche und administrative Erfahrung häufig nicht berücksichtigt werden. Das Fehlen klar definierter Anforderungen bei Neueinstellungen und Beförderungen in höhere Dienstgrade, die Gleichgültigkeit gegenüber Arbeits- und Leistungsanforderungen und das Fehlen einer systematischen berufsbegleitenden Ausbildung schaffen ein beklagenswertes Arbeitsklima, in dem die besten Mitarbeiter nicht

mehr die erforderliche Motivation entwickeln, sich ihren Aufgaben mit Engagement zu widmen.[79]

Wenn es schon den Besten an innerer Überzeugung fehlt, dann – um es mit Yeats auszudrücken – »sind die Schlimmsten voll von leidenschaftlicher Heftigkeit«. Der Eifer dieser letzten Gruppe findet seinen natürlichen Ausdruck in der wachsenden Zahl von Gewerkschaften und Vereinigungen, die innerhalb des UN-System entstehen und deren Mitglieder leidenschaftliche Debatten darüber führen, wie sie noch höhere Gehälter und Zulagen bekommen könnten.

Am Sitz in New York hält der 120 Mitglieder starke Personalrat – ein gesetzgebendes Organ der Staff Union – alle vier bis fünf Tage eine Versammlung ab. Die 20 Ausschüsse, die er zur Erörterung unterschiedlicher Fragen eingerichtet hat, bestehen jeweils aus 10 Mitgliedern, die ebenfalls regelmäßig zusammenkommen. Laut Personalrat ist eines der Hauptanliegen dieser unablässigen Aktivitäten, nach Möglichkeiten zu suchen, die Effizienz der Mitarbeiter zu verbessern. Doch in einem typischen Jahr, in dem der Personalrat mehr als 80 Themen diskutierte, 61 Resolutionen verabschiedete und annähernd 50 Bulletins herausgab, wurde die Frage der Effizienz des Personals kein einziges Mal aufgeworfen.[80] Stets waren Besoldung und sonstige Leistungen die Hauptpunkte auf der Tagesordnung.

Andere Organe führen ähnliche Beratungen durch, beispielsweise der Gemeinsame Beratende Ausschuß, der, seine vier Hilfsgremien und sechs Arbeitsgruppen mitgerechnet, 100 Mitglieder umfaßt und mehrere Sitzungen im Monat abhält. Ein anderes Organ, der Koordinationsausschuß Leitung-Personal, beläßt es bei zwei Sitzungen pro Jahr, doch jede der beiden Sitzungen dauert eine volle Woche, und mindestens 35 leitende Beamte und Administratoren nehmen daran teil.[81] Alle diese Sitzungen finden während der Bürostunden statt, und in der Regel ziehen sie sich in die Länge, so daß die Teilnehmer jedesmal für längere Zeit von ihren normalen Pflichten als internationale Beamte abgehalten werden. Außerdem wird die Arbeit ihrer Kollegen, die möglicherweise Rücksprache mit ihnen halten müssen, dadurch ebenfalls blockiert. Doch damit nicht genug: Keine dieser zeitraubenden Zerstreuungen wird von den Mitgliedern der betreffenden Vereinigungen selbst finanziert. Die

Gehälter der Funktionäre und Ausschußmitglieder, die Kosten für Schreibkräfte, Papier und Fotokopien, ja sogar die Reisen zu Versammlungen, die außerhalb stattfinden, werden aus dem ordentlichen Haushalt der Vereinten Nationen bezahlt.[82]

Ein weiterer Punkt, auf den viel Energie verwandt wird und der die Mitarbeiter oft davon abhält, den Aufgaben und Pflichten nachzukommen, für die sie bezahlt werden, ist, ironischerweise, der Wunsch nach Beförderung. Ein Wunsch, der nach Meinung des früheren Assistenz-Generaldirektors der UNESCO Richard Hoggart

> fast wie eine Art Virus wirkt. Stark infizierte Patienten greifen zu Tranquilizern, andere stürzen sich hektisch in marginale Tätigkeiten, wieder andere starren stundenlang über ihren Schreibtisch hinweg und grübeln. Und alle haben nur den einen brennenden Wunsch: es bis zum P-5 zu bringen (Spitzenrang in der Laufbahngruppe Höherer Dienst; A. d. Ü.). Ein P-5-Posten bringt eine Reihe diplomatischer Privilegien, vor allem eine Diplomaten-Plakette am Wagen. Viele Mitarbeiter im Sekretariat spüren unterschwellig, und ebenso ihre Frauen, daß sie nur dann zufrieden in den Ruhestand gehen können, wenn sie in ihren letzten paar Dienstjahren diese Plakette führen durften.[83]

Ihre Chancen, dieses Ziel zu erreichen, sind überraschend gut: Dienstgrade von P-4 aufwärts machen fast 60 Prozent der Posten in der Laufbahngruppe Höherer Dienst der Vereinten Nationen aus. Zum Vergleich: Im Höheren Dienst der USA entfallen nur 25 Prozent der Posten auf entsprechend hohe Dienstränge.[84]

Der Grund, warum es bei den Vereinten Nationen »mehr Häuptlinge als Indianer« gibt, ist nun keineswegs darin zu suchen, daß die Mehrheit der Bediensteten außergewöhnlich talentiert oder tüchtig wäre. Im Gegenteil, Mittelmäßigkeit ist hier die treibende Kraft: Mittlerweile ist es Usus geworden, daß Mitarbeiter, denen es nicht gelungen ist, sich durch Leistung für eine Beförderung zu empfehlen, ihre Posten »neu einstufen« lassen – was grundsätzlich »höher« bedeutet.[85] So wurden in einem einzigen UN-Büro – im New Yorker Sekretariat – von 1986 bis 1987 mit einem Federstrich nicht weniger als 69 Posten zur Freude ihrer Inhaber aufgewertet. Unter anderem wurden drei Direktoren zu Beigeordneten Generalsekretären, 26 P-3s zu P-4s und 24 P-4s zu P-5s befördert.[86] Die Institutionalisierung solcher Machenschaften bei der UNO ging so weit, daß der österreichische Vertreter im Beratenden Ausschuß für Verwaltungs- und Haushaltsfragen der Vereinten Nationen einen »Beförderungsschub von beunruhigendem Ausmaß« konstatierte, »der sich in einem deutlich sinkenden Anteil untergeordneter Posten und einem steigenden Anteil leitender Posten ausdrückt«.[87] Das System läßt es zu, daß Stellen künstlich aufgewertet werden, um Faulenzer, die sonst keine Aussichten auf Beförderung hätten, zu hätscheln. Gleichzeitig sorgt es aber auch dafür, daß andere, die schon längst wegen Unfähigkeit hätten entlassen werden müssen, im Amt bleiben dürfen. In der UNESCO etwa, so Richard Hoggart, sei es praktisch unmöglich, einen Mitarbeiter zum Gehen zu zwingen, gleichgültig, wie miserabel er arbeite. Wenn der Betreffende alle offiziellen und inoffiziellen Beschwerdewege beschreite, die ihm der Apparat eröffne – Personalvertretung, seine Delegation, sein Außenministerium, das UN-Verwaltungsgericht usw. –, dann könne er den Prozeß ins Unendliche verschleppen. Und damit nicht genug:

> Selbst in den schlimmsten Fällen besteht eine gewisse moralische Verpflichtung. Es ist ein Gebot der Fairneß, daß man jemandem, der beispielsweise fünf Jahre dabei war, wenigstens noch drei weitere Jahre Probezeit gewährt. Beim nächstenmal ist es ein Gebot der Fairneß, daß man jemanden, der acht Jahre für die Organisation gearbeitet hat, nicht einfach an die Luft setzt ... Solche Leute beweisen immer nur dann Durchhaltevermögen und Verhandlungsgeschick, wenn sie zum wiederholten Male ihre eigene Position verteidigen müssen.[88]

Deshalb sitzen in allen Diensträngen der multilateralen Behörden verhaltensgestörte, überforderte und inkompetente Individuen, die sich verbissen an hochbezahlte Jobs klammern, zaghaft und gleichgültig ihren Aufgaben nachgehen und dabei die Armen dieser Welt verraten, in deren Namen sie ins Amt berufen wurden.
Ein Hinweis darauf, wie Unfähigkeit und Charakterschwäche des Personals die UNO inzwischen geschädigt haben, ist die Tatsache, daß die Institution heute in erheblichem Maße auf Gutachten externer Fachleute zurückgreifen muß, um ihre Aufgaben zu lösen.

153

Obwohl das UN-Sekretariat in New York bereits 12 248 Vollzeit-Beschäftigte auf der Gehaltsliste hat, muß es aus seinem Zweijahres-budget zusätzliche 11,1 Millionen Dollar für »Berater« abzwacken – genug, um 175 freiberufliche Sachverständige fast ein ganzes Jahr lang zu beschäftigen.[89] Die 10 500 Mitarbeiter der FAO arbeiten noch weniger effektiv: Die Behörde mit Sitz in Rom benötigt soviel »externe freiberufliche Unterstützung«, daß ihr Zweijahresbudget immerhin 19 Millionen Dollar für Beraterhonorare ausweist.[90] Für den jährlich erscheinenden Bericht *Zur Situation der Kinder in der Welt*, das publizistische Aushängeschild der UNICEF, zeichnet zwar der Exekutivdirektor verantwortlich, in Wirklichkeit wird er jedoch von externen Beratern geschrieben und produziert. Allem Anschein nach sind die hochbezahlten Journalisten und Medien-fachleute im großzügigen New Yorker Informationsbüro des Weltkinderhilfswerks dieser Aufgabe nicht gewachsen.

Unzulänglichkeiten und Schwächen dieser Art beim Stammperso-nal wurden jüngst in einem amtlichen internen Bericht beleuchtet. Die Verfasser kommen zu dem Ergebnis, daß sich »Führungsquali-tät, Produktivität und Kosteneffektivität« in einem Zeitraum, als die Gehaltslisten ein »rapides Wachstum« verzeichneten, ver-schlechtert haben. Ganz im Sinn Bertrands heißt es weiter: »Die Qualität der geleisteten Arbeit muß verbessert werden ... Die Qualifikation der Mitarbeiter, insbesondere in den höheren Lauf-bahngruppen, ist unzureichend, und die Arbeitsmethoden sind nicht effizient. Die heutige Struktur ist zu komplex, unübersichtlich und kopflastig ...«[91]

In der Tat so kopflastig, daß sich im New Yorker UN-Sekretariat mittlerweile insgesamt 54 Beigeordnete Generalsekretäre und Un-tergeneralsekretäre tummeln. Wollte man dem Gesundheitsmini-sterium der USA eine ähnliche Führungsstruktur verpassen, dann müßte man dort 500 Staatssekretäre und Stellvertreter ernennen. Gegenwärtig kommt das Ministerium mit einem Dutzend aus und funktioniert damit bestens.[92]

Personalkosten und damit verbundene Aufwendungen machen heute schwindelerregende 80 Prozent der Gesamtausgaben der Vereinten Nationen aus.[93] Eine Organisation, die von sich behaup-tet, unermüdlich für die Entwicklung in der Welt zu kämpfen, entpuppt sich somit als ein komplizierter Unterstützungsapparat für seine verwöhnten und verhätschelten Mitarbeiter – von denen viele, um mit dem ehemaligen FAO-Beamten Raymond Lloyd zu sprechen, »systematisch ihre eigene materielle Sicherheit über die Ideale stellen, um derenwillen die Organisation gegründet wurde«.[94] Eines der schlimmsten Beispiele für dieses Verhalten ereignete sich 1987 in den belgischen Büros von UNICEF, einer Organisation, die 1946 mit dem Ziel ins Leben gerufen worden war, »das Leben von Kindern zu schützen und ihre Entwicklung zu fördern«.[95] Jos Verbeck, der damalige Direktor des Belgischen Komitees für UNICEF wurde beschuldigt, unter Mißbrauch seiner Befugnisse und seiner Vertrauensstellung einen Sexring mit Kindern aufgebaut zu haben, den er mehrere Jahre mit Profit betrieb, bevor er verhaftet und wegen »Unzucht mit Kindern und Anstiftung zur Ausschweifung« unter Anklage gestellt wurde. Er wurde später für schuldig befunden und zu einer zweijährigen Gefängnisstrafe mit Bewährung verurteilt. In der Berufung wurde das Urteil jedoch wegen Mangels an Beweisen aufgehoben. Die zehnjährige Gefängnisstrafe für einen seiner Mitarbeiter wurde jedoch bestätigt. Die Polizei entdeckte im Keller des Hauses, in dem die Büros des Komitees untergebracht waren, ein Fotostudio. Das Studio war dazu benutzt worden, pornographische Aufnahmen von Kindern zu machen – die meisten stammten aus der Dritten Welt. Neben über 1000 Fotografien wurde eine Liste mit 400 Namen wohlhabender Kunden aus 15 europäischen Ländern beschlagnahmt. Die Liste war im Computer der UNICEF zusammengestellt und gespeichert worden, der auch dazu benutzt worden war, ein Verzeichnis von Teenagern zu erstellen, die für sexuelle Dienstleistungen zu haben waren.[96]

Diese widerliche Geschichte fand im selben Jahr statt, in dem die UNICEF vom Rechnungsprüfungsausschuß der Vereinten Nationen wegen »rückständiger Buchführung« gerügt wurde. Außerdem beschuldigte der US-Kongreß die Organisation, sie habe Beamte des Außenministeriums als Gegenleistung für ihre Unterstützung des »amtierenden Managements« und für stärkere finanzielle Unterstützung durch die USA mit Schmiergeldern bestochen.[97] Doch viel wichtiger als solche skandalösen und dramatischen Einzelfälle ist die systemweite Aushöhlung der Grundprinzipien, die seit fast einem halben Jahrhundert fortschreitet und die Ideale der Vereinten Nationen zu dem gemacht hat, was sie heute sind: kaum mehr als leere Phrasen auf einem Fetzen Papier.

Von Zeit zu Zeit können zu Ehren irgendeiner heiligen Kuh natürlich immer noch Bewegung und Begeisterung demonstriert werden. Doch gewöhnlich zeigt sich bei näherem Hinsehen, daß in Wahrheit eigentlich nichts geschieht – daß alles nur ein rituelles Zelebrieren kultivierter Untätigkeit ist. Ein Beispiel: die Woche der Solidarität mit den Völkern Namibias und aller anderen Kolonialgebiete sowie Südafrikas im Kampf um Freiheit, Unabhängigkeit und Menschenrechte.[98] »Kalenderereignisse« dieser Art erfreuen sich bei den Vereinten Nationen zunehmender Beliebtheit, und so wundert es nicht, daß immer neue Messen dieser sinnentleerten Liturgie zelebriert werden:

- Internationaler Tag der Kinder, die unschuldig zu Aggressionsopfern geworden sind
- Internationaler Friedenstag
- Welttag der Information über Entwicklungsfragen
- Woche der Solidarität mit den Menschen, die gegen Rassismus und rassische Diskriminierung kämpfen
- Internationales Jahr zur Beschaffung von Unterkünften für Obdachlose
- Dekade für Transport und Kommunikation in Afrika
- Internationale Dekade für Trinkwasserversorgung und Abwasserhygiene
- Dritte Entwicklungsdekade der Vereinten Nationen
- Zweite Dekade zur Bekämpfung von Rassismus und rassischer Diskriminierung.

Keine dieser Feiern hat, weder in der Vergangenheit noch heute, am Zustand der modernen Welt auch nur das geringste verändert. Wenige Menschen außerhalb des internationalen öffentlichen Dienstes habe je von ihnen gehört. Dennoch neigt man im UN-System dazu, ihre inflationäre Vermehrung mit praktischem Handeln zu verwechseln. So wurde 1987, während der Zweiten Abrüstungsdekade, viel Wirbel um die Internationale Abrüstungskonferenz gemacht,[100] die von der UNO in New York einberufen wurde: Eine Flut von Dokumenten wurde veröffentlicht, feierliche Reden wurden gehalten und Tausende von Delegierten durften sich in dem Gefühl sonnen, einem Ereignis von historischer Tragweite beizuwohnen. Im selben Jahr gaben die Mitgliedstaaten der UNO mehr als je zuvor für das Wettrüsten aus – nach Schätzungen rund 800 Milliarden Dollar –, während die Weltorganisation nicht einmal ein *Zehntel* dessen, was die Staaten *täglich* für ihre Rüstung aufbrachten, in konkrete Bemühungen zur Sicherung des Friedens investierte.[101]

Solchen Widersprüchen und Heucheleien liegt ein heimtückischer Mechanismus zugrunde, durch den die Menschen das Interesse an reinen Resultaten verlieren und ihre Bemühungen statt dessen auf *Prozesse* konzentrieren, die angeblich dafür erdacht wurden, ebenjene Resultate herbeizuführen.[102] Bei den Vereinten Nationen wird dies vor allem daran deutlich, daß die materiellen Leistungen für die Armen längst nicht mehr die anerkannten Indikatoren dafür sind, ob gute Arbeit geleistet wurde oder nicht. Erfolg wird jetzt anhand von bürokratischen Kriterien gemessen: nach der Zahl der Konferenzen und Sitzungen, bei denen das Problem der globalen Armut erörtert wurde, nach der Zahl der Tage, Wochen, Jahre und Dekaden der »Solidarität« mit den Benachteiligten, die gefeiert wurden, nach der Zahl der »programmatischen« Publikationen, die herausgebracht wurden, nach der sprachlichen Brillanz, in der Projektberichte abgefaßt wurden – und so weiter. Dazu Maurice Bertrand: »Wie die Mühle arbeitet, wird wichtiger als die Qualität des Mehles, das sie produziert.«[103]

Dies gilt sicherlich auch für die Konferenz der Vereinten Nationen für Handel und Entwicklung (UNCTAD) – ein ständiges Organ, das 1962 ins Leben gerufen wurde mit dem Ziel, den Handel in den Entwicklungsländern zu fördern. UNCTAD hat unlängst beeindruckende 36 282 700 Dollar für seine Büros und sein Personal ausgegeben, dazu weitere 4 186 700 Dollar für »Konferenzen« und mehr als 1 Million für »Berater«. Im selben Jahr flossen in die »Förderung der wirtschaftlichen Zusammenarbeit zwischen den Entwicklungsländern« lediglich 3 501 500 Dollar an UNCTAD-Mitteln (die übrigens aus dem ordentlichen UN-Haushalt stammen), und »Programme zur Förderung und Ausweitung des Welthandels« erhielten ganze 1 138 000 Dollar.[104]

Die Faszination für Prozesse statt für Resultate erreicht ihre Apotheose aber erst dann, wenn die Prozesse tatsächlich zu *Resultaten* werden. Und genau das ist offenbar in der Hauptabteilung Konferenzdienste eingetreten, die sich mit ihren 2 527 ganztägig Beschäftigten und einem Zweijahreshaushalt von über 280 Millionen Dollar unaufhaltsam zu einem Moloch entwickelt hat. In einer durchschnittlichen Zweijahresperiode, so brüstet sich die Abteilung, stattet sie allein in New York 7600 verschiedene Sitzungen aus, vergibt 65 000 Aufträge an Dolmetscher, übersetzt, redigiert und überprüft 377 650 000 Wörter, druckt 379 Millionen Seiten und vervielfältigt für ihre Verteiler insgesamt 1,5 Milliarden Druckseiten.[105] Die zweite Hauptbastion der Abteilung in Genf produziert einen ähnlichen Ausstoß[106]: Die Kopien von Dokumenten, die dort zu Nachschlagezwecken archiviert werden, füllen 17,5 Kilometer Regale.[107]

Was hat das noch mit Hilfe zu tun? Bei einer Seerechtskonferenz stellte die UNO für die Bedienung von Kopiergeräten 90 Hilfskräfte ein, die rund um die Uhr an 27 Maschinen arbeiteten und täglich 250 000 Seiten produzierten. Jedes Dokument wurde von Übersetzerteams in drei, manchmal auch fünf Sprachen übersetzt und von Schreibkräften des Konferenzdienstes abgetippt. Der Papierausstoß war in der Tat so gewaltig, daß allein das Verzeichnis der Dokumente schon 160 Seiten umfaßte. Nach 70 Verhandlungstagen in der angenehmen Umgebung von Caracas in Venezuela faßten die Delegierten jedoch nur *einen* Beschluß: eine weitere Konferenz zu diesem Thema abzuhalten.[108]

Einige Zusammenkünfte scheinen von vornherein dazu bestimmt, nur Chaos und Untätigkeit zu produzieren, etwa das »Seminar der Vereinten Nationen über die Auswirkungen der gegenwärtigen ungerechten internationalen Wirtschaftsordnung auf die Wirtschaft der Entwicklungsländer und über das Hindernis, das dadurch für die Verwirklichung der Menschenrechte und Grundfreiheiten entsteht«[109] oder die ebenso verblüffende »Konferenz der Vereinten Nationen zur Überprüfung aller Aspekte des multilateral vereinbarten ausgewogenen Grundsatz- und Vorschriftenpakets zur Bekämpfung restriktiver Geschäftspraktiken«.[110] Man kann wohl ohne Übertreibung sagen, daß das gelehrte Palaver bei solchen Ereignissen, die Berge begleitender Materialien und die kilometerlangen kostspieligen Archive für die Armen in der Dritten Welt ohne jede Bedeutung sind. Für den Bauern, der im Norden Äthiopiens auf seinem unfruchtbaren Acker Granatsplitter sammelt, oder den Fischer in Sri Lanka, dessen Fang gerade von einem japanischen Fabrikschiff gestohlen wurde, könnte ein Großteil der UN-Konferenzen ebenso gut auf einem Raumschiff stattfinden wie auf dem Planeten Erde.

Die Wahrheit dieser Behauptung wird immer dann deutlich, wenn Konferenzen geplant sind, die direkt und meßbar zu einer Linderung menschlicher Leiden beitragen *könnten:* Bei solchen seltenen Gelegenheiten haben die Vereinten Nationen nämlich nichts Eiligeres zu tun, als sich von dem unerhörten Ereignis zu distanzieren. So geschehen in Paris, als Amnesty International die Erlaubnis erhielt, in den prächtigen Räumlichkeiten der UNESCO-Zentrale eine Konferenz zum Thema Folter abzuhalten. Der Ort war gut gewählt, denn schließlich ist die UNESCO laut Satzung damit betraut, »in der ganzen Welt die Achtung vor den Menschenrechten und Grundfreiheiten zu stärken«. Doch es kam zum Eklat. Amnesty gab ein Positionspapier über die verbreitete Anwendung der Folter durch Regierungen heraus und – welch unerhörte Dreistigkeit! – nannte Namen. Die Delegierten der Regierungen, die Amnesty an den Pranger gestellt hatte, übten Druck aus, und am nächsten Morgen ordnete die UNESCO an, daß die Konferenz woanders stattfinden müsse.[111] Ähnliche Beispiele für offenkundige Feigheit lassen sich aber auch in anderen Behörden der UNO beobachten. Im Jahre 1988 ließ Pierre Hocke, der Hohe Flüchtlingskommissar der Vereinten Nationen, eine ganze Ausgabe des Monatsmagazins seiner Behörde einstampfen – Kostenpunkt über 50 000 Dollar. Der Grund: In der fraglichen Ausgabe wurde scharfe Kritik am Asylverfahren und an den Zuständen in drei Auffanglagern für Flüchtlinge in der Bundesrepublik Deutschland geübt. Das Hochkommissariat bekommt 10 Prozent seines Jahresbudgets von der Bundesrepublik. Deshalb war sie für den Chef der Behörde über jede Kritik erhaben.[112]
Im Wolkenkuckucksheim des internationalen öffentlichen Dienstes ist Feigheit, aus der heraus nützliche Konferenzen abgebrochen und unbequeme Publikationen eingestampft werden, oft die einzige Reaktion auf mitunter erschreckende Vorkommnisse in der Welt außerhalb dieser Bürokratien. Greueltaten werden mit verschämtem Schweigen übergangen, und wenn Schweigen aus irgendeinem Grund nicht möglich ist, gibt man unverfängliche Platitüden, schönfärberische Gemeinplätze und heiße Luft von sich. Joseph Reed, ehemaliger US-Botschafter bei den Vereinten Nationen, sagt über die Jahre 1984–86, als Afrika von einer Hungersnot heimgesucht wurde: »Wir verabschiedeten Resolutionen, während Kinder ohne Nahrung, Wasser und Medikamente waren. Wir forderten

Berichte an, während Familien unter bitterer Armut litten, wir schoben Vorwürfe hin und her, während Menschen in ihrer Not verzweifelten.«[113]

Diese scharfe Abrechnung mit dem »Wahnsinn, das UN-Spiel zu spielen«, wie Reed es nennt, erscheint noch bedrückender, wenn man bedenkt, daß die Weltorganisation 150 Ausschüsse, Unterausschüsse und Arbeitsgruppen unterhält, die sich alle angeblich mit den Problemen der Armen beschäftigen.[114] Und das sind bei weitem nicht alle: Hinzu kommen die rund 15 Entwicklungsbehörden, und um jede einzelne von ihnen gruppieren sich wiederum zahlreiche andere Einrichtungen: 20 um die Weltgesundheitsorganisation, 18 um die FAO, 10 um UNESCO und ILO, 13 um das UNDP – und so weiter.[115]

Es wäre falsch, darin ein Symbol für die Effizienz und Vielfalt der Arbeit zu sehen, die das UN-System in den armen Ländern leistet. Im Gegenteil, die wahnwitzig komplizierte Organisationsstruktur macht deutlich, bis zu welchem Grad internationalen Beamten gestattet wurde, auf Kosten gemeinsamer, zielgerichteter Bemühungen private, miteinander konkurrierende Reiche aufzubauen. Nehmen wir ein Beispiel: Statt sich gemeinsam der landwirtschaftlichen Ausbildung in den Entwicklungsländern zu widmen, bieten uns UNESCO und FAO seit Jahren ein unerquickliches Schauspiel und streiten sich, welche der beiden Organisationen für diese Aufgabe zuständig sei.[116] Ähnlich ist es im Gesundheitsbereich: Statt sich zusammenzuraufen und gemeinsame Programme zur Verbesserung der medizinischen Versorgung in armen Gemeinden zu entwickeln, liegen UNICEF und die Weltgesundheitsorganisation in ständigem Zwist. Während UNICEF ganz spezifische Ziele verfolgt (Impfungen, Förderung des Stillens usw.), unterstützt die Weltgesundheitsorganisation umfassendere Maßnahmen im Bereich der »primären Gesundheitsversorgung«.[117] In bestimmten Zeiten sind solche Querelen unentschuldbar. Während der Hungersnot, auf die sich Reed bezog, wurde – in New York – ein Büro für Hilfsleistungen in Afrika (OEOA) eingerichtet, das die Aufgabe hatte, für die Dauer der Katastrophe die diffusen Kräfte der UNO zu bündeln und alle Behörden und Organe, die unter Umständen einen Beitrag leisten könnten, unter einen Hut zu bringen. Ein löblicher Vorsatz, der FAO-Chef Edouard Saouma freilich nicht davon abhielt, eine formelle Beschwerde einzureichen, als das

Imelda Marcos, ehemalige First Lady der Philippinen und Besitzerin von 3000 Paar Schuhen, beim Tanz mit einem Herrn, der ganz nach ihrem Geschmack ist – einem amerikanischen Bankier. Bevor Präsident Marcos 1986 entmachtet wurde, hatte das Ehepaar Schätzungen zufolge rund 10 Milliarden Dollar unterschlagen. Ein Großteil des gestohlenen Geldes stammte aus der Entwicklungshilfe westlicher Steuerzahler.

Oben links: *Bis zu seinem Sturz 1986 lachte Haitis Ex-Präsident Jean-Claude (Baby Doc) Duvalier immer, wenn er zur Bank ging. Einmal ließ er von einem 23-Millionen-Kredit des Internationalen Währungsfonds 20 Millionen Dollar in die eigene Tasche wandern.*

Oben rechts: *UN-Generalsekretär Javier Perez de Cuéllar leitet einen mächtigen büro-kratischen Apparat, der einige der bestbezahlten Beamten der Welt beschäftigt. Mehr als 80 Prozent des verfügbaren Geldes fließt an die 50000 Angestellten.*

Unten links: *Barber Conable, Präsident der Weltbank. Die Bank hat mit ihren Dollar-Milliarden unbeirrt verfehlte Entwicklungsprojekte unterstützt. Leidtragende waren die Armen und die Umwelt. Von 189 Projekten, die unlängst begutachtet wurden, erwie-sen sich 106 als »schwerwiegende Fehler« oder »komplette Fehlschläge«.*

Unten rechts: *Edouard Saouma, Generaldirektor der UN-Ernährungs- und Landwirt-schaftsorganisation, wurde 1987 zum dritten Mal für eine sechsjährige Amtszeit ge-wählt. In dieser Zeit verdient er netto 813276 Dollar, Zusatzleistungen ausgenommen.*

Präsident Mobutu Sese Seko aus Zaïre mit seinem Lieblingshut aus Leopardenfell und Hand in Hand mit seiner Frau beim Verlassen der Boeing, die er häufig dazu benutzt, für seine Günstlinge Gratis-Ausflüge nach Disneyland zu organisieren. Der exzentrische Diktator und Besitzer von zweiundfünfzig Autos der Nobelmarke Daimler-Benz entließ kürzlich 7 000 Grundschullehrer mit der Begründung, der Staat habe kein Geld für ihre Bezahlung. Trotz solcher Schurkereien bleibt seine Regierung eine der bevorzugten Adressen für westliche Entwicklungshilfe in Afrika.

ıks: *Der UN-Sitz in New York. Obwohl das
rwöhnte Personal der Weltorganisation die
adt monatlich 125000 Dollar an unbezahlten
rafmandaten für falsches Parken kostet,
mpt es als zahlungskräftige Kundschaft von
staurants, Theatern, Bars und Kaufhäusern
rlich mindestens 800 Millionen Dollar in die
rtschaft des Big Apple. »Entwicklung« im UN-
l hat wenig oder gar nichts damit zu tun, die
dürfnisse der Armen zu befriedigen.*

chts: *Ist das nicht lecker? Bei Nahrungsmit-
ı wie diesen Hühnern in Dosen ist der Trans-
rt teurer als der Einkauf.*

ıen: *In Anbetracht der zahlreichen Pannen
d Torheiten, die auf das Konto westlicher Ent-
-klungshilfe gehen, ist es weder ehrlich noch
ınstruktiv, Kinder in dem Glauben zu bestär-
ı, sie könnten durch die Teilnahme an einem
hltätigkeits-Lauf wie diesem dazu beitragen,
e Welt zu verändern«.*

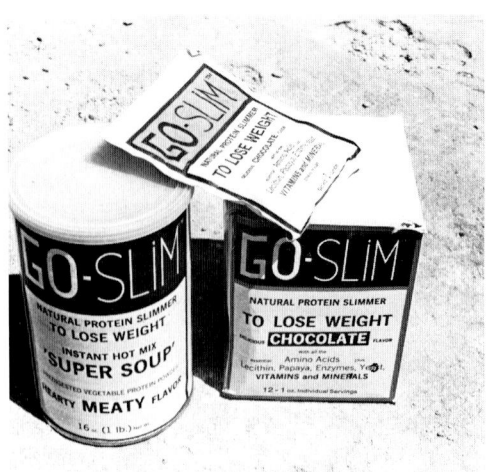

Links: *Unter den Hilfssendungen für unterernährte Bewohner somalischer Flüchtlingslager befanden sich Unmengen von Schlankmacher-Suppen. Auch andere unbrauchbare Artikel waren darunter: Mittel gegen Sodbrennen (Mitte links) und elektrische Heizdecken (unten links).*

Unten: *Diese leichten, modischen Schuhe bekamen Arme in Moçambique kürzlich als Soforthilfe. Für ein Land, in dem viele Frauen täglich kilometerweit zum Markt oder Wasserholen gehen müssen, ist ungeeigneteres Schuhwerk kaum vorstellbar.*

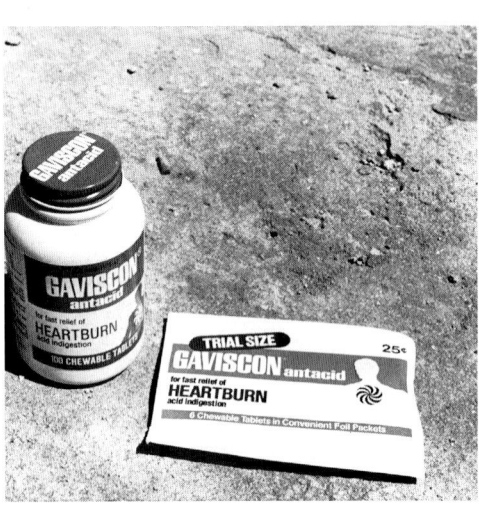

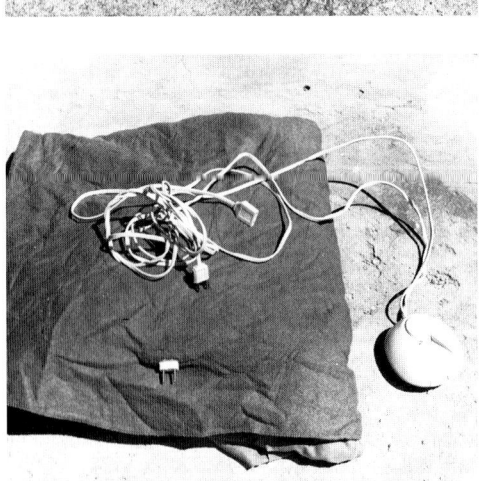

Entwicklungshilfe in Milliardenhöhe hat die großflächige Abholzung unersetzlicher Regenwälder ermöglicht.

Die Weltbank und die britische Overseas Development Administration waren beim Bau des Victoria-Dammes in Sri Lanka die wichtigsten Geldgeber. Das Projekt hat nach Meinung von Prüfern dazu geführt, daß Zig-Tausende von Menschen »in unnötiger Hast und unbefriedigender Weise« umgesiedelt wurden.

Im Hintergrund der Traum einer mit westlicher Hilfe finanzierten Entwicklung in Indien, im Vordergrund die Realität. Obwohl die Entwicklungshilfe-Lobby unentwegt Erfolgs-meldungen über Indien verbreitet, leben in diesem Land mehr als 300 Millionen Menschen unterhalb der offiziellen Armutsgrenze und haben nicht einmal das Notwen-digste zu essen.

OEOA von der niederländischen Regierung Geld für den Kauf von Saatgut annahm, das für den Reisanbau im Tschad bestimmt war. Der Grund: Der Kauf von Saatgut war normalerweise Aufgabe der FAO. Während der Hungersnot führte Saouma mit dem Direktor des Welternährungsprogramms jahrelang eine Debatte über die Frage, wer die Endverantwortung für Nahrungsmittelsendungen nach Afrika trage. Und schließlich weigerte sich Saouma, an einer Sondersitzung der Spender teilzunehmen, die das OEOA einberufen hatte, um die Hilfsprogramme zu koordinieren; zwei Wochen später hielt er in der FAO sein eigenes Treffen ab. Douglas Williams, ehemaliger Deputy Secretary in der britischen Overseas Development Administration, kommentiert dies so: »Im gesamten UN-System gab es weder eine Organisation noch eine Person, die angesichts einer beispiellosen internationalen Katastrophe, die sich über Jahre hinzog, die Autorität besessen hätte, einer bestimmten Behörde die Leitung bei all diesen Aktivitäten zu übertragen. Was da an Mühe und ohnehin schon knappen Mitteln verschwendet wurde, war beträchtlich.«[118]

Verschwendung grassiert in allen Bereichen des Systems. In einzelnen Behörden, ja sogar in speziellen Abteilungen dieser Behörden ist es an der Tagesordnung, daß Mitarbeiter ihre eigenen Programme schützen und erhalten wollen. Sie wehren sich verbissen gegen jeden Vorschlag, sie zu kürzen oder langsam einzufrieren. Der Generalsekretär der Vereinten Nationen erklärte 1982 mindestens 100 solcher Programme für »veraltet«, unproduktiv und überflüssig und empfahl, sie einzustellen. Voraussichtliche Einsparung pro Jahr: 35 Millionen Dollar. Doch vier Jahre später – nachdem weitere 140 Millionen vergeudet worden waren – brachte eine unabhängige Studie an den Tag, daß noch kein einziges dieser altersschwachen, nutzlosen »Schoßhündchen« abgeschafft worden war.[119]

Ein Zustand der Konfusion

In einer bürokratischen Welt, in der alte Programme ewig fortgesetzt und ständig neue geschaffen werden, ist Chaos erwartungsgemäß der natürliche Zustand.
Dazu Maurice Bertrand:

Verschwommene Richtlinien, Kompetenzüberschneidungen bei so wichtigen Organen wie ECOSOC, UNCTAD, dem Zweiten und Dritten Ausschuß der Generalversammlung, aber auch die ständig wiederkehrenden »Generaldebatten«, die der Erörterung der Tagesordnung vorausgehen und sich von Ausschuß zu Ausschuß wiederholen – all dies hat zu einem Zustand der Konfusion geführt, der nur schwer wieder zu beheben ist.[120]

Bertrand fügt hinzu, daß die Tendenz der UN-Behörden, sich auf einen bestimmten Sektor zu spezialisieren und ihn wie ein Revier zu verteidigen, »die Aufgabe der Entwicklungsländer eher erschwert als vereinfacht«. Der Grund dafür liegt auf der Hand: »Die UNIDO will die Industrialisierung fördern, die FAO die landwirtschaftliche Produktion steigern, das Welternährungsprogramm die Ernährungslage verbessern; die ILO will die Beschäftigung fördern und die soziale Sicherheit verbessern, und die UNESCO schließlich will das Ausbildungsniveau heben – und all diese Bemühungen sind *nicht in ein einheitliches analytisches System integriert.*«[121]
Daß diese Kritik berechtigt ist, wird von internationalen Beamten gern bestätigt. Die Mehrzahl gibt sogar offen zu, daß Komplexität und Aufspaltung des UN-Systems kontraproduktiv sind, und ist der Meinung, daß etwas getan werden müsse. Als Ergebnis davon entstand eine ganze Branche, deren Aufgabe darin besteht, das bürokratische Monster zu dressieren. Doch anstatt das Chaos zu entwirren und die Konfusion zu verringern, hat diese Branche – wie zu erwarten war – nur noch mehr Ausschüsse, Organe und Behörden, noch mehr konfuse Berichte und Posten hervorgebracht. Wir haben jetzt, unter anderem:
● den Verwaltungsausschuß für Koordination;
● den Wirtschafts- und Sozialrat – der »durch Konsultation die Tätigkeit der Sonderorganisationen koordinieren« soll
● den Ausschuß für Programmkoordination
● den Posten eines Generaldirektors für Entwicklung und internationale wirtschaftliche Zusammenarbeit – der die Aufgabe hat, »innerhalb des Systems die Gesamtkoordination zu übernehmen und auf systembreiter Basis zu gewährleisten, daß Entwicklungsprobleme multidisziplinär angegangen werden«
● ein Büro für Programmplanung und Koordination – das »auf Systemebene Koordinationsprobleme untersuchen sowie Studien und Analysen von intersektoralen Programmen« vorschlagen« soll

● einen Beratungsausschuß für Sachfragen – der »den Organisationen und den Vereinten Nationen ermöglichen soll, die Vorbereitung ihrer Programme zu koordinieren«
● Koordinatoren im Außendienst – die den Auftrag haben, »operationale Aktivitäten, die auf Länderebene erfolgen, zu koordinieren«
● den Welternährungsrat – dem Vertreter aus 36 Ländern angehören und der die Aufgabe hat, »auf Ministerebene ein eigenes Aktionsprogramm zur Koordination der relevanten Organe und Behörden der Vereinten Nationen« zu entwickeln.[122]

Die Gemeinsame Inspektionsgruppe (zufällig selbst von der Generalversammlung mit der Aufgabe betraut, »zu einer besseren Koordination zwischen den Organisationen beizutragen«) läßt dazu verlauten:

> Diese vielfältigen Bemühungen haben die Koordination in keiner Weise verbessert. Gemeinsame Planung ist Wunschdenken geblieben; die Entwicklungsstrategien der Organisationen divergierten nach wie vor; Länderprogramme und Koordination vor Ort waren nie mehr als bloße Worte ... Der Begriff einer »integrierten Entwicklungsstrategie« blieb eine leere Formel.[123]

Viele andere Versuche, das System der Vereinten Nationen zu straffen und seine Effizienz zu erhöhen, schlugen fehl. Wie wir bei den Bemühungen um bessere Koordination gesehen haben, dienten auch sie oft nur dazu, noch mehr hochbezahlte Posten für noch mehr internationale Beamte zu schaffen, oder als Vorwand, noch mehr Ausschüsse ins Leben zu rufen, noch mehr Sitzungen zu veranstalten und noch mehr Berichte zu verfassen.

Wie dieser Prozeß funktioniert, veranschaulicht das Beispiel einer »Zwischenstaatlichen Sachverständigengruppe«, die auf Anordnung der Generalversammlung im Dezember 1985 gebildet wurde, um »die Effizienz und das administrative und finanzielle Funktionieren der Vereinten Nationen zu überprüfen«. Zwischen Februar und August 1986 tagte dieses »Komitee der 18« – wie es bald genannt wurde – 67mal. Das Resultat bestand in einer Reihe von Empfehlungen, verpackt in einem über 40 Seiten starken Bericht.

Das Komitee nimmt kein Blatt vor den Mund. Bereits einige Stichworte von Seite 10 des Berichts, auf der die »Struktur des

Sekretariats« behandelt wird, belegen dies: »mangelnde Produktivität«; »doppelt getane Arbeit«; »unzureichende Qualität der Leistung«; »zu kopflastig«; »zu komplex«; »zu unübersichtlich«; und »zu große Streuung der Verantwortung«.[124] Der Grundton des Papiers ist negativ, und einige Empfehlungen, die darin gemacht werden, sind ohne Zweifel vernünftig, zum Beispiel folgende:

> Ein freier Posten sollte nicht neu besetzt werden, nur weil er frei geworden ist ... Die gesamten Bezüge des Personals (Gehälter und sonstige Leistungen) haben ein besorgniserregendes Niveau erreicht und sollten gekürzt werden ... Die Zahl der Konferenzen und Sitzungen kann beträchtlich reduziert und ihre Dauer verkürzt werden, ohne daß die sachliche Arbeit der Organisation dadurch beeinträchtigt wird ... Die Vereinten Nationen unterhalten gegenwärtig in vielen Städten und Ländern mehrere Büros. In den meisten Fällen können sie ohne Verlust an Effizienz und unter Einsparung von Personal- und Verwaltungskosten zusammengelegt werden ... Wünschenswert wäre eine wesentliche Reduzierung des Personals auf allen Ebenen, insbesondere in den höheren Rängen ... Zu diesem Zweck sollte die Gesamtzahl der im Budget ausgewiesenen Planstellen innerhalb von drei Jahren um 15 Prozent reduziert werden; in den Rängen Untergeneralsekretär und Beigeordneter Generalsekretär sollte die Zahl der Planstellen innerhalb von drei Jahren oder in einem kürzeren Zeitraum um 25 Prozent reduziert werden.[125]

Weitere bemerkenswerte Empfehlungen des Komitees waren: Verzicht auf den Bau neuer Konferenzeinrichtungen (eine unmißverständliche Anspielung auf das in Addis Abeba geplante Konferenzzentrum für 73 Millionen Dollar, das 1985 zum Kassebaum Amendment geführt hatte); Begrenzung des »Außerordentlichen Reservefonds« im ordentlichen Haushalt der Vereinten Nationen (der zur Deckung von Ausgaben im Katastrophenfall verwendet wird) auf 2 Prozent des Gesamthaushalts; und schließlich wurde noch vorgeschlagen, die Zahl der Ausschüsse und »zwischenstaatlichen Organe« zu senken, da viel Arbeit doppelt getan werde.[126]
Obwohl das »Komitee der 18« in seinem Bericht auf ganz untypische Weise einen sachbezogenen und nüchternen Ton anschlägt, greift der Text doch zumindest in einem Punkt auf ehrwürdige UN-

Traditionen zurück: Das Komitee empfiehlt, für die praktische Durchführung der von ihm vorgeschlagenen Reduzierung der zwischenstaatlichen Organe – man mag es glauben oder nicht – ein *weiteres* zwischenstaatliches Organ ins Leben zu rufen.[127] Die Generalversammlung nahm die Empfehlungen des Komitees in fast allen Punkten ernst und verabschiedete, nach reiflicher Überlegung, am 19. Dezember 1986 eine »Reform-Resolution« (Nr. 41/213). Diese jedoch zeugt von wenig Entschlossenheit, geschweige denn von echter Reformwilligkeit. Um nur ein paar Beispiele zu nennen:

● Weder der lineare Personalabbau um 15 Prozent noch die drastischeren Kürzungen bei den Spitzenposten im Sekretariat um 25 Prozent innerhalb von drei Jahren wurden wie vorgeschlagen akzeptiert; statt dessen wurden beide Vorschläge in »Zielmarken« umdefiniert – geknüpft an die Bedingung, daß der Generalsekretär bei seinen Maßnahmen »flexibel« vorgehen solle, damit jede »negative Auswirkung« auf Programme und auf die »Struktur« des Sekretariats vermieden werde.[128]

● Die Obergrenze von 2 Prozent für den Außerordentlichen Reservefonds im Haushalts wurde nicht eingeführt – und Ende Dezember 1986 stimmte die Versammlung dann einer Aufstockung des Haushalts um immerhin 48 Millionen Dollar zu.[129]

● Der Bau neuer Konferenzzentren wurde nicht gestoppt. Die Versammlung beschloß, das extravagante Projekt in Addis Abeba wiederaufzunehmen. Außerdem gab sie grünes Licht für das Konferenzzentrum im sonnigen Bangkok, das ebenfalls vorübergehend auf Eis gelegt worden war. Kostenpunkt: 44 Millionen Dollar.[130]

Was bleibt von den »Errungenschaften« der UNO, wenn man all die unsinnigen Konferenzen abzieht, die nutzlosen Sitzungen, die albernen Palaver in Ausschüssen und Unterausschüssen, die Akademikerzirkel, in denen Berichte produziert und Empfehlungen ausgearbeitet werden, daß man weitere Zirkel bilden müsse, die dann noch mehr Berichte produzieren. Was bleibt ohne diese Koordinationsmechanismen, die alles nur noch komplizierter gemacht haben, und nicht zuletzt die unzähligen Reformvorhaben, die alles so gelassen haben, wie es war? Wenn man dies alles abzieht, was bleibt dann noch? Genauer: Was könnte dann noch die Milliarden rechtfertigen, die von den Steuerzahlern in aller Welt Jahr für Jahr in die Vereinten Nationen und ihre Organisationen gepumpt werden?

Öffentlichkeitsarbeit

Die Bürokraten wollen uns glauben machen, daß eine ganze Menge übrigbleibt. Um uns davon zu überzeugen, werden riesige Summen unseres Geldes ausgegeben. Innerhalb der letzten Dekade ist der Etat der Hauptabteilung Presse und Information (DPI) doppelt so schnell gestiegen wie der Rest des UN-Budgets.[131] Dafür gab es nur einen Grund: In den achtziger Jahren hatte die Kritik an der UNO, um Maurice Bertrand zu zitieren, »den Stellenwert eines politischen Phänomens erreicht«.[132] Deshalb beschlossen verschreckte Bürokraten, die DPI zu stärken, damit sie ihre Privilegien und Interessen besser verteidigen konnte.

Was dabei herauskam, grenzte gelegentlich an Wahnsinn. So versuchte die DPI 1987 die Ausstrahlung des Fernsehfilms »Amerika« zu verhindern – dabei handelte es sich um einen politischen Science-fiction-Film, in dem UN-Friedenstruppen die Vereinigten Staaten im Auftrag der Sowjets besetzt haben. Nach dem Empfinden der hochbezahlten PR-Leute der DPI war der Film schlecht für das »Image« der Vereinten Nationen. Ein Prozeß wurde angestrengt, um die Sendung zu stoppen. Die *Washington Post* kommentierte damals: »Es scheint der Aufmerksamkeit der Vereinten Nationen – wie schon so oft – entgangen zu sein, daß der eigentliche Sinn der Rechtssprechung in einer demokratischen Gesellschaft darin besteht, den Spielraum für freie Meinungsäußerung zu erweitern, und nicht darin, ihn zu verkleinern.«[133]

Doch wenn es gilt, ein positives Bild der Vereinten Nationen zu zeichnen, denkt niemand mehr daran, gegen mehr »Öffentlichkeit« zu kämpfen, im Gegenteil, dann wird aus dem vollen geschöpft. In einem durchschnittlichen Jahr gibt die DPI, die von ihrem Sitz in New York aus 65 Büros in aller Welt betreibt, 12 000 Pressemitteilungen heraus, verschickt 16 000 »Kabelinformationen«, in denen sie die Leistungen der UNO rühmt, und produziert ein breite Palette von Zeitungsartikeln, Radiosendungen und Filmen.[134] Darüber hinaus ist sie bekannt dafür, daß sie sich die Gewogenheit der Medien etwas kosten läßt: In einem Jahr bekamen 15 Zeitungen stattliche Zuwendungen in Höhe von 432 000 Dollar.[135] Außerdem produziert die DPI eigene Broschüren, Prospekte und Bücher, die weltweit verteilt werden und allesamt nur dem einen Zweck dienen: die Vereinten Nationen in ein positives Licht zu rücken. *United*

Nations: Image and Reality erscheint zum Beispiel mit 100 000 Stück Auflage, hinzu kommen Ausgaben in spanischer, französischer, russischer, deutscher und japanischer Sprache mit Auflagen zwischen 5 000 und 10 000 Stück.[136]

Dies alles kostet ein Vermögen: Von 1986 bis 1987 gab die DPI für »Informationsarbeit« 75,7 Millionen Dollar aus.[137] Doch diese Summe ist beileibe nicht das Gesamtbudget des UN-Systems für Öffentlichkeitsarbeit – jede Sonderorganisation und diverse andere Organe verfügen über eigene Informationsabteilungen, die ebenso fleißig Broschüren, Prospekte und Bücher produzieren, in denen sie – was sonst? – ihr eigenes Loblied singen.

Bei verschiedenen Gelegenheiten gingen UN-Organisationen in ihrem Bemühen um ein positives Image noch weiter und vertieften ihre Kontakte zu wohlwollenden Vertretern der Presse. So schrieb ein britischer Journalist, der regelmäßig in der einflußreichen Zeitung *Guardian* veröffentlicht, 1985 eine wohlwollende Artikelserie über die UNESCO. Einer dieser Artikel trug die sehr bezeichnende Überschrift »Warum Großbritannien weiter auf den Traum der UNESCO setzen sollte« und erschien am 4. Oktober 1985 im *Guardian*. Der Verfasser fordert darin die britische Regierung auf, ihre Zahlungen an die bürokratisch aufgeblähte Sonderorganisation fortzusetzen. Es war bestimmt kein Zufall, daß jener Journalist, als er diesen PR-Artikel schrieb, gerade einen Privatvertrag mit dem Informationsbüro der UNESCO hatte. Später – ein gutes Jahr später – räumte er ein, daß er es unterlassen habe, seinem Verleger gegenüber den Vertrag zu erwähnen, und daß dies ein »Fehler« von ihm gewesen sei.[138]

UNESCO steht mit ihrer Faszination für die Welt der Information nicht allein. Der neue Chief Administrator des UNDP erklärte kurz nach seiner Amtsübernahme, man müsse sich »die Dienste von Journalisten besser zunutze machen«, und fügte hinzu: »Eine meiner ersten Führungsaufgaben hat darin bestanden, unsere Öffentlichkeitsarbeit neu auszurichten. Wir werden uns darauf konzentrieren, das menschliche Gesicht der Entwicklungspolitik zu zeigen.«[139] Vielleicht behauptet das UNDP in seiner Publikation *Generation* deshalb von sich, es spiele eine »führende Rolle« beim »sozialen und wirtschaftlichen Fortschritt von zwei Dritteln der Menschheit«.[140]

In den *UNICEF News* lesen wir: »Im Englischen gibt es einen

Ausdruck, der in keiner anderen Sprache eine Entsprechung hat: to be kind (Anspielung auf die Doppelbedeutung von »kind« — das Wort kann stehen für »freundlich«, aber auch für »Naturalien« oder »Waren«; A. d. Ü.). Dieses Wort atmet den Geist, von dem UNICEF seit vierzig Jahren durchdrungen ist.«[141]

Die Behörden der Vereinten Nationen sind wie Tintenfische: Sie haben die Fähigkeit, sich hinter Wolken aus Tinte zu verstecken.[142] Ein Fischzug durch die literarischen Gewässer von FAO, WHO, UNHCR und anderen fördert eine reiche Ausbeute an selbstgefälligen Phrasen zutage, die sich nahtlos in das Urteil der Hauptabteilung Presse und Information einfügen: »Die verschiedenen Programme und Behörden im System der Vereinten Nationen haben den Bedürftigsten unter den Armen Nahrung, Unterkunft, Schutz und medizinische Hilfe gebracht: Müttern und Kindern in den ärmsten Ländern, Flüchtlingen in aller Welt, Opfern von Hunger- und Naturkatastrophen.«[143]

Wieviel Wahrheit enthalten solche Behauptungen?

Teurer Rat

UNICEF, UNHCR, das Welternährungsprogramm und andere liefern tatsächlich Hilfsgüter in Katastrophengebiete; allerdings lassen Qualität, Schnelligkeit und Zweckmäßigkeit dieser Lieferungen, wie in Kapitel eins gezeigt wurde, häufig sehr zu wünschen übrig. Daneben unterhält die UNO Hunderte von Dienststellen in der Dritten Welt und führt Tausende von »Entwicklungsprojekten und Programmen« durch. Dies bildet heute den Schwerpunkt ihrer Bemühungen zugunsten der Armen. Kapitalhilfe spielt hier, wie wir in Kapitel zwei gesehen haben, kaum eine Rolle.[144] Bei näherer Betrachtung stellt sich sogar heraus, daß die »langfristige Entwicklungsarbeit« der Vereinten Nationen meist in nichts anderem besteht als in Beratertätigkeit, die den Entwicklungsländern bei der Lösung spezifischer technischer Probleme helfen soll. Oft sind Qualität und Nutzen der Beratung fragwürdig.

Die UNESCO läßt uns beispielsweise wissen, daß die meisten ihrer lang- und mittelfristigen Vorhaben darauf abzielen, den Mitgliedsländern bei der Erschließung »der finanziellen und menschlichen Ressourcen« zu helfen, »die zur Durchführung von Entwicklungsprojekten benötigt werden«; und in ähnlicher Weise will die FAO ihre »Mitgliedstaaten dabei unterstützen, die Versorgung und den Ernährungszustand ihrer Völker zu verbessern«. So gut das auch klingen mag, die Praxis ist ernüchternd. Im Regelfall sieht sie so aus: Zwei oder drei höhere Beamte sitzen in der Zentrale der Behörde und schreiben Berichte über die erwähnten Themen – bestenfalls organisieren sie ein oder zwei Kurse für ein paar Dutzend Teilnehmer.[145] Ein Beispiel: Der mittelfristige Plan der Vereinten Nationen für die Periode 1984–89 enthält ein Programm für Transportentwicklung, in dem die Weltorganisation großartig verspricht, »die Engpässe und Beschränkungen zu beseitigen, denen sich die Entwicklungsländer in den Bereichen Transport und Kommunikation gegenübersehen, schwierige Probleme zu erkennen, vor denen die Entwicklungsländer stehen, und hinsichtlich dieser Probleme Zusammenarbeit und Koordination zu fördern ...« Die Abteilung, die im Sekretariat mit der Einlösung dieser und vieler anderer Versprechen betraut ist, hat nur einen Mitarbeiter des Höheren Dienstes![146]

»Beratung« ist also die wichtigste Komponente der Entwicklungshilfe auf Projektebene. In der Hauptsache erfolgt sie in Form von »fachmännischen Dienstleistungen«. Nehmen wir ein konkretes Beispiel: UNDP finanziert jedes Jahr etwa 1 000 neue Projekte, die durchschnittlich etwa 393 000 Dollar kosten. Dies bedeutet nun aber nicht, daß durch jedes der 1 000 Projekte 393 000 Dollar zu den Armen gelangen – in Form von Eßbarem oder Trinkbarem, in Form von Kleidung, Saatgut oder Fahrzeugen. Ganz und gar nicht! Was UNDP im Rahmen eines typischen »Projektes« wirklich bereitstellt, ist die Unterstützung durch drei oder vier ausländische Experten, deren Einsatz im Außendienst pro Jahr und Person 100 000 Dollar und mehr kostet.[147]

Die Vereinten Nationen scheinen wie selbstverständlich davon auszugehen, daß die Sachverständigen und Berater, die sie auf Kosten der Steuerzahler der westlichen Industrienationen in Dörfer der Dritten Welt entsenden, nicht nur kompetent, sondern auch hochmotiviert sind, und über die nötige Erfahrung verfügen. Die Schlüsselfragen werden nie gestellt. Bringen diese »Berater und Manager« wirklich die richtigen Voraussetzungen mit? Können sie den Armen konkrete und nützliche Dienste leisten? Verfügen sie über das nötige Maß an Bescheidenheit und Einblick – was mindestens ebenso wichtig ist wie technisches Know-how? Und vielleicht die wichtigste Frage: Brauchen die Armen wirklich diese Art von Anleitung und Führung, die ihnen wohlhabende Ausländer geben können? Wollen sie wirklich »Hilfe zur Selbsthilfe« – oder jede andere Form der Hilfe, die mit abgedroschenen Phrasen dieser Art umschrieben wird? Die Annahme, daß die Armen genau das wollen, bestimmt den Kurs der Entwicklungshilfe und beeinflußt entscheidend, welche Prioritäten gesetzt werden. Doch wie so vieles andere im Weltbild der Aristokratie der Barmherzigkeit ist auch diese Annahme vollkommen falsch.

KAPITEL VIER

Der König-Midas-Effekt

> Ihr Entwicklungshelfer seid für mich wie jener alte König. Alles, was ihr anfaßt, verwandelt sich in Gold, nur können die armen Schlucker, die es kriegen, kein Gold essen.
>
> JILL TWEEDIE, *Internal Affairs*

Die Experten und Beamten der Vereinten Nationen, der Europäischen Gemeinschaft oder der Weltbank haben längst wieder ihre Koffer gepackt und ihre niedlichen exotischen Souvenirs verstaut. Sie sind in ihre Flugzeuge gestiegen und Richtung Norden davongeschwebt. Doch ihre mißratenen Programme haben noch lange danach katastrophale Auswirkungen auf das Leben der Armen.

In den vergangenen zwanzig Jahren wurden Millionen von Menschen aus ländlichen Regionen in Afrika, Asien und Lateinamerika mit Gewalt aus ihren Häusern vertrieben, um Platz zu machen für die Stauseen gigantischer Wasserkraftwerke. Wie Geister, die keine Ruhe finden, verstört und unsichtbar, irren die Besitzlosen von Ort zu Ort auf der Suche nach einer neuen Heimat. Äthiopische Afar-Nomaden, die in der Trockenzeit ihre traditionellen Weidegründe im Awasch-Tal nicht aufsuchen können, weil das Land mit Stacheldraht eingezäunt ist und Feldfrüchte darauf angebaut werden, sind der bittersten Armut preisgegeben. Ihre Unabhängigkeit ist verloren, ihre Lebensweise zerstört, und wenn sie zerlumpt um eine Essensration anstehen, büßen sie auch noch ihre persönliche Würde ein. Brasilianische Indianer, deren Regenwälder im Namen des Fortschritts gefällt wurden, werden heute Opfer eines regelrechten Völkermords. Ihre einzigartigen Kenntnisse und Fähigkeiten werden der Menschheit für immer verlorengehen. In Indonesien, dem »Paradies der tausend Inseln«, werden im Rahmen eines wahnwitzigen Umsiedlungsprojekts, dem größten in der Geschichte der Menschheit, unbarmherzig Stammesgruppen ausgelöscht und unbezahlbare ökologische Ressourcen in Schutt und Asche gelegt ... Für immer mehr Menschen in der Dritten Welt – wir werden später noch im einzelnen darauf eingehen – bedeutet »Entwicklung« heute nichts anderes als Bedrohung, Verlust und Entfremdung. Die Folge ist, daß wir heute mit einem ganz neuen Phänomen konfrontiert werden – arme Menschen wollen nicht mehr, daß ihnen »geholfen« wird. Sie sind mißtrauisch geworden und weisen die unheilbringenden Gaben zurück, die Fremde ihnen aufdrängen wollen.

Die traurigen Erfahrungen vieler Jahre sprachen aus Häuptling Raoni vom brasilianischen Xingu-Stamm, als er mit tiefster Überzeugung sagte: »Wir wollen nichts vom weißen Mann. Er hat uns nur Tod, Krankheit und Mord gebracht. Er hat uns den Wald gestohlen. Er will alles zerstören.«[1] Francisco Mendes Filho, Kautschukarbeiter und Führer einer brasilianischen Landarbeitergewerkschaft, widersetzte sich ebenfalls der Zerstörung des Regenwaldes, bevor ihn am 22. Dezember 1988 von der »Entwicklungs-Lobby« gedungene Mörder erschossen. »Dort, wo eigentlich Kautschukbäume stehen sollten, gibt es jetzt nur noch Viehweiden«, hatte Filho kurz vor seiner Ermordung protestiert. »Große Teile des Amazonasbeckens sind bereits in eine Wüste verwandelt worden, und nur eine Handvoll Viehzüchter profitiert davon.«[2]

Heute protestieren die Menschen im philippinischen Cordillera-Gebirge dagegen, daß ihr Land »als Erschließungsgebiet für Branchen wie Bergbau und Holzindustrie, für Wasserkraftwerke und andere Projekte« genutzt wird. Vertreter der 500 000 Bewohner der Cordillera stellten kürzlich unmißverständlich klar: »Wir sind gegen diese Programme und Vorhaben, denn sie bedrohen unsere Existenz.«[3]

In Mexiko vertritt der kommunale Aktivist Gustavo Esteva wohl die gleiche Ansicht. Er konstatierte verbittert:

Bei uns wird Entwicklung seit langem als eine Bedrohung empfunden. Die meisten Bauern sind sich bewußt, daß sie ihre jahrhundertealte Subsistenzwirtschaft untergraben hat. Slumbewohner wissen, daß ihr Können heute nicht mehr gefragt ist und ihre Ausbildung für die Arbeitsplätze, die durch Entwicklung geschaffen wurden, nicht mehr ausreicht. Wenn es ihnen gelingt, sich in selbstgebauten Hütten oder leerstehenden Häusern gemeinsam ein Leben einzurichten, dann werden sie von Planierraupen und Polizei im Dienst der Entwicklung vertrieben ... Wer heute in Mexiko City lebt und nicht merkt, daß an der Entwicklung etwas faul ist, muß entweder reich oder abgestumpft sein.

Für Esteva ist »Entwicklung« keineswegs das Mittel, den Traum von Fortschritt und Wohlstand zu verwirklichen. In seinen Augen ist sie »tückischer Mythos«:

Entwicklung bedeutet: Man hat einen Weg eingeschlagen, den andere besser kennen, man steuert auf ein Ziel zu, das andere bereits erreicht haben, man ist in eine Einbahnstraße geraten. Entwicklung bedeutet: Umwelt, Solidarität, überlieferte Vorstellungen und Gebräuche werden den sich ständig ändernden Ratschlägen von Experten geopfert. Entwicklung hat für die überwältigende Mehrheit immer nur eines bedeutet: zunehmende Abhängigkeit von Führung und Management.[4]

Ausländische Experten

Die wachsende Abhängigkeit von Ausländern, die Esteva in mexikanischen Slums, Dörfern und in den Boondocks, wo er arbeitet, feststellt, ist ein Trend, der sich in vielen anderen Ländern und Regionen bereits durchgesetzt hat. Die »Führer und Manager«, von denen er spricht, sind in der Tat die Vorhut der Entwicklungsindustrie. In Afrika sind sie in solchen Scharen eingefallen, daß dort heute mehr Ausländer leben als zur Zeit der Kolonisierung und Besiedlung:[5] Auf dem ärmsten Kontinent der Welt arbeiten zur Zeit schätzungsweise 80 000 ausländische »Experten« an Entwicklungsprojekten.[6] Doch dies ist nur der harte Kern. Hinzu kommen die Legionen derer, die den Kontinent nur sporadisch besuchen – Beamte, die Projekte begutachten, VIPs aus Geberländern, Berater, die Projektstudien durchführen, und natürlich auch Wissenschaftler. In den siebziger Jahren, als die *Ujamaa*-Dörfer in Tansania als Beispiele für Entwicklung von der Basis her ganz groß in Mode

waren, kam es mitunter vor, daß sich in einem Dorf mehr Wissenschaftler als Einheimische aufhielten.[7] In neuerer Zeit empfing das
hungergeplagte Burkina Faso, ein kleines Land in Westafrika, in
einem einzigen Jahr immerhin 340 verschiedene »Missionen« von
Behörden der Vereinten Nationen. Nach Maurice Williams vom
Welternährungsrat verursachte diese Welle von Bürokraten, die ins
Land schwappte, »Konfusion auf allen Ebenen und einen Verlust an
Mitteln und Effizienz ... die Regierung war nicht immer dazu in
der Lage, alles so zu organisieren und zu koordinieren, wie es
erforderlich gewesen wäre«.[8]
Die Experten und Berater, die in den Entwicklungsländern einfal-
len, stammen beileibe nicht nur aus entwickelten Staaten. Die
Vereinten Nationen stellen nach einem strengen Quotensystem
Mitarbeiter aus allen Mitgliedsländern ein. »Mit dem Ergebnis«, so
Professor Paul Streeten von der Boston University, »daß ein mittel-
mäßiger Inder, der mit seinen Fähigkeiten in Indien gut zu gebrauchen wäre, von der UNO eingestellt und in Sierra Leone eingesetzt
wird, wo er zehnmal mehr verdient als zu Hause und einer Arbeit
nachgeht, für die er durch nichts qualifiziert ist. Gleichzeitig wird
jedoch ein Mitarbeiter aus Sierra Leone als Berater nach Indien
geschickt.« Streeten, der selbst als Berater für die Weltbank tätig ist,
fügt hinzu: »Diese Experten wurden durch ihre hohen Gehälter und
ihren hohen Lebensstandard von den Gesellschaften, in denen sie
arbeiten, entfremdet. Sie sind wie entwurzelte Blumen, die rasch
verwelken.«[9]
Jedes Jahr schickt das Entwicklungsprogramm der Vereinten Nationen 8200 Experten vor Ort, wo sie die Armen beraten und führen
sollen.[10] In einem Bericht über die Tätigkeit seit Mitte der Sechziger
brüsten sich die Verantwortlichen, man habe »die Entsendung von
193 000 Experten aus 164 Nationen finanziert, die in nahezu jedem
Sektor in 170 Ländern und Regionen tätig waren«.[11] Andere multilaterale Behörden, allen voran die Weltbank, können ähnlich beeindruckende Rekordzahlen vorweisen. Inzwischen schicken die 18
Mitgliedstaaten des Entwicklungshilfeausschusses der OECD im
Rahmen ihrer bilateralen Hilfsprogramme rund 80 000 »Experten,
Lehrer und Entwicklungshelfer« in die Dritte Welt.[12] Nach zuverlässigen Schätzungen sind in den Entwicklungsländern gleichzeitig
insgesamt mindestens 150 000 »externe Sachverständige, Berater
und andere Experten« tätig.[13]

Die Kosten für ihre Anstellung und Arbeit vor Ort verschlingen einen überraschend hohen Teil der öffentlichen Budgets für Entwicklungshilfe. Selbst wenn man das Mindestgehalt eines UN-Sachverständigen – also rund 100 000 Dollar im Jahr[14] – für sämtliche bilateralen und multilateralen Behörden als Durchschnittswert zugrunde legt, belaufen sich die Kosten für 150 000 solcher Sachverständigen auf mindestens 15 Milliarden Dollar – das sind etwa 35 Prozent der gesamten öffentlichen Ausgaben für Entwicklungshilfe.[15] Aber Sachverständige von der Weltbank kosten bedeutend mehr als ihre Kollegen von der UNO, und von einer bilateralen Behörde ist bekannt, daß sie für einen Experten gegenwärtig 150 000 Dollar jährlich veranschlagt.[16] Geht man von dieser höheren Zahl aus, dann würde es über 22 Milliarden Dollar kosten, ein Jahr lang 150 000 Experten einzusetzen – also fast die Hälfe der Summe, die insgesamt für öffentliche Entwicklungshilfe ausgegeben wird.

Dank für nichts

Sind ausländische Experten wirklich soviel wert? Die Entwicklungsbehörden sind wohl davon überzeugt – sonst würden sie aufhören, derart riesige Summen auszugeben. Doch einige Empfänger sehen es anders. Jacques Bousquet, ehemaliger Chef-Ausbildungsberater der UNICEF in der Elfenbeinküste, nannte einige typische Klagen, die ihm während seines Aufenthalts in dem westafrikanischen Land zu Ohren kamen: Die Einheimischen werfen den Experten vor, daß sie dicke Gehälter beziehen und trotzdem »immer noch mehr wollen ... sie scheuen sich nicht, freie Unterkunft zu verlangen und fordern unablässig Sonderleistungen für die Autos, die sie importieren und verkaufen«. Sie machen illegale Geschäfte mit zollfreiem Alkohol, schmuggeln Antiquitäten aus dem Land und leben strikt getrennt von der einheimischen Bevölkerung: »Wer wissen will, was sie über uns denken, braucht sich nur anzusehen, wie sie ihre Diener behandeln ... im Grunde sind sie Rassisten.«[17]

Auch in Nepal, einem Land, dem man nachsagt, es sei »überberaten und unterernährt«,[18] gelten Experten und Sachverständige weithin als unehrlich, faul und einfallslos. Man hält ihnen vor, daß sie kein

Gespür für lokale Prioritäten haben und unfähig sind, sich den erforderlichen Einblick zu verschaffen und nützliche Anregungen zu geben. Einem Nepalesen zufolge lassen es die ausländischen Berater »an Engagement fehlen ... Da die meisten direkt von den Gebern eingestellt wurden, richten sie sich immer nach den Wünschen ihrer Vorgesetzten, und die sitzen in allen möglichen Hauptstädten, nur nicht in Katmandu ... am meisten arbeiten diese Ausländer immer dann, wenn ihre Chefs nach Nepal kommen«.[19]

Unmut und Abneigung werden noch stärker, wenn Ausländer Stellen bekommen, für die auch Einheimische geeignet wären. Viele gebildete und qualifizierte Nepalesen sind der Ansicht, daß sie in puncto Können, Erfahrung und Motivation besser sind als jeder Ausländer. Sie weisen darauf hin, daß die Behörden für das Geld, das ein ausländischer Berater kostet, grob geschätzt, dreißig bis fünfzig Fachkräfte einstellen könnten.[20] Ähnliches gilt für das französisch sprechende Westafrika: Ein Professor aus Paris, der dort von der UNESCO einen Lehrauftrag bekommt, verdient zehnmal mehr als ein Akademiker aus dem Land – selbst wenn der Einheimische die gleiche Arbeit macht wie der Ausländer, dieselben Universitäten besucht hat und den gleichen Abschluß vorweisen kann.[21]

Es ist nicht immer einfach zu erklären, warum sich daran nichts ändert. Doch es wäre ein Fehler, die Schuld dafür allein bei den Entwicklungsbehörden zu suchen. Zum Beispiel können Gehälter für einheimisches Personal, obwohl vergleichsweise niedrig, für Dritte-Welt-Staaten immer noch zu hoch sein. In solchen Fällen stellen ausländische Experten, die von ausländischen Gebern bezahlt werden, eine willkommene Alternative dar. Diese Erfahrung dürfte auch ein Entwicklungshelfer des Deutschen Entwicklungsdienstes in Äthiopien gemacht haben, als er feststellte, daß für seine Stelle im Land genügend qualifizierte Fachkräfte zur Verfügung standen. Er meinte: »Deshalb kann es gut sein, daß ich nur aus diesem Grund vom Ministry eingestellt wurde, weil ich eben nicht bezahlt werden muß, wie es bei den einheimischen Kollegen der Fall wäre.«[22] Ähnliches berichtet der Leiter eines Programms in einem anderen unterentwickelten Land:

Viele Berater, die den Ministerien zugeteilt worden waren, übernahmen einfach die Posten einheimischer Angestellter, ohne daß die Regierung irgendeinen Plan für ihre eventuelle Ablösung hatte. Wir stellten fest, daß bei mehr als 75 Prozent der Stellen, die technische Berater aus dem Ausland innehatten, die Mittel für ihre Counterparts und späteren Nachfolger aus dem Haushalt der Regierung gestrichen worden waren.[23]

Ein zweiter Grund für die Einstellung von Ausländern ist, daß die Einheimischen manche Stellen gar nicht annehmen. So begegnet einem häufig das Problem, daß Regierungsangestellte nicht auf dem Land arbeiten wollen, weil es am Projektort keine angemessenen medizinischen Einrichtungen und Schulen für ihre Kinder gibt. Die Stelle geht an einen Ausländer, der es sich leisten kann, seine Kinder im Ausland zur Schule zu schicken.[24]
Ein weiterer wichtiger Faktor ist, daß Beamte in der Dritten Welt, ob nun bewußt oder unbewußt, dazu neigen, die Einstellung ausländischer Experten aus persönlichen Gründen zu befürworten und zu unterstützen. Aus einem simplen Grund: Ausländer können sie mit »Provisionen« besonderer Art versorgen, die sie von Landsleuten nie erwarten könnten. Dazu Hari Mohan Mathur, Staatssekretär der indischen Regierung im Bundesstaat Rajasthan:

> Viele leitende Beamte sind dankbar für ausländische Experten, weil sie sich von ihnen Gefälligkeiten erhoffen. Ein Ausländer kann ihnen zum Beispiel eine Studienreise auf UN-Kosten ins Ausland verschaffen. Das mag einem wie eine Kleinigkeit vorkommen, doch das ist es nicht. Auslandsreisen stehen in vielen asiatischen Ländern hoch im Kurs, weil die Gehälter der Beamten unglaublich niedrig sind. Was ein Beamter bei einem einwöchigen Aufenthalt von Tagegeldern zum UN-Satz zurücklegen kann, entspricht oft einem Monatsgehalt.[25]

Daß Regierungen ausländische Experten bevorzugen, wird durch die Praxis der Hilfsorganisationen noch unterstützt. Viele bilaterale Behörden stellen keine einheimischen Fachkräfte ein, sondern ziehen es vor, ihr Geld an Staatsbürger ihres jeweiligen Landes zu zahlen – auch auf die Gefahr hin, daß sie, wie eine amtliche Studie zeigte, offenkundige Versager behalten müssen, »die unfähig sind, im Ausland gute Arbeit zu leisten«.[26]
Die Einstellung nach geographischen Quoten, wie bei der UNO

praktiziert, führt im multilateralen Bereich dazu, daß ein Großteil des Personals aus der Dritten Welt stammt. Doch wie Paul Streeten bemerkte, werden diese Leute normalerweise fernab ihrer Heimat eingesetzt: Ob dies nun ein Zufall ist oder ob dahinter Absicht steckt, sei dahingestellt. Tatsache ist jedenfalls, daß lediglich 10 Prozent der höheren UN-Bediensteten im eigenen Land arbeiten.[27] Andere multilaterale Behörden haben offenbar kein Zutrauen in die intellektuelle Potenz vor Ort und zweifeln an den Fähigkeiten der Beraterfirmen in der Dritten Welt. So verläßt sich der Europäische Entwicklungsfonds bei Planung und Durchführung von 90 Prozent seiner Projekte in Afrika, in der Karibik und im Pazifik auf ausländische Expertengruppen, die von westlichen Beraterfirmen unterstützt werden.[28] Auch die Weltbank – der bei weitem größte multilaterale Geber – verhehlt nicht, daß sie bei der Planung und Durchführung von Projekten in der Dritten Welt, für die sie Milliarden von Dollars ausgibt, vorwiegend auf Leute setzt, die nicht aus den jeweiligen Ländern stammen. Gönnerhaft erklärt sie, »daß für einige Tätigkeiten, wie etwa die Kommunikation mit ansässigen Bauern, einheimische Mitarbeiter wichtig sind«. Allerdings, so wird hinzugefügt »verfügen nur wenige Entwicklungsländer (wie etwa Brasilien oder Mexiko) über eigene Beraterfirmen, die in der Lage sind, die ganze Palette der Dienstleistungen zu erbringen, die Projektarbeit erfordert, und in vielen Ländern ist noch keine Änderung abzusehen«. Daraus wird gefolgert, daß vermeintlich »nur Berater aus entwickelten Ländern qualifiziert sind ... In solchen Fällen wird der höhere Preis, den sie verlangen, durch den besonderen Beitrag, den sie zum Gelingen des Projekts beisteuern können, mehr als wettgemacht«.[29]

Ob das wirklich zutrifft, bleibt nach wie vor umstritten. So wurden bei einer Reihe von landwirtschaftlichen Projekten in Nigeria, die unter Mithilfe der Weltbank durchgeführt wurden (Gesamtkosten für alle Beteiligten: 1,5 Milliarden Dollar) in erheblichem Umfang ausländische Experten eingesetzt – die Weltbank und ihre Berater leisteten für umgerechnet 1040 Arbeitsjahre technische Hilfe. Doch wie eine amtliche Prüfung der fraglichen Projekte ergab, waren die Resultate trotz massiven Einsatzes teurer Fachleute aus dem Ausland »sehr enttäuschend«; der Produktivitätszuwachs war nahezu gleich Null.[30]

Dies ist kein Einzelfall. Eine umfassende OECD-Studie über Projekthilfe kam zu dem Schluß: »Wir sehen wenig Nutzen im fortwährenden Einsatz ausländischer Beraterfirmen, sieht man einmal davon ab, daß er eine Möglichkeit ist, Entwicklungshilfegelder auszugeben.« Eine klarer Befund, für den unter anderem folgende Gründe angeführt werden:

• Behauptungen westlicher Beraterfirmen, sie könnten aufgrund der praktischen Erfahrung ihrer Mitarbeiter einen besonderen Projektbeitrag leisten, entsprechen nicht den Tatsachen und sind eher rhetorischer Natur. Die meisten dieser Firmen haben nur wenig Stammpersonal. Die Teams, die sie entsenden, werden nur für die Dauer des Auftrags, an dem sie arbeiten, eingestellt, und die Angehörigen dieser Teams haben in der Regel noch nie zuvor zusammengearbeitet.

• Westliche Beraterfirmen verkaufen ihre Fachkenntnisse. Deshalb liegt es nicht in ihrem Interesse, ihr Können an andere weiterzugeben. Dies hat zur Folge, daß die überwiegende Mehrheit, selbst wenn sie vertraglich dazu verpflichtet ist, keine Anstrengungen unternimmt, den Kenntnisstand in den Empfängerländern so anzuheben, daß auch einheimische Fachleute Berateraufgaben übernehmen könnten. Das Ergebnis ist, daß diese Firmen »die Ausbildung lokaler Fähigkeiten erheblich behindern«.

• Desgleichen haben ausländische Experten, die als Einzelpersonen an bestimmten Projekten arbeiten, ein lebhaftes persönliches Interesse daran, daß sie niemals von ihren einheimischen Partnern abgelöst werden können – dies würde nämlich das Ende ihrer lukrativen Geschäfte bedeuten. Ein beliebter Satz unter Experten ist: Sie machen sich unentbehrlich, indem sie ihre Aufgaben unnötig komplizieren und ausweiten. Auf diese Weise überleben sie oft eine ganze Reihe von wechselnden einheimischen Partnern.

• Statt Projektgelder für kostspielige ausländische Experten und Berater auszugeben, ließen sich die disponiblen Summen unter Umständen nutzbringender verwenden, zum Beispiel für den Ankauf von Sachgütern. Ein westlicher Berater und Leiter eines Agrarprojekts beklagte sich bitter darüber, daß das einheimische Personal es offenbar als sein »Recht« ansah, die projekteigenen Fahrzeuge zu benutzen. Dieses Problem habe »das Klima der Zusammenarbeit vergiftet«, denn die Fahrzeuge seien nur für die ausländischen Berater bestimmt gewesen. Doch einer dieser einheimischen Mitarbeiter sagte mir im Gespräch: »Die Verbesserung unserer Leistungsfähigkeit hängt oft von Faktoren ab, die ziemlich wenig mit dem zu tun haben, was uns ein ausländischer Experte beibringen kann. Wir haben kein Benzin, keine Ersatzteile, und manchmal fehlt es sogar an Fahrzeugen; deshalb können wir die umliegenden Farmen nicht so regelmäßig besuchen, wie wir eigentlich sollten. Ein Bruchteil vom Gehalt eines einzigen Experten würde das Problem für fünf oder sechs Mitarbeiter unserer Verwaltung lösen und ihnen die Möglichkeit geben, effektiver zu arbeiten.«[31]

Andere Zweifel hinsichtlich des »besonderen Beitrags«, den ausländische Experten angeblich leisten, betreffen deren Einstellung und die Art, wie sie leben. Die Tatsache etwa, daß kaum einer von ihnen so lange in einem Entwicklungsland bleibt, daß er die Sprache, die dort gesprochen wird, erlernen kann, schließt zwangsläufig jeden engeren Kontakt zu weiten Teilen der Bevölkerung aus – wohlgemerkt zu jenen Teilen der Bevölkerung, die ihnen besonders wichtig sein müßten, nämlich vor allem zu den Armen. Laut Haro Mohan Mathur bleiben die Kontakte der Experten »auf elitäre Kreise in der Hauptstadt und in größeren Städten beschränkt«.[32] Jacques Bousquet, ehemaliger Ausbildungsleiter der UNESCO in der Elfenbeinküste, bestätigt diese Beobachtung und fügt hinzu, daß Experten und Berater ihre Aufgaben in Übersee häufig als verlängerte Urlaubsreise betrachten. »Wir dachten, sie seien hier, um uns zu helfen«, hatte ihm ein Einheimischer gesagt, »doch keine Spur! Sie wollten sich nur das Land ansehen.«[33]

Pauschalreisen zu den Armenhäusern der Welt

Tourismus in Sachen Entwicklungshilfe bleibt natürlich nicht Experten und Beratern vorbehalten. Auch andere widmen sich dieser Beschäftigung: Wohlhabende, gesunde, gebildete und einflußreiche Leute verdienen damit Geld, die Armen, Heimatlosen und Kranken, die Ungebildeten und politisch Machtlosen zu porträtieren, über sie zu schreiben und gefühlvolle Appelle zu ihren Gunsten zu verbreiten. Sie studieren und verwalten das Leben der Armen. Zu ihnen gehören die Bürokraten aus den Entwicklungsbehörden in Washington, New York, Paris, Genf, Wien oder Rom, aber auch andere Zeitgenossen wie Akademiker, Forscher, Journalisten, Fernsehleute und Popstars, die allen Grund haben, dankbar zu sein, weil ihnen die Armen und Besitzlosen zu Geld oder Reputation verhelfen – oft genug zu beidem. Zusammen mit den Experten und ständigen Beratern vor Ort vermitteln sie der Welt ein Bild von den Armen. Sie erklären, wo deren Probleme angeblich liegen, und brüten Maßnahmen, Projekte und Programme aus, mit deren Hilfe die Armut gelindert werden soll. Und natürlich spielen auch Kommunalpolitiker und Regierungsbeamte aus den Entwicklungsländern eine Rolle – doch in der Welt der Armen sind sie ebenso Fremde wie die Besucher, die von weit her angereist sind.

Die Tatsache, daß wohlhabende Menschen als »Entwicklungshelfer« eine Art Touristen in den armen Ländern werden, ist eines der Kernprobleme der internationalen Entwicklungshilfe. Dies fällt nie so kraß auf wie bei Hungersnöten und anderen Katastrophen. In Notfällen bleibt der Unterschied zwischen Wohlhabenden und Armen nicht mehr eine Frage relativen Wohlstands und relativer Armut, sondern er wird zu einer Frage von Leben und Tod. Ob wir nun als Entwicklungshelfer, Journalisten oder Priester anreisen – die Möglichkeit, Stippvisiten an diesen Orten zu machen, die Sterbenden zu sehen, zu riechen und zu berühren, sie zu interviewen, möglicherweise sogar zu nähren und hinterher in unsere komfortablen Häuser oder Hotels zurückzukehren, gehört ohne Zweifel zu den bizarrsten Widersprüchen unserer modernen Welt.

Auf dem Höhepunkt der Hungersnot in Äthiopien, der zwischen 1984 und 1985 mehr als 1 Million Menschen zum Opfer fielen, war es ohne weiteres möglich, morgens in ein Kleinflugzeug zu steigen, den Luxus des Hilton in Addis Abeba zu verlassen und wenige Stunden später in der surrealen Schreckenswelt der Hungerlager in Korem zu landen, wo Tausende ausgemergelter, zerlumpter Menschen herumlagen wie die Opfer einer brutalen mittelalterlichen Schlacht. Der Reisende konnte fotografieren, Notizen machen und hinterher nach Addis Abeba zurückfliegen, gerade noch rechtzeitig für ein Sonnenbad an einem der schönsten Swimmingpools der Welt.

Ich war als Journalist in Äthiopien. Aber Journalisten waren nicht die einzigen Ausländer, die Schlange standen, um einen Blick auf die Bilder der Apokalypse zu erhaschen. So knapp das Land an Lebensmitteln war, so reichlich war es mit Helfern und Wohltätern aller Schattierungen gesegnet. Kaum ein Wohlfahrtsverband, der in der Hoffnung auf ein Projekt keine Leute entsandt hatte. FAO, UNI-

CEF und das Welternährungsprogramm waren an allen Ecken anzutreffen. Rot-Kreuz-Vertreter mit aschfahlen Gesichtern strahlten in angemessenen Dosen Düsterkeit, Untergangsstimmung und selbstlose Pflichterfüllung aus. Sogar der Generalsekretär der Vereinten Nationen erschien, um sich selbst ein Bild davon zu machen, wie verhungernde Kinder aussehen – und sich dabei fotografieren zu lassen. Jeden Morgen um 8 Uhr wimmelte das Foyer des Hilton von Bürokraten in Safari-Anzügen. Einige umklammerten unsicher ihre Lunchpakete aus dem Coffee-Shop, und alle warteten auf den Minibus, der sie zum Flughafen bringen sollte, wo sie in die Frühmaschine zur Hölle stiegen.

Inzwischen hatten sich auch Dutzende von Prominenten und VIPs eingefunden: Charlton Heston, Senator Edward Kennedy, Bob Geldof und Kardinal Basil Hume, um nur ein paar der »Persönlichkeiten« zu nennen, die kamen, sahen und Kommentare abgaben. Es gab Schwärme weniger bedeutender Besucher – Touristen mit makabren Gelüsten, denen die gewöhnlichen Attraktionen Ostafrikas wie Safaris, Sonne, Strand und Sex offenbar nicht mehr genügten. Bezeichnenderweise waren es junge Europäer und Amerikaner aus der Mittelschicht, mitunter auch ein paar Japaner und Australier. Die Frauen trugen ernste Gesichter zur Schau, aber keine Büstenhalter. Sie bevorzugten wie daheim Jeans und Sandalen, die den Blick auf große, schmutzige Füße freigaben. Die Männer hatten frische Gesichter und verwegene Bärte; sie waren ebenso salopp gekleidet und ebenso ernst. Einige hatten spontan ihr Flugzeug verlassen, als sie auf dem Flug nach Nairobi in Addis Abeba zwischenlandeten, und konnten keinen stichhaltigen Grund dafür angeben, weshalb sie die Hungergebiete besuchen wollten. Doch in Wahrheit waren sie Spanner und Katastrophen-Groupies, die ein lasterhaftes voyeuristisches Verlangen trieb: Sie wollten mit der Armut »Fühlung« aufnehmen.

Es fällt leicht, diese Leute zu verurteilen, doch im Grunde waren sie nicht viel abstoßender als wir anderen: Die Vertreter der Hilfsorganisationen, die nach Äthiopien gekommen waren, um zu helfen (häufiger: um »das ganze Ausmaß des Problems abzuschätzen«), die professionellen Meinungsmacher, die gekommen waren, um die Weltmeinung zu informieren (häufiger: um sie irrezuführen), und die Stars, die gekommen waren, um durch ihren Namen für eine gute Sache zu wirken (häufiger: um die Werbetrommel für sich zu rühren) – sie alle waren ebenfalls darauf versessen, mit der Armut »Fühlung« aufzunehmen. Als ob das möglich gewesen wäre. Auch wir waren, jeder auf seine Art, Voyeure. Auch wir waren eine makabre Spezies von Touristen.

Ich flog mit einer einmotorigen Cessna in das Hungergebiet. Zwei Entwicklungshelfer aus Washington hatten sie gechartert. Begleitet wurden wir von einem mürrischen »Aufpasser« der staatlichen Kommission für Nothilfe und Wiederaufbau, der, so vermute ich, verhindern sollte, daß wir die Bauernschaft aufwiegelten. Bei unserem Abflug müssen wir wie ein ziemlich ungleiches Gespann gewirkt haben – zwei Amerikaner, ein Brite und ein äthiopischer Beamter. Doch in Wirklichkeit hatten wir eine ganze Menge gemeinsam. Zum Beispiel war jeder von uns relativ wohlhabend, gebildet und Stadtbewohner. Wir hatten nie gehungert und unsere Kinder auch nicht. Keiner von uns hatte die Ruhr oder Darmparasiten. Jeder hatte einen Job und ein Heim, in das er nach der Mission zurückkehren konnte. Mit einem Wort: Wir unterschieden uns von den hungernden und notleidenden Wesen, denen wir wenig später begegneten, in nahezu allen wesentlichen Punkten den Menschseins. Wir waren eine Spezies und sie – die Armen – eine ganz andere.

Was folgte, war eine Pauschalreise. Wir besuchten außer Orten, an denen unser Flugzeug landen konnte, einige andere, die von dort relativ schnell mit dem Auto zu erreichen waren. Wir konnten uns mit Hungeropfern nur mit Hilfe eines Dolmetschers verständigen, und dies verlieh dem Gedankenaustausch etwas Steifes – unsere Gespräche ähnelten eher Verhören. Doch in der Regel holten wir unsere Informationen von Helfern, Journalisten, Rot-Kreuz-Schwestern und äthiopischen Regierungsbeamten (die uns eindrucksvolle Tabellen an den Wänden ihrer Büros zeigten). Mit anderen Worten, es zog uns zu jedem hin, der entgegenkommend war und englisch mit uns sprach – zu Leuten wie uns, zu Außenstehenden, zu Nicht-Armen.

Ein paar Tage später – wir hatten inzwischen den Hafen von Assab besucht (wo Lieferungen mit Nahrungsmitteln eintrafen) und die Hungerlager in Korem, Makalle und Bati besichtigt (wo die Menschen wie die Fliegen starben) – flogen wir mit unserer schnittigen kleinen Cessna zurück nach Addis Abeba. Schließlich waren wir vielbeschäftigte Leute, die noch anderweitige Verpflichtungen hatten. Und dies war das Ergebnis unseres Ausflugs: Ich tippte meine Artikel und wollte, vielleicht, ein Buch schreiben. Meine beiden amerikanischen Begleiter schickten Berichte an ihre Dienststellen und setzten damit, vielleicht, ein Projekt in Gang. Unser äthiopischer Aufpasser kehrte hinter seinen Schreibtisch zurück und bekam, vielleicht, ein Stipendium für ein Agronomie-Studium an einem technischen College in den USA. Und was die Armen angeht – nun ja, sie blieben arm, sie sind heute noch arm, und sie werden es wahrscheinlich auch immer bleiben.

Vieles, was ich im Norden Äthiopiens gesehen habe, hat mich zutiefst erschüttert, doch ich kann nicht behaupten, daß ich dort viel gelernt hätte. Dies gilt auch für die Entwicklungshelfer, die mich begleitet haben: Auch sie waren bei der Rückkehr bewegt und aufgewühlt, doch auch sie hatten keine Fühlung mehr mit der Armut. Wir hatten eine kurze Stippvisite unternommen, einen touristischen Ausflug – nichts weiter.

Doch Ausflüge dieser Art finden zu allen Zeiten und nicht nur anläßlich von Katastrophen (nicht einmal in ihrer Mehrzahl) statt: Alle größeren Entwicklungsprojekte, die riesige Summen westlicher Steuergelder verschlingen und sich auf das Leben mehrerer Milliarden Menschen in der Dritten Welt auf Jahre hinaus auswirken, werden routinemäßig auf der Grundlage von Besuchen konzipiert, geplant, überwacht und bewertet, die ebenso kurz, flüchtig und oberflächlich sind. Robert Chambers vom Institut für Entwicklungsstudien der Sussex University schätzt, daß täglich Zehntausende solcher Ausflüge unternommen werden, und zwar von Entwicklungshelfern, Beamten, Experten und Beratern, die »nach Rasse, Nationalität, Religion, Beruf, Alter, Geschlecht, Sprache, Interessen, Vorurteilen, Familienstand und Erfahrung sehr verschieden sein mögen«, in der Regel jedoch drei Dinge gemein haben: »Sie kommen aus städtischen Gebieten, sie wollen etwas herausfinden, und sie haben wenig Zeit.«[34]

Es stinkt nach Fisch

Manche Experten und Mitarbeiter der Ernährungs- und Landwirtschaftsorganisation, die dafür bezahlt werden, daß sie in der Dritten Welt die Eigenversorgung mit Nahrungsmitteln fördern, haben so wenig Zeit, daß sie nie ihre Projekte besuchen, geschweige denn überwachen oder deren Auswirkung bewerten. In einem Entwicklungsland untersuchten externe Prüfer vier Projekte der Behörde, die alle kurz vor dem Abschluß standen. Bei dreien hatte sich niemals ein Mitarbeiter der FAO blicken lassen.[35] Ein Berater, der an ländlichen Entwicklungsplänen der FAO mitgearbeitet hat, sagte ganz offen: »Projekte werden innerhalb von zwei, drei Wochen ausgebrütet.« Danach werden sie »selten unter die Lupe genommen«, auch wenn sie »erhebliche Mängel« aufweisen.[36] Mit solchen Behauptungen konfrontiert, antwortete ein desillusionierter Beamter der Informationsabteilung: »Nach neun Jahren bei der FAO verstehe ich immer noch nicht so recht, was sie vor Ort eigentlich macht.«[37]

Die jüngsten Vorstöße der FAO auf dem Gebiet der Fischzucht – bekannt unter dem technischen Namen »Aquakultur« – liefern einige Beispiele für die erschreckende Unfähigkeit dieser Behörde. Ihre Versuche, die Möglichkeiten dieses relativ neuen, interessanten Bereichs der Nahrungsmittelproduktion auszuschöpfen, wurden von Anfang an durch eine Reihe dummer und kostspieliger Schnitzer vereitelt, die zum größten Teil der Überheblichkeit und schlampigen Forschungsarbeit ihrer eigenen Experten zuzuschreiben waren.

Nach Douglas W. Cross, selbst ein erfahrener Berater für Aquakultur,[38] waren mehrere Fischzuchten der FAO, die sie in den achtziger Jahren in Ägypten finanzierte und leitete, ein kompletter Reinfall. Bis heute wurden dabei mehr als 50 Millionen Dollar vergeudet. Die Zuchten verdanken ihre Existenz einem einzigen FAO-Experten, der nach einem kurzen Informationsbesuch vor Ort den Vorschlag machte, in der Delta-Region »tiefe Teiche anzulegen und mehrere Fischarten darin zu züchten«.

Der Plan, in dem angedeutet wurde, daß durch große Anlagen »verblüffend hohe Erträge« erzielt werden könnten, sah auf dem Papier gut aus und fand sowohl bei der riesigen UN-Behörde als auch beim ägyptischen Landwirtschaftsministerium begeisterte Aufnahme. Doch was zu der Zeit niemand wußte – weil sich niemand die Mühe gemacht hatte, es herauszufinden –, war die Tatsache, daß der Boden in der Delta-Region für den Bau fast jeder Fischzuchtanlage völlig ungeeignet war. Dazu Cross: »Der Boden besteht aus Ton, der Montmorillonite und Natrium enthält. Dieser

Boden kann bis zu 110 Prozent seines eigenen Volumens an Wasser aufnehmen. Während er in trockenem Zustand einen festen und stabilen Eindruck macht, verwandelt er sich bei Nässe in Schlamm und fällt total in sich zusammen.«

Ordnungsgemäße Untersuchungen hätten Aufschluß über die Beschaffenheit des Bodens erbracht. Doch es wurde keinerlei Untersuchung dieser Art vorgenommen. Die schmerzlichen Folgen sind heute nicht zu übersehen, so auch bei einer Fischzucht der FAO in Al Sawijah, die Cross unlängst besuchte:

> Man hatte riesige Teiche mit zwei Meter hohen und zum Teil über zehn Meter dicken Dämmen angelegt. Nur die Hälfte war gefüllt, und das Wasser war maximal einen Meter tief. Ihre Dämme waren in einem Jahr um zwei bis drei Meter ausgewaschen worden und drohten einzustürzen. Wenn die Zeit des Abfischens kam, hatte der lockere, instabile Boden einen flüssigen Schlamm gebildet, der die Fischbrut unter sich begrub, bevor sie in die Streckbecken umgesetzt werden konnte ... Obwohl eindeutig das Gegenteil bewiesen ist, erklärte der für die Zucht verantwortliche FAO-Beamte, er sei immer noch überzeugt, daß eine technische Lösung des Problems gefunden werden könne.

Nicht weit davon entfernt, in den Feuchtgebieten des Mansalasees, hatte eine Gruppe von Kleinbauern inzwischen ohne fremde Hilfe eigene, weniger ambitionierte Fischteiche angelegt. Hier bestand kein Bedarf an teuren »technischen« Lösungen. Die Zucht funktionierte problemlos. Ohne Kosten für den westlichen Steuerzahler ernteten die Bauern jährlich 27 000 Tonnen Fisch. Als Cross der FAO und dem Landwirtschaftsministerium gegenüber andeutete, man könne von diesen Bauern etwas lernen, gab ihm ein Beamter zur Antwort: »Sie verschwenden nur Ihre Zeit, wenn Sie mit solchen Leuten reden. Sie sind ungebildet und haben keine Ahnung.« Ein Einschätzung, die wohl eher auf die Bediensteten der FAO zutrifft.

In Kasinthula, einer Stadt im südafrikanischen Land Malawi, finanzierte die Behörde ein anderes Aquakultur-Projekt – dummerweise in unmittelbarer Nähe eines Vogelschutzgebietes. Cross beschreibt die Folgen:

Die Teiche ernährten eine erstaunlich artenreiche Population fischfressender Vögel, von kleinen Eisvögeln bis zu einem Schwarm Fischadler. Es kam zu herrlichen Streitereien zwischen Vogelschützern und Fischzüchtern, als letztere versuchten, die schlimmsten Exzesse zu unterbinden und die Vögel daran zu hindern, die Teiche leer zu fressen, bevor die Männer sie abfischen konnten ... Eine ungeeignetere Stelle für eine Fischzucht hätte man schwerlich finden können.

Mittlerweile erhält die FAO pro Woche über zweihundert Bewerbungen von Spezialisten für Fischwirtschaft und Aquakultur, die alle nach einem hochdotierten Beratervertrag streben. Nach Cross' Erfahrung handelt es sich bei den Bewerbern – von denen viele auch einen Vertrag bekommen – in der Regel um:

Hochqualifizierte, aber relativ unerfahrene Hochschulabsolventen, die sich als führende Spezialisten für künstliche Zucht und Geschlechtsbestimmung, Fütterung, Applikation von Impfstoffen und komplexe Recycling-Verfahren ausgeben. Dies ist zwar alles wichtig für die Weiterentwicklung der Aquakultur, hauptsächlich aber nur, wenn man Luxuserzeugnisse für die reicheren Nationen produzieren will. Für die Aquakultur in Entwicklungsländern sind solche exotischen Fähigkeiten nicht erforderlich. Sie sind irrelevant für die Bedürfnisse der Armen, die einfach nur ihr Leben etwas besser in den Griff bekommen wollen, ohne dabei größere Risiken einzugehen. Berater, die nur aufgrund ihrer eindrucksvollen akademischen und technischen Qualifikationen eine Stelle bekommen und unbedingt ihr Wissen demonstrieren wollen, werden für die Gesellschaften, in denen sie arbeiten, zu einer Bedrohung.

FAO ist nicht die einzige Organisation, die Berater dieses Typs einstellt und ihre unausgegorenen Projekte den Armen in der Dritten Welt aufdrängt. Auch USAID unternahm Ausflüge in die Aquakultur, und auch sie zeichnen sich häufig durch mangelhafte Planung und blindes Vertrauen in ungeeignete Techniken aus. So finanzierte die amerikanische Behörde in Mali, einem sengend heißen Land in Westafrika, eine Fischzuchtanlage, deren Teiche aus einem nahen Bewässerungskanal mit Wasser gespeist werden sollten. So sah es jedenfalls der Plan vor. Wie so oft war das ein Fehler! Der Berater von USAID wußte zwar eine Menge über Fische, aber offensichtlich hatte er es versäumt, sich mit der elementaren Tatsache vertraut zu machen, daß der Kanal nur fünf Monate im Jahr Wasser führt. Die Folge: Damit die Teiche auch in den restlichen sieben Monaten gefüllt sind, muß jetzt in der Trockenzeit eine teure Dieselpumpe aus über zwei Kilometern Entfernung Wasser herbeischaffen.

Ein zweites, ebenso ernstes Problem belastet das Abenteuer der USAID in Mali: Es gibt kein geeignetes Fischfutter am Ort. Das bedeutet, so Cross, daß »Futtermittel eingekauft werden müssen – und das in einem Land, das ernste Schwierigkeiten hat, seine Bevölkerung zu ernähren«. Und als sei dies alles noch nicht genug, sind die produzierten Fische auch noch von äußerst minderer Qualität. Rechnet man den Wert aller eingesetzten Güter und Arbeitsleistungen zusammen, so ergibt sich, daß die Selbstkosten des Betriebs für den von ihm produzierten Fisch bei rund 4000 Dollar *pro Kilo* liegen.

Der Arme wird nicht gefragt

Doch solche Fehler sind unvermeidlich in einer Behörde, in der niemand Zeit hat, mit den Armen zu sprechen, oder es für nötig befindet, sich bei den Leuten am Ort kundig zu machen – beispielsweise über Trockenperioden. Geradezu typisch verlief die Mission eines leitenden USAID-Beamten, der in der indonesischen Hauptstadt Djakarta Dienst tut und jüngst einen Ausflug aufs Land unternahm – angeblich um sich über ein Projekt für Mütter mit fehlernährten Kindern zu informieren. Eine große Gruppe von Müttern und Kindern begrüßte den Besucher bei seiner Ankunft. Die Frauen hatten ihre besten Kleider angezogen und, so ein Augenzeuge, »einen großen Tisch vorbereitet, der mit Speisen überladen war ... sie waren arm, aber sie wollten diesen Kerl ehren«. Doch der Geehrte lehnte es ab, das schützende Fahrzeug zu verlassen, und erklärte, er werde »unter keinen Umständen mit diesen Leuten« essen. Als ein jüngerer Kollege ihn fragte, ob er nicht wenigstens eine Tasse Tee trinken wolle, weigerte er sich abermals und sagte: »Sie können Ihnen sagen, daß der wichtige

Amerikaner zu beschäftigt ist.« Kurz und gut: Obwohl An- und Rückfahrt drei volle Tage in Anspruch nahmen, war der Beamte nicht einmal eine halbe Stunde vor Ort und sprach mit keinem der vermeintlichen Nutznießer des Projekts.[39]

Bei der britischen Overseas Development Administration würde angesichts einer solchen Prioritätenliste kaum ein Beamter die Stirn runzeln. Nicht von ungefähr setzt die Behörde viele ihrer Projekte in der Dritten Welt nur deshalb in den Sand, weil ihre Mitarbeiter »zu beschäftigt« sind, um mit den Menschen vor Ort zu sprechen. Ein Beispiel ist der Victoria-Damm am Mahaweli-Fluß in Sri Lanka. Wie eine Prüfung ergab, wurden infolge mangelhafter Planung und unzulänglicher Beratung 30 000 Menschen in übertriebener Eile und ohne ausreichende Vorbereitungen umgesiedelt. Eine Zubringerstraße in Nepal, angeblich dazu bestimmt, die Armut auf dem Land zu mildern, verschärfte die Situation für die Armen, weil sie die städtische Entwicklung stimulierte und der staatlichen Bürokratie ermöglichte, in die Region zu expandieren.[40] In Belize wurde beim Ausbau der Hauptverkehrsstraße im Norden völlig außer acht gelassen, daß stärkerer Verkehr und höhere Geschwindigkeit für die Dorfbewohner entlang der Straße eine Gefahr darstellten. Die Folge: Innerhalb weniger Monate nach Beendigung der Bauarbeiten wurden mehrere kleine Kinder getötet oder zu Krüppeln gefahren. Anwohner forderten daraufhin zu Recht von den Behörden, Rüttelschwellen anzubringen, um den Verkehr zu drosseln. »Dies«, so bemerken die Prüfer, »hat den wirtschaftlichen Nutzen der Straße vermindert.«[41] Gleichgültigkeit gegenüber »sozialen Faktoren« wurde bei vielen Entwicklungsprojekten beobachtet. So drängt sich der Verdacht auf, daß es der gängigen Praxis entspricht, die Wünsche und Meinungen der Armen zu ignorieren und mögliche Beiträge von ihrer Seite von vornherein zu verschmähen.[42] Dies gilt auch für die Weltbank. Nach über vierzig Jahren praktischer Erfahrung gibt sie allenfalls zu, daß *unter gewissen Umständen* »eine aktive Beteiligung der Empfänger die Aussichten eines Projektes verbessern *kann*«.[43]

Die Bank, die mit ihrem Geld mehr Vorhaben in den Entwicklungsländern finanziert als jede andere Institution, behauptet von sich, sie versuche, »die Bedürfnisse der Ärmsten zu befriedigen«.[44] Doch in keinem Stadium des »Projektzyklus« – wie es im Jargon der Bank heißt – nimmt man sich wirklich Zeit, die Armen zu fragen, wie sie selbst ihre Bedürfnisse sehen und wie sie ihrer Meinung nach am besten befriedigt werden könnten. In der Tat: Von der Feststellung eines möglichen Projekts bis zum abschließenden Leistungsbericht bleiben die Armen vom Entscheidungsprozeß ausgeschlossen – fast so, als existierten sie überhaupt nicht. So bemerkte ein senegalesischer Bauer, nachdem eine Abordnung dynamischer Entwicklungsexperten eine schnelle Runde durch sein Dorf gedreht hatte: »Sie wissen gar nicht, daß hier Menschen leben.«[45]

Wer den Grund für diese Arroganz sucht, braucht keine Psychogramme der Ehrgeizlinge und Ökonomen, die fast 70 Prozent des Weltbank-Personals stellen.[46] Die schlichte Wahrheit ist, daß nicht die Armen, sondern die Regierungen als Kreditnehmer auftreten, und die Bank folglich in der Hauptsache mit Regierungsbeamten verhandelt. Die einzigen, deren Ansicht außerdem noch ins Gewicht fällt, sind Ausländer: Experten der Vereinten Nationen zum Beispiel oder Repräsentanten großer Privatunternehmen.

Die Beschreibung des Projektzyklus durch die Weltbank selbst ergibt ein ziemlich klares Bild. Am Anfang, so erfahren wir, »schlagen Regierungen Projekte zur Finanzierung vor ... Manchmal empfiehlt eine Mission der Bank, die ein älteres Projekt überwacht, ein neues Projekt ... Einige Projekte werden durch die Arbeit von UN-Behörden angeregt, andere werden von privaten Geldgebern vorgeschlagen, so etwa von Bergbauunternehmen, die neue Ressourcen erschließen wollen«.[47]

Ist ein Projekt auf diese Weise erst einmal geortet, muß es vorbereitet werden. Dies ist Sache des »Kreditnehmers«, aber natürlich unterstützen ihn dabei »Mitarbeiter der Bank, UN-Personal und externe Berater«, die bei der Planung der technischen, wirtschaftlichen und finanziellen Dimensionen »häufig eine bedeutende Rolle spielen«.[48]

Als nächstes folgt die *Vorprüfung,* die »allein der Verantwortlichkeit der Bank unterliegt ... Zur Vorprüfung gehört, daß ein Expertenteam der Bank das Land besucht, normalerweise für drei bis fünf Wochen«.[49] Wenn alles in Ordnung ist, wird das Projekt gebilligt und ein verbindliches Kreditabkommen zwischen der kreditnehmenden Regierung und der Bank unterzeichnet.[50] Danach schickt die Washingtoner Zentrale von Zeit zu Zeit Kontrollmissionen, »die gewährleisten sollen, daß die Mittel in der vereinbarten Weise ausgegeben werden« und »das Projekt die Ziele erreicht, für die das Darlehen vergeben wurde«.[51]

Was bezeichnenderweise völlig fehlt: Von den Beamten und Experten wird in keiner Weise verlangt – noch wird ihnen die Möglichkeit dazu gegeben –, unter den Armen, die am Projektort leben, gründliche Befragungen durchzuführen, geschweige denn, sich bei ihnen über lokale Besonderheiten zu informieren oder sie für eine Teilnahme an dem Projekt zu gewinnen.[52] Das Operations Evaluation Department der Bank schrieb 1988 in einem beunruhigenden Bericht über Erfahrungen seit 1965: »Die Prinzipien hinsichtlich der Partizipation der Nutznießer an Projekten, die von der Bank finanziert werden, waren ziemlich abstrakt und von begrenzter operativer Wirkung. Weder wurde den Nutznießern eine Rolle im Entscheidungsprozeß eingeräumt, noch war ihr technisches Wissen gefragt, bevor bestimmte Projektkomponenten geplant wurden.«[53] Dies liegt in erster Linie daran, daß »Informationsbesuche auf dem Land« von der Bank in den Rang einer schönen Kunst erhoben wurden. Das Personal, das für »drei oder vier Wochen« das kreditnehmende Lande besucht, um das Projekt zu prüfen, hat strikt definierte und ziemlich begrenzte Aufgaben. Für ihre konkrete Arbeit bedeutet dies, daß sie den größten Teil ihrer Zeit im besten Hotel der Hauptstadt verbringen und Akten studieren.[54] Wenn sie sich vor die Tür wagen, dann meist nur in Limousinen, die sie in den vollklimatisierten Luxus diverser Ministerien bringen, wo sie mit ihren Verhandlungspartnern konferieren. Natürlich erfolgt zu gegebener Zeit auch eine Visite vor Ort, doch in der Regel verlassen die Experten die Hauptstadt nie für länger als zwei oder drei Tage. In dieser Zeit wohnen sie in Gästehäusern der Regierung oder ähnlichen Einrichtungen nahe dem Projektort. Dort studieren sie weitere Dokumente und konferieren mit lokalen Beamten, Distriktskommissaren und anderen »Fachleuten«. Aber sie führen keinerlei intensive Gespräche mit den Armen. Und selbst wenn sie Zeit dazu hätten, was nicht der Fall ist, hätten wenige Mitarbeiter dafür die erforderliche Erfahrung, und noch weniger würden große Lust dazu verspüren: »Missionen, bei denen man Projekte vorbereiten und überwachen muß, werden von den meisten als Strapaze empfunden«, erinnert sich Catherine Watson, eine ehemalige Angestellte der Weltbank.[55] Ein recht genaues Bild von der hektischen Arbeitsweise der Missionen liefern Leistungsberichte des Operations Evaluation Department. Solche Berichte werden normalerweise am Schreibtisch erstellt und resultieren »aus der Durchsicht aller das Projekt betreffenden Unterlagen«.[56] Das heißt, sie stehen ganz in der Tradition der Bank, nicht mit den Armen zu sprechen. Doch sie vermitteln einen guten Einblick in die Gewohnheit des Personals, nutzlosen Entwicklungstourismus vernünftiger Arbeit am Projektort vorzuziehen.

Ein typischer Fall ereignete sich in Guatemala. Dort erhielt ein Agrarprojekt in den verschiedenen Phasen der Vorprüfung und Überwachung Besuch von insgesamt sechzehn Missionen. Eine beeindruckende Zahl – doch nur auf den ersten Blick: »Fünfzehn verschiedene Experten ... waren beteiligt. Zehn von ihnen besuchten das Projekt einmal, drei von ihnen zweimal. Die Last der Kontinuität trugen zwei Experten, die drei bzw. fünf Besuche abstatteten. In sieben Fällen hatte keiner der Kontrolleure das Projekt vorher schon einmal besucht.« Nur in fünf Fällen hatte einer der Besucher an einer der vorausgegangen Missionen teilgenommen. »Die Überwachung war lückenhaft und die personelle Kontinuität sehr gering.«[57]

In einem anderem Bericht der Bankrevisoren über eine Reihe von Agrarprojekten in fünf lateinamerikanischen Ländern heißt es, daß

die Arbeit von Mitarbeitern mit vollen Terminkalendern erledigt wurde. Nur wenige waren in der Lage, jeder Projektreihe in jedem einzelnen Land mehr als einen oder zwei Besuche abzustatten ... nur jeder vierte besuchte jede Projektreihe mehr als einmal, und nur jeder siebte mehr als zweimal ... dreiundfünfzig von dreiundsiebzig kamen in einer späteren Mission noch einmal zurück, um sich vom Verlauf der Programme einen Eindruck zu verschaffen.[58]

Bei derartig dilettantischem Vorgehen können krasse Irrtümer und Fehler nicht ausbleiben. In Sri Lanka führten die unzureichende Prüfung eines Agrarprojekte und die völlige Unkenntnis der Bevölkerung (infolge fehlenden Kontakts) zu einem »fehlerhaften Projektplan, der vorsah, daß Tamilen zwischen singhalesischen Dörfer angesiedelt wurden«. Eine bodenlose Dummheit angesichts der ethnischen Spannungen, die sich zu jener Zeit in einem regelrechten Bürgerkrieg zwischen Tamilen und Singhalesen zu entladen begannen.[59] Ein anderes Beispiel aus Mexiko: Dort waren nicht weniger als neun Missionen außerstande, eine simple technische Panne bei einem Bewässerungsprojekt zu beheben – ein Speicherbecken war undicht. Jede Mission registrierte verwirrt, daß das Reservoir leer war, obwohl es eigentlich voll sein sollte, aber keine ging dem Problem auf den Grund – in der Annahme, die nächste Mission werde sich dieser lästigen Aufgabe unterziehen. »Die Bank konzentrierte ihre Überwachung fast ausschließlich darauf, Wassergebühren und Auslagen für landwirtschaftliche Dienstleistungen beizutreiben«, heißt es in dem internen Leistungsbericht. Die Folge: Das »Hauptproblem des Projekts« wurde ignoriert.[60]

Solche Blitzmissionen sind nicht die einzige Form der Überwachung. Nur etwa 80 Prozent des Bankpersonals arbeiten im Hauptsitz in Washington,[61] der Rest tut in der Dritten Welt Dienst. Bangladesch, Benin, Bolivien, Burkina Faso, Burundi, Kamerun und Kolumbien – sie alle sind in den Genuß einer eigenen Geschäftsstelle der Bank gekommen. Ebenso Äthiopien, Ghana, Indien, Indonesien, Elfenbeinküste, Kenia, Madagaskar, Mali, Nepal, Niger, Nigeria, Pakistan, Peru, Ruanda, Saudi-Arabien, Senegal, Somalia, Sri Lanka, Sudan, Tansania, Thailand, Togo, Uganda, Zaïre und Sambia.[62] Ob diese Filialen allerdings mehr zu leisten imstande sind als die Missionen, darf bezweifelt werden. Einer neueren internen Studie über 116 Projekte ist zu entnehmen, daß die Bank ihr Personal in Übersee turnusmäßig austauschte, so daß nur wenige Beamte Gelegenheit hatten, ihre Kenntnisse eines Landes oder einer Region zu vertiefen. Darüber hinaus wurde »keine systematische Einführung in das Land angeboten ... manchmal gab es nicht einmal eine brauchbare Literaturliste«.[63]

Vermutlich wäre die Nachfrage ohnehin nur gering gewesen, auch wenn solche Angebote bestanden hätten. Nach Catherine Watson widersetzt sich das Personal Versetzungen ins Ausland. Die meisten betrachten sie als »Zeit des Exils in einer unangenehmen Gegend«.[64] Vielleicht liegt darin eine Erklärung, warum die Pechvögel, die in Übersee landen, alles tun, um sich den Aufenthalt so angenehm wie möglich zu gestalten. Alle Auslandsfilialen befinden sich in der Hauptstadt des jeweiligen Landes, gewöhnlich im elegantesten Geschäftsviertel. Die Wohnungen der Mitarbeiter liegen ebenfalls in der besten Gegend, so weit irgend möglich von den Behausungen der Armen entfernt. Mancherorts wird alles getan, um jeden Kontakt mit ihnen zu vermeiden, wie etwa in Kenias Hauptstadt

Nairobi, wo das Bankpersonal eine eigene, exklusive Siedlung bewohnt, die mit Stacheldraht eingezäunt ist und von scharfen Hunden bewacht wird. Jedes Haus verfügt über eine Alarmanlage, und alle Häuser sind telefonisch direkt miteinander verbunden. Außerdem wurde eine Direktleitung zu einem Sicherheitsunternehmen eingerichtet, das im Fall eines Einbruchs Uniformierte mit Knüppeln schickt.

Eine solche Belagerungsmentalität ist natürlich denkbar ungeeignet, zwischen dem Bankpersonal und den gewöhnlichen Leuten, denen ihre Projekte Nutzen bringen sollen, Vertrauen und Verständnis zu wecken. In Wirklichkeit liegt zwischen beiden Seiten eine tiefe Kluft: Die Reichen sitzen in ihren Schlössern, und draußen vor dem Tor stehen die Armen und Kleinbauern. Nach mehreren Jahrzehnten des Elitedenkens »ist es nicht überraschend«, so ein Beobachter, daß die Armen in vielen Ländern Entwicklung heute als einen »fremdartigen Prozeß betrachten, als etwas, das man ihnen antut, als vergeudete Mühe«.[65]

Eine makabre Philosophie

Die Weltbank teilt diese Ansicht bis zu einem gewissen Grad. Obgleich sie ihre Arbeit natürlich nicht als vergeudete Mühe bezeichnen würde, definiert sie Entwicklung mit Sicherheit nicht mehr als etwas, das *für* die armen Menschen getan wird (geschweigen denn *von* ihnen oder mit ihrer Zustimmung). Im Gegenteil, die Tendenz geht eher dahin, die Armen als Rädchen in einem Getriebe zu verstehen, das auf ein großes Ziel hinarbeitet.

Projekte, die darauf abzielen, Unterernährung zu beseitigen, sind für die Bank nicht mehr an sich schon eine lohnende Sache. Gerechtfertigt sind sie aus einem anderen Grund: »Eine Reduzierung der Sterblichkeit schafft für die Gesellschaft einen Wert, der dem äquivalent ist, den jedes gerettete Individuum in Zukunft produziert.«[66] Mit anderen Worten, der Zweck des menschlichen Daseins besteht im Produzieren. Der Mensch muß genug zu essen haben, damit die Produktion gesteigert werden kann.

Deutlicher formuliert die Bank diese in der Tat makabre Philosophie in ihrer wichtigen politischen Studie *Poverty and Hunger* mit dem Untertitel *Issues and Options for Food Security in Developing Countries.* In diesem bemerkenswerten Dokument heißt es:

Ernährungssicherheit bedeutet unter anderem, daß allen Menschen zu jeder Zeit ausreichend Nahrung für ein aktives und gesundes Leben zur Verfügung steht. Nach vorliegenden Daten haben 700 Millionen Menschen in den Entwicklungsländern nicht die Nahrung, die für ein solches Leben notwendig ist. Kein Problem der Unterentwicklung dürfte ernster sein oder schwerwiegendere Folgen für das *langfristige Wachstum* in den Ländern mit niedrigem Einkommen haben. Der Versuch, Ernährungssicherheit zu gewährleisten, kann als eine *Investition in menschliches Kapital* angesehen werden, die Voraussetzung ist für eine *produktivere Gesellschaft*. Eine richtig ernährte, gesunde, aktive und rege Bevölkerung *trägt effektiver zur wirtschaftlichen Entwicklung* bei als eine Bevölkerung, die durch unzureichende Ernährung und schlechte Gesundheit physisch und geistig geschwächt ist.[67]

In der verkehrten Logik von Bürokraten, die solche haarsträubenden Papiere verfassen, werden Menschen zu Werkzeugen des Kapitals degradiert – zu bloßen Produktionsmitteln, die wie Drehbänke, elektrische Turbinen oder Hüttenwerke eine bessere Leistung bringen – und damit einen höheren Beitrag zur wirtschaftlichen Entwicklung –, nur müssen diese menschlichen Maschinen richtig geschmiert und geölt werden. Das und nichts anderes meint die Weltbank, wenn sie von »Investition in menschliches Kapital« spricht. Wenn dieser Punkt erst einmal erreicht ist, wenn abstrakte Konzepte wie Wirtschaftswachstum schamlos konkretisiert werden, dann ist es nur noch ein kleiner Schritt, bis man Menschen mit ihren törichten Wünschen und Hoffnungen nur noch als Hindernisse im »Entwicklungsprozeß« betrachtet. Aber das hieße, das Pferd beim Schwanz aufzuzäumen! Genau das jedoch tat der Weltbank-Berater in Korea. Er kam zu dem Schluß, das exportindizierte Wachstum des Landes werde durch eine »Steigerung bei den Einkommensanteilen der Arbeiter bedroht«. Deswegen gab er der Regierung den Rat, »jede weitere Lohnerhöhung zu verhindern«.[68]
Der Arme ist der »Entwicklung« im Weg; deshalb muß er von Zeit zu Zeit noch härter angefaßt werden als bisher. Deshalb führt die Bank in Afrika einen Kreuzzug für »Strukturanpassung« und stellt mit Genugtuung fest: »Es sind deutliche Anzeichen für eine größere Bereitschaft der afrikanischen Regierungen zu politischen Refor-

men festzustellen.«[69] Weil diese Reformen unter anderem Kürzungen der öffentlichen Ausgaben im Bereich »Gesundheit und Erziehung« und Subventionsstreichungen bei den Grundnahrungsmitteln beinhalten, ist es unvermeidlich, daß vor allem die schwächsten Gruppen der Bevölkerung darunter leiden – wie auch die Bank selbst einräumt: »Die arme städtische Bevölkerung hat durch die Preiserhöhungen bei Lebensmitteln und durch den Abbau von öffentlichen Dienstleistungen verloren«, und »die Bevölkerung in ländlichen Gebieten mit geringem Potential trug ebenfalls keinen Nutzen davon.« Solche Menschen *widersetzen* sich manchmal sogar der Entwicklung, die auf ihrem Rücken stattfinden soll. Diese Widerspenstigkeit darf freilich die durchgreifenden Reformen, die im Namen höherer Produktivität und Effizienz durchgeführt werden, nicht behindern. Die Bank erklärt es deshalb zur Hauptaufgabe externer Hilfe, den Regierungen dabei zu helfen, »Reformen gegen den Widerstand derer durchzusetzen, auf die sie nachteilige Auswirkungen haben«.[70]

Das politische Dokument, dem diese Aussagen entnommen sind, wird als ein »Gemeinsames Aktionsprogramm« definiert – gemeinsam in dem Sinn, daß andere die Bank bei der Durchführung ihrer Afrika-Pläne unterstützen. »Uns liegt sehr viel daran, mit den Vereinten Nationen und ihren Behörden, der Europäischen Gemeinschaft, mit der Afrikanischen Entwicklungsbank sowie mit anderen nationalen und internationalen Organisationen zusammenzuarbeiten und die afrikanischen Länder südlich der Sahara bei ihren Entwicklungsbemühungen zu unterstützen.«[71]

Im Klartext heißt das, daß eine Gruppe von aufgeblasenen Ökonomen und Bürokraten in Washington, die niemals die Armut am eigenen Leib verspürt haben, die Geber an einen Tisch bringen will, damit sie den Fluß der Entwicklungshilfe in den ärmsten Kontinent der Welt wirksamer kontrollieren kann. Ist das erst einmal bewerkstelligt, dann kann sie aus einer gestärkten Position aufsässige Regierungen einschüchtern und daran hindern, die Geber gegeneinander auszuspielen. Außerdem kann sie dann »reformwillige« Regierungen belohnen, indem sie die wirtschaftlichen und politischen Kosten der erforderlichen Repressionen teilweise übernimmt.[72]

Daß die Verantwortlichen in der Weltbank ein solches Vorgehen immer noch als »entwicklungsfördernd« bezeichnen können, ohne öffentlich Spott und Empörung zu ernten, ist eine Folge des enormen Einflusses, den die Bank auf das Denken und Handeln der anderen Institutionen für Entwicklungshilfe ausübt – die meisten haben schon des öfteren mit ihr zusammengearbeitet und nicht nur in Afrika, sondern auch in allen anderen Regionen der Dritten Welt. Das weltumspannende Kreditinstitut betreibt auf breiter Ebene Kofinanzierung mit praktisch allen bedeutenden bilateralen und multilateralen Behörden und selektiert, definiert, prüft und überwacht Projekte in deren Auftrag. Es unterhält enge und dauerhafte Beziehungen zu den wichtigsten UN-Organisationen (FAO, WHO, UNIDO, UNESCO und UNDP). Darüber hinaus ist es dank seiner umfangreichen Mittel eine treibende Kraft in der Forschung. Statistiken, Positionspapiere (einige wurden zitiert) und Länderberichte aus der Bankzentrale in Washington werden vom Rest der Gebergemeinde sorgsam ausgewertet und haben großen Einfluß darauf, welche Richtung der Entwicklungsprozeß nimmt und welche Rolle dabei die Armen spielen.[73]

Eine immer unbedeutendere übrigens – und zwar nicht deshalb, weil hier eine heimtückische Verschwörung in Gang wäre, sondern weil die Bank und andere Geber die Armen kaum noch wahrnehmen. Eine solche selektive Kurzsichtigkeit ist das unvermeidliche Nebenprodukt einer Philosophie, in der Wirtschaftswachstum nicht als Mittel zum Zweck, sondern als Selbstzweck betrachtet wird. Doch diese Philosophie kann nur deshalb unwidersprochen bleiben – und damit ihre intellektuelle Glaubwürdigkeit bewahren –, weil es gewisse Arbeitsmethoden gibt, die für die menschlichen Kosten von »Entwicklung« den Blick trüben. Der Blitzbesuch auf dem Land, die hastig vorgenommene Prüfung des Projekts, der fehlende Kontakt zu den Betroffenen und nicht zuletzt die unerschütterliche Überzeugung, daß »wir wissen, was am besten für sie ist« – alle diese Faktoren tragen entscheidend dazu bei, welche Art von Projekten den Armen letztlich verordnet werden. Sehr viele dieser Projekte sind jämmerliche Fehlschläge. Einige sind irrelevant und nutzen niemandem. Andere sind sogar schädlich: Im Namen der Entwicklung richten sie das Leben wehrloser Menschen zugrunde und verursachen irreparable Schäden an der Umwelt.

Nehmen wir ein Beispiel aus Indien: Der Singrauli Power and Coal Mining Complex an der Grenze zwischen den Bundesstaaten Madhya Pradesh und Uttar Pradesh erhielt seit 1977 fast 1 Milliarde Dollar an Weltbank-Mitteln – der jüngste Kredit belief sich auf 250

Millionen Dollar. Im Interesse der Entwicklung wurden 300 000 arme Menschen mehrfach zwangsweise umgesiedelt, weil neue Zechen und Kraftwerke gebaut wurden. Einige Familien mußten mehr als fünfmal umziehen. Heute sind sie völlig verarmt, weil sie daran gehindert wurden, wieder irgendwo Fuß zu fassen.[74]

Dieser Skandal war unlängst Thema eines bewegenden Berichts, den Bruce Rich, Senior Attorney beim Environmental Defense Fund, im US-Senat vortrug:

> Das Management des von der Bank finanzierten Kraftwerks und Kohlenbergwerks ist sehr mangelhaft. Der Kühlkanal des Kraftwerks hat nie einwandfrei funktioniert. Rund 60 Prozent des Wassers entwich durch einen Riß in den Wänden und überflutete regelmäßig die Ländereien des angrenzenden Dorfes. Unmittelbar neben den Aschehalden des Kraftwerks befinden sich menschliche Siedlungen. Abraum von der Kohlengrube wird auf dem Weideland eines Eingeborenendorfes abgeladen und bedroht die Häuser der Bewohner – die sich weigern fortzugehen, weil die von der Bank finanzierte Bergwerksgesellschaft ihnen keinen Ersatz für ihre Häuser anbietet.

Und überall um Singrauli, so weit das Auge reicht,

> ist das Land verwüstet und erinnert an Szenen aus den inneren Kreisen der Hölle in Dantes Inferno. Enorme Mengen von Staub sowie Wasser- und Luftverschmutzung jeder nur erdenklichen Art stellen die öffentliche Gesundheitsfürsorge vor ungeheure Probleme. Die Tuberkulose grassiert, Trinkwasserreservoire wurden verunreinigt, und gegen Resochin resistente Malariaerreger suchen die Region heim.

Wo vormals wohlhabende Dörfer und Weiler standen, sieht man jetzt »am Rand riesiger Infrastrukturprojekte Bruchbuden und Baracken, die jeglicher Beschreibung spotten … Einige Menschen leben *in* den offenen Kohlengruben. Über 70 000 selbständige Kleinbauern wurden jeder Erwerbsquelle beraubt, so daß ihnen nichts anderes übrigbleibt, als die Erniedrigung hinzunehmen und sporadisch bei Singrauli zu arbeiten. Ihr Tageslohn beträgt ungefähr 70 Cents; davon kann man selbst in Indien nicht leben.[75]

Opfer der Entwicklung

Im Namen der Entwicklung wurden in nahezu allen Ländern der Dritten Welt Existenzen von Menschen zerstört. In Brasilien hat ein gewaltiges »Kolonisations«- und Umsiedlungsprogramm, bekannt unter dem Namen »Polonoroeste«, viele Arme zu Flüchtlingen im eigenen Land gemacht. Das Projekt, das bis 1985 Kreditzusagen der Weltbank in Höhe von 434,3 Millionen Dollar erhielt, entpuppte sich als besonders krasser Fall von gedankenloser Fehlplanung und geriet deshalb, trotz massiver Vertuschungsversuche, ins Kreuzfeuer öffentlicher Kritik.[76]

Brasilien ist ein Land, in dem eine kleine Gruppe von Wohlhabenden – 1 Prozent der Bevölkerung – 48 Prozent des gesamten Ackerlandes besitzt; aber auch ein Land, in dem mindestens 2,5 Millionen Menschen überhaupt kein Land haben und Schätzungen zufolge täglich 1000 Kinder an den Folgen der Unterernährung sterben.[77] Eine ganz wichtige Funktion von Polonoroeste bestand denn auch darin, ein Ventil für die politischen und sozialen Spannungen zu schaffen, die diese krassen Gegensätze hervorriefen. Man versuchte, das Problem schlicht und einfach dadurch zu lösen, daß die Armen umgesiedelt wurden. Die verlockende Aussicht auf kostenloses Land und einen Neuanfang in den dichten Wäldern des Nordwestens veranlaßte Hunderttausende bedürftiger Menschen, aus den mittleren und südlichen Provinzen auszuwandern und sich als Bauern im Amazonasbecken anzusiedeln – wo sie zur Erleichterung ihrer wohlhabenden Landsleute weit vom Schuß waren.

Die Unterstützung durch die Weltbank zwischen 1982 und 1985 war ganz entscheidend für die raschen Fortschritte, die das Projekt in diesem Zeitraum machte, und trug damit direkt zu dem bei, was mittlerweile – sogar von der Weltbank selbst – als »eine ökologische, menschliche und wirtschaftliche Katastrophe von erschreckenden Ausmaßen«[78] bezeichnet wird. Mit 250 Millionen Dollar finanzierte die Weltbank den zügigen Bau der Hauptverkehrsstraße BR-364, die ins Herz der nordwestlichen Provinz Rondônia führt. Alle Siedler reisen auf dieser Straße zu den Farmen, die sie dem Dschungel mit Macheten, Äxten und Feuer abringen. Gleichzeitig forcierte die Straße die kommerzielle Erschließung der Region durch Bergwerksunternehmen, holzverarbeitende Firmen und Viehzüchter. Die Folgen dieses konzertierten Kahlschlags waren verheerend.

Waren 1982 nur 4 Prozent des Waldes in Rondônia abgeholzt, so waren es 1985 bereits 11 Prozent. Satellitenfotos der NASA zeigen, daß sich das entwaldete Gebiet seitdem alle zwei Jahre verdoppelt. Wenn die Zerstörung in diesem Tempo fortschreitet, dann werden von dem einzigartigen Dschungel der Provinz bis zur Jahrtausendwende weniger als 20 Prozent übrigbleiben.[79] Vom benachbarten Mato Grosso (der Name bedeutet »dichter Wald«) waren bis 1975 nur 10 000 Quadratkilometer seiner 800 000 Quadratkilometer Urwald abgeholzt worden. Doch bis 1987 war fast der gesamte Dschungel verschwunden. In jenem Jahr zeigten Satellitenfotos 6000 Waldbrände in allen Teilen des Amazonasbeckens – alle waren von Menschen gelegt worden, die Land roden wollten. Viele Feuer brannten in unmittelbarer Nähe der BR-364.[80]

Diese Entwicklung hat unter Umweltschützern tiefe Besorgnis ausgelöst. Regenwälder wie die in Rondônia und im Mato Grosso bedecken heute zwar nur 7 Prozent der Erdoberfläche, doch sie gelten als Heimat von 80 Prozent aller Pflanzen- und Tierarten. Und wichtiger noch: Sie spielen eine entscheidende Rolle bei der Erhaltung *allen* Lebens auf der Erde. Eine absehbare Folge weiterer Flächenrodungen dürfte eine Beschleunigung des »Treibhauseffektes« sein – gemeint ist damit der Prozeß, bei dem sich Kohlendioxyd, das nicht mehr von Bäumen absorbiert wird, in der Atmosphäre ansammelt und einen weltweiten Temperaturanstieg herbeiführt.[81] Brasilien besitzt ein Drittel aller tropischen Regenwälder und steht heute in dem zweifelhaften Ruf, mehr von diesem kostbaren und unersetzlichen Naturschatz zu zerstören als jedes andere Land der Erde: Jahr um Jahr werden fast 1,5 Millionen Hektar abgeholzt.[82]

Polonoroeste hat seinen eigenen bedeutenden Beitrag zu dieser kurzsichtigen Schändung der Natur Brasiliens geleistet. Doch die verheerenden ökologischen Folgen sind nicht der einzige Makel des Projekts. Schlimmer noch ist die Gewalt gegen in Rondônia lebende Indianervölker, die versuchten, sich dem Vordringen der Fremden zu widersetzen. Einige Stämme wurden regelrecht ausgelöscht, andere wurden in unhygienische Reservate gepfercht und durch Unterernährung und Krankheiten wie Masern, die bei ihnen bis dato unbekannt waren, dezimiert.[83]

Im Jahr 1985, nachdem Umweltschützer und Menschenrechtsgruppen eine gut organisierte internationale Kampagne gestartet hatten, sah sich die Weltbank schließlich gezwungen, die Auszahlung der verbliebenen Polonoroeste-Kredite vorübergehend zu stoppen. Sie drehte den Geldhahn erst wieder auf, nachdem die brasilianische Regierung zugesichert hatte, die Umwelt künftig zu schonen und die Rechte der Indianerstämme in Rondônia zu respektieren.

Im großen und ganzen hielt sich die Regierung bislang an ihr Versprechen. Doch jetzt, nachdem die Büchse der Pandora in Amazonien einmal geöffnet ist, hat sie nur noch begrenzte Möglichkeiten, Einfluß auf die weitere Entwicklung zu nehmen. Immer noch strömen monatlich 13 000 landhungrige Siedler in den Nordwesten.[84] Das klingt, als ob Menschen geholfen würde, doch in Wirklichkeit werden ihre Hoffnungen bitter enttäuscht: Das Land, das sie erhalten, ist für eine dauerhafte landwirtschaftliche Nutzung völlig ungeeignet. Nach zwei bis drei, maximal aber nach fünf Jahren wächst auf dem Boden, den bislang tropische Regenwälder bedeckten, nicht einmal mehr genug, daß ein Kleinbauer seinen Grundbedarf an Nahrungsmitteln decken könnte, geschweige denn Überschüsse für den Verkauf produzieren. Charakteristisch für solche Böden ist, daß sie im Lauf von Jahrtausenden durch starke Niederschläge und hohe Temperaturen ausgelaugt wurden und wenig Nährstoffe enthalten. Das ist nicht weiter schlimm, solange sie noch bewaldet sind und die komplexe Wechselbeziehung zwischen oberirdischen Pflanzen und Tierwelt die Böden ökologisch stabil erhält. Doch nach Abholzung und Rodung werden die neu angelegten Felder mit jeder Saison unergiebiger und zuletzt ganz unfruchtbar.[85]

Die bäuerlichen Kleinbetriebe vieler Siedler in Rondônia sind bereits gescheitert, und Zehntausende drängen in die Nachbarprovinz Acre, wo der selbstmörderische Kreislauf von Entwaldung und Zerstörung von neuem beginnt.[86]

Fast allen Umsiedlern geht es heute unendlich viel schlechter als früher, bevor man sie mit Versprechungen nach Amazonien lockte. Ihre Aussichten auf ein gesichertes Auskommen sind heute gleich Null, und damit nicht genug: Nach Schätzungen haben sich mehr als 200 000 mit einer besonders heimtückischen, im Nordwesten verbreiteten Form der Malaria angesteckt, gegen die sie nicht resistent sind.[87]

Man muß zugeben, daß die Weltbank unter den wachsamen Augen internationaler Umweltschutzgruppen heute erhebliche Anstrengungen unternimmt, Maßnahmen und Aktionen zu fördern, die darauf abzielen, eine weitere Rodung zu verhindern und menschliches Leid, das in den Frühstadien des Projekts Polonoroeste seine Wurzeln hat, zu lindern.[88] Doch scheint sie durchaus entschlossen, die Fehler, die sie in Brasilien gemacht hat, anderswo zu wiederholen.

Endlösung für die Armen?

In Indonesien ist momentan das größte Umsiedlungsprogramm der Welt in Gang – ein Programm, das in vieler Hinsicht an Polonoroeste erinnert und von der Weltbank bis heute mit vielen Millionen Dollar unterstützt wurde. Es heißt Transmigrasi: Kleinbauern werden vom überbevölkerten Java auf die dünner besiedelten Außeninseln des riesigen Archipels gebracht, um dort den Dschungel urbar zu machen. Mindestens sechs Millionen Menschen wurden bereits umgesiedelt,[89] mehrere Millionen sollen ihnen bis 1994 folgen.[90]

Die Bank ist seit 1976 an dem Projekt beteiligt. Bis 1986 hatte sie für die direkte Unterstützung von Transmigrasi bereits 600 Millionen Dollar zugesagt – rund 20 Prozent aller landwirtschaftlichen Kredite, die sie in dieser Dekade an Indonesien vergab. Zusätzlich wurden 680 Millionen Dollar für den mit Transmigrasi gekoppelten »Nucleus Estate and Smallholder«-Plan zugesagt – ein Langzeitprojekt mit dem Ziel, rund 90 000 Familien anzusiedeln, etwa ein Viertel davon Umsiedler.[91] USAID sowie die Regierungen der Niederlande, Frankreichs und der Bundesrepublik Deutschland haben ebenfalls großzügig Mittel und technische Hilfe für die Erschließung von Land bereitgestellt, ebenso die Europäische Gemeinschaft, UNDP, FAO, das Welternährungsprogramm und die Catholic Relief Services.[92]

Diese blauäugige Unterstützung von einer so breiten und angesehenen Gruppe bilateraler, multilateraler und freier Institutionen ist ebenso schwer zu erklären wie zu verstehen – zumal Polonoroeste die Gefahren einer Besiedelung von Regenwaldgebieten bereits deutlich vor Augen geführt hat. Und wie Polonoroeste in Brasilien, so hat auch Transmigrasi in Indonesien einen Rattenschwanz von Menschenrechtsverletzungen, Umweltzerstörung und Fehlentwicklungen nach sich gezogen. Dafür einige Beispiele:

● Landrechte, die Eingeborenenstämme auf Außeninseln wie Irian
Jaya, Sulawesi und Kalimantan nach überliefertem Recht genossen,
wurden der Transmigration untergeordnet. Die entsprechende
Klausel in der indonesischen Gesetzgebung lautet: »Die traditionellen Rechte von Stammesgemeinschaften dürfen der Erschließung
von Transmigrationsgebieten nicht im Wege stehen.«[93]
● Die Umsiedlung auf die Insel Irian Jaya führte zu wachsenden
Spannungen zwischen den indonesischen Streitkräften und irianesi-
schen Nationalisten. Dazu Marcus Colchester von Survival International: »Das indonesische Militär beantwortete örtlichen Widerstand gegen die Enteignung traditioneller Gebiete mit brutaler
Gewalt.« Das Militär ging in der Tat so rücksichtslos vor, daß
20 000 Irianeser aus ihrer Heimat flohen und in Papua-Neuguinea
Zuflucht suchten.[94]
Die Weltbank scheint sich deswegen keine Sorgen zu machen: In
ihrem wichtigsten internen politischen Dokument zur Transmigration steht unmißverständlich, daß auf Irian Jaya »gut geplante
Besiedlung ... gefördert werden muß«.[95] Weiter heißt es in dem
Papier, es sei unbedingt erforderlich, die indonesische Regierung
für die »Rechte der abgeschiedenen und nicht assimilierten Stämme
zu sensibilisieren«. Wie das bewerkstelligt werden soll, erfahren wir
allerdings nicht[96] – eine leichte Aufgabe dürfte es jedenfalls nicht
sein: Irianesische Flüchtlinge berichten, die indonesische Luftwaffe
habe ihre Dörfer bombardiert, Soldaten hätten ihre Siedlungen
zerstört, Frauen vergewaltigt, das Vieh getötet oder vertrieben,
zahlreiche Menschen wahllos erschossen und andere ins Gefängnis
gesteckt und gefoltert.[97]
● Inzwischen verfolgt die indonesische Regierung weiter eine Politik der »Assimilierung« und versucht, den Großteil der Stämme
»seßhaft« zu machen. Dazu der Minister für Transmigration: »Die
verschiedenen ethnischen Gruppen Indonesiens werden auf lange
Sicht verschwinden ... und es wird nur noch eine Art Mensch
geben.«[98]
Dabei läuft es einem kalt den Rücken hinunter. Ein australischer
Kritiker bezeichnete dieses Vorhaben als »die javanische Variante
des nazideutschen *Lebensraums*«.[99] Um ihre Ziele zu verwirklichen, plant die indonesische Regierung, bis 1998 die gesamte einge-
borene Bevölkerung – 800 000 Menschen – von ihren traditionellen
Heimstädten und Dörfern in Siedlungsgebiete auf der Insel zu

verfrachten – wenn nötig, mit Gewalt. Von dieser »inneren Transmigration« sind jährlich annähernd 13 000 Familien betroffen.[100]

»Abgesehen davon, daß sie ernste Konflikte um die Landrechte auslöst«, sagt Marcus Colchester über die innere Transmigration – die übrigens auch auf mehreren anderen Inseln stattfindet –, »hat sie sich für die betroffenen Stammesgemeinschaften als soziale und wirtschaftliche Katastrophe entpuppt. Viele Stämme wurde zweifach erniedrig: Zuerst nahm man ihnen das Land weg, um Siedlungsgebiete zu schaffen, und dann siedelte man sie gewaltsam wieder auf ihrem eigenen Land an, wo sie sich nun in der Rolle einer Minderheit wiederfanden und wegen ihrer primitiven Sitten verachtet wurden, weil sie Schweinefleisch und Sago aßen.«[101]

● Nach einem Bericht, den die Londoner Anti-Slavery Society den Vereinten Nationen vorlegte, war zumindest eine der angeblich leeren Inseln, die zur Besiedlung freigegeben wurde, in Wirklichkeit bereits bewohnt. Die indonesische Armee räumte das Land für die Siedler, indem sie die Ernte der Eingeborenen verbrannte.[102]

● Ost-Timor war ab 1975, als es von der indonesischen Armee in Besitz genommen wurde, das Ziel zahlreicher Siedler aus Java. Nach Schätzungen wurden von den 700 000 Eingeborenen Ost-Timors etwa 150 000 in den nachfolgenden Kämpfen getötet, oder sie verhungerten.[103]

● Abgesehen von dem menschlichen Schaden, den das Umsiedlungsprogramm angerichtet hat, war es der Grund für umfangreiche Rodungen, die große Teile der einzigartigen, ausgedehnten tropischen Regenwälder Indonesiens zerstört haben. Die Bank selbst schreibt in ihrem einzigen politischen Dokument über Transmigration: »Dieser Wald ist eines der biologisch mannigfaltigsten Gebiete der Erde. In ihm sind mehr als 500 Säugetierarten, 1500 Vogelarten, 10 000 Baumarten und viele andere Pflanzen beheimatet. Aus diesem Grund sind Indonesiens Wälder sowie seine Tier- und Pflanzenwelt eine Angelegenheit von internationalem Interesse, und ihre Verwaltung durch Indonesien ist eine Sache von höchster Bedeutung.«[104]

Vor dem Hintergrund dieser Feststellung erscheint es geradezu grotesk, daß die Weltbank Transmigrasi noch immer unterstützt. Eine amtliche Studie, die vom indonesischen Ministerium für Forstwirtschaft durchgeführt wurde (zusammen mit dem International Institute for Environment and Development mit Sitz in Washington), kam zu dem Schluß, daß Transmigration »von allen sektoralen Aktivitäten potentiell am stärksten zu einer weiteren Zerstörung des Waldes beiträgt und nur negative Auswirkungen auf die Waldressourcen haben kann«.[105]

Sulawesi und Sumatra – beides Hauptziele der Transmigration – sind besonders schwer betroffen. Auf Sumatra werden heute 2,3 Millionen Hektar Land, die früher von dichtem Urwald bedeckt waren, als »kritisch« eingestuft – das heißt, der Boden ist so minderwertig, daß er nicht einmal Subsistenzwirtschaft zuläßt oder normale Funktionen wie Wasserabsorbtion erfüllen kann. Auf Sulawesi sind infolge der Transmigration 30 Prozent des Landes in diesem »kritischen« Zustand.[106] Wenn es bei den gegenwärtigen Plänen bleibt, werden in allen Teilen Indonesiens noch viele Millionen Hektar unersetzlichen Regenwaldes zerstört werden, um Platz für Siedlungsgebiete zu schaffen.[107]

Trotz dieser und anderer zutiefst negativer Aspekte der Transmigration in Indonesien wäre das langfristige Engagement der Weltbank und anderer Geber vielleicht noch verständlich, wenn das Programm die gesteckten Ziele erreicht hätte – das heißt, wenn es die Lebensqualität der Umsiedler entscheidend verbessert hätte oder wenn die Menschen heute zumindest etwas weniger arm wären als zur Zeit ihrer Emigration aus der ursprünglichen Heimat. Doch tragischerweise ist dies nicht der Fall.

Die Hauptursache liegt darin – und die Entwicklungsbehörden, die mit Polonoroeste vertraut waren, hätten dies eigentlich von Anfang an wissen müssen –, daß die Böden der neuen Siedlungen, die dem Regenwald durch Abholzung und Brandrodung abgerungen wurden, keine dauerhafte landwirtschaftliche Nutzung zulassen. Mit dem Ergebnis, so der republikanische US-Senator Robert Kasten – der gegen die finanzielle Unterstützung von Transmigrasi vehement opponiert hatte –, daß den Siedlern nach ein paar Jahren »kaum eine andere Wahl bleibt, als in die Städte zurückzukehren oder mit illegalen Abholzungen und Brandrodungen zu beginnen, die noch mehr Wald zerstören«.[108]

Die Rückwanderung in die Städte ist schon ziemlich fortgeschritten. Es gibt nachweislich Fälle von Siedlerfamilien, die versuchten, ihre Kinder zu verkaufen, um die Rückreise nach Java bezahlen zu können.[109] Allein von Irian Jaya ist bekannt, daß mehr als 7000 Siedler ihr Land bereits aufgegeben haben und in Städte wie Jayapura oder Sorong geströmt sind, in der Hoffnung, dort eine Stelle zu finden – was sehr schwer ist. Die Zunahme der Prostitution und die Ausbreitung von Geschlechtskrankheiten schaffen wachsende soziale Probleme, die unmittelbar damit zusammenhängen, daß Transmigrasi den Siedlern keine dauerhafte ökonomische Basis verschafft hat.[110] Schätzungen zufolge leben heute landesweit 300 000 Menschen in »wirtschaftlich unrentablen und verfallenden Transmigrasi-Siedlungen«. Die indonesische Regierung selbst sieht hier eine »potentielle Quelle für ernste politische und soziale Unruhen in der Zukunft«.[111]

Doch diese 300 000 sind wohl nur die Spitze eines Eisbergs. Vermutlich mußten weit mehr Siedler enttäuscht feststellen, daß ihre Farmen unproduktiv sind. »Abgesetzt auf entwaldetem Land, ohne ausreichendes Werkzeug und ohne Gemeinschaft«, sagt ein ehemaliger Entwicklungshelfer, »konnten die Umsiedler keinen Erfolg haben.«[112] Mit dem Ergebnis, daß sie jetzt gezwungen sind, bis zu 80 Prozent ihres Einkommens außerhalb ihrer Farmen zu verdienen[113] – ein prekärer Zustand, wie die Weltbank einräumt, denn der Verdienst aus farmfremder Arbeit wird sinken, wenn das »Lohneinkommen, das mit der Erschließung des Gebietes zusammenhängt, ausbleibt«.[114] Ferner stellt die Bank fest, daß jede weitere »Drosselung der staatlichen Investitionen in geförderten Gebieten ... zu Einkommenseinbußen der Siedler und zu einer Verringerung der Beschäftigungsmöglichkeiten führen könnte«.[115]

Die verstärkende Wirkung solcher Faktoren war beträchtlich, als die Staatsausgaben in einer bestimmten Phase tatsächlich gekürzt wurden. Trotz aller Opfer und Belastungen, die Umsiedler auf sich nehmen, wenn sie ihre Heimat verlassen, ging für einen Großteil von ihnen der Traum vom besseren Leben nicht in Erfüllung, und die Hoffnungen auf ein höheres Einkommen wurden enttäuscht. Im Gegenteil, wie die Bank in ihrem vertraulichen *Transmigration Sector Review* feststellt: »Die Einkommen der Umsiedler in den Siedlungsgebieten sind im Durchschnitt etwas niedriger als in den ländlichen Regionen Javas und erheblich niedriger als in den ländlichen Regionen der Außeninseln.«[116] Besonders beunruhigend ist die Tatsache, daß die niedrigsten Einkommen nicht bei unerfahrenen Siedlern in neuen Transmigrationsgebieten zu verzeichnen sind – wie wohl zu erwarten wäre –, sondern in Gebieten, in denen Menschen vor sechs oder mehr Jahren angesiedelt wurden.[117]

Beunruhigende Befunde wie diese, aber auch Proteste von Umwelt-schutz- und Menschenrechtsgruppen führten schließlich dazu, daß einige westliche Geberländer, wenn auch sehr spät, Umfang und Art ihrer Beteiligung an Transmigrasi neu überdachten. Seit 1987 behauptet die Weltbank beispielsweise, daß sie die Umsiedlung von Menschen nicht mehr *direkt* finanziert. Angeblich fließt ihr Geld nur noch in die Planung und Vorbereitung neuer Siedlungsgebiete sowie in den Ausbau bereits existierender Siedlungen. Ein typisches Beispiel ist das Transmigration Second Stage Development Project, das von der Weltbank zwei Kredite erhielt: einen über 160 Millionen Dollar und 1988 einen zweiten über 120 Millionen Dollar.[118] In einem Brief vom 6. Mai 1988 ließ mich Russel Cheetman, ein leitender Beamter der Bank, wissen, daß es Ziel des Projektes sei, in den neunziger Jahren »durch Ausbau der Infrastruktur, Steigerung der Ernteerträge, Einführung von Anbaufrüchten für den Markt und Verbesserung sozialer und ökologischer Aspekte Einkommen und Lebensqualität der Umsiedlerfamilien und der in unmittelbarer Umgebung der Transmigrasisiedlungen lebenden Menschen zu ver-bessern«.[119]

In diesem Sinn äußerte sich auch der Chef der Agriculture Opera-tions Division der Bank in einem Telex, das ich am 30. Juni 1988 von ihm erhielt. Darin heißt es, das neueste Transmigrationsprojekt enthalte »keine Siedlungskomponente. Es widmet sich den wirt-schaftlichen, sozialen und ökologischen Aspekten der Transmigra-tion, und zwar durch umfassende Studien für Ansiedlungen und durch technische Hilfe bei planerischen und baulichen Fragen sowie bei Problemen der Bodenerhaltung und Ökologie«.[120]

So begrüßenswert solche Versicherungen auch sein mögen, sie täuschen nicht darüber hinweg, daß die Versuche der Bank, sich tendenziell von den durch sie finanzierten Arbeiten des indonesi-schen Umsiedlungsprogramms zu distanzieren, kaum mehr sind als Haarspaltereien. Es ist doch gleichgültig, welchen Aspekt des Pro-gramms die Bank in den Vordergrund rückt: Sie trägt damit in jedem Fall auf ziemlich direkte und greifbare Weise zum Ganzen bei, insbesondere dann, wenn große Summen harter Währung mit im Spiel sind. Es ist nun einmal eine Tatsache, daß die Bank bis zum Sommer 1988 aus ihrem weit über 1 Milliarde Dollar umfassenden Kreditprogramm lediglich 63 Millionen gestrichen, aber 324 Millio-nen für Transmigrasi bereits ausbezahlt hatte.[121]

Das Geld strömt ungehindert weiter, und die Bank rechtfertigt sich mit einer Flut von Erklärungen, in denen sie beteuert, daß man die Stammesgemeinschaften künftig schützen werde und die indonesischen Stellen jetzt mehr »Sensibilität« zeigten.[122] Doch gleichzeitig werden in Zentral-Kalimantan lebende Dayak durch Trickbetrügereien dazu gebracht, Schriftstücke zu unterzeichnen, mit denen sie ihre Landrechte abtreten.[123] Und der Gouverneur von Irian Jaya beschreibt die Ureinwohner seiner Insel als Menschen, »die noch in der Steinzeit leben«.[124] Dieser ungewöhnliche Zeitgenosse startete ein Programm, mit dem er irianesische Kinder von ihren Eltern trennen wollte,[125] und im Dezember 1987 forderte er die Umsiedlung von weiteren *zwei Millionen* Javaner nach Irian Jaya, damit sich die »rückständigen« Einheimischen mit den Ankömmlingen verheiraten und »eine neue Generation von Menschen ohne lockiges Haar hervorbringen können«.[126]

Damit nicht genug: Während die Bank beteuert, sie werde die indonesische Regierung zu mehr »Rücksichtnahme auf die Umwelt einschließlich des Waldes«[127] anhalten, verursacht Transmigrasi weiterhin unermeßliche ökologische Schäden. Ende 1987 wüteten in weiten Teilen Kalimantans, Sumatras und Sulawesis unkontrollierte Waldbrände, die von Umsiedlern oder Holzfällern gelegt worden waren – bis Oktober vernichtete das Feuer schätzungsweise 2 Millionen Hektar Wald.[128] Gleichzeitig wurden im Osten Kalimantans bis September 1987 allein durch Abholzen 2,9 Millionen Hektar Wald zerstört.[129] Bei den Rodungen wird weiterhin fahrlässig gehandelt. Entwaldete Gebiete werden nicht von Holzresten geräumt, was zur Folge hat, daß Waldbrände, die in dicht besiedelten Gebieten außer Kontrolle geraten, sich rasch über die Lichtungen ausbreiten können. Außerdem wirft man Abfall und Baumstämme in ausgetrocknete Flußbette und verwandelte diese natürlichen Feuerschneisen in potentielle Brandherde.[130] »Unter diesen Umständen«, sagt Stephen Corry, Präsident des angesehenen britischen Hilfswerks Survival International, »erscheint eine weitere Forderung der Transmigration nach Kalimantan als absolut unverantwortlich.«[131]

Im Jahr 1988 wandte sich Corry mit seinen Bedenken an Barber Conable, den Präsidenten der Weltbank.[132] Doch die Antwort lautete, man habe »in diesem entscheidenden Stadium« nicht die Absicht, dem Projekt die finanzielle Unterstützung zu entziehen.

Im Gegenteil, so die Bank, die »Fortsetzung des Dialogs mit der Regierung« werde zu einem »besseren Management des Programms« führen.[133]

Es gibt gute Gründe, diesen Optimismus nicht zu teilen und am Nutzen des »Dialogs« zu zweifeln – zumal die Bank in ihren eigenen internen Dokumenten zugibt, daß der Minister für Transmigration, mit dem der sogenannte Dialog geführt wird, nur »begrenzt auf die Politik in Indonesien Einfluß nehmen« kann.[134] Doch gleichgültig, was die Zukunft bringen mag: Die Bank und andere Geber haben bereits Hunderttausende von Dollars ausbezahlt und die westlichen Steuerzahler damit untrennbar an ein äußerst kostspieliges Programm gebunden, das zur langfristigen Entwicklung Indonesiens praktisch nichts beigetragen, sondern, im Gegenteil, nur eklatante Menschenrechtsverletzungen und Umweltschäden gebracht hat. Der einzige »Erfolg« von Transmigrasi besteht darin, daß die Armut von Java – wo sie sichtbar war – auf die Außeninseln – wo sie den Blicken entzogen ist – verlegt wurde.

Beteiligung an den Maßnahmen

In dieser Hinsicht, aber bei weitem nicht nur in dieser, haben Transmigrasi und Polonoroeste vieles gemein. Deshalb überrascht es nicht, wenn vielen Beobachtern, die den Nordwesten Brasiliens und die indonesischen Außeninseln gesehen haben, vor allem eines auffällt: die bedrückende Ähnlichkeit der Zerstörung, die mit Weltbank-Geldern finanzierte Programme in diesen beiden Teilen der Welt angerichtet haben.

Dazu ein Augenzeuge:

> Ein solcher Anblick läßt niemanden ungerührt: meilenweit nur zerstörte Bäume, gefällte, zerstückelte und verkohlte Stämme, Äste, Schlamm und Rinde, und kreuz und quer die Spuren von Traktoren. Man muß sich nur klarmachen, daß dort in den meisten Fällen nichts von vergleichbarem Wert mehr wachsen wird. Der Anblick erinnert an Hiroshima. Man könnte fast sagen, Brasilien und Indonesien führen eine Art thermonuklearen Krieg auf ihrem eigenen Staatsgebiet.[135]

Auf den Vorwurf, an dieser Zerstörung mitschuldig zu sein, hat Barber Conable eine Antwort parat: »Wo Entwicklung stattfindet«, sagt er, »kann sie nicht gestoppt, sondern nur gelenkt werden. Die Bank kann den Fortschritt nicht beeinflussen, wenn sie außen vor bleibt. Sie muß aktiv mitwirken.« In die Ecke gedrängt, bestreitet der Präsident – verständlicherweise – energisch jede Behauptung, die Institution, die er leitet, sei gewalttätig und zerstörerisch. Im Gegenteil, so Conable, die Bank verfolge eine kluge, behutsame und weitsichtige Politik. Durch »politischen Dialog« und aktive Mitwirkung könne sie sogar die brutalsten und aufsässigsten Regierungen auf den Pfad der Tugend führen.

Doch die Fakten sprechen eine andere Sprache. Bestenfalls agiert die Bank wie ein Blinder, der einen Blinden führt. Schlimmstenfalls – und solche Fälle sind in der Praxis bei weitem die häufigeren – macht sie sich zum Teil eines zerstörerischen Synergismus: Durch die Zusammenarbeit mit ihren Kunden kann sie die Lage der Armen – und der Umwelt – in einem Maße verschlechtern, wie es sonst nie möglich gewesen wäre.

Polonoroeste ist ein klassisches Beispiel für diesen zügellosen, verhängnisvollen Wahnsinn: Die Kolonisierung Rondônias, der Völkermord an den »rückständigen« Ureinwohnern dieser Provinz und die massive Abholzung der Wälder waren kaum mehr als das kurze Aufflackern des Irrsinns im Schädel von Bürokraten, das dem Abkommen zwischen Regierung und Bank vorausging. Erst der Bau der BR-364 hat all diese Dinge unmittelbar möglich gemacht, und die Bank hat ihn finanziert. Die Bilanz ist erschütternd: Tausende von Toten, Hunderttausende hungern und sind verzweifelt, Abermillionen von Bäumen wurden gefällt. Da spricht selbst Barber Conable von einer »ernüchternden« Erfahrung und gibt mit gedämpfter Stimme zu, die Bank habe »einen Fehler gemacht« – sie habe »die menschlichen, institutionellen und physikalischen Realitäten des Dschungels falsch eingeschätzt«.[137]

Ein kluger Mensch hat einmal gesagt: »Wenn Hochmut erkennt, daß Bescheidenheit ehrt, bedient er sich ihrer als Vorwand.«[138] Die Bereitschaft der Bank, ihre Fehler im Nordwesten Brasiliens zuzugeben, bietet dafür möglicherweise ein Beispiel – denn nur sehr wenig deutet darauf hin, daß sie aus diesen Fehlern gelernt hat: Im Jahr 1988 brannten brasilianische Siedler und Viehzüchter tropische Wälder von mehr als der Fläche Belgiens nieder. Orlando Velverde, ein führender Konservativer, kommentierte das 1989 so: »Das Jahr 1988 war ein schwarzes Jahr für Amazonien. Die Zerstörung war unglaublich, die schlimmste in der Geschichte Brasiliens.«[139] Insofern scheint es durchaus angebracht, wenn man der Bank – und allen Mitgliedern des internationalen Entwicklungshilfekonsortiums, mit denen sie kooperiert – ein selektives Kurzzeitgedächtnis und die praktische Gabe bescheinigt, die peinlichsten und verhängnisvollsten Pannen zu vergessen. Doch den Preis für diesen kollektiven Gedächtnisschwund müssen die Armen und die Umwelt bezahlen. Und nicht nur in Brasilien und Indonesien.

Riesige Viehfarmen und gigantische Dämme

Im Jahr 1972 beteiligte sich die Bank in dem südafrikanischen Land Botswana mit 1,65 Millionen Dollar an einem Projekt, zu dem verschiedene andere Geber bereits 5,4 Millionen Dollar beigesteuert hatten. Es ging um den Aufbau von Rinder- und Schaffarmen in der ökologisch sensiblen westlichen Kalahari. Das Projekt – dessen Budget schließlich um weitere 2,9 Millionen Dollar aufgestockt wurde – hatte eine bedenkliche Überweidung des empfindlichen Savannengraslandes zur Folge, warf aber keinerlei Gewinn ab. Obwohl man optimistisch mit 21 Prozent Rendite gerechnet hatte, schrieb man am Ende rote Zahlen. Doch unbeeindruckt tauchten die Weltbank und andere Geber 1977 erneut in Botswana auf und finanzierten in der gleichen Region »Livestock II« – ein 13,4-Millionen-Vorhaben zur Errichtung von 100 Farmen auf Gemeinschaftsland. Das Projekt, das zu weiterer Überweidung und Desertifikation führte, wurde 1984 abgeschlossen; die Revisoren stuften die wirtschaftliche Rendite als »unbedeutend« ein.[140] Möglicherweise wollte die Bank beweisen, daß aller schlechten Dinge drei sind, den vor kurzem bewilligte sie einen weiteren Kredit über 10,7 Millionen Dollar für ein Projekt des gleichen Typs in der gleichen Gegend. Doch schon jetzt ist klar, daß »Livestock III« nur ein paar großen Viehzüchtern zugute kommen wird: Kleine Farmer, die auf den zunehmend beanspruchten Gemeinschaftsweiden ums nackte Überleben kämpfen, bekommen keinerlei Hilfe. Schon die bloße Existenz dieses Projekts widerspricht den Empfehlungen der bankeigenen Berater für Viehwirtschaft. Die hatten sich nämlich unter Hinweis auf die negativen sozialen Auswirkungen gegen das Projekt ausgesprochen: »Vertiefung der Einkommenskluft zwischen Arm und Reich, fortschreitende Konzentration der Landressourcen in den Händen eines kleines Teils der Bewohner und Verminderung der ohnehin schon begrenzten Existenzmöglichkeiten der ärmeren Bürger«.[141]

Laut FAO wurden »in den letzten fünfzehn Jahren« weltweit 1 Milliarde Dollar für »mangelhaft geplante Projekte im Sektor Viehwirtschaft verschwendet«.[142]

Weit mehr wurde allerdings in einem anderen Bereich der Entwicklungshilfe ausgegeben – für Bewässerungsvorhaben und Wasserkraftwerke auf der Grundlage riesiger, kostspieliger Staudammanlagen.

In den letzten vierzig Jahren wurden in der Dritten Welt buchstäblich Tausende von Dämmen gebaut, die große Summen Entwicklungshilfe verschlangen. Man hätte also ausgiebig Gelegenheit gehabt, Erfahrungen zu sammeln. Doch das Gegenteil war der Fall. Offenbar ist es das Schicksal der Behörden, daß sie mit jedem Damm, den sie in Auftrag geben, das Rad neu erfinden müssen. Immer wieder sind sie ehrlich überrascht, welche negativen Folgen solche Projekte für die Menschen, die Wirtschaft und die Natur haben, und sie unternehmen vorher nichts, um den Schaden zu begrenzen.

Eine wichtige Lektion hätte man schon sehr früh in Ghana lernen können. Hier übernahm die Weltbank in den fünfziger und sechziger Jahren die Führung einer Gruppe von Entwicklungsbehörden, die den Bau des gigantischen Akosombo-Dammes am Volta-Fluß planten, durchführten und mit weichen Krediten finanzierten. Das Ausland hat aus diesem Projekt bisher beträchtlichen Nutzen gezogen – insbesondere die in US-amerikanischem Besitz befindliche VALCO Aluminiumfabrik, die seit über zwanzig Jahren aus dem Wasserkraftwerk Strom weit unter dem Gestehungspreis bezieht. Zum Nachteil der lokalen Wirtschaft freilich produziert VALCO Aluminium aus importierter Tonerde, die zuvor in Louisiana aus jamaikanischem Bauxit gewonnen wurde; Bauxit aus Ghana wird nicht verwendet.[143]

Auch wohlhabende Ghanesen haben von dem Damm profitiert: Wer von Accra nach Akosombo fährt, kann die Hochspannungsleitungen nicht übersehen, die vom Kraftwerk in die reichsten Viertel

212

der Hauptstadt führen – vorbei an den zahlreichen verarmten Dörfern an der Straße, als ob sie nicht existierten. Doch niemand anders als die Bewohner ebendieser Dörfer, die immer noch nicht ans Stromnetz angeschlossen sind, haben den wirklichen Preis für das Projekt bezahlt:

● Sie sind es, die in großer Zahl an der endemischen Krankheit Onchozerkose (Flußblindheit) leiden. Rund 100 000 Menschen sind befallen; allein 70 000 sind seit Fertigstellung des Dammes durch diese Krankheit erblindet.

● Mindestens 80 000 Menschen sind durch die Bilharziose dauerhaft erwerbsunfähig geworden – eine Wurmerkrankung, die durch Infektion mit zwei Wasserschneckenarten hervorgerufen wird. Die Wirtstiere gehören inzwischen zu den verbreitetsten Weichtieren im Volta-Reservoir.

● Und natürlich stellen sie, die Armen auf dem Land – und nicht die Einwohnerschaft Accras –, das eine Prozent der Gesamtbevölkerung Ghanas, das (praktisch ohne Entschädigung) vertrieben wurde, als das Volta-Reservoir sich in den sechziger Jahren zu füllen begann.[144]

Aus diesen Gründen sind sich die Hilfsorganisationen, die den Volta-Damm finanziert haben, schon längst – vermutlich schon seit Mitte der siebziger Jahre – über eines im klaren: daß dieses Superprojekt der ghanesischen Wirtschaft wenig oder nichts genutzt und die Not der armen Ghanesen unendlich verschlimmert hat.

Detaillierte Studien in anderen Ländern haben außerdem gezeigt, daß jenes Fiasko am Volta-Fluß kein Einzelfall ist: Fast überall, wo große Dämme dieser Art gebaut wurden, traten ähnliche Probleme auf – offenbar sind sie ein unvermeidliches Nebenprodukt solcher Projekte.[145] Es handelt sich um langfristige Probleme, und in einigen Fällen sind sie so ernst, daß sie jeden ökonomischen Nutzen der Dämme zunichte machen. In einem offiziellen Papier des World Resources Institute in Washington heißt es dazu:

Krankheiten breiteten sich aus, ganze Gemeinden wurden umquartiert, und wertvolles Acker- und Waldland wurde überflutet ... Millionen Hektar landwirtschaftlicher Nutzfläche wurden durch Vernässung und Versalzung wertlos ... In Indien gingen dem Ackerbau durch Vernässung 10 Millionen Hektar verloren,

25 Millionen Hektar drohen zu versalzen. Im pakistanischen Indus-Becken ist im Bereich des Kanalsystems mehr als die Hälfte des Landes, ungefähr 12 Millionen Hektar, überfeuchtet, und 40 Prozent sind versalzt.

Kurz und gut: Die Manie, große Dämme zu bauen, hat dazu geführt, daß heute »die Hälfte des bewässerten Landes auf der Welt so versalzt ist, daß die Erträge dadurch beeinträchtigt werden«.[146] Und schlimmer noch, allen Dämmen droht die Sedimentierung: Früher oder später füllt sich jedes Reservoir, so groß es auch sein mag, mit Schlamm und Geröll, die wegen des Dammes nicht mehr flußabwärts gespült werden können.[147] Wenn dies geschieht, muß der Damm natürlich außer Betrieb genommen werden, denn ohne sein Reservoir ist er kaum mehr als ein nutzloser Betonklotz. Dies könnte als bloße Spekulation erscheinen. Deshalb hierzu einige Beispiele:

● Am Nizamsagar-Damm im indischen Bundesstaat Andhra Pradesh rechnete man mit einer jährlichen Verschlammung von 653 490 Kubikmetern. In Wirklichkeit waren es dann über 10 Millionen Kubikmeter. Als Folge reduzierte sich das Fassungsvermögen des Reservoirs um mehr als 60 Prozent. Praktisch jedes Reservoir in Indien leidet unter ähnlichen Problemen.[148]

● Der Péligre-Damm am Oberlauf des Arbonite in Haiti wurde 1956 fertiggestellt. Der Damm sollte fünfzig Jahren halten, doch sein Reservoir verschlammte so schnell, daß er Mitte der achtziger Jahre außer Betrieb genommen wurde.[149]

● In China mußte das Sanmenxia-Reservoir, das 1960 vollendet wurde, 1964 wegen vorzeitiger Verschlammung aufgegeben werden. Ein anderes Reservoir in Laoying verschlammte, bevor der Damm überhaupt fertig war![150]

Obwohl diese Daten der Gebergemeinde zugänglich sind und eine Warnung sein müßten, hat sich nichts verändert. Die Weltbank und andere Einrichtungen schieben die Aufgabe vor sich her, ernsthaft nach Alternativen zu großen Dämmen zu suchen, und in der Zwischenzeit machen sie, wie gehabt, weiter und investieren fröhlich riesige Summen in ökologisch und wirtschaftlich fragwürdige Projekte dieser Art – die häufig starke Ähnlichkeit mit älteren *gescheiterten* Projekten haben. Zu den neueren Vorhaben, die von der Weltbank und/oder westlichen Entwicklungsbehörden Geld bekommen werden oder schon bekommen haben, gehören der chinesische Three-Gorges-Damm am Jangtsekiang, der Diama-Damm und der Manantali-Damm im westafrikanischen Sahel, der Bakolori-Damm in Nigeria, der Tucurui-Damm in Brasilien, ebenfalls in Brasilien die Dämme Balbina, Itaparica und Paradao, der brasilianisch-paraguaische Itaipu-Damm am Paraná, mehrere große Dämme am Mahaweli in Sri Lanka, die Dämme Tarbela und Kalabagh in Pakistan und schließlich die geplanten Dämme Bardhere in Somalia und Chico auf den Philippinen.[151]

Doch Indien – wo bereits 10 Millionen Hektar überfeuchtet und weitere 25 Millionen von Versalzung bedroht sind – bleibt nach wie vor das bevorzugte Jagdrevier für Entwicklungsbehörden, die Super-Dämme finanzieren möchten. Seit vielen Jahren setzen indische Regierungen auf Wasserkraftwerke und große Bewässerungssysteme, mit dem Ergebnis, daß im vergangenen Jahrzehnt mehr als 1000 Dämme gebaut wurden.[152] Unter ihnen der erst unlängst in Angriff genommene Sardar-Sarovar-Damm am westwärts fließenden Narmada. Doch alles deutet darauf hin, daß bei diesem Projekt viele der ältesten und vermeidbarsten Fehler wieder gemacht werden.

Im Jahr 1985 machte die Weltbank für den Sardar-Sarovar-Damm Kreditzusagen in Höhe von 450 Millionen Dollar, und das, obwohl das indische Forst- und Umweltministerium das Projekt zu diesem Zeitpunkt noch nicht genehmigt hatte, weil wichtige Studien über die ökologischen Folgen und Umsiedlungsmaßnahmen nicht abgeschlossen waren. Die Studien lagen immer noch nicht vor, als die indische Regierung im Frühjahr 1987 das Gesetz durchboxte, das dem Damm die erforderliche umweltpolitische Unbedenklichkeit bescheinigte.[153]

Eine Füllung des Staubeckens hat zur Folge, daß über 70 000 Bewohner dieser ländlichen Region gegen ihren Willen und ohne angemessene Entschädigung ihre Häuser verlassen müssen. In den meisten Fällen wurden keine Zusagen über Ausgleichszahlungen gemacht, und die Betroffenen müssen selbst sehen, wo sie bleiben.[154] Abgesehen von den Menschenrechtsverletzungen droht durch die Abwanderung der vertriebenen Menschen in die nahen Berge um das Reservoir nach Meinung des Washingtoner Environmental Defence Fund »die Gefahr einer übergroßen ökologischen Belastung. Diese Gebiete leiden jetzt schon unter Abholzung, Erosion und anderen Beeinträchtigungen der Umwelt«.[155] Hinzu kommt, daß die 900 Quadratkilometer, die der Damm überflutet, etwa 12 000 Hektar unberührten Regenwald einschließen. »Mit diesem Wald werden viele seltene Tier- und Pflanzenarten sowie ein ganzer Lebensrhythmus – kulturell und sozial – verschwinden«, warnten sechs führende indische Wissenschaftler und Umweltschützer in einem Brief an den Ministerpräsidenten Rajiv Gandhi.[156] In einer Studie prophezeit der indische Rat für Wissenschaft und Technologie, daß eine Fertigstellung des Sardar-Sarovar-Damms für Millionen von Menschen der Region die Ausbreitung von Malaria, Cholera, infektiöser Enzephalitis und anderer durch Wasser übertragener Krankheiten bedeute.[157] Mittlerweile ist nicht mehr garantiert, daß sich das Projekt langfristig lohnen wird, nicht einmal in rein wirtschaftlicher Hinsicht. Nicht-staatliche Organisationen, Umweltschützer und Wissenschaftler haben ernste Bedenken hinsichtlich der Kosten-Nutzen-Analyse angemeldet, auf die sich Weltbank und indische Regierung bei der Rechtfertigung des Dammbaus gestützt haben.[158]

Im Rahmen des Greater Narmada Programme, dem der Sardar-Sarovar-Damm nur als Teil eingegliedert ist, sollen Milliarden von Dollar für mindestens 29 weitere große Dämme entlang dem Narmada-Fluß ausgegeben werden. Mehrere Bauvorhaben wurden von der Weltbank auf eine mögliche Finanzierung hin begutachtet, obwohl bekannt ist, daß mehr als 1,5 Millionen Menschen weichen müßten – vorwiegend Stämme und Minderheiten. Alternativen wie etwa bessere Ausnutzung vorhandener Energiequellen oder der Bau von kleineren Dämmen, die ökologisch, sozial und wirtschaftlich weniger riskant wären, zog die Bank in ihrer Begeisterung, Indiens grandiosen »Entwicklungsplan« mit immer größeren Summen zu subventionieren, nicht einmal in Erwägung.[159]

Viel Geld und schnelles Geld

Natürlich ist es Aufgabe der Bank, Geld für Entwicklungsvorhaben zu verleihen. Wenn sie damit aufhört, manövriert sie sich in eine Statistenrolle. Andererseits spielt sie eine um so größere Rolle, je mehr sie verleiht. Dies erzeugt innerhalb der Institution einen gewissen Druck, hohe Kredite zu vergeben, und überdies auch rasch zu vergeben. Unvermeidlich führt dies häufig dazu, daß

wichtige kleine Details vernachlässigt werden – zum Beispiel Qualität und Zweckdienlichkeit der Projekte, mögliche negative Folgen
usw. Allzu oft und allzu leicht wird dabei das Wohl der Armen
vergessen: Würde man zuviel Zeit damit zubringen, sich um Kleinbauern und Arme zu kümmern, zuviel Mühe darauf verwenden, bei
der Projektplanung die unmittelbar Betroffenen miteinzubeziehen,
dann käme der Geldfluß ins Stocken.

So erklärt sich die wachsende Begeisterung der Bank für Strukturanpassungskredite. Diese Haltung tritt seit der Einführung dieser
Kreditart im Jahre 1980 immer offener zutage ist (näheres dazu in
Kapitel zwei). Sie ist fast ausschließlich auf die Tatsache zurückzuführen, daß durch diese Kredite doppelt soviel Geld pro Arbeitswo-
che ausbezahlt werden kann als durch jedes andere Instrument.[160]
Das Ergebnis ist, so Sheldon Annis vom Overseas Development
Council in Washington, daß »ehrgeizige Bankangestellte sich immer stärker Strukturanpassungsmaßnahmen widmen als armuts-
orientierten Projekten«.[161]

Es ist ein Teil derselben inneren Dynamik des Systems, daß ehrgeizige junge Männer und Frauen den Lockungen großer, prestige-
trächtiger Projekte wie Sardar Sarovar erliegen oder sich auf besonders komplexe Unternehmungen stürzen wie Transmigrasi in Indonesien. Sie zielen auf die Umstrukturierung einer ganzen Gesellschaft ab. Projekte dieser Art verschlingen in kürzester Zeit stattliche Kredite – eine Eigenschaft, die auf strebsame Mitarbeiter der
Weltbank eine enorme Anziehungskraft ausübt, da die Spitzenbe-
amten Prämien ausschließlich nach dem Kriterium ausschütten, wie
hoch die Summe der Kredite ist, die ihre Abteilungen unter ihrer
Aufsicht vergeben können. Im Klartext bedeutet dies: Je mehr Geld
man ausgibt, desto »bessere« Arbeit hat man in den Augen der Bank
geleistet. So konnte der Präsident der Weltbank, Barber Conable,
als er im Juli 1987 über die Tätigkeit der IBRD berichtete, mit
einigem Stolz verkünden: »Das Geschäftsjahr 1986/87, das mit dem
30. Juni endete, war ein *Erfolg;* unsere Kreditzusagen belaufen sich
auf 14,2 Milliarden Dollar gegenüber 13 Milliarden im vergangenen
Jahr.«[162] In der Sowjetunion erzählt man sich die – freilich erfunde-
ne – Geschichte, eine Fabrik habe ihr jährliches Produktionssoll von
50 000 Tonnen Nägeln dadurch erfüllt, daß sie 50 Nägel herstellte,
von denen jeder 1000 Tonnen wog. Zu oft erinnert Barber Conables
Weltbank an diese Fabrik, und ihre Projekte sind wie diese

217

Nägel: groß, unhandlich, nutzlos und mitunter sogar gefährlich. Doch nicht alle Mitarbeiter stehen den Folgen dieses Systems, das Erfolg nach rein quantitativen Maßstäben mißt, gleichgültig gegenüber. Fast zur gleichen Zeit, als der Präsident öffentlich jubilierte, weil seine Institution 1987 1,2 Milliarden Dollar mehr ausgegeben hatte als 1986, warnte das Operations Evaluation Department (OED) der Bank davor, bei der Kreditvergabe Zielmarken zu setzen: Dies sei »potentiell schädlich« und »eine Hauptursache für dürftige Projekt-Ergebnisse«.[163]

Doch dem OED ergeht es wie Kassandra, der trojanischen Seherin, die weissagte und kein Gehör fand. Seit 1975, als das OED begann, seinen *Annual Review of Project Performance Results* zusammenzustellen, hat es praktisch jedes Jahr nahezu die gleichen Einwände erhoben. Bis zum heutigen Tag ohne Erfolg. Für das Personal der Weltbank ist es nach wie vor von vorrangiger Bedeutung, bei der Kreditvergabe bestimmte Sollvorgaben zu erfüllen – also immer mehr Geld auszugeben und dadurch »erfolgreich« zu sein. Für die Armen heißt das, daß sie sogenannte Entwicklung weiter ausbaden müssen, für die westlichen Steuerzahler, daß sie weiter geschröpft werden.

Unlängst verfaßte das OED einen ausführlichen Bericht über ein katastrophal verlaufenes ländliches Entwicklungsprojekt auf der verarmten karibischen Insel Haiti. Für die Prüfer ist das Projekt »ein Beispiel dafür, welche Auswirkungen es hat, wenn die Bank trotz geringer Kenntnisse des Landes auf eine rasche Durchführung eines Projekts drängt«.[164] Das Ziel des Personals, möglichst rasch hohe Kredite zu vergeben und sich dadurch ein Lob von seiten des leitenden Managements zu verdienen, war auch die Ursache für das krebsartige Wachstum des Papaloapan Integrated Rural Development Project in Mexiko. Hier fanden die Prüfer heraus, daß trotz relativ guter Arbeit im Frühstadium der »anfängliche Plan (der auf Pilotprojekten fußte) durch die Prüfungsmission vollständig geändert wurde – das Projektgebiet wurde um das Siebenfache erweitert und auf das gesamte Papaloapan-Becken ausgedehnt; die Kosten stiegen von 26 Millionen auf 111 Millionen und später auf 138,5 Millionen Dollar«. Als das Projekt mit drei Jahren Verspätung abgeschlossen wurde, war kaum die Hälfte seiner ursprünglichen Komponenten realisiert worden. Die Prüfer sprachen von einem katastrophalen Fehlschlag, der fast ausschließlich darauf zurückzuführen sei, daß die »Bank zu schnellem Handeln gedrängt« habe.[165]

Mexiko und Haiti waren nicht die einzigen Länder der Dritten Welt, denen karrieresüchtige Bankangestellte große Summen für etwas bereitstellten, das ihre Kunden nicht brauchten. Beim Morondova Irrigation and Rural Development Project in Madagaskar monierten die Prüfer beispielsweise, daß auf den potentiellen Kreditnehmer »in unziemlicher Weise Druck ausgeübt wurde«. Sie stellten einen erschreckenden Mangel an Konsens zwischen der Bank und dem Kreditnehmer fest und äußerten ihr Bedauern, daß die Regierung, obwohl sie »ernste Vorbehalte« hatte, »gedrängt wurde, das Projekt zu akzeptieren«.[166] Das OED zieht den Schluß, daß »es weder im Interesse der Bank noch im Interesse des Kreditnehmers sein kann, wenn auf der Basis von Zielmarken bei der Kreditvergabe Projekte in Angriff genommen werden, die nicht realistisch sind«.[167]

Doch jahraus, jahrein operiert die Bank im Stil jener anekdotischen sowjetischen Fabrik, ohne jemals umzudenken. Bei der Begutachtung einer repräsentativen Auswahl von 189 Bank-Projekten in aller Welt im Jahr 1987 ergab sich, daß immerhin 106 der Projekte – fast 60 Prozent – entweder »ernste Mängel« aufwiesen oder »komplette Fehlschläge« waren.[168] Einem ähnlich hohen Prozentsatz – darunter viele Projekte, die in anderer Hinsicht als »erfolgreich« eingestuft wurden – wurden wenig Chancen eingeräumt, nach Vollendung aus eigener Kraft weiter existieren zu können.[169] Hinzu kommt, daß die Bank gerade in den ärmsten Ländern der Welt und unter den ärmsten Gruppen der Bevölkerung dieser Länder am schlampigsten arbeitet. So wurden von den Agrarprojekten in den afrikanischen Ländern südlich der Sahara bei der Begutachtung 75 Prozent für »gescheitert« erklärt.[170]

Im Jahr 1988 führte das OED noch umfassendere Prüfungen durch und stieß abermals auf einen hohen Anteil von Fehlschlägen, vor allem in den ärmsten Regionen.[171] Besonderes Augenmerk wurde dabei der immer dringlicher werdenden Frage gewidmet, ob die Projekte »überlebensfähig« (im Sinne eigenständiger, wirtschaftlich arbeitender Unternehmen) waren. Bei 50 Prozent der insgesamt 246 begutachteten Projekte war es »unwahrscheinlich oder unsicher«, daß sie sich auf Dauer würden selbst finanzieren können; im armen Westafrika waren es sogar 75 Prozent. Ein anderer OED-Bericht aus jüngerer Zeit – der angesichts seiner niederschmetternden Befunde nicht verbreitet wurde – bezog sich auf 27 Agrarprojekte, die

von der Weltbank zwischen 1961 und 1975 gebilligt worden waren
(und die man nach der letzten Auszahlung als erfolgreich eingestuft
hatte). Der Bericht kommt zu dem Schluß, daß nur neun dieser
Projekte langfristig eine Überlebenschance hätten, zehn völlig gescheitert seien und acht nur unbedeutende und unsichere Resultate
erzielt hätten.[172] In Anbetracht dieser Ergebnisse monierten die
Prüfer die »im allgemeinen zu optimistischen Prognosen« der Mitarbeiter, wenn sie dem Rat der Weltbank Projekte zur Genehmigung von Krediten vorlegen. Abermals kritisierten sie, daß die
Weltbank mehr Wert darauf zu legen scheine, bei der Kreditvergabe
ein bestimmtes Plansoll zu erfüllen, als »Projekte zu überwachen«.[173]
Die Bank ist beileibe nicht die einzige bedeutende Institution für
Entwicklungshilfe, deren Personal Lorbeeren ernten kann, weil es
schnell viel Geld bewegt, auch wenn lediglich schlechte Projekte
dabei herauskommen. Ein früherer Mitarbeiter der Canadian International Development Agency behauptet, daß in Regierungskreisen
in Ottawa die Leistung der CIDA fast ausschließlich daran gemessen werde, ob sie in der Lage sei, die Mittel, die ihr zur Verfügung
stehen, innerhalb der angesetzten Zeit auszugeben. »Und dies gilt
auch für die Leistung der einzelnen Mitarbeiter«, fügt er hinzu.
»Fortschritt bemißt sich nach der Höhe der Auszahlungen.« So
überrascht es nicht, daß CIDA-Beamte sich gern bei solchen Projekten einklinken, »für die am schnellsten viel Geld ausgegeben
werden kann«.[174] Im Bundesministerium für wirtschaftliche Zusammenarbeit – das verpflichtet ist, alle ihm zugeteilten Mittel
innerhalb eines Haushaltjahrs auszugeben – sind die gleichen Zwänge am Werk. Das erklärt hinreichend, warum die Beamten des
Ministeriums verschwenderische und kostspielige Großprojekte
bevorzugen. Ein Kritiker kommentiert das so:

Im System der kurz-, mittel- und langfristigen Finanzplanung
und vor dem Hintergrund der riesigen Beträge, die ein einzelnes
Regionalreferat im BMZ zu verwalten hat, sowie dem Gewinn der
Verpflichtungsermächtigungen und der politischen Förderinter-
essen stößt jeder Versuch, kurzfristig zusätzliche Mittel einzufor-
dern wie umgekehrt das plötzliche Freiwerden von Mitteln auf
das blanke Entsetzen der Verantwortlichen für Finanzierung.
Nichts kann die Position eines Referats gegenüber den Verant-

wortlichen für Finanzierung, nichts die Stellung eines ganzen Ministeriums gegenüber dem Finanzministerium nachhaltiger schwächen als das Eingeständnis, im abgelaufenen Haushaltsjahr nicht alle eingeräumten Mittel verbraucht zu haben. Bereits kritische Stimmen zu einem kapitalintensiven Großprojekt werden unter Kollegen als Boykott angesehen, als Eingriff in nach großen Mühen zustande gekommene Geldabflußpläne.[175]

Zu den Kriterien, nach denen im BMZ Entwicklungsprojekte ausgewählt werden, sagt ein anderer Beobachter: »Ein industrielles oder infrastrukturelles Großprojekt ist für die Entwicklungsverwaltung leichter abzuwickeln – so der Fachjargon – als 100 kleine grundbedürfnis-orientierte Agrarprojekte.«[176]
Ähnliches weiß der ehemalige USAID-Beamte David Deppner zu berichten:

Das ganze Managementsystem war darauf aufgebaut, wieviel Geld ausgegeben wurde. Bezahlt und befördert wurden wir entsprechend der Größe unserer Projekte. Kein Beamter wollte eine Nacht lang wach liegen und sich um ein Dutzend kleiner Projekte Sorgen machen, wenn er seine Zeit auch damit verbringen konnte, das Geld gleich haufenweise zu bewegen. Weil sich *ein* 20 000-Dollar-Projekt ebenso leicht verwalten läßt wie *zwanzig* 1000-Dollar-Projekte, fragt man sich natürlich: Warum soll ich kleckern statt klotzen?[177]

Die Mühsal der kleinen Projekte

Ironischerweise wird in der amerikanischen Behörde auch dann »geklotzt«, wenn man sich gezielt bemüht, kleine Projekte durchzuführen und in verarmten Regionen der Dritten Welt »angepaßte« oder nützliche Technologien einzuführen. Dies war beispielsweise bei dem vielgerühmten Renewable Energy Programme der Fall. Prüfer der US-Regierung inspizierten unlängst ein mit Sonnenenergie betriebenes elektrisches System, das AID-Experten mit einem Kostenaufwand von 713 000 Dollar in einem armen Dorf auf dem Lande installiert hatten. Zu dem System gehörten ungewöhn-

lich komplizierte Sonnenkollektoren, eine Dampfmaschine, dazu-
gehörige Steuerungsvorrichtungen, Motoren und Pumpen, die nur
von ausgebildeten Technikern bedient und repariert werden konnten. Die Prüfer kamen zu dem Schluß:

> Für einen abgelegenen Ort mit ungebildeten Bewohnern hätte
> sich keine ungeeignetere Technik finden lassen ... Elektrizität
> kann das Leben der armen Landbevölkerung drastisch verändern.
> Sie bringt ihnen Licht, Unterhaltung, neue Geräte und neue
> Einkommensmöglichkeiten. Aber ein elektrisches Aggregat, das
> viel schwerer zu bedienen und zu warten ist als ein Dieselmotor
> und für dessen Bedienung ausgebildete Techniker am Ort erfor-
> derlich sind, ist keine Lösung.[178]

Bei anderen Projekten dieses Typs, die von den Prüfern in Indien,
auf den Philippinen und in der Dominikanischen Republik unter die
Lupe genommen wurden, war allzu teures Gerät verwendet worden. Einzelne Komponenten, die bei einem Defekt von den »Nutznießern« auf eigene Kosten ersetzt werden mußten, kosteten zwischen 25 000 und 615 121 Dollar. Dazu gehörten unter anderem:
● ein mit Druschabfällen von Reis gespeistes Wärmekraftwerk auf
den Philippinen – Kostenpunkt 528 000 Dollar,
● eine Solaranlage zum Dörren von Agrarprodukten in der Dominikanischen Republik – Kostenpunkt 500 000 Dollar,
● ein kleines hydroelektrisches System in Indien – Kostenpunkt
467 000 Dollar.
»Die Armen auf dem Land können sich so etwas nicht leisten«,
befanden die Prüfer zu Recht. Zudem war das Computersystem,
das bei dem hydroelektrischen Projekt in Indien erforderlich war
(um den Strom an unterschiedliche Verbraucher wie Haushalte oder
Bewässerungspumpen weiterzuleiten), so kompliziert, daß normale
handelsübliche Software nicht verwendet werden konnte und spezielle Programme entwickelt werden mußten. Und schließlich äußerten die Prüfer ernste Bedenken hinsichtlich der Lebensdauer und
Verläßlichkeit eines Microcomputers, der an einem entlegenen Ort
rund um die Uhr in Betrieb sein sollte. Sie stellten fest, daß das
technische Wissen, das für die Wartung dieses komplexen Systems
nötig sei, im Dorf nicht zur Verfügung stehe.[179]
Viele andere vermeintlich kleine und angepaßte Projekte, in die

USAID amerikanische Steuergelder investiert hat, und zwar ausdrücklich mit dem Ziel, der armen Landbevölkerung in der Dritten Welt zu helfen, fielen bei den Prüfern durch, weil sie nach deren Meinung ohne jedes Verständnis für die tatsächlichen Probleme armer Menschen konzipiert worden waren. Die meisten waren infolgedessen auch klägliche Fehlschläge. Einige Beispiele:

● Eine anaerobe Biogas-Anlage (Faulkammer zur Erzeugung von Methan), die zu einem 4,5-Millionen-Dollar-Projekt in Mali gehörte, war »nicht auf die Bedürfnisse der Armen abgestimmt«. Mit der Anlage sollte aus Tiermist Gas produziert werden, doch das Endprodukt war »für einen Verbrauch im kleinen Maßstab wie Kochen zu teuer«. Schlimmer noch: Mist und Wasser waren knapp, und das tägliche Füllen und Reinigen der Faulkammer verlangte den Menschen, die ohnehin schon durch Unterernährung geschwächt waren, strapaziöse und zeitaufwendige körperliche Arbeit ab.

● Ein 3-Millionen-Dollar-Teilprojekt mit nach einem ähnlichen Prinzip arbeitenden Biomasse-Vergasern war wegen anhaltender wirtschaftlicher und technischer Probleme für die Bewohner verschiedener philippinischer Dörfer, die davon profitieren sollten, »inakzeptabel«. Zu der Zeit, als die Prüfung durchgeführt wurde, waren nur zwei der insgesamt 103 Vergaser, die in einer bestimmten Region installiert worden waren, tatsächlich betriebsbereit.

Alles in allem fällt das Urteil über die Projekte zur Energiegewinnung mit einfachen Mitteln von USAID vernichtend aus. Sie seien den Armen nicht hilfreich: »weder einfach noch billig zu installieren, zu benützen und zu warten«, erforderten »erhebliche Kapitalinvestitionen« und verursachten »hohe Betriebskosten«.[180]

Andere Begutachtungen konventionellerer Entwicklungsprojekte, die von der Behörde in aller Welt finanziert und durchgeführt werden, zeigen, daß Beamte und Berater immer wieder die gleichen Fehler machen: Sie verwenden kostspielige Technik, stürzen sich in grandiose, irrelevante Vorhaben, legen einen sträflichen Mangel an Einfühlungsvermögen gegenüber den Armen an den Tag und versäumen es, bei der Projektplanung den harten Realitäten des Lebens in der Dritten Welt Rechnung zu tragen.

In den Jahren 1986–87 zahlte USAID Kredite in Höhe von 108 Millionen Dollar aus, um den Bau eines riesigen Getreidesilo-Komplexes in Safaga, einer ägyptischen Hafenstadt am Roten Meer, zu finanzieren. Die Anlage war mit hypermodernen Vorrichtungen zum Löschen und Laden der Schiffe und anderen Elementen ausgestattet, die Zeit sparen und den Verlust an Getreide verringern sollten. Doch kurz vor Fertigstellung der Anlage fiel den Prüfern auf, daß etwas Wesentliches übersehen worden war: Die örtliche Stromversorgung konnte nicht die enormen Energiemengen liefern, die für einen einwandfreien Betrieb der Anlage erforderlich waren. Die einzig mögliche Lösung war, noch mehr Geld auszugeben: 6,5 Millionen Dollar für vier Dieselgeneratoren mit einer Leistung von je 3000 Kilowatt. USAID war sofort dazu bereit, allerdings ist kaum damit zu rechnen, daß die neuen Aggregate vor 1989 importiert, installiert und in Betrieb genommen werden. »Nach Abschluß des Projekts«, stellen die Prüfer fest, »wird die Anlage zwei Jahre mit reduzierter Leistung arbeiten und infolgedessen bei weitem nicht den Nutzen bringen, den man sich bei der Genehmigung des Projekts von ihr erhofft hatte.«[181]

Ein weiteres USAID-Projekt, dessen Nutzen infolge überstürzter Planung und Durchführung weit hinter den Erwartungen zurückblieb, ist das Integrated Rural Development Project in Peru. Gesamtkosten: 23,1 Millionen Dollar. Hier entdeckten die Prüfer gleich eine ganze Reihe von schlimmen Pannen, darunter beim Bau einer Straße, die die beiden Dörfer San Marco und El Azufre hätte verbinden sollen. Nach den Unterlagen hätte die Straße 7,2 Kilometer lang sein müssen, doch als die Prüfer einen halben Kilometer auf ihr gefahren waren, sahen sie, »daß die Straße abrupt am Ufer eines Flusses endete«. Wie sich herausstellte, hätte an dieser Stelle eine Brücke gebaut werden sollen, doch ansässige Bauern, die das Land an den Flußufern bestellten, hatten vehement dagegen protestiert, und so war der Bau aufgegeben worden. Nach Ansicht der Prüfer hätte sich keinerlei Widerstand geregt, wenn man die Straße etwa 2,5 Kilometer weiter flußabwärts geplant hätte. Doch diese Möglichkeit hatte USAID nicht in Betracht gezogen. Und damit nicht genug: Als die Prüfer über den Fluß spähten, sahen sie, daß die Behörde die Straße auch auf der anderen Seite zu Ende gebaut hatte – obwohl es unmöglich war, die beiden Bauabschnitte durch eine Brücke zu verbinden![182]

Kathedralen in der Wüste

Straßen, die in Flüsse münden und dann munter auf der anderen Seite weiterführen; Silos ohne Stromversorgung; hochkompliziertes Gerät in entlegenen Dörfern, wo es niemand bedienen kann; Fischzuchten, die für 4000 Dollar ein Kilo Fisch produzieren und an afrikanische Bauern verkaufen wollen, die nicht einmal 400 Dollar im Jahr verdienen; Dämme, die Tausende um Hab und Gut bringen und die Verbreitung tückischer Krankheiten begünstigen; Umsiedlungspläne, die Siedler noch ärmer noch machen, als sie es waren, bevor sie ihre Heimat verließen – all diese Pannen sind keine kuriosen Ausnahmen irgendeiner bewährten, allgemeingültigen Regel in der Entwicklungshilfe. Im Gegenteil, sie *sind* die Regel. Die Resultate kann man überall in der Dritten Welt bestaunen: Wohin man auch kommt, stets stößt man auf die verfaulenden Kadaver dieser wunderlichen weißen Elefanten.

Ein klassisches Beispiel liefert ein Blei- und Silberbergwerkprojekt in Bolivien, an dem sich die deutsche Entwicklungshilfe stark beteiligt hat. Ein wesentlicher Bestandteil des Projekts ist eine Schmelzanlage, übrigens eine der größten, die gebaut wurde. Leider stellte sich nach Inbetriebnahme heraus, daß die Kapazität des Hochofens durch die örtliche Erzproduktion wohl nie ganz ausgelastet werden kann – momentan liefern die Minen nur etwa 25 Prozent der erforderlichen Menge. Deswegen ist jetzt das gesamte Projekt gefährdet.[183]

Ein weiterer weißer Elefant ist der Kenana-Zucker-Komplex im Sudan, in einem Land übrigens, das seine vierbeinigen Elefanten ausgerottet hat. Als das Projekt 1974 auf seine Durchführbarkeit hin geprüft wurde, rechnete man mit 150 Millionen Dollar Baukosten, doch als Kenana 1981 schließlich den ersten Zucker raffinierte, waren sie auf eindrucksvolle 613 Millionen Dollar geklettert.[184]

Das Kenana-Projekt, das als das größte seiner Art gilt, das je realisiert wurde, ist praktisch in keinem Punkt den Verhältnissen im Sudan angepaßt. Das 40-Megawatt-Kraftwerk, das weitverzweigte System aus Rohrleitungen und Kanälen (der Hauptkanal ist über 30 Kilometer lang), die Pumpstation, die das Nilwasser aus den Kanälen zu den 50 Meter höher gelegenen Feldern hinaufpumpt, und schließlich die eigentliche Fabrik, die täglich 17 Tonnen Zucker produzieren kann[185] – all dies und vieles andere mehr gehört eher in die futuristische Vision einer modernen agrarindustriellen Wirtschaft als in das Herz eines der ärmsten Länder der Welt auf einem notleidenden Kontinent.

Doch damit nicht genug. In Übereinstimmung mit der Forderung der Weltbank, der Sudan müsse mehr Devisen einnehmen, war Kenana ursprünglich dazu ausersehen, im großen Maßstab Zucker zu exportieren. Doch unglücklicherweise trennen den Standort der Fabrik – bei Kosti am Weißen Nil – vom nächsten Hafen mehr als 1500 Kilometer trostlose, sengend heiße Wüste. Außerdem gibt es auf dem Weltmarkt riesige Überschüsse an Zucker, was den Preis für diese Ware so stark drückt, daß die Gewinnspanne für die hohen Transportkosten nicht ausreicht. Das Resultat: Zwar wird in Kenana heute Zucker produziert, doch er wird fast ausschließlich im Sudan verkauft – und zwar erheblich teurer als importierter Zucker.[186]

Die Hauptnutznießer des Projekts sind die 400 Ausländer, die den Betrieb leiten. Jeder dieser Manager bezieht ein mehr als stattliches Gehalt, dessen Löwenanteil – rund 70 Prozent – er in ausländischer Währung erhält, zahlbar im Ausland. Zwar werden auch etwa 15 000 Sudanesen beschäftigt, doch die meisten sind Wanderarbeiter, die von weit her kommen und in Wohnheimen auf dem Gelände leben. Der Anteil der Einheimischen an den Beschäftigten beträgt ganze 2 Prozent. An einem 12-Stunden-Tag verdienen sie knapp 3 Dollar.[187]

Kenana hat ein Pendant in einem ebenso großen und wertlosen Projekt – dem Jonglei-Kanal, der nach dem Willen der Entwicklungsbehörden, die ihn finanzierten, Wasser aus den Nilsümpfen in den Süden leiten sollte, um dort weite Landesteile zu bewässern. Die Bauarbeiten begannen 1978. Ohne den größten mobilen Universalbagger der Welt waren sie undurchführbar.[188] Also wurde dieses Monstrum gebraucht gekauft und für die ständige Wartung ein teures Team ausländischer Techniker angeheuert. Zudem hatte der Bagger einen unersättlichen Appetit nach Ersatzteilen, verbrauchte gleich fässerweise importiertes Öl und kroch so langsam vorwärts, daß das Jonglei-Projekt nach zweijähriger Buddelei ernstlich in Verzug geraten war. Daraufhin stellte die sudanesische Regierung die Zahlungen an die französische Baufirma ein, die das Projekt hätte realisieren sollen.

Neue Finanzspritzen bewirkten, daß die Baggerarbeiten weitergingen, vermutlich nach dem bewährten Geberprinzip, daß man keine Gelegenheit auslassen sollte, gutes Geld zum Fenster hinauszuwerfen, wenn man bereits beträchtliche Summen in den Sand gesetzt hat. Zu diesem Zeitpunkt – 1980 – wurde veranschlagt, daß der Kanal mindestens das Dreifache der ursprünglich veranschlagten Summe kosten würde.[189] Und inzwischen war noch ein elementares Problem aufgetaucht: die feindselige Opposition von Kleinbauern aus dem Süden des Sudan, die fürchteten, daß dem gemächlich, aber unaufhaltsam vordringenden Bagger eine Invasion wohlhabender Farmer aus dem Norden folgen könnte. Doch die Entwicklungsbehörden ignorierten die zahlreichen Proteste. Sie sollten es bald bereuen. Als der lang schwelende Bürgerkrieg zwischen dem Norden und dem Süden 1983 schließlich ausbrach, richteten sich die ersten Aktionen der neu formierten Sudanesischen Volksbefreiungsbewegung gegen den Jonglei-Kanal. Ausländische Arbeiter wurden entführt, und der riesige Bagger wurde stillgelegt. Er blieb es bis heute – ein Denkmal für schlechte Entwicklungshilfe.

Ein ähnlicher Fall ereignete sich in Bangladesch: Ein Biogas-Projekt – aus deutscher Entwicklungshilfe finanziert und für besitzlose Landarbeiter bestimmt – gefährdete in Wirklichkeit die Arbeitsplätze der vermeintlichen Nutznießer, die daraufhin mit solcher Entschlossenheit in den Streik traten, daß das Projekt beendet werden mußte. Zur gleichen Zeit sabotierten in einem anderen Entwicklungsland die Einheimischen eine Straße, die mit deutschem Geld gebaut worden war. Der Grund war nur zu verständlich: Die Straße führte geradewegs durch heiliges Land, das der Verehrung ihrer Ahnen geweiht war.[190]

Auf der thailändischen Insel Phuket wurde ein Weltbank-Projekt – eine 44 Millionen Dollar teure Tantal-Raffinerie – von Einheimischen als ein solches Fiasko angesehen, daß sie die Gebäude niederbrannten. Wie immer darauf erpicht, über die Köpfe der Armen hinweg schnell hohe Summen auszuschütten, hatte sich die Weltbank nicht die Mühe gemacht, die Meinung der Leute einzuholen, bevor sie das Vorhaben in Angriff nahm. Doch die Inselbewohner wußten, daß die riesige Raffinerie Lärm und Schmutz bringen und folglich dem Tourismus schaden würde, von dem die Mehrheit der Bewohner lebt. Als sich zudem noch herausstellte, daß die Fabrik kapitalintensiv war – und nur wenige Arbeitsplätze schaffen würde –, trafen sämtliche Betroffenen die einzig vernünftige Entscheidung: Kurz bevor Anlage in Betrieb gehen sollte, wurde sie dem Erdboden gleichgemacht.[191]

Daß wie in diesem Fall arme Menschen gegen ein Projekt, das ihnen nicht nur nichts nützt, sondern darüber hinaus auch schadet, Maßnahmen ergreifen, kommt nur sehr selten vor. Normalerweise erzwingt das Geld der internationalen Entwicklungsbehörden Zustimmung zu jedem Projekt, so irrelevant, grausam, abwegig und verrückt es auch sein mag – vor allem, wenn die kreditnehmende Regierung die Muskeln spielen läßt.

Die britische Overseas Development Administration marschiert immer vorneweg, wenn es darum geht, in enger Zusammenarbeit mit Regierungen der Dritten Welt Projekte auszutüfteln, die an den Armen vorbeigehen und ihnen sogar schaden. Im indischen Karnataka finanzierte die Behörde ein forstwirtschaftliches Programm, bei dem eine immense Zahl schnell wachsender Eukalyptusbäume gepflanzt wurde. Der ursprüngliche Zweck des Projektes war, besitzlose Bauern und kleine Farmer in dem Gebiet mit Brennholz und Viehfutter zu versorgen. Allerdings sind Eukalyptusbäume für diese Zwecke überhaupt nicht geeignet. Das Vieh frißt die bitteren, aromatischen Blätter nicht, folglich sind sie als kostenlose Futterquelle völlig wertlos. Hinzu kommt, daß ihre Stämme mannshoch senkrecht in die Höhe wachsen und in Griffhöhe keine Seitenäste treiben, die die Dorfbewohner abbrechen und als Brennholz verwenden könnten. Zudem nützen auch die gefällten Bäume des Karnataka-Projekts den Armen nichts. Aus finanziellen Gründen wandern die meisten jetzt als Pulpe-Lieferanten in die Papierfabrik Mysore. Der verbleibende kleine Rest wird auf dem Markt in Bangalore als Brennholz an wohlhabendere städtische Abnehmer verkauft.[192]

Ein anderes Projekt der britischen Behörde im peruanischen Cajamarca erzielte ähnlich zweifelhafte Resultate. Mit dem Plan sollten Kleinbauern ermuntert werden, Milchkühe anzuschaffen. Die Behörde vergab die erforderlichen Kredite und sorgte für die tierärztliche Betreuung. Doch es gab nur einen Abnehmer für die produzierte Milch: ein großes, multinationales Unternehmen, das aufgrund seiner Monopolstellung in der Lage war, den Preis für die Milch, die es den Bauern abnahm, erheblich zu drücken. Heute sitzen die Milchproduzenten in der Armutsfalle: Sie verdienen nicht einmal genug, um die Kredite zurückzahlen zu können, und ihre Kühe können sie nicht verkaufen, weil niemand die wertlosen Tiere will.[193]

So sauer wie die Milch dieser peruanischen Kühe enden viele entwicklungspolitische Initiativen, die einmal mit süßen Träumen begonnen haben. In den Bergen Guatemalas steht heute beispielsweise ein gigantischer Damm namens Chixoy, der den irrwitzigen Plänen so vieler »Entwickler« als Mahnung dienen könnte. Ursprünglich auf 340 Millionen Dollar veranschlagt, waren die Baukosten 1985, als das Kraftwerk in Betrieb ging, auf 1 Milliarde Dollar geklettert. Das Geld wurde der Regierung Guatemalas von einem Konsortium westlicher Geber geliehen, an ihrer Spitze die Weltbank und die Interamerikanische Entwicklungsbank. Doch es muß zurückgezahlt werden – und natürlich von den Steuern des guatemaltekischen Volkes. Doch dies ist nicht die einzige Belastung. Hinzu kommt noch eine drastische Preiserhöhung bei der heimischen Elektrizität. Seitdem das Wasserkraftwerk des Dammes drei Viertel des Strombedarfs im Land deckt, wurde der Preis um 70 Prozent heraufgesetzt. Nach Robert Balsells, der das Pech hatte, zu der Zeit der staatseigenen Elektrizitätsgesellschaft als Präsident vorzustehen, waren die Folgen für den durchschnittlichen Guatemalteken bitter. Und das sind sie in der Tat: Weil der Damm bezahlt werden muß, haben viele »keine Medikamente, nichts zu essen ... Vorher waren wir nur arm, jetzt sind wir ins Elend geraten«.[194]

Der Weltbank und ihren Partnern in der Entwicklungshilfe sind die Armen und deren ermüdende Alltagsprobleme so hoffnungslos fremd, daß es kein Wunder ist, wenn sich die Geber immer neue bizarre und realitätsfremde Projekte wie den Chixoy-Damm ausdenken – Projekte, die wertlos sind und denen, die davon profitieren sollen, sogar schaden. Doch die Mehrzahl dieser aberwitzigen, supermodernen Großprojekte nützt den bürokratischen Bedürfnissen der Entwicklungsbehörden, der Eitelkeit und den Karrierewünschen des Personals und nicht zuletzt auch den Geschäftsinteressen der Firmen, die Maschinen und Fachleute stellen.

Wie es im Sprichwort heißt: Es weht ein ungesunder Wind, der niemandem etwas Gutes bringt.

KAPITEL FÜNF

Gewinner und Verlierer

> Öffentliches Geld ist wie Weihwasser,
> jeder taucht die Fingerspitzen hinein.
>
> ITALIENISCHES SPRICHWORT

In Afrika wurde unlängst ein komplexes und sehr teures Bewässerungssystem an den Ufern des Niger bei Namarogounou aufgegeben. Seitdem liegt das ultra-moderne Gerät brach: Die Regierung, der das Projekt als Entwicklungshilfe geschenkt wurde, kann die astronomisch hohen Betriebskosten nicht tragen. Doch inzwischen bezahlen ein paar Kilometer weiter internationale Geber 17 000 Dollar pro Hektar, um ein Bewässerungssystem zu bauen, das praktisch identisch ist. Westliche Unternehmen liefern das technische Gerät, und westliche Beraterfirmen sind für Planung und Überwachung verantwortlich. Wahrscheinlich werden sie die einzigen sein, die auf lange Sicht von den 25,5 Millionen investierten Dollar profitieren werden.[1]

Zwar wissen das bereits alle Beteiligten, doch keiner scheint sich daran zu stören – die Steuerzahler der Industrienationen haben das Geld bereitgestellt, und den Beteiligten erscheint es nun rechtens, wenn es an Unternehmen aus diesen Ländern gezahlt wird. Natürlich wird der Einwand erhoben, daß kleinere Investitionen in eine nur auf Regen angewiesene Landwirtschaft und die volle Nutzung der vorhandenen lokalen Kenntnisse zu höheren Ernteertägen führen könnten. Doch solche Basis-Initiativen könnten den Lieferanten aus den reichen Ländern nur schmale Gewinne verschaffen.[2]

Dies ist eine Faustregel, die immer gilt, wohin man in der Dritten Welt auch kommt: Wenn ein Projekt von Ausländern finanziert wird, dann sind es typischerweise auch Ausländer, die es planen und durchführen, dann wird auch ausländisches Gerät verwendet, das auf ausländischen Märkten beschafft wird.

So findet man auf jeder Farm, die von der Agricultural Development Corporation in Bangladesch betrieben wird, britische Lastwagen, russische Traktoren, deutsche Mähdrescher und japanische Maschinen, und es ist ganz normal, daß jeder dieser Importartikel von einem Experten oder Techniker aus dem Geberland begleitet wird. Die Briten tun sich hierin besonders hervor. Auf jeder Farm sind Techniker oder Entwicklungshelfer beschäftigt, die sich um das britische Gerät kümmern. Ähnliche Arrangements gelten auch für praktisch alle anderen Sektoren der Wirtschaft in Bangladesch, wo eindrucksvolle 90 Prozent des nationalen Entwicklungsbudget aus der Auslandshilfe stammen.[3] Allein die britische Entwicklungshilfe beträgt heute jährlich 40 Millionen Pfund.[4] Doch in mehreren Jahren wurden weniger als 1 Prozent dieser Gesamtsumme tatsächlich in Bangladesch ausgegeben – der Rest wurde dazu verwendet, Waren aus Großbritannien einzuführen oder die Gehälter britischer Experten zu bezahlen.[5]

Im nahen Nepal ist die ausländische Beteiligung an den nationalen Entwicklungsvorhaben so groß, daß bei manchen Projekten nicht mehr auszumachen ist, ob als eigentliche Nutznießer noch die Armen in Nepal anvisiert werden oder ob die ganze Angelegenheit nicht schon von vornherein nur noch auf die Bedürfnisse und Interessen der ausländischen Unternehmen zugeschnitten war.

Das von USAID finanzierte Rapti Area Rural Development Project ist dafür ein Beispiel. Dem Vertragspartner PADCO – einer Washingtoner Firma für technische Hilfe – ist es gelungen, von den bislang ausgegebenen 24 Millionen Dollar 20 Prozent zu ergattern.[6] PADCO war auch bei einem anderen USAID-Vorhaben, dem Town Development Fund, intensiv beteiligt. Dieser Fonds mit Sitz in Katmandu verdankt seine Existenz den Empfehlungen, die in einer Studie über Stadtentwicklung ausgesprochen worden waren. USAID hatte die Studie finanziert, und die Firma PADCO hatte sie erstellt. Während der vorbereitenden »Management-Unterstützungsphase«, die erst kürzlich angelaufen ist und die 1,3 Millionen Dollar kosten wird, hat das Projekt auf inzestuöse Weise noch mehr Arbeit für PADCO und für andere US-Beraterfirmen geboren. Amerikanischen Firmen winken bereits weitere lukrative Aufträge:

Umfang und Komplexität der für die Durchführung des Programms erforderlichen Koordinationsarbeit schließen nämlich, so glaubt man, jede effektive Beteiligung von nepalesischer Seite aus.[7]

Hilfe und Geschäft

Von Katmandu bis Quito, von Thailand bis Timbuktu symbolisiert seit vielen Jahren ein rührendes, egalitäres Emblem Amerikas Altruismus: Eine schwarze Hand schüttelt eine weiße Hand, und darunter steht »Spende des Volkes der Vereinigten Staaten«. Auch wenn es die Verpackung nicht ahnen läßt: Oft ist die vermeintliche »Spende« ein Kredit. Und selbst wenn es sich um einen nicht rückzahlbaren Zuschuß handelt, läßt sich nur bedingt von Großzügigkeit sprechen. So zeigen Studien über die Jahre 1960 bis 1970 – Präsident Kennedys idealistische »Erste Entwicklungsdekade« –, daß 99 Prozent der Mittel, die USAID damals für die Entwicklung in Lateinamerika bereitstellte, in Wahrheit in den USA ausgegeben wurden, und zwar zu einem Preis, der durchschnittlich 35 Prozent über dem Preis vergleichbarer Produkte auf dem Weltmarkt lag.[8] Sogar heute noch verlassen 70 Cents von jedem Dollar der amerikanischen »Hilfe für die Dritte Welt« nie die USA.[9] Die Entwicklungsbehörde AID gibt beeindruckende 7 Milliarden Dollar für Waren und Leistungen aus, die sie direkt bei inländischen Unternehmen und Lieferanten einkauft: Dieser Geldregen ergießt sich vor allem über New York, Pennsylvania, North Carolina und Texas, doch kein Staat geht ganz leer aus.[10] Nicht umsonst behauptet USAID, die Organisation habe »zu Hause Tausende von Arbeitsplätzen geschaffen«.[11]

Die Beschäftigung im Inland nimmt auch in den Köpfen deutscher Entwicklungsplaner einen wichtigen Platz ein:

Die aus Mitteln der finanziellen Zusammenarbeit geförderten Vorhaben werden von der Bundesregierung nach entwicklungspolitischen Gesichtspunkten ausgewählt und durchgeführt. Angesichts der auf dem deutschen Arbeitsmarkt vorhandenen Probleme achtet die Bundesregierung in allen entwicklungspolitisch geeigneten Fällen darauf, daß Anbieter aus der Bundesrepublik entsprechend berücksichtigt werden, ohne die Prinzipien des internationalen Wettbewerbs zu vernachlässigen.[12]

232

Über diesen politischen Grundsatz hinaus verhehlt das BMZ nicht, daß der überwiegende Teil des für Entwicklungshilfe ausgegebenen Geldes in Form von Aufträgen wieder in die Bundesrepublik zurückfließt. Im Jahr 1987 waren es 89 Prozent im Bereich Finanzhilfe und eindrucksvolle 95 Prozent bei Projekten der Technischen Zusammenarbeit.[13]

Manchen Kritikern stößt vor allem die Tatsache auf, daß das Bundesministerium einige Firmen offensichtlich bevorzugt. So machten die Grünen neulich darauf aufmerksam, daß nicht weniger als 40 Prozent aller Exportaufträge, die durch »Finanzielle Zusammenarbeit« gedeckt waren, an den mächtigen Siemens-Konzern gingen. Wie bekannt wurde, waren tatsächlich volle 80 Prozent des gesamten Exportgeschäfts von Siemens an Mischkredite des BMZ geknüpft, die durch die Kreditanstalt für Wiederaufbau (KfW) ausgezahlt wurden.

Natürlich ist Siemens nicht der einzige Nutznießer. Alles in allem schüttete die KfW 1987 2,2 Milliarden Mark für Projekte in der Dritten Welt aus. Von dieser Summe flossen 1,626 Milliarden Mark an deutsche Firmen, wobei der Löwenanteil an Unternehmen der Branchen Maschinen- und Gerätebau (inklusive Eisenbahn), Elektronik, Bauwesen, Chemie und Fahrzeugbau ging.[14]

Zusätzlich stellt die deutsche Entwicklungshilfe besondere Mittel bereit, mit denen Investitionen im Ausland gefördert werden sollen – darunter beispielsweise »Niederlassungskredite«, die solchen Firmen zugute kommen sollen, die in Übersee den Bau von Zweigwerken planen. Hauptnutznießer solcher Darlehen waren in jüngerer Zeit Hoechst, Lurgie-Chemie, Kabelmetall, die Klett-Gruppe, die Wella-AG, Daimler, Volkswagen und Schering.[15]

Das gleiche gilt praktisch für jedes Geberland. Großbritannien steckt jährlich 850 Millionen Pfund in seine bilateralen Hilfsprogramme.[16] Von dieser ansehnlichen Summe werden normalerweise 80 Prozent für britische Waren und Dienstleistungen ausgegeben[17] – bei einigen Empfängern wie Bangladesch nähert sich der Anteil der 100-Prozent-Grenze.

Das ohnehin schon hohe Niveau der Inlandseinkäufe, die routinemäßig mit britischer Entwicklungshilfe finanziert werden, wird noch durch zusätzliche Mittel gesteigert, die im bilateralen Budget versteckt sind und einzig und allein dem Zweck dienen, britischen Exporteuren in den Entwicklungsländern Aufträge zu sichern.

Bekannt unter dem Namen Aid-Trade Provision (ATP) wurde dieser Reptilienfonds 1977 eingerichtet und hat seitdem zunehmend an Bedeutung gewonnen: Trotz weitverbreiteter Hungersnöte und anderer Katastrophen waren die ATP-Geschenke an britische Firmen 1984 fast doppelt so hoch wie die öffentliche Entwicklungshilfe, die in Form von Katastrophenhilfe, Nahrungsmittelhilfe und Schuldenhilfe an die afrikanischen Länder südlich der Sahara ging.[18]
Aus administrativer Sicht ist ATP eine gemeinsame Schöpfung der Overseas Development Administration und des Ministeriums für Handel und Industrie. Die Entwicklungsbehörde stellt das Geld zur Verfügung (aus dem Steueraufkommen), aber das Ministerium entscheidet, wie es ausgegeben wird. Die finanziellen Arrangements bei normalen Projekten der Entwicklungshilfe werden zwischen der Overseas Development Administration und der Empfängerregierung in der Dritten Welt ausgehandelt. ATP-Mittel müssen jedoch zuerst vom interessierten britischen Exporteur beim Ministerium beantragt werden. Die Höhe der Summe, die schließlich angeboten wird, hängt daher fast nur davon ab, wie hoch die Subvention nach Einschätzung des Ministeriums ausfallen muß, damit die Firma den Auftrag tatsächlich bekommt (und nicht etwa von den Vor- oder Nachteilen eines Projektes aus entwicklungspolitischer Sicht). Darüber hinaus ist eindeutig geregelt, daß ATP »nicht für Geschäfte zur Verfügung steht, von denen anzunehmen ist, daß sie unter normalen Geschäftsbedingungen zustande kommen«.[19]
Auf praktisch jedem internationalen Forum erklärt die britische Regierung seit vielen Jahren, sie halte eisern am Prinzip des freien Wettbewerbs fest. Vor diesem Hintergrund mutet es befremdlich an, wenn ein wachsender Teil des Budgets für öffentliche Entwicklungshilfe nicht dazu bestimmt ist, den Armen zu helfen, sondern zielstrebig dafür verwendet wird, die Mechanismen des Weltmarktes zu unterlaufen. Premierministerin Margaret Thatcher hat bei unzähligen Gelegenheiten erklärt, daß unproduktive Firmen, die sich im Wettbewerb nicht behaupten können, nicht vor dem Konkurs gerettet werden sollten. Doch öffentliche ATP-Mittel verschaffen ihnen dort einen Wettbewerbsvorteil, wo unter normalen Bedingungen nichts für sie zu holen wäre.
Die britische Öffentlichkeit wird über ATP nur unzureichend informiert. Ein detaillierter Bericht zu diesem Thema, den die Overseas Development Administration in Auftrag gegeben hatte,

wurde für zu kritisch befunden und unmittelbar vor der Veröffentlichung zurückgezogen; er unterliegt nun dem Official Secret Act.[20] Sorgfältige Recherchen haben jedoch ans Licht gebracht, daß eine überraschend kleine Zahl großer Firmen die Hauptnutznießer des Programms waren. Zwischen 1978 und 1985 wurden 328 Millionen Pfund als ATP vergeben; davon gingen mehr als die Hälfte – 166 Millionen Pfund – an nur vier Unternehmen. GEC und NEI, zwei Marktführer im Bereich Elektrotechnik, bekamen 49 Millionen bzw. 47 Millionen Pfund von den britischen Steuerzahlern; Davy McKee und Balfour Beatty erhielten im selben Zeitraum jeweils 34 Millionen Pfund.[21] Doch das größte Stück vom ATP-Kuchen, das je vergeben wurde, ging 1986 an die Biwater-Gruppe in Dorking, Surrey – 60 Millionen Pfund für ein Bewässerungsprojekt in Malaysia.[22]

Die spendablen Multilateralen

Doch die Ernte, die britische Unternehmen aus den Budgets der öffentlichen Entwicklungshilfe einfahren, bleibt nicht auf bilaterale Zuteilungen beschränkt. Annähernd 40 Prozent der gesamten Entwicklungshilfe werden durch multilaterale Behörden wie die Ernährungs- und Landwirtschaftsorganisation der Vereinten Nationen und die Weltbank weitergeleitet. Obwohl diesen Institutionen nicht vorgeschrieben wird, wo sie das Geld ausgeben müssen, belegen Zahlen, daß der Rückfluß der britischen »Investitionen« im multilateralen Bereich ganz erheblich ist – mehrfach kam in Form von Aufträgen mehr zurück, als Großbritannien an Beiträgen entrichtet hatte. In einem der letzten Jahre unterstützten die britischen Steuerzahler die multilateralen Entwicklungsbehörden mit 495 Millionen Pfund, doch im gleichen Jahr erhielten britische Firmen von ebendiesen Behörden Aufträge im Gesamtwert von 616 Millionen Pfund.[23] In einem anderen Jahr erhielten die Multilateralen von Großbritannien 531 Millionen Pfund und schlossen im Gegenzug mit britischen Unternehmen Aufträge in Höhe von insgesamt 637,2 Millionen Pfund ab.[24] Nach Aussagen der Overseas Development Administration darf man davon ausgehen, daß die Multilateralen in Großbritannien Waren und Leistungen einkaufen, deren Geldwert die britischen Beiträge an die Multilateralen um etwa 20 Prozent übersteigt.[25]

Dies wird durch die Ausgaben des UN-Entwicklungsprogramms nur noch unterstrichen. In einem repräsentativen Jahr, als Großbritannien an die Behörde Beiträge in Höhe von 17,5 Millionen Pfund entrichtete, kaufte UNDP auf der Insel Waren und Leistungen für 23,54 Millionen Pfund ein: ein Plus von 6 Millionen Pfund. Unter den Empfängern waren British Leyland (444 000 Pfund für die Lieferung von Rover-Autos), Racal Decca (459 000 Pfund für Landvermessungsgeräte) und George Wimpley International (688 000 Pfund für Bauarbeiten in Tansania).[26]

Bei diesen amtlichen Berechnungen der Gewinne, die Großbritannien aus seiner Beteiligung an den multilateralen Hilfeleistungen zieht, sind die Gehälter der vielen tausend britischen Staatsbürger nicht mitgerechnet, die als »Experten«, »höhere Beamte« und »Administratoren« für die jeweiligen Behörden arbeiten. UNDP allein hat 1223 britische Bürger auf seiner Gehaltsliste;[27] zusätzliche Leistungen nicht mitgerechnet, addieren sich diese Gehälter auf insgesamt 30 Millionen Pfund pro Jahr. Die Vergütungen der britischen Mitarbeiter am FAO-Sitz in Rom kosten die gigantische multilaterale Behörde siebenmal mehr, als sie von Großbritannien an Beiträgen zu ihrem ordentlichen Haushalt erhält.[28]

Natürlich ist Großbritannien nicht die einzige Industrienation, die bei der multilateralen Entwicklungshilfe mehr erntet, als sie gesät hat. Bleiben wir bei unserem Beispiel FAO: Das Kosten-Nutzen-Verhältnis für die Niederlande ist 1 : 5, für Frankreich 1 : 2 und für Belgien 1 : 7. Besonders gut kommt das Gastland Italien weg: Für jeden Dollar, das es der Organisation zuschießt, kommen 16 zurück. In einem Rekordjahr betrug der Anteil Italiens am ordentlichen FAO-Haushalt ganze 5,7 Millionen Dollar; im gleichen Zeitraum strich das italienische Personal Gehälter in Höhe von 73 Millionen Dollar ein, und italienische Firmen erhielten Aufträge im Wert von 19 Millionen Dollar.[29] Ein ähnliches Bild bietet sich beim UNDP in New York. Das Programm pumpt 45 Prozent mehr in die US-Wirtschaft zurück, als es an Haushaltsbeiträgen von den Vereinigten Staaten bezieht.[30]

Die Dritte Welt beherbergt nur wenige UN-Verwaltungen, ganz gleich welcher Größe. Wieder profitieren also nur die Industrieländer von den Ausgaben der Vereinten Nationen: Die Genfer UN-Dependance verbraucht jährlich beispielsweise 120 Millionen Dollar, die Wiener fast 100 Millionen Dollar. Allein diese Summen sind schon höher als die Beiträge, die Österreich und die Schweiz jeweils an die Budgets der Weltorganisation entrichten.[31] New York, bevorzugter Hauptsitz mehrerer »Entwicklungsbehörden« der UNO, kommt besonders gut weg: Obwohl die verwöhnten Legionen der internationalen Beamten und Diplomaten die Stadt monatlich 125 000 Dollar an unbezahlten Strafmandaten für unerlaubtes Parken kosten, pumpen sie als zahlungskräftige Besucher von Restaurants, Bars, Theatern und Kaufhäusern mindestens 800 Millionen Dollar jährlich in die Wirtschaft des Big Apple.[32] Obendrein profitiert New York von weiteren 400 Millionen Dollar, die jährlich direkt aus dem UN-Budget sprudeln.[33]

Am Sitz der Weltbank in Washington fallen diese 400 Millionen Dollar eher unter die Rubrik Kleinbeträge. Der Gigant unter den multilateralen Institutionen gibt jedes Jahr sage und schreibe Milliarden für »Entwicklungszwecke« aus. Allerdings verliert er dabei nicht aus dem Auge, daß er auf die konstante Unterstützung seiner Mitgliedsländer angewiesen ist, also ist er auch der erste, der zuzugeben bereit ist, daß von jedem Dollar, den er bekommt, 70 Cents für Waren und Leistungen aus den reichen Industrieländern ausgegeben werden.[34] So kauften IDA und IBRD im Geschäftsjahr 1986 in Japan für 1,14 Milliarden, in der Bundesrepublik Deutschland für 762,3 Millionen und in Großbritannien für 604,7 Millionen Dollar ein. Im gleichen Finanzjahr erhielten die USA Aufträge in Höhe von 1,02 Milliarden Dollar;[35] ein Jahr später, 1987, machten sie einen noch besseren Schnitt und lieferten Waren und Leistungen im Wert von 1,810 Milliarden Dollar. Im selben Jahr gingen in die Bundesrepublik 954,3 Millionen, nach Großbritannien 894,8 Millionen und nach Japan 1,322 Milliarden Dollar.[36]

Was das Verhältnis zwischen Zuschüssen und Rückflüssen an Weltbank-Geldern betrifft, ist Japan unter den Industrienationen einsamer Spitzenreiter – inbesondere die Vereinigten Staaten können da nicht mithalten, und das frustriert und ärgert amerikanische Politiker.[37] Trotzdem sichern sich die USA von ihrer »multilateralen Hilfe«, die über die Weltbank geleitet wird, stets einen dicken Batzen: Von jedem beigesteuerten Dollar fließen umgehend 82 Cents in Form von Bestellungen an amerikanische Firmen zurück.[38] Das heißt im Klartext: Die multilateralen Behörden haben den Lieferanten in den Industrieländern lukrative Geschäfte zu bieten. Die regelmäßig erscheinende UN-Zeitschrift *Development Business* will dieses Geschäft noch weiter ankurbeln. »*Nutzen Sie das 24-Milliarden-Geschäft*«, fordert das Blatt, das man für 295 Dollar im Jahr abonnieren kann:

> Vierzehntägig veröffentlicht *DB* eine Liste mit Vorinformationen und Ausschreibungen, die Ihnen schon frühzeitig Zugang zum Milliardengeschäft der multilateralen Kreditgeber eröffnen ... *DB* veröffentlicht die monatlichen Tätigkeitsberichte von Weltbank und Interamerikanischer Entwicklungsbank. Diese Quellen informieren Sie über Beratungs-, Vertrags- und Liefermöglichkeiten, sobald ein Projekt vorgeschlagen wurde. Außerdem finden Sie bei uns unerläßliche Informationen über Auftragsbeschaffung in den Entwicklungsländern und aktuelle Artikel, die Ihnen Ihre Tätigkeit erleichtern sollen ... Lassen Sie *DB* für Sie arbeiten.

In einer Reklamebroschüre behauptet der Herausgeber: »*DB* ist ein einmaliges Hilfsmittel für Unternehmen ... Eine neuere unabhängige Untersuchung hat gezeigt, daß bei Ausschreibungen, die in *DB* abgedruckt waren, einer von drei Abonnenten, die Angebote eingereicht haben, den Vertrag bekommt.«[39]
So wie die Bank die Veröffentlichung ihrer monatlichen Tätigkeitsberichte zuläßt, so bietet sie einige besondere Einrichtungen an, die nur den Unternehmen vorbehalten bleiben, mit denen sie Geschäfte macht. Die Öffentlichkeit, organisierte Gruppen, die wegen der sozialen und ökologischen Folgen von Unternehmungen der Bank besorgt sind, und Menschen in der Dritten Welt, deren Leben von diesen Unternehmungen unmittelbar betroffen ist, erhalten keinen Einblick in Projektgutachten, Berichte an Exekutivdirektoren und andere interne Dokumente. Doch viele dieser »vertraulichen« Akten stehen im britischen Ministerium für Handel und Industrie in London sowie in der Bücherei des US-Handelsministeriums im Herbert C. Hoover Building in Washington. Hier wie dort dürfen Angestellte und Berater großer westlicher Unternehmen die Akten einsehen, wenn erst einmal Vertrauen hergestellt ist und die entsprechenden Formulare ausgefüllt sind. Potentielle Lieferanten von Waren und Leistungen haben nach Einschätzung der Bank offenbar ein legitimes Bedürfnis, die vertraulichen Einzelheiten jedes Projektes, an dem sie Interesse haben, zu erfahren. Die Betroffenen aber,

die in der Projektgegend wohnen, werden so lange im dunkeln
gelassen, bis die Planierraupen anrollen. Wohl nirgends sonst zeigen
sich die engen Bande zwischen Privatwirtschaft und öffentlichen
Geldgebern so deutlich wie hier – und dieses innige Verhältnis
bringt vieles von dem hervor, was als »Entwicklung« angesehen
wird.

Weder Fisch noch Fleisch

Obwohl sich Entwicklungsbehörden normalerweise bedeckt halten, wenn es um ihren Beitrag zum Gedeihen der Wirtschaft der
Industrienationen geht, so machen sie doch erheblichen Wirbel,
wenn sie – wie des öfteren in letzter Zeit – von Kritikern des rechten
politischen Spektrums attackiert werden und sich gegen den Vorwurf wehren müssen, sie würden der Dritten Welt leichtfertig
westliche Steuergelder in den unersättlichen und nichtswürdigen
Rachen stecken. Das deutsche BMZ erklärt beispielsweise: »Entwicklungshilfe soll beschäftigungswirksam für die BRD eingesetzt
werden.«[40] Noch unverblümter verkündet die amerikanische Agency for International Development: »Auslandshilfe kostet die Amerikaner nichts, sich macht sich bezahlt!«[41] Die britische Overseas
Development Administration hält ihren Kritikern entgegen, »daß
das Hilfsprogramm so weit wie möglich denen entgegenkommt, die
imstande sind, daraus ein Geschäft zu machen«.[42]
Nur sollte Entwicklungshilfe eben nicht eine Art versteckte Subventionierung von Arbeitsmarkt, Handel und Industrie in den
Geberländern sein. Und weil die Behörden dies auch wissen, widmen sie nach wie vor einen Großteil ihrer PR-Broschüren und
Reden den humanitären Aspekten ihrer an den Armen orientierten
Tätigkeit in den Entwicklungsländern. »Die zentrale Herausforderung an die Weltbank«, sagt Barber Conable, der Präsident der
multinationalen Institution, »ist zugleich auch das zentrale Anliegen unserer Welt: im weltweiten Kampf gegen die Armut den Willen
und die Mittel der Wohlhabenden wie auch der Leidenden zu
mobilisieren.«[43] »Das Hauptziel« der amerikanischen Entwicklungshilfe ist, »die Grundbedürfnisse der armen Menschen in den
Entwicklungsländern zu befriedigen«, verkündete ein früherer Außenminister dem Senatsausschuß für Auswärtige Beziehungen.[44]
»Die Lebensqualität der Menschen in den Entwicklungsländern zu

verbessern ist das zentrale Anliegen der amerikanischen Entwicklungspolitik«, vermeldet AID. »Viele Projekte zielen darauf ab, den Armen zu helfen, sich selbst zu helfen.«[45] In ähnlicher Weise will die britische Overseas Development Administration klargestellt wissen, daß sie ihre Hilfe auch künftig auf die »ärmsten Länder«[46] und auf die »ärmsten Menschen in diesen Ländern«[47] konzentrieren werde.

Wenn man den Publizisten glauben will, kann die Entwicklungshilfe es allen recht machen: Sie kann bei Rechten wie Linken Zustimmung ernten, sie kann die Unterstützung der Öffentlichkeit und der Wirtschaft gewinnen, sie kann die Armen wohlhabend und die Reichen noch reicher machen, Gegensätze miteinander versöhnen, offene Interessenskonflikte in Harmonie und beiderseitigem Nutzen auflösen, sie kann mit einem Satz über Hochhäuser springen, Schnellzüge anhalten ... mit einem Wort, sie ist wie Superman, der einfach alles kann, was er sich in den Kopf gesetzt hat.

Doch leider ist Entwicklungshilfe – wie auch Superman – weder Fleisch noch Fisch. Sie ist ein Zwitterding, und diese Eigenschaft wird in vielen Erklärungen, die über sie abgegeben werden, deutlich. So sagte Präsident Ronald Reagan gegen Ende seiner zweiten Amtszeit: »Unsere Auslandshilfe ist nicht nur ein Symbol für die traditionelle Großzügigkeit und den guten Willen Amerikas, sie dient auch unseren nationalen Interessen.«[48] Etwa zur gleichen Zeit äußerte Christopher Patten, der britische Minister für Entwicklungshilfe: »Wir sollten uns nicht scheuen und eines ruhig zugeben: Wenn wir etwas tun, das richtig ist, dann kann das auch bedeuten, daß wir etwas tun, das gut für Großbritannien ist.«[49] In den Verlautbarungen seines Ministeriums wird er etwas deutlicher: »Der Großteil der bilateralen Hilfe Großbritanniens sollte für britische Waren und Leistungen ausgegeben werden, das bedeutet aber nicht, daß wir nicht auch künftig den ärmsten Gruppen in den Entwicklungsländern helfen könnten. Durch eine sorgfältige Auswahl der Projekte können wir gewährleisten, daß die Armen einen Nutzen davon haben und sich gleichzeitig für britische Firmen lohnende Chancen eröffnen.«[50]

Diese Art der Argumentation hat unbestreitbar etwas Verführerisches, und doch ist sie durch und durch falsch. Betrachten wir die Sache von der logischen Seite: Wenn behauptet wird, Entwicklungshilfe nütze dem Geber, weil ein Teil von ihr wieder für seine

Waren und Leistungen ausgegeben werde, dann ließe sich ebensogut behaupten, daß ein Ladenbesitzer einen Vorteil daraus ziehen könne, wenn er seine Registrierkasse ausrauben läßt, solange der Dieb einen Teil der Beute in seinem Laden ausgibt.[51] Oder wie es der britische Ökonom Peter Lord Bauer ausdrückt: »Ein Geschäftsmann macht keine Gewinne, indem er Geld an Leute verschenkt, von denen später einige seine Produkte kaufen.«[52]

Wenn wir schon Subventionen brauchen – eine bereits in sich zweifelhafte Behauptung –, dann sollten sie wenigstens effizient sein. Ohne Frage könnte jede Regierung einer Industrienation, die es gelüstet, von ihren Steuerzahlern Spenden für profitorientierte Unternehmen zu fordern, dies weitaus effektiver tun. Sie könnte sich den teuren Umweg über die Dritte Welt sparen und den Reichtum ohne Reibungsverluste aus den öffentlichen direkt in private Kassen transferieren. Würde sie die Subventionen ganz offen vergeben, anstatt sie scheinheilig im Budget für Entwicklungshilfe zu verstecken, dann könnten sie zumindest genauer unter die Lupe genommen und ausgewogener verteilt werden. Anstatt ein paar große Unternehmen zu bevorzugen, könnte die Regierung beispielsweise einer größeren Zahl kleinerer Firmen unter die Arme greifen.

Eine Politik, die westliche Entwicklungshilfe dazu benützt, westlichen Unternehmen Profite zu verschaffen, ist verfehlt und töricht, selbst nach ihren eigenen Kriterien. Zudem verbaut sie der Entwicklungshilfe die Möglichkeit, ihrer *anderen* Aufgabe nachzukommen, nämlich den Armen in der Dritten Welt »wirksame Hilfe« zu leisten.

Exporte aus dem Norden, Armut im Süden

Ein Beispiel für die katastrophalen Folgen für Mensch und Natur ist der Singrauli-Komplex in Indien, der in Kapitel vier untersucht wurde. Nachdem die Kohlengruben und das Kraftwerk bereits zehn Jahre in Betrieb waren und 850 Millionen Dollar an multilateraler Hilfe verschlungen hatten, beschloß die Weltbank endlich, die ökologischen und sozialen Folgen dieses verheerenden Projekts untersuchen zu lassen. Auf der Liste der Kandidaten, die für diese Aufgabe in die engere Auswahl kamen, stand jedoch keine der verschiedenen indischen Umweltschutzgruppen, die täglich mit den armen Dorfbewohnern, die unter Singrauli zu leiden hatten, Kontakt hatten. Alle sechs Kandidaten, die in Erwägung gezogen wurden, waren große Elektro- oder Maschinenbaufirmen, und alle hatten ihren Sitz in Ländern, die wichtige Beitragszahler der Bank sind – in Frankreich, Kanada, Australien, Großbritannien und in den Vereinigten Staaten.[53]

Es ist ein charakteristisches Merkmal bilateraler Hilfsprogramme, daß häufig Projekte zustandekommen, die schlecht geplant sind und den Armen keinerlei greifbaren Nutzen bringen, weil von Lobbyisten Druck auf die Regierungen ausgeübt wird, die Wirtschaft in den Geberländern mit staatlichen Mitteln zu unterstützen. Um es gleich vorwegzuschicken: Der Preis für Waren und Leistungen, die mit »liefergebundenen« Krediten eingekauft werden, liegt nicht selten weit über dem tatsächlichen Marktwert. Willkürliche Preiserhöhungen um 20 bis 30 Prozent und mehr sind durchaus nicht ungewöhnlich.[54] Was die deutsche Entwicklungshilfe angeht, läßt uns Brigitte Erler, eine ehemalige Mitarbeiterin des BMZ, dazu folgendes wissen:

> Seit der Einführung der Lieferbindung in der Vorlage über eine Projektentscheidung muß neuerdings die Beschäftigungswirksamkeit des Projekts nicht etwa für das Entwicklungsland, sondern für die Bundesrepublik nachgewiesen werden – dadurch steigt die durch Entwicklungshilfe finanzierte Gewinnmarge der deutschen Lieferanten noch erheblich an ... Lieferbindung bedeutet, daß die Lieferungen im Schnitt 20 Prozent teurer werden, als wenn wir sie international ausschreiben.
>
> So erhielt – dem Vernehmen nach – zum Beispiel bei einem 4-Millionen-Mark-Projekt für seismologische Untersuchungen in Bangladesch eine bundeseigene Firma trotz überhöhten Angebots den Auftrag, weil das Angebot ohne Preisvergleich akzeptiert worden war.
>
> Die Kosten des 400 Millionen Mark teuren Mahaweli-Staudammes in Sri Lanka stiegen plötzlich innerhalb eines Jahres um 100 Millionen Mark, nachdem Minister Offergeld entschieden hatte, daß ein deutsches Konsortium den Auftrag erhalten müsse. Das schien dem BMZ und der KfW dann doch zu bunt und wurde etwas heruntergehandelt.[55]

Doch die deutsche Entwicklungshilfe ist nicht die einzige, die Entwicklungsländern durch die Politik der »Lieferbindung« teure Zusatzkosten aufbürdet. Die Regierung von Bangladesch mußte feststellen, daß britische Eisenbahnwaggons, die sie gemäß Vertrag bei britischen Lieferanten kaufen mußte, fünfzig Prozent teurer waren als vergleichbare Waggons anderer Anbieter. Waggons, die mit liefergebundenen Mitteln in Dänemark gekauft wurden, waren besonders überteuert – sie kosteten dreimal mehr als vergleichbare Produkte aus anderen Quellen.[56] Um es noch einmal zu wiederholen: Wenn Hilfe bei solchen Einkäufen eher die Form eines Kredits als eines nichtrückzahlbaren Zuschusses annimmt – wie es häufig der Fall ist –, so werden dabei nicht nur die Steuerzahler in den Geberländern betrogen, sondern auch die Armen in der Dritten Welt.

Der Preis ist nur ein Teil des Problems: Wenn mehr Wert darauf gelegt wird, die Bedürfnisse der Lieferanten zu befriedigen als die der Empfänger, dann sind die gelieferten Waren häufig ziemlich ungeeignet:

> Wenn in den Straßen von Niamey Laubhäufchen beseitigt wurden, kamen Mercedes-LKW angefahren, auf die mit schweren Caterpillar-Vorderladern Reisig und Blätter geschaufelt wurden. Trotz eines gesetzlichen Mindestlohnes von umgerechnet nur 120 Mark und einer schreienden Arbeitslosigkeit verbanden sich die Interessen von Gebern und Nehmern gegen die der Arbeitsuchenden. Für die städtische Müllabfuhr war es zwar ökonomisch unsinnig, aber bequemer und vor allem »moderner«, Maschinen zu verwenden, die in den Industrieländern Beschäftigung bewirken, dem Wirtschaftskreislauf in den Entwicklungsländern jedoch Geld entziehen und Menschen arbeitslos machen: den Straßenkehrern und den Herstellern von Eselskarren, auf denen Laub und Müll abtransportiert werden könnten. Wo die großen ausländischen Geber auftreten, kann nicht bescheiden gedacht werden; da gibt es nur große Lösungen und große Maschinen.[57]

Ähnliches gilt für ein Projekt der GTZ im Senegal. Ziel des Projekts: die Versorgung des Senegal mit Trinkwasser – insbesondere die Versorgung der Hauptstadt Dakar. Zu diesem Zweck wollte die GTZ eine 250 Kilometer lange Pipeline bauen – obwohl Kritiker von Anfang an darauf hinwiesen, daß die Bohrung tiefer Brunnen an geeigneten Stellen eine billigere und befriedigendere Lösung gewesen wäre. Diese Einwände wurden vom Tisch gewischt – hauptsächlich im Interesse der deutschen Lieferfirma Mannesmann, die den Auftrag erhielt, Rohrleitungen und anderes Gerät für das 50-Millionen-Mark-Projekt zu liefern. Schon bald nach der Fertigstellung tauchten Probleme auf, die vorhersehbar gewesen waren. Man hatte beispielsweise ignoriert, daß die vielen armen Dörfer entlang der Pipeline auch Wasser brauchten. Die Dorfbewohner ließen Gesetz Gesetz sein, zapften die Wasserleitung an – und beschädigten sie dabei schwer. Hätte man von Beginn ihre Interessen wichtiger genommen als die Interessen der Firma Mannesmann, wäre es zu diesem Problem nie gekommen.[58]

Auch im Niger, einem Land im Sahel, gab es vergleichbare Pannen. Obwohl das Land von Erosion bedroht ist, da es zu wenig Bäume und andere Pflanzen gibt, die seine wertvolle Bodenkrume halten könnten, gibt es kein einziges Aufforstungsprojekt, das mit deutscher Hilfe finanziert wird. Statt dessen wird das Geld für lächerliche Projekte in Städten ausgegeben. In der Hauptstadt Niamey wurden kürzlich für jeweils 60 000 Mark sechzehn öffentliche Duschen und Toiletten gebaut.[59]

Zu solchen krassen Fehlentscheidungen kommt es in der Entwicklungshilfe immer wieder, weil die Interessen der Lieferanten und Hersteller in den reichen Ländern Vorrang haben vor den Interessen der Armen in der Dritten Welt. Doch das Problem ist nicht allein, daß oft nutzlose und unnötige Dinge geliefert werden. Hinzu kommt, daß die Waren manchmal auch von erschreckend schlechter Qualität sind.

Ein klassisches Beispiel war die Lieferung von fünfzig britischen Bussen nach Sambia. Zwei britische Unternehmen durften sich den Auftrag im Wert von 1,76 Millionen Pfund teilen: British Leyland lieferte die Fahrgestelle und Willowbrook International die Karosserien. Unglücklicherweise waren die Busse für die Straßenverhältnisse in Sambia aber völlig ungeeignet. Wenige Monate nachdem sie für den Personenverkehr in Betrieb genommen worden waren, fielen die Karosserien von Willowbrook auseinander und mußten, trotz kostspieliger Reparaturversuche, verschrottet werden. Innerhalb von zwei Jahren waren auch die meisten Fahrgestelle von British Leyland – inzwischen mit Karosserien alter Busse verkleidet

– nicht mehr zu gebrauchen. Nach fünf Jahren waren nur noch drei Busse fahrtüchtig.[60]

Als unbrauchbar erwiesen sich auch britische Gabelstapler, die im Rahmen eines britischen Hilfsprogrammes in den Sudan geliefert wurden. Wie sich herausstellte, waren sie für den Einsatz in einem heißen afrikanischen Land völlig ungeeignet. Den Schaden hatten die Empfänger zu tragen: Sie mußten teures Geld für die regelmäßige Wartung ausgeben. Doch damit nicht genug. Die Lieferanten hatten sämtliche Stapler mit Reifen der falschen Größe bestückt.[61] Wie meinte der britische Minister für Entwicklungshilfe, Christopher Patten: »Wohltätigkeit hat ihren eigenen Lohn ... es ist kein Verbrechen, beliebt zu sein.«[62] Doch die Tendenz, kommerziellen Erwägungen Vorrang einzuräumen, hat zur Folge, daß britische Hilfe bei den Empfängern zunehmend unbeliebter wird. Viele tun sich schwer, an ihr auch nur eine Spur von Wohltätigkeit zu entdecken.

Ägypten muß sich heute beispielsweise mit mehreren stromerzeugenden Gasturbinen herumärgern, die das Land für 28 Millionen Pfund bei Rolls-Royce erstanden hat. Die Briten hatten den Ägyptern den Kauf mit 10 Millionen Pfund aus ATP-Mitteln schmackhaft gemacht, doch wie sich später herausstellte, sind die Betriebskosten der Turbinen sehr hoch und stellen für das Land eine dauerhafte Belastung dar. Weder die Entwicklungsbehörde noch das Ministerium hatten es für nötig befunden, sich nach geeigneteren Alternativen auch nur zu erkundigen. Wie Dokumente belegen, waren sich beide die ganze Zeit über der Tatsache sehr wohl bewußt, daß die Turbinen von Rolls-Royce für Ägyptens Bedürfnisse ungeeignet waren. Doch beseelt von dem Wunsch, dem britischen Lieferanten ein Geschäft zuzuschanzen, hatten sie das eigentliche Anliegen der Hilfsprogramme – Entwicklung in Ägypten – einfach hintangestellt.[63] Probleme dieser Art tauchen häufig auf, ob nun ATP-Mittel mit im Spiel sind oder nicht. Timothy Raison (Christopher Pattens Vorgänger in der Overseas Development Administration) war so entschlossen, aus den regulären Hilfsprogrammen Nutzen für die britische Wirtschaft zu schlagen, daß er 1985 die indische Regierung praktisch dazu zwang, 21 Westland W-30-Hubschrauber zu kaufen.[64] Die 65 Millionen Pfund, um die es dabei ging, waren eine großzügige Spende der britischen Steuerzahler. Doch es handelte sich nicht um ATP-Mittel, und das bedeutete, daß sie von den Zahlungen, die in dem betreffenden Jahr an Indien gingen, abgezogen werden mußten. Die Inder wollten nicht. Das Geld, so ihr Einwand, könne auf andere Weise besser und nützlicher verwendet werden. Raison hatte vorgeschlagen, die Hubschrauber bei der indischen Oil and Natural Gas Commission in Dienst zu nehmen und bei Transporten von und zu den Bohrinseln vor der Küste einzusetzen. Doch die Inder wandten ein, der Westland W-30 sei für diesen Zweck völlig ungeeignet.

Raison ärgerte sich über diesen Widerstand und drohte den indischen Stellen. Sollte Indien die Hubschrauber nicht kaufen, so Raison, sollten die dafür vorgesehenen Mittel nicht in andere Projekte investiert werden können. Im Gegenteil, falls sich die indischen Behörden nicht im letzten Moment noch anders besinnen sollten, würde dies »den Verlust von 65 Millionen Pfund britischer Entwicklungshilfe für die nächsten zwei Jahre bedeuten«.[65]

Natürlich blieb der geforderte Sinneswandel nicht aus, und die Bestellung wurde, wie sich das gehört, am 15. März 1986 unterschrieben.[66] Die Firma Westland, die damals in ernsten finanziellen Schwierigkeiten steckte – und für 65 Millionen Pfund mit allem Drum und Dran zu haben gewesen wäre[67] –, plazierte sofort triumphale Anzeigen in Blättern der Fleet Street und prahlte mit ihrer Geschäftstüchtigkeit. Keinem Menschen, der diese Anzeigen las (»drei Jahre Verhandlung sind vorüber, zwei Jahre Produktion liegen vor uns«) und glaubte, daß Westland tatsächlich ein kaufmännisches Bravourstück gelungen sei, kann man das verdenken. Schließlich wurde nirgends erwähnt, daß dieses »Geschäft des Jahrhunderts« voll und ganz auf Kosten der britischen Entwicklungshilfe ging oder daß die Armen in Indien die Betrogenen waren. Bald stellte sich heraus, daß die Westland-Hubschrauber – wie von den Indern prophezeit –, für ihren Verwendungszweck völlig ungeeignet waren. Die meisten der W-30, die bis April 1988 geliefert wurden, blieben unter der vom Werk angegebenen Leistung und waren den schweren Einsätzen in der Erdöl- und Gasindustrie nicht gewachsen. In Anbetracht der Tatsache, daß 55 schwere Fehlfunktionen des Hauptantriebsaggregats registriert wurden und bei einem tragischen Absturz sieben Menschen ums Leben kamen, war es kein Wunder, daß die Oil and Natural Gas Commission bis zum August 1988 von den 21 Hubschraubern alle bis auf fünf für leichtere Aufgaben »abstellte«. Und für die Rolle, die Entwicklungshilfe im

Leben der Armen wirklich spielt, war es geradezu von symbolischer Bedeutung, daß die Hubschrauber von da an als Lufttaxis für führende Politiker, VIPs und wohlhabende Geschäftsleute benutzt wurden. Eine kleine Zusatzinformation dürfte sogar diese privilegierten Leute interessieren, die jetzt mit dem »geschenkten Gaul« W-30 spazierenfliegen: In der Westland-Fabrik in Yeovil, Somerset, wurde die Produktion des W-30 mit der Fertigstellung des letzten Hubschraubers für Indien eingestellt.[68]

Zwischen 1982 und 1988 erhielt Indien von den britischen Steuerzahlern annähernd 1 Milliarde Pfund Entwicklungshilfe – etwas mehr als die Hälfte davon in Form von bilateraler Hilfe, den Rest über multilaterale Institutionen.[69] Diese enorme Summe wird dem Subkontinent deshalb gewährt, so Christopher Patten, »weil wir sehen, daß Indien in der Lage ist, die britische Hilfe mit gutem Nutzen zu verwenden«.[70]

Der Minister behauptet, daß armutsorientierte Projekte eine wichtige Rolle im Gesamtprogramm spielten, und würde den Fall Westland am liebsten als eine einmalige Verirrung herunterspielen.[71] Doch davon kann absolut keine Rede sein, denn die kommerziellen Einflüsse, denen britische Entwicklungshilfe unterworfen ist, sprechen deutlich gegen eine Unterstützung kleiner Projekte auf Dorfebene, die den Armen direkte Hilfe bringen könnten. Dazu John Toye, Professor für Entwicklungspolitik und Entwicklungsplanung am University College in Swansea: »Man braucht nicht viel Phantasie, um zu sehen, daß armutorientierte Projekte in städtischen oder ländlichen Bereichen der Entwicklungsländer für den britischen Export oder eine technische Zusammenarbeit wenig bringen.«[72] Die Umkehrung ist ebenso wahr: Man begreift auch ohne viel Phantasie, wie attraktiv große High-Tech-Projekte für ein Hilfsprogramm sein müssen, das – wie das britische – darauf abzielt, die exporthungrige Industrie mit Geldern aus der Staatskasse zu mästen.

Es ist kein Zufall, daß große Bauvorhaben und moderne Kraftwerke unter den Objekten, die Großbritannien in Indien finanziert, einen herausragenden Platz einnehmen: Britische Firmen, die auf diese Bereiche spezialisiert sind, *müssen* ihre Produkte und Leistungen im Ausland verkaufen, wenn sie zu Hause überleben wollen. Und damit sie diese Aufgabe erfüllen können, ist eine günstige Finanzierung unerläßlich. Graeme Anderson, Vizepräsident der Northern

Engineering Industries (NEI) erklärt das so: »Wir verkaufen heute nicht mehr, weil unsere Anlage hervorragend oder verläßlich ist … Wenn wir nicht in der Lage sind, mit der Finanzierung, die unsere Konkurrenten anbieten, mitzuhalten, wird der Kunde nicht bei uns kaufen.«[73]

Das Unternehmen NEI, das stets zu den Hauptnutznießern des ATP-Schmiergeldfonds gehörte, ist gezwungen, in den Entwicklungsländern zu verkaufen, weil es an Bestellungen aus dem Inland fehlt.[74] Besonders gute Geschäfte hat es in Indien gemacht, aber seine Arbeit hat in dem Land zunehmend Verbitterung ausgelöst.

So hat die Firma in Rihand, einer der entlegensten Gegenden Indiens, vor einigen Jahren mit dem Bau eines riesigen Kraftwerks begonnen, das mit Kohle aus den berüchtigten Singrauli-Gruben betrieben werden soll. Doch inzwischen macht sich bei der indischen Regierung Skepsis breit, weil das Unternehmen stark in Verzug geraten ist – vor allem deshalb, weil es sich, wie inzwischen klar ist, auf die Bedingungen in einem der ärmsten Teile des Subkontinents unzureichend vorbereitet hat. So lächerlich es erscheinen mag: Als die Firma NEI 1983 mit den Arbeiten in Rihand begann, wollte sie eine Anlage bauen, die genau dem Typ entsprach, den das britische Central Electricity Generating Board bei ihr hätte bestellen können. Sie mußte die schmerzliche Erfahrung machen, daß dies nicht möglich war. Heute gestand das Unternehmen: »Am Beginn des Projekts gab es Probleme.« Doch optimistisch setzt es hinzu: »Doch die werden jetzt ausgeräumt.«[75]

Trotzdem ist beim besten Willen nicht zu sehen, auf welche Weise die ländliche Bevölkerung dieses Gebietes von dem Kraftwerk (Gesamtkosten: 230 Millionen Pfund) profitieren könnte. Gewiß, vorübergehend gab es etwas Beschäftigung – Frauen mit staubbedeckten Saris und Kindern an der Brust arbeiteten auf der Baustelle, schleppten Stöße von Ziegelsteinen oder Körbe voller Beton. Aber sonst ist keinerlei greifbarer Nutzen zu erkennen. Die Dorfbewohner in ihren Hütten aus lehmverputztem Flechtwerk könnten sich den Strom, der irgendwann produziert wird, nie leisten, falls er ihnen überhaupt angeboten werden sollte.[76] Dafür werden sie dem Schmutz und Gestank des Kraftwerks ausgesetzt sein, und beides werden sie, wie die meisten schlechten Dinge, gratis und frei Haus geliefert bekommen.

Prem Bhai, ein Sozialarbeiter, der sich für bessere Lebensbedingungen in dieser Region einsetzt, sagt treffend: »Entwicklung geht über diese Menschen hinweg wie die Stromleitungen, die über ihren Köpfen gespannt werden. Sie bleiben arm, manchmal werden sie von ihrem Land vertrieben, und die Tuberkulose zehrt an ihrer Gesundheit.«[77]

Die Overseas Development Administration wirbt gern damit, daß 80 Prozent der britischen Entwicklungshilfe in die ärmsten Länder gehen.[78] Wie Prem Bhai aber nur zu gut weiß, bedeutet das nicht, daß auch die ärmsten Menschen in diesen Ländern davon profitieren. Ein anderes typisches Projekt, das der britische Steuerzahler in Indien finanzierte, war die komplette Erneuerung und Modernisierung der Verkehrsampeln in Kalkutta.[79] Fast – aber nur fast – überflüssig, daran zu erinnern, daß arme Inder keine Autos fahren (wenngleich der eine oder andere von Zeit zu Zeit von einem überfahren wird).

In Afrika, wo der überwiegende Teil der Bevölkerung nach wie vor auf dem und vom Land lebt und die Einkommen zu den niedrigsten auf der Welt gehören, war in den achtziger Jahren ein jäher Rückgang der britischen Ausgaben für ländliche Entwicklungsprojekte zu verzeichnen – von etwa 10 Millionen Pfund pro Jahr auf 200 000 Pfund pro Jahr.[80] Demgegenüber nahm zum Schaden der Armen auf dem Land und in der Stadt im gleichen Zeitraum die Bedeutung infrastruktureller Großprojekte immer mehr zu.

So konzentrierte sich die britische Entwicklungshilfe im Sudan in den letzten Jahren auf den Bau zweier Kraftwerke, die den wohlhabenden Norden der Hauptstadt Khartoum permanent mit Elektrizität versorgen sollten. Diese Projekte, für britische Firmen eine wahre Goldgrube, kosteten den Steuerzahler 78 Millionen Pfund – das sind mehr als 75 Prozent der gesamten bilateralen Hilfe, die Großbritannien von 1984 bis 1986 diesem verarmten Land im Sahel zukommen ließ.[81]

Die Stadt Khartoum, in der nur etwa 15 Prozent der sudanesischen Bevölkerung leben, wurde im 19. Jahrhundert von General Gordon gegründet, der sie, ganz Patriot, nach dem Muster des Union Jack anlegte. Das momentan beste Hotel am Platz, das Hilton International (Eigentum der britischen Firma Ladbrokes), steht dort, wo sich Blauer und Weißer Nil vereinigen. In dieser komfortablen Umgebung können sich britische Entwicklungshelfer mit den britischen Technikern unterhalten, die kürzlich eingeflogen wurden, weil ihre speziellen fachlichen Kenntnisse für den Betrieb der beiden supermodernen britischen Kraftwerke gebraucht wurden – Kenntnisse, die am Ort nicht zu haben waren.[82]

Gäste des Hilton können vergessen, daß sie sich mitten in einem der ärmsten Länder der Erde befinden. Sie können vom Zimmer-Service das Essen bringen lassen und sich importierte Videofilme ansehen. Doch nur ein paar Kilometer von dem hellerleuchteten Hotel entfernt drängen sich hart am Rand der vordringenden Wüste dichtbevölkerte Slums, in denen noch nie ein elektrisches Licht geleuchtet hat. Die Flüchtlinge, Bettler und Prostituierten, die hier hausen (und gelegentlich durch eine Überschwemmung obdachlos werden, so wie etwa im August 1988, als der Nil seine Dämme sprengte), verbinden mit »Entwicklung« – sofern sie etwas damit verbinden – die Politik, die sie mit Planierraupen vertreiben wird. Die kostspieligen Kraftwerke im Norden Khartoums und in Burri sind für sie nur irrelevante Extravaganzen einer anderen Welt.

Genau das gleiche läßt sich auch vom Greater Dhaka Power Project sagen, mit dem die Hauptstadt Bangladeschs elektrifiziert werden soll. Das Projekt kostet den britischen Steuerzahler 38 Millionen Pfund – so hoch war 1986 die gesamte Entwicklungshilfe Großbritanniens an dieses asiatische Land.[83] Mehr als 85 Prozent der Bevölkerung Bangladeschs leben in ländlichen Gebieten und können deshalb, logischerweise, von diesem Projekt in Dhaka nicht profitieren.[84] Hinzu kommt, daß die wichtigsten Stromverbraucher nicht die Armen sein werden, sondern die mittleren Schichten (und die große Ausländergemeinde), die sich den Anschluß ans Versorgungsnetz leisten können. Aus keinem anderen Grund konzentriert ein britisches Beraterteam, das dieses Projekt für ein Honorar von 3 Millionen Pfund überwacht, seine Arbeit ausschließlich auf die wohlhabende Vorstadt Gulsham, in der auf einem Quadratkilometer rund 4400 Menschen leben. Zum Vergleich: In der Altstadt, in die wahrscheinlich niemals Stromleitungen führen werden, ist eine Bevölkerungsdichte von fast einer halben Million Menschen pro Quadratkilometer die Regel.[85]

Nur 4 Prozent der Gesamtbevölkerung von Bangladesch verfügten heute über Elektrizität;[86] mit seiner Bevorzugung der städtischen Elite wird der Elektrifizierungsplan für Dhaka an dieser extrem niedrigen Zahl nichts ändern. Als »Entwicklungsinitiative« läßt er daher sehr zu wünschen übrig – er ließe auch dann zu wünschen übrig, wenn es in Bangladesch wenig Möglichkeiten gäbe, die spärlichen Hilfsfonds sinnvoll auszugeben. Doch dies ist nicht der Fall. In einem Land, in dem 95 Prozent aller Kinder unter elf Jahren an Unterernährung leiden, könnte fraglos eine Menge getan werden.[87]

Die britische Entwicklungshilfe ist beileibe nicht die einzige, die groß angelegte High-Tech-Vorhaben wie das Greater Dhaka Power Project bevorzugt – Projekte, die den Armen nichts nützen, aber den Unternehmen in den reichen Ländern erhebliche Gewinne einbringen. Aus den bilateralen Programmen anderer Geber und der Tätigkeit der multilateralen Behörden könnten viele ähnliche Beispiele angeführt werden.

Japan gab zum Beispiel von 1984 bis 1985 weltweit 25 Milliarden Dollar für Entwicklungshilfe aus, wobei der Löwenanteil dazu benutzt wurde, Aufträge für japanische Unternehmen zu beschaffen. Eine offizielle Untersuchung aus dem Jahr 1988 zeigt, daß selbst bei dem relativ kleinen Teil des bilateralen Entwicklungshilfe-Budgets, das auf dem Papier »ungebunden« war, in der Praxis nur Angebote von Unternehmen in Japan und in den Empfängerländern vorlagen. Die Studie kommt zu dem Schluß: »Die japanische Firma gewinnt fast immer.«[88]

So wundert es nicht, daß mit der japanischen Entwicklungshilfe, die für die Jahre 1989 bis 1992 die 50-Millionen-Dollar-Grenze ansteuert,[89] Vorhaben unterstützt werden, die japanischen Lieferanten Profite in Aussicht stellen – ob diese Vorhaben aus entwicklungspolitischer Sicht nun zweckdienlich sind oder nicht. Aus ähnlichen Gründen räumen auch kanadische Hilfsprogramme wirtschaftlichen Zwängen häufig Vorrang ein vor den Interessen der Armen. Nehmen wir als Beispiel Tansania. Mehr als 80 Prozent der kanadischen Entwicklungshilfe an dieses Land sind an Lieferungen von Waren und Leistungen aus Kanada gebunden.[90] In den siebziger Jahren unterstützte die Kanadische Entwicklungsbehörde CIDA ein Projekt, mit dem Tansania angeblich dabei geholfen werden sollte, seinen Weizenbedarf aus heimischer Produktion zu decken. Mitte der achtziger Jahre, als bereits 44 Millionen Dollar ausgegeben waren, zeichnete sich jedoch deutlich ab, daß dieses Ziel niemals erreicht werden würde. Und in der Tat: Die einzigen, die von der fünfzehnjährigen Arbeit wirklich profitiert hatten, waren kanadische Firmen, die dem Projekt teure landwirtschaftliche Maschinen, Ersatzteile und technische Hilfe verkauft hatten.

So effektiv die kapitalintensiven Produktionsmethoden der westlichen Agrarwirtschaft in Kanada auch sein mögen, dies muß nicht zwangsläufig auch für das ländliche Afrika gelten – insbesondere wenn diese Methoden von Leuten vermittelt werden, die mit den Problemen der Landwirtschaft in den Tropen oder der Kleinproduktion nicht vertraut sind.[91] Genau das jedoch war in Tansania der Fall. Die Besonderheiten des Landes wurden zu wenig berücksichtigt. Außerdem hielt man ziemlich dogmatisch an dem Prinzip fest, kanadischen Firmen Gewinne zu sichern. Das Ergebnis war ein verschwenderisches und unangepaßtes Projekt, das den Armen keinerlei Nutzen brachte.

Der übertriebene Einsatz von moderner und komplizierter Technik hatte zur Folge, daß man die 250 tansanischen Mitarbeiter nur aus den gebildeten, Englisch sprechenden – und somit wohlhabenderen – Mittelschichten rekrutieren konnte. Von diesen Leuten wurden 70 Prozent zu einer technischen Ausbildung nach Kanada geschickt. Als sie zurückkamen, fanden sie bei dem Projekt keine Anstellung mehr. Inzwischen wurde ein Großteil der manuellen Arbeit von Maschinen erledigt, und der Bedarf an Gelegenheitsarbeitern war gering. Zur Erntezeit konnten nur 100 Männer eingestellt werden, zu einem Tageslohn von einem Dollar und fünfzig Cents! Ihre Frauen, die hinter den Mähdreschern herliefen und Ähren aufsammelten, verdienten fast das Doppelte.

Das Hauptproblem des Projektes (das übrigens zu gleichen Teilen von der CIDA und von der tansanischen Regierung getragen wurde) war allerdings, daß man das Versprechen nicht einlösen konnte, viel und dabei kosteneffizient zu produzieren. Die sechs Farmen, die im Prärie-Stil angelegt wurden, machten Anfangsinvestitionen für Ausrüstung von jeweils 1,5 Millionen Dollar erforderlich. Später kamen Ersatzteile für die Mähdrescher und 100 000 Liter Diesel pro Jahr für jede Farm hinzu. Die Kosten erwiesen sich als schwere Belastung – aber sie mußten aufgebracht werden, wenn der Betrieb weiterlaufen sollte. Bis Mitte der achtziger Jahre waren die laufenden Betriebskosten auf 4 Millionen Dollar im Jahr geklettert. Und da der Weizenbedarf jährlich um über 5 Prozent stieg, das Projekt aber nur ein Viertel[92] des Bedarfs deckte und Selbstversorgung ein ferner Traum blieb, mußte das verarmte Tansania erhebliche Getreidemengen für teures Geld aus Kanada und den Vereinigten Staaten importieren.[93]

252

Die Droge Nahrungsmittelhilfe

Die Vorliebe für Weizen ist in Afrika ein relativ neues Phänomen, allerdings auch ein wichtiges. Denn traditionelle einheimische Erzeugnisse wie Mais werden in zunehmendem Maß als »minderwertige« Bauernkost angesehen und geraten aus der Mode. Die Regierungen auf dem Kontinent importieren heute jährlich für 2 Milliarden Dollar Weizen.[94] Ähnliche Trends sind überall in der Dritten Welt zu beobachten: Von Mexiko bis Indonesien, von Thailand bis Peru errichtet das feine weiße Mehl sein schwerverdauliches Reich. Kanada hat zu dieser ernährungspolitisch und wirtschaftlich katastrophalen Situation einen Teil beigetragen. Doch in erster Linie war es die aggressive Nahrungsmittelhilfe der Vereinigten Staaten, die die Entwicklungsländer nach diesem westlichen Erzeugnis »süchtig« gemacht hat.

Bei dem amerikanischen »Food for Peace«-Programm unter dem Public Law 480 verfuhr die US-Entwicklungsbehörde AID nach einem gerissenen Prinzip: Wer heute Almosen nimmt, wird morgen zahlender Kunde sein. Die Ethik dieser Behörde unterscheidet sich denn auch nur wenig von der eines Drogenhändlers, wenn sie damit prahlt – was sie sehr oft tut –, daß ehemalige Empfänger von Nahrungsmittelhilfe heute zu den besten Kunden für Agrarprodukte aus den USA gehören: »Im Jahr 1986 waren sieben der zehn wichtigsten Importeure von Agrarerzeugnissen der USA ehemalige Empfänger von Food for Peace. Von den 50 größten Kunden für amerikanische Waren sind 30 Entwicklungsländer; 13 haben unter PL 480 Entwicklungshilfe bekommen, und 21 waren frühere Nutznießer.«

Weiter heißt es:

Länder, die umfangreiche amerikanische Hilfe bekommen haben, erhöhten ihre Importe aus den Vereinigten Staaten um 30 Prozent schneller als ihre Einfuhren aus anderen Staaten. Allein 1981 importierte Südkorea amerikanische Agrarprodukte im Wert von 2,1 Milliarden Dollar – das liegt über dem Wert sämtlicher amerikanischer Lebensmittellieferungen, die zwischen 1955 und 1959 in dieses Land gingen ... Die Fakten beweisen, daß Nahrungsmittelhilfe lukrative Handelsbeziehungen herstellen und neue Absatzmärkte schaffen kann.[95]

Die Märkte, die durch das »Food for Peace«-Programm erschlossen wurden, sind in der Tat »lebenswichtig für Amerikas kränkelnde Landwirtschaft«, wie USAID zugibt.[96] Heute werden über 40 Prozent der US-amerikanischen Agrarprodukte in Entwicklungsländer exportiert. Bei bestimmten Erzeugnissen wie Getreide und Mehl geht der Anteil sogar gegen 50 Prozent, bei Weizen schnellt er auf 70 Prozent hinauf.[97] Zusätzlich profitiert die Landwirtschaft der USA von Bestellungen der Enwicklungsbehörde USAID im Wert von etwa 1,8 Milliarden Dollar[98] – natürlich mit freundlicher Genehmigung des duldsamen Steuerzahlers. Amerikanische Firmen, die Mais und Reis exportieren, erhalten einen weiteren direkten Bonus, denn das Hilfsprogramm ist absichtlich dazu bestimmt, potentielle Konkurrenten aus Übersee vom Markt fernzuhalten: Die Empfänger von Weizen unter dem Public Law 480 bekommen ihre Lieferungen nur unter der Bedingung, daß sie keinen Versuch unternehmen, selbst Mais oder Reis aus eigener Produktion zu exportieren.[99]

Was für General Mills, Ralston Purina oder Quaker Oats gut ist, muß also nicht notwendigerweise auch für die Dritte Welt gut sein. Im Gegenteil, in vielen Fällen hat Nahrungsmittelhilfe eine absolut verheerende Wirkung auf die landwirtschaftliche Produktion in den Entwicklungsländern. Nicht genug damit, daß die USA eine Sucht nach nicht-einheimischem Getreide schaffen und die exportorientierte Produktion von Mais oder Reis verhindern, weil sie selbst ihren Handel mit diesen Erzeugnissen ausweiten wollen – mit dem Public Law 480 haben sie oft genug auch lokale Bauern davon abgeschreckt, Nahrungsmittel für den Inlandsverbrauch anzubauen. Um es einfach auszudrücken: Wenn die USA in riesigen Mengen billiges Getreide auf afrikanische und asiatische Märkte bringen, ist es für die kleinen Bauern in diesen Regionen unmöglich, das gleiche Getreide wirtschaftlich zu produzieren.

Ein ehemaliger Beamter des Landwirtschaftsministeriums der USA feierte Südkorea als »weltweit größten Erfolg des ›Food for Peace‹-Programms, was seinen Beitrag zum Wachstum dieses Landes angeht«.[100] Unbestreitbar gibt es in Südkorea ein beachtliches wirtschaftliches Wachstum, doch die Rolle, die Nahrungsmittelhilfe aus den USA dabei gespielt hat, ist nicht makellos – und ganz gewiß nicht bewundernswert. In einer Wirtschaft, die von exportorientierter Produktion mit billigen Arbeitskräften geprägt war, scheint die Hauptfunktion der amerikanischen Getreideimporte während der fünfziger und sechziger Jahre darin bestanden zu haben, der Regierung die Beibehaltung ihrer »Niedrigpreispolitik« bei Nahrungsmitteln zu ermöglichen, mit der sie viele koreanische Kleinbauern vom Markt verdrängte. Die Preise, die heimischen Reisproduzenten gezahlt wurden, lagen permanent unter den Selbstkosten – mit dem Ergebnis, daß Millionen Menschen auf dem Land gezwungen waren, in den Städten Arbeit zu suchen.[101]

Ende der siebziger Jahre stellten Wissenschaftler in Haiti fest, daß auf fast allen Märkten »Food for Peace«-Waren zu finden waren, die den örtlichen Erzeugnissen direkte Konkurrenz machten.[102]

Im Sudan hatte dieses Phänomen besonders schädliche Auswirkungen. In den Landesteilen, die während und nach der Hungersnot von 1984/85 am stärksten mit Lebensmitteln überschwemmt wurden, machten sich die Bauern nicht mehr die Mühe, ihre Ernten einzubringen. Zum Teil deshalb, weil Nahrungsmittelhilfe für sie zur Selbstverständlichkeit geworden war. Ein weiterer und wichtigerer Grund war jedoch, daß sie jeglichen finanziellen Anreiz verloren hatten, weiterzuproduzieren: Als 1985 eine Hilfslieferung mit 200 000 Tonnen Getreide ins Land kam, sackten die Inlandspreise für 90 Kilo von 230 sudanesischen Pfund auf ganze 6 Pfund ab.[103]

Das gleiche passierte auch in Somalia. In diesem Land am Horn von Afrika werden selbst auf Märkten in den entlegensten ländlichen Gebieten gewöhnlich Säcke mit Getreide und Büchsen mit Pflanzenöl angeboten, die das vertraute »Food for Peace«-Emblem mit den beiden Händen tragen. Hin und wieder zogen journalistische Besucher – und Entwicklungshelfer der etwas begriffsstutzigeren Sorte – daraus den Schluß, korrupte somalische Beamte würden Nahrungsmittel verkaufen, die eigentlich den Armen *geschenkt* werden sollten. Doch Berichte dieser Art beruhen auf einem Mißverständnis. Tatsache ist, daß die Regierung Somalias (wie auch die Regierung Haitis) den Großteil der Nahrungsmittel aus den USA gemäß Absatz I des Public Law 480 erhält, und das bedeutet, daß sie dafür bezahlen muß – wenn auch auf der Basis langfristiger Kredite. Trifft dies zu, kann sie mit ihren Waren natürlich anstellen, was sie will, und wird darin bestärkt, sie auf dem freien Markt zu verkaufen.

Im Januar 1987 führten Prüfer in Somalia eine Untersuchung durch. Ihr Hauptinteresse galt der Frage, ob Absatz I des US-Programms »die Lebensmittelversorgung in Somalia wirkungsvoll ergänzt hat, ohne die lokale Produktion zu beeinträchtigen«.[104] Die Ergebnisse der Untersuchung sind vernichtend.

»Die Menge der Nahrungsmittel, die Somalia aufgrund dieses Gesetzes geliefert wird«, schreiben die Prüfer, »ist höher als die jährlichen Defizite in der Lebensmittelversorgung.« Die Folge:

> Im November 1986 lagerten seit 15 Monaten 7007 Metertonnen Mais und 2727 Metertonnen Weizen in staatlichen Lagerhäusern. Da sie nicht verkauft werden konnten, waren sie verdorben. Die Prüfer beantragten eine Laboranalyse des Getreides, weil die Verteilung verdorbener, in den USA produzierter Nahrungmittel nachteilige Folgen haben könnte. Die Analyse ergab, daß das Getreide für den menschlichen Verzehr nicht geeignet war. Die somalische Regierung verlor dadurch 1,5 Millionen Dollar.[105]

Ein weiteres Problem war der Zeitpunkt der Lieferungen. Sendungen mit Nahrungsmitteln müssen in jedem Land in den Monaten unmittelbar vor der Haupternte eintreffen, wenn sie effektiv und hilfreich sein sollen. »Zu diesem Zeitpunkt«, so die Prüfer, »können die billigen Importe am besten den Hunger lindern, der aus Erntedefiziten resultiert, und drücken am wenigsten auf die Preise, die ortsansässige Bauern für ihre Produkte bekommen.« Nicht so in Somalia: »Im Jahr 1985 trafen 100 Prozent und 1986 92 Prozent des Getreides *während* der Erntezeit ein – zum ungeeignetsten Zeitpunkt.«[106]

Die Prüfer geißeln dies unmißverständlich als »mangelnde Planung von USAID« und kommen zu zwei negativen Ergebnissen. Erstens wurden »während der kritischen Hungerperiode 1985 Nahrungsmittel im Wert von 16 Millionen Dollar und 1986 im Wert von 12 Millionen Dollar nicht zugänglich gemacht«. Zweitens, und noch schlimmer, die Lieferungen trafen verspätet – während der Erntezeit ein und schufen ein Überangebot auf dem Markt. Der Preissturz um 40 Prozent »wirkte sich auf die landwirtschaftliche Produktion negativ aus, weil die Bauern weniger Gewinn machten«.[107]

Das traurige Nachspiel folgte einige Monate später, als der Hunger über die Weidegebiete im Innern Somalias hereinbrach (ausführlicher Bericht in Kapitel eins). Dadurch, daß USAID die somalischen Produzenten in den relativ guten Jahren 1985 und 1986 gezwungen hatte, mit verbilligten amerikanischen Überschüssen zu konkurrieren, und so um einen Teil ihres Gewinnes gebracht hatte, sahen die Bauern keinen Anreiz mehr, ihre Produktion zu erhöhen. Doch als während der Katastrophe 1987 dann wirklich Lebensmittel *gebraucht* wurden, war die Behörde anfangs nicht bereit, Lebensmittel zu liefern, und deshalb auch nicht imstande, den Verhungernden schnell und wirksam zu helfen. Die Folge: Tausende starben völlig unnötig.

Als Bastard von Profit und humanitärer Gesinnung offenbart Nahrungmittelhilfe die schlimmsten Eigenschaften der beiden Elternteile, aber von ihren guten Seiten scheint sie nichts geerbt zu haben. Privatinitiativen hätten mit ihrer Tüchtigkeit und Zielstrebigkeit bei der Katastrophe in Somalia möglicherweise einiges bewirken können – ganz gewiß hätten sie Leben gerettet; doch statt dessen herrschten Inkompetenz und Konfusion. Selbstlosigkeit und Hingebung eines ernsthaft an den Menschen interessierten Hilfswerks hätten helfen können; doch statt dessen dominierten engstirniger bürokratischer Dünkel, Snobismus und Hochmut.

Erwähnenswert ist, daß die anhaltende Kritik an der Nahrungsmittelhilfe unlängst zu einer deutlichen Reduzierung der deutschen Ausgaben in diesem Bereich geführt hat. Das BMZ erklärt, daß es besondere Anstrengungen unternehme, um negative Auswirkungen der Nahrungsmittelhilfe auf die lokale Produktion in den Empfängerländern zu vermeiden. Im Jahr 1984 leistete die Bundesrepublik Nahrungsmittelhilfe im Gesamtwert von 709,3 Millionen Mark – 1986 waren es nur noch 493,5 Millionen. Außerdem bemüht sich die Bundesrepublik, wo immer möglich, in Entwicklungsländern produzierte Nahrungsmittelüberschüsse aufzukaufen und dann als Hilfe an andere, bedürftigere Länder weiterzuleiten. In den Jahren 1985 und 1986 kauften die deutschen Behörden 30 Prozent ihrer Nahrungsmittelhilfe in Entwicklungsländern – unter anderem in Simbabwe, Malawi, Kenia, Togo und Elfenbeinküste.[108]

Doch so umsichtig die Politik der Bundesrepublik in diesem Punkt auch sein mag, sie ist eher die Ausnahme als die Regel. Im allgemeinen gilt für diese Nahrungsmittel-Transaktionen: Die Landwirtschaft der westlichen Staaten profitiert am meisten von ihnen, der Arme in der Dritten Welt am wenigsten.

Hilfe kann aber noch tiefer sinken – und häufig tut sie es auch ...

Kindern die Schokolade stehlen

Ich erinnere mich, wie ich einmal in Somalia, dem »Musterland« der Entwicklungshilfe, mit einem somalischen Fahrer eine entsetzliche Landstraße entlangfuhr – mit viel zu hoher Geschwindigkeit. Sie war kürzlich erst asphaltiert worden, und das verstärkte nur die Wirkung der unzähligen Schlaglöcher und tiefen Bodenwellen.

»Mein Gott«, protestierte ich, als mein Kopf zum siebten- oder gar achtenmal innerhalb ebenso vieler Minuten gegen das Dach des Landrovers stieß, »wer zum Teufel hat diese Straße gebaut?«

»Die Europäische Gemeinschaft«, antwortete mein somalischer Begleiter süffisant, und einen Augenblick später, als er den Wagen mit quietschenden Reifen am Rand eines plötzlich aus dem Nichts auftauchenden Abgrunds zum Stehen gebracht hatte, fügte er hinzu: »Und hier beginnt der italienische Abschnitt.«

In einem gewissen Sinn kann man den Zustand der ganzen Straße, die Somalias Hauptstadt Mogadischu mit der südlichen Hafenstadt Kismaayo verbindet, den Italienern anlasten: Eine Mailänder Firma hat sie von 1982 bis 1983 gebaut. Die Europäische Gemeinschaft hatte den Auftrag im Wert von 100 Millionen Dollar in freier Ausschreibung an diese Firma vergeben. Somalia muß an dem langfristigen, zinsbegünstigten Kredit der Gemeinschaft noch bis zum Jahr 2023 abzahlen. Dies ist besonders ärgerlich, weil die Straße seit 1988 praktisch nicht mehr befahrbar ist.

Liederlich gebaut und schlampig vermessen, ist sie heute in einem derartigen Zustand, daß sämtliche Lastwagenfahrer sie meiden: Sie fahren mehr neben als auf der Straße und ziehen dadurch tiefe Rinnen, die dazu beitragen, daß die Fahrbahn noch schneller unterhöhlt und weggespült wird. An manchen Stellen kann die Straße zwar noch von Personenwagen und Kleinlastwagen befahren werden, doch kaum ein Fahrzeug erreicht ganz unbeschädigt seinen Bestimmungsort. Pannen sind an der Tagesordnung, und häufig kommt es zu Unfällen: Mehrere Menschen kamen ums Leben, weil sich ihre Autos wegen geplatzter Reifen überschlugen.

Bisher hat noch niemand errechnet, wie hoch die Kosten für Somalias Lastwagenpark sind. Fest steht nur, daß sich die Regierung die ständigen Reparaturen und Erneuerungen der Straßendecke nicht mehr leisten kann. Ein Projekt, das als gute Kapitalanlage für das verarmte ostafrikanische Land gedacht war, ist zu einer

Belastung für den Haushalt und zum Gespött der Bevölkerung geworden. Der einzige Gewinner ist die italienische Firma, die – wenngleich ihr verboten wurde, jemals wieder in Somalia zu arbeiten – durch schludrige Arbeit und Verwendung minderwertiger Materialien satte Profite eingefahren hat und dafür nicht belangt werden kann.

Zur gleichen Zeit verdienten General Electric und die US-Firma Morrison-Knudsen in dem riesigen zentralafrikanischen Staat Zaïre stattliche Summen an dem Inga-Shaba Power Project (Kostenpunkt 1,5 Milliarden Dollar). Teil des Projekts war der Bau einer 1600 Kilometer langen Hochspannungsleitung, die das Stahl- und Kupferwerk Maluku mit Elektrizität versorgen sollte. Auf ihrem Weg durch zerklüftetes Gelände führte die Leitung an vielen armen Dörfern vorbei, die von der Versorgung mit Strom ausdrücklich ausgenommen worden waren. Das Kupfer- und Stahlwerk aber, für das der Strom bestimmt ist, arbeitet bis heute noch nicht richtig, und daran wird sich vermutlich auch in absehbarer Zeit nichts ändern.[109]

Die meisten kompetenten Beobachter stimmen darin überein, daß Inga-Shaba als Entwicklungsprojekt von Anfang an eine Fehlplanung war: Die Elektrizität, die es liefert, hätte auf andere Weise viel billiger, effizienter und ohne Rückgriff auf teure ausländische Fachleute erzeugt werden können. Auch Beamte des amerikanischen Außenministeriums stimmten kürzlich dieser Ansicht zu. Nach ihrer Meinung hat sich Zaïre hauptsächlich deshalb für die Hochspannungsleitung entschieden, weil die verhaßte Regierung des Präsidenten Mobutu Sese Seko der US-Industrie einen dicken Auftrag verschaffen wollte, um sich so für die anhaltende Unterstützung durch die Amerikaner zu revanchieren.[110]

Zur gleichen Zeit machten ausländische Firmen beim Bau des Wasserkraftwerks Chixoy im Nordosten Guatemalas einträgliche Geschäfte. Wie wir bereits am Schluß von Kapitel drei gesehen haben, waren die Kosten für den Damm ursprünglich auf 340 Millionen Dollar veranschlagt worden, am Ende aber auf annähernd das Dreifache dieser Summe geklettert.

Ein Umstand, der entscheidend zu der dramatischen Kostenexplosion beitrug, war der Einsturz eines Tunnels, durch den Wasser zu dem Kraftwerk geleitet werden sollte. Der Unfall ereignete sich 1983 und verlängerte die Bauzeit um zwei Jahre; die Zusatzkosten wurden auf 165 Millionen Dollar geschätzt. Vorwürfe wurden laut: Schlechte Ausführung durch Mitglieder des LAMI-Konsortiums, das den Damm baute, wurde für den Einsturz des Tunnels verantwortlich gemacht. »Die Baufirmen ignorierten Warnungen. Sie wußten, daß das Gelände tückisch war«, beklagt sich Robert Balsells, Präsident von INDE, der guatemaltekischen Elektrizitätsgesellschaft.[111]

Inzwischen droht INDE mit rechtlichen Schritten und wirft den Mitgliedern des Konsortiums – Lahmeyer International aus der Bundesrepublik Deutschland, Motor Columbus aus der Schweiz und International Engineering Company aus Kalifornien – vor, sie hätten nachlässig gearbeitet. LAMI weist diesen Vorwurf allerdings zurück. »Es tut mir leid für das Land«, sagt LAMI-Vertreter Martin Lommatzch mit einem Achselzucken, »aber ich fühle mich nicht dafür verantwortlich.«[112]

Die Weltbank, die den Damm finanzierte, treibt ungeachtet der Kontroverse immer noch Zins- und Tilgungszahlungen aus den gewaltigen Krediten ein, die sie an Guatemala vergeben hat. Guatemala ist eines der ärmsten Länder Mittelamerikas; dort verdienen 75 Prozent der Bevölkerung weniger als 300 Dollar im Jahr.[113]

Die Bank gibt sich gern den Anschein, als stehe sie über Korruption und Bestechung; doch auch in den heiligen Hallen des größten Kreditgebers für die Dritte Welt kommt es häufig zu Betrug und finanziellen Unregelmäßigkeiten. Einige Vorfälle aus jüngster Zeit belegen dies. Um nur drei Beispiele zu nennen: Ein Angestellter ließ sich von einer europäischen Computer-Firma eine Reise plus Spesen bezahlen und verletzte damit die Richtlinien bei Interessenkonflikten. Drei Angestellte vertuschten, daß die Akte zu den Leistungen einer Lieferfirma nicht alle erforderlichen Unterlagen enthielt. Ein hochrangiger Beschaffungsbeamter vergab einen Auftrag im Wert von 1 Million Dollar, ohne mehrere Angebote einzuholen, und verstieß damit gegen die Statuten und die Personalordnung der Bank.[114]

Innige Beziehungen zwischen privaten Unternehmen und Beamten, die öffentliche Gelder verwalten, können spektakuläre Folgen haben: In einem Fall wurden bei einem Auftrag der Weltbank dem Lieferanten von Pumpanlagen für Brunnen in Bangladesch schätzungsweise *3 Millionen Dollar mehr als nötig* bezahlt. Billigere Angebote von gleicher Qualität lagen zwar vor und wurden von den

Mitarbeitern der Filiale in Dhaka auch empfohlen, doch merkwürdigerweise fanden diese Empfehlungen in Washington kein Gehör. »Es ist leichter, die Weltbank auszuplündern«, sagte damals ein resignierter Beamter, »als eine Bank auszurauben.«[115]
Es ist eine Tatsache, daß viele westliche Firmen, die in der Dritten Welt an Entwicklungsaufträgen arbeiten, bei offensichtlichen Betrügereien ungestraft davonkommen. Manchmal sind das abgekartete Sachen zwischen Unternehmern und Administratoren. Häufig ist auch nur Faulheit und Nachlässigkeit der zuständigen Beamten der Grund. Wie auch immer. Wer sich an den Budgets für Entwicklungshilfe vergreift und die Steuerzahler und Armen bestiehlt, ist nicht besser als einer, der einem Kind die Schokolade wegnimmt.

Alter Käse in Jamaika

Ein Projekt, das auf der karibischen Insel Jamaika durchgeführt wurde, veranschaulicht, zu welchen Mißbräuchen es kommen kann. Deshalb lohnt es der Mühe, dieses Projekt etwas genauer zu betrachten. Es wurde von der amerikanischen Agency for International Development finanziert und krankte von Anfang an Verschwendung und Mißmanagement, an Habgier, Opportunismus und Interessenverquickung. Maßgeblich beteiligt war eine private Vertragsfirma. Prüfer von USAID deckten die Mißstände erst auf, als bereits Millionen von Dollar verloren waren.
Zu Beginn der achtziger Jahre erhielt das große amerikanische Agrarunternehmen Land O'Lakes Inc. (LOL) in Minnesota von der US-Behörde den Auftrag, Landwirten auf Jamaika technische Hilfe zu leisten. Im Jahr 1983, als das Projekt bereits in Gang war, schlug LOL vor, mit Einkünften aus amerikanischen Agrarüberschüssen eine gemeinnützige Stiftung ins Leben zu rufen, die weitere Agrarprojekte auf Jamaika finanzieren sollte. Der Vorschlag fand Gefallen, und 1984 gab USAID grünes Licht. Man schuf die Jamaica Agricultural Development Foundation, und USAID verpflichtete sich, der Stiftung bis 1990 jährlich 4000 Tonnen Käse und Butter zur Verfügung zu stellen.
Die Idee war einfach und neu: Mit dem Verkauf von Butter und Käse auf der Insel wollte die Stiftung ihre Unternehmungen finanzieren und für die Förderung des Agrarsektors auf Jamaika zusätz-

lich Barmittel für Kredite, Zuschüsse und Investitionen in Anteilspapieren bereitstellen. Die Summen, um die es dabei ging, waren nicht unerheblich: Bis Ende 1985 hatte die Stiftung aus den USA Molkereiprodukte im Wert von 6 Millionen Dollar erhalten. Doch es lief nicht alles wunschgemäß – hauptsächlich deshalb nicht, weil die Jamaikaner die salzige amerikanische Butter nicht mochten und folglich auch nicht kauften. Hinzu kam, daß die Butter mit billigeren Alternativen konkurrieren mußte. Die Folge: Der Absatz war gering, die Lagerkosten schnellten in die Höhe, und schon bald geriet die Stiftung in Schwierigkeiten. Um den Bankrott zu vermeiden, mußte USAID in die Bresche springen und der Stiftung mit 1,5 Millionen Dollar aus amerikanischen Steuergeldern aus der finanziellen Klemme helfen.

Die wenigen Kredite und Zuschüsse, die sie inzwischen gemäß ihrem Auftrag, die landwirtschaftliche Entwicklung auf Jamaika zu fördern, vergeben hatte, waren nicht an die Empfänger gegangen, die ursprünglich avisiert worden waren, als USAID das Projekt gebilligt hatte. Große und etablierte Firmen hatten sie bekommen, kleine Bauern und neu gegründete Molkereibetriebe hingegen waren praktisch leer ausgegangen.

Etwas anderes beunruhigte die Prüfer noch mehr: Bei einer eingehenden Begutachtung des Projekts im Jahr 1986 fanden sie Beweise, daß sich die Stiftung vor allem auch der Land O'Lakes Inc. gegenüber äußerst großzügig gezeigt hatte. Da die Idee für das Projekt ursprünglich von der Firma stammte und sie es auch offiziell vorgeschlagen hatte, war es als ganz selbstverständlich angesehen worden, ihr auch einen Sitz im Verwaltungsrat der neuen Körperschaft einzuräumen. Und damit war die Möglichkeit einer Interessenkollision gegeben, zu der es dann auch kam. Die Prüfer entdeckten, daß die amerikanische Firma bis Oktober 1985 185 400 Dollar an Honorar erhalten hatte, offenbar als Vergütung für »technische Hilfe«, die sie geleistet hatte.

Doch damit nicht genug. Als in den Lagerhäusern der Stiftung nicht mehr ganz frischer Käse zu verderben begann, hatte die Firma LOL schnell eine Lösung parat: Sie schlug vor, die vorhandenen Vorräte mit Käse zu vermischen, der erst einen Monat alt war. Und durch einen merkwürdigen Zufall hatte die LOL-Fabrik in Minnesota just die erforderliche Menge auf Lager, noch dazu von der richtigen Käsesorte. Da die Stiftung zu der Zeit von USAID keine Lieferung mit jungem Käse zu erwarten hatte, kaufte sie das LOL-Produkt und bezahlte dafür 400 000 Dollar – eine Summe, die, wie die Prüfer ermittelten, um das Dreifache über dem Weltmarktpreis lag. Schlimmer noch: Später wurde der Verdacht geäußert, daß die kostspielige Aktion überhaupt nicht nötig gewesen sei.[116]

Die Geldströme anzapfen

Es wäre freilich falsch anzunehmen, daß westliche Unternehmen die einzigen sind, die sich aus den Fleischtöpfen der Entwicklungshilfe die dicksten Brocken herausholen. Auch in der Dritten Welt wissen viele die Mißwirtschaft für sich zu nutzen.

So soll in Bangladesch eine Handvoll wohlhabender »Kommissionäre« nach zuverlässigen Informationen in den vergangenen acht Jahren mindestens 136 Millionen Dollar an Entwicklungsgeldern in die eigenen Taschen umgeleitet haben.[117] Nach Rehman Sobhan, einem angesehenen Ökonomen des Landes, haben diese einflußreichen Mittelsmänner nun

> ein materielles Interesse an einem System, das von der Entwicklungshilfe abhängig ist ... Jeder Versuch, die Abhängigkeit vom Ausland abzubauen, bringt diesen Mittelsmännern ausländischer Lieferanten wahrscheinlich direkte Nachteile ... Ihre ausländischen Spargroschen geben ihnen die Möglichkeit, häufig ins Ausland zu reisen und dort den westlichen Lebensstil zu genießen. Sie importieren Luxusgüter nach Bangladesch, legal und illegal, und tragen entscheidend zur Inlandsnachfrage nach Luxusimporten bei.[118]

Doch es sind nicht nur die wohlhabenden Vermittler in der Stadt, die von den Hilfsgeldern, die eigentlich für die arme Landbevölkerung bestimmt sind, hohe Summen abschöpfen. Wie in vielen Ländern der Dritten Welt gibt es auch in Bangladesch auf dem Land Kanäle, die den Fluß der Gelder von denen, die sie dringend brauchen, zu denen, die sie nicht brauchen, umleiten.

Ein Beispiel bieten die 3000 Brunnen mit Pumpen, die in Bangladesch mit einem langfristigen Weltbank-Kredit finanziert wurden. Will man einer Pressemitteilung zu diesem Projekt glauben, dann

dient heute jeder dieser Brunnen 25 bis 50 Kleinbauern zur gemeinsamen Bewässerung ihrer Felder. Doch wie unabhängige Wissenschaftler feststellten, wurde praktisch jeder Brunnen sofort vom
reichsten Mann des Dorfes in Besitz genommen (in einem Fall
kaufte der betreffende Reiche »seinen« Brunnen für 300 Dollar und
verlangte dann von seinen Nachbarn für eine Stunde Benutzung
einen Wucherpreis, den sich nur wenige leisten konnten).[119]
Ein Beamter der Bank gab später zu:

> Diese Brunnen gehen zu 100 Prozent an Leute, die das Sagen
> haben. Zuerst bedienen sich die Mächtigsten und Einflußreich-
> sten – Richter, Verwaltungsbeamte, Parlamentarier, Gewerk-
> schaftsführer. Sind dann noch Brunnen übrig, werden sie unter
> den lokalen Autoritäten versteigert. Die Großgrundbesitzer kon-
> kurrieren miteinander, und wer das dickste Schmiergeld zahlt,
> bekommt den Brunnen.[120]

Korruption auf Dorfebene ist in den Entwicklungsländern jedoch
ein geringes Problem, verglichen mit der Korruption an der Spitze.
Auch dafür liefert der Chixoy-Damm in Guatemala ein anschauli-
ches Beispiel.
Die Militärregierung von General Romero Lucas Garcias, die einen
Großteil der Bauzeit an der Macht war und auch den Vertrag mit der
Weltbank unterzeichnet hatte, wird heute von politischen Analyti-
kern als die korrupteste Administration bezeichnet, die Guatemala
in seiner Geschichte je erlebt hat – und an bestechlichen, schändli-
chen Regimes hat dieses mittelamerikanische Land in seiner Geschichte nun wahrlich keinen Mangel.[121] Nach Robert Balsells, dem
Präsidenten der staatlichen Elektrizitätsgesellschaft, ließen Ange-
hörige der Regierung von 1 Milliarde Dollar, die für das Chixoy-
Projekt bestimmt waren, etwa 350 Millionen Dollar in die eigene
Tasche wandern. Er verweist auf Versicherungsdokumente, in de-
nen der tatsächliche Wert des Dammes auf 650 Millionen Dollar
taxiert wird, und fügt mit vielsagendem Schulterzucken hinzu:
»Ziehen Sie daraus Ihre eigenen Schlüsse.« Ein anderer kompetenter
Beobachter, Rafael Bolanos, Dekan der Schule für Tiefbau an der
Universität San Carlo in Guatemala, vermutet, daß das Ausmaß des
Junta-Diebstahls sogar größer ist: 500 Millionen Dollar. Der
Damm, sagt er, sei die »größte Goldmine« der betrügerischen
Generäle gewesen.[122]

Vorhaben wie der Chixoy-Damm locken riesige Summen aus dem Westen an, und stets wird ein Teil dieses Geldes in der Dritten Welt von Politikern veruntreut und auf die Seite geschafft, die ohne ein Mandat des Volkes an die Macht gelangt sind und sich dann zielstrebig auf Kosten der Armen bereichern.

In manchen Fällen sind die westlichen Behörden über solche Vorgänge sogar unterrichtet. Einmal gab die Weltbank zu, daß sich zwischen 10 und 15 Prozent des Geldes, das sie für ein Projekt in Indonesien vergeben hatte, »verflüchtigt« hätten – ein Euphemismus für Diebstahl auf höchster Ebene.[123]

Der Fall Imelda und Ferdinand

Als Ferdinand Marcos, Präsident der Philippinen, 1986 gestürzt wurde, hinterließ er dem südostasiatischen Land, das von der Weltbank besonders kräftig unterstützt worden war, Auslandsschulden in Höhe von 26 Milliarden Dollar.[124] Der überwiegende Teil der Kredite war für extravagante Entwicklungsvorhaben aufgenommen worden, die den Armen zwar keinen Nutzen gebracht,[125] dafür aber der Eitelkeit des Staatschefs geschmeichelt hatten. Doch nach Marcos' Sturz wurde deutlich, daß seine Vorliebe für teure und zweckfremde Projekte bei weitem nicht der alleinige Grund für die schwindelerregende Höhe der Auslandsverschuldung war. Eine sorgfältige, zweijährige Untersuchung seiner Geschäfte erbrachte zweifelsfrei, daß er persönlich mehr als 10 Milliarden Dollar veruntreut und außer Landes geschafft hatte.[126]

Ein großer Teil dieses Geldes – das natürlich dem philippinischen Volk und seinem Staat hätte zugute kommen sollen – war für immer auf Schweizer Bankkonten verschwunden;[127] ein anderer war in den USA in Immobilien investiert worden;[128] ein dritter wurde für Luxus-Schnickschnack ausgegeben: so etwa 100 Millionen Dollar für eine Kunstsammlung, mit der Ex-Schönheitskönigin Imelda Marcos die Wände ihrer Lieblingsdomizile in Übersee tapezierte. Sie hatte einen erlesenen Geschmack. Zu ihren Prunkstücken gehörten sechs alte Meister, die sie für 5 Millionen Dollar in der New Yorker Knoedler Gallery erstanden hatte, ein Gemälde von Francis Bacon – mit dem entzückenden Titel »Masturbation« – und eine Madonna mit Kind von Michelangelo. Dieses Bild hatte sie Mario Bellini in Florenz für 3,5 Millionen Dollar abgekauft.[129]

Fast zwei Jahre nachdem Imelda und Marcos nach Hawaii ins Exil gegangen waren, war erst einer dieser Schätze wieder aufgetaucht – in einem New Yorker Luxusapartment in der Fifth Avenue wurde ein Blumenstilleben von Fantin-Latour gefunden und im November 1987 bei Christie's für 440 000 Dollar versteigert. Zu dieser Zeit waren weitere 38 der insgesamt 155 Bilder ausfindig gemacht worden. Allerdings konnten sie nicht ohne weiteres den philippinischen Stellen ausgehändigt werden, da sie sich im Besitz eines langjährigen Freundes der Familie Marcos befanden, des Waffenhändlers Adnan Kashoggi. Nach Ramon Diaz, dem Vorsitzenden der Kommission, die eigens zu dem Zweck eingerichtet wurde, nach dem Diebesgut zu fahnden, hatte man die Gemälde – unter ihnen auch zwei Werke von Frans Hals – dem saudischen Multimillionär nur deshalb übergeben, weil man verschleiern wollte, wer die wirklichen Besitzer waren.[130]

In den letzten zehn Jahren der Marcos-Herrschaft, als wertvolle Kunstschätze die Wände von Penthäusern in Manhattan und Paris schmückten, war das Ernährungniveau auf den Philippinen niedriger als in allen anderen asiatischen Ländern – mit Ausnahme Kambodschas, dem vom Krieg heimgesuchten Land. Um Unruhen zu unterdrücken, hatte Marcos ein Streikverbot verhängt und jede gewerkschaftliche Organisation in Schlüsselindustrien und Landwirtschaft verboten. Tausende von Filipinos wurden wegen ihrer Proteste gegen die Diktatur ins Gefängnis geworfen, viele wurden gefoltert und getötet.[131] Und dennoch gehörte das Land all die Jahre hindurch zu den zehn wichtigsten Hilfeempfängern der Weltbank und der USA.[132] Vermittelt durch Entwicklungshilfe hätte der Zusammenhang zwischen dem immensen Reichtum des philippinischen Diktators und der krassen Armut der Mehrheit der Bevölkerung nicht klarer oder deutlicher sein können.

Gegensätze wie dieser führten letztlich zum Sturz des Marcos-Regimes. Die Geschichte wird zeigen, ob die neue Regierung auf den Philippinen bessere Arbeit leistet. Doch soviel ist jetzt schon klar: Heute und in absehbarer Zukunft wird das Land alljährlich zwischen 40 und 50 Prozent seiner gesamten Exporteinnahmen dafür aufbringen müssen, allein die Zinsen für die Auslandsschulden zu bezahlen, die Marcos gemacht hat.[133]

Der dicke Mann und der dünne Mann

Statt habgierige und verantwortungslose Führer der Dritten Welt wie Ferdinand Marcos zu bestrafen, drücken westliche Geber häufig ein Auge zu, bestärken diese Schurken in ihrem Größenwahn und statten sie mit dem nötigen Kleingeld aus, damit sie ihr unheilvolles Treiben fortsetzen können.

Dies war ohne Frage auch bei Jean Bedel Bokassa der Fall. Bokassa regierte von 1966 bis 1979 die Zentralafrikanische Republik und sagte in einem seltenen Anflug von Aufrichtigkeit einmal: »Hier haben alles die Franzosen finanziert. Wir bitten die Franzosen um Geld, wir bekommen es und verschwenden es.«[134] Frankreich, der wichtigste bilaterale Geber, stattete seine darniederliegende Ex-Kolonie in den siebziger Jahren jährlich mit 38 Millionen Dollar Entwicklungshilfe aus – gemessen an philippinischen Verhältnissen vielleicht keine Riesensumme, aber immerhin genug, um in einem der ärmsten Länder Afrikas die Dinge am Laufen zu halten, vorausgesetzt, das Geld wird richtig verteilt. Doch im Dezember 1977 durfte Bokassa nicht weniger als 20 Millionen Dollar dieser jährlichen Subvention der französischen Steuerzahler an einem einzigen Tag ganz für sich allein verprassen: Er investierte das Geld in eine ebenso glanzvolle wie groteske Zeremonie und erhob sich selbst vom Präsidenten zum Kaiser. Bei dieser Feierlichkeit, der übrigens auch Tausende ausländischer Gäste beiwohnten, trug der übergeschnappte Ex-Hauptmann der französischen Armee eine Krone für 2 Millionen Dollar und obenauf einen prachtvollen Diamanten von 138 Karat; dazu hatte er sich in Gewänder gehüllt, die er sich bei Guiselin für 145 000 Dollar hatte anfertigen lassen.[135]

Die Zentralafrikanische Republik – nach dem Ereignis vom 4. Dezember 1977 ein Kaiserreich – verfügte damals über kaum 270 Kilometer gepflasterte Straßen, und die Bevölkerung versank in tiefstem Elend: Das durchschnittliche Pro-Kopf-Einkommen lag bei etwa 300 Dollar im Jahr.[136] Trotzdem sah Bokassa keinen Anlaß, an der Berechtigung seiner kostspieligen Krönung zu zweifeln: »Man kann ohne Opfer keine große Geschichte machen«, erklärte er, »und dieses Opfer wird von der Bevölkerung akzeptiert.«[137]

Der afrikanische Kontinent ist mit gutem Grund bekannt dafür, daß seine Eliten immense Reichtümer scheffeln und ins Ausland schaffen, während den leidgeprüften Armen große Opfer abverlangt werden. Es gibt sogar Witze zu diesem Thema – einer davon ist die Geschichte vom dicken Mann und vom dünnen Mann, die bei jeder Hungerkrise die Runde macht:

> »Sie sollten sich schämen«, sagte der dicke Mann zum dünnen Mann. »Wenn ein Ausländer Sie sieht, bevor er jemanden anderen sieht, wird er denken, daß hier eine Hungersnot herrscht.«
> »Und wenn er anschließend Sie sieht«, antwortete der dünne Mann, »dann weiß er auch gleich, wer an der Hungersnot schuld ist.«

Dr. Mahmood Mamdani, außerordentlicher Professor der Naturwissenschaften an der Makerere-Universität in Uganda, erzählte diesen Witz am 19. März 1985 während einer Rede, die er bei einer Rot-Kreuz-Konferenz zum Thema »Vermeidung von Katastrophen« hielt. Die Konferenz fand in Kampala statt, und Mamdani nutzte die Gelegenheit, um auf die Opfer hinzuweisen, die arme Ugander damals für die Reichen bringen mußten. Er berichtete von wohlhabenden Farmern, die verzweifelten Kleinbauern während der letzten Hungersnot zu Schleuderpreisen Land abgekauft hatten. Einer der Profitjäger, der rund 200 Hektar erworben hatte, erzählte ihm schamlos: »Die Hungersnot half mir. Die Leute waren in Not. Zum erstenmal waren sie bereit, Land zu verkaufen – Land, Kühe, überhaupt alles, was sie in normalen Zeiten im Traum nicht verkauft hätten.« Laut Mamdani hat die ugandische Regierung dabei offenbar kräftig mitgemischt und sich gleichermaßen auf Kosten der Armen bereichert. Kleinbauern erhielten beispielsweise von den staatlichen Abnahmestellen bei Hirse nur 25 Prozent des Endverkaufspreises und bei Kaffee weniger als 19 Prozent. Die Folge solcher Praktiken:

> Der Bauer wirtschaftet unter permanenter Benachteiligung ... seine Überschußproduktion wird regelmäßig abgeschöpft. Sein Bareinkommen reicht kaum für das Nötigste – für die Steuer, die Anschaffung einer Hacke oder den Kauf von Medizin oder etwas Salz. So ist er gezwungen, den Produktionskreislauf auf etwa der gleichen oder sogar auf einer schlechteren technischen Basis zu beginnen als beim vorigen Mal.

Mamdani fragte nach der Rolle, die ausländische Entwicklungshilfe in diesem Zusammenhang zu spielen habe, und beschwor seine Zuhörer – in der Hauptsache ausländische Entwicklungshelfer –, durch ihr Verhalten nicht zur permanenten Ausbeutung der Armen beizutragen. Im Gegenteil, sie sollten versuchen, »den Opfern wieder Initiative einzuimpfen ... die schöpferische Kraft der Menschen wiederzubeleben ... Wenn Arbeit durch administrative Zwänge geschröpft und gehemmt wird, dann müssen wir uns organisieren und diese Zwänge beseitigen. Wenn sich jemand die Produkte der Arbeit durch monopolistische Marktpraktiken aneignet, dann müssen wir uns organisieren und diese Praktiken verändern«. Als Belohnung für solche subversiven Ratschläge wurde Mamdani von der Regierung des damaligen Präsidenten Dr. Milton Obote die ugandische Staatsbürgerschaft aberkannt.[138]

Rabatz im Dschungel

In einigen Ländern kann man mehr als nur seine Staatsbürgerschaft verlieren, wenn man den Status quo in Frage stellt. Mobutu Sese Seko, der Schreckenspräsident von Zaïre, regiert seine 30 Millionen Untertanen seit 1965 mit eiserner Faust: Inhaftierung ohne Gerichtsverfahren, Mord, Folter und Verschleppung sind an der Tagesordnung, und jede Kritik am Regime ist verboten.[139]

Gemessen am Bruttosozialprodukt pro Kopf, war Zaïre 1987 das achtärmste Land der Welt – zur gleichen Zeit wurde die durchschnittliche Lebenserwartung seiner Bürger auf knapp über 50 Jahre geschätzt.[140] Die Not, die der gewöhnliche Sterbliche in Zaïre leidet, hat Mobutu freilich nicht daran hindern können, einer der reichsten Männer der Welt zu werden. Sein persönliches Vermögen – das er überwiegend im Ausland angelegt hat – wird von westlichen Geheimdiensten auf 3 bis 4 Milliarden Dollar geschätzt.[141] Unter anderem besitzt Mobutu Hotels, Schlösser, Landhäuser und luxuriöse Apartments in Belgien, Frankreich, England, Australien und den USA.[142]

Der Präsident hat diesen Reichtum durch das simple Mittel des Diebstahls erlangt. Nach Erwin Blumenthal, einem deutschen Bankier, der vom IWF nach Zaïre entsandt wurde, werden 18 Prozent des Staatshaushalts routinemäßig für Mobutus persönliche Schatul-

le abgezweigt. Er verpraßt das Geld mit Extravaganzen wie Ausflü-
ge nach Disneyland, zu denen er 90 Gäste einlädt und freihält.[143]
Eine weitere Einnahmequelle des Präsidenten sind Geschäftsverträ-
ge, Zuschüsse aus der Entwicklungshilfe und langfristige Kredite
für verschwenderische und exotische Vorhaben wie das Inga-Shaba
Power Project: Mobutu kam 1965 mit Hilfe der CIA durch einen
Militärputsch an die Macht. Angeblich wandern seitdem von jedem
Dollar Entwicklungshilfe für Zaïre 20 Cents in Mobutus Tasche.[144]
Er hat sogar die CIA selbst bestohlen: In den siebziger Jahren gab
ihm der US-Nachrichtendienst 1,4 Millionen Dollar, mit denen er
die angolanische FNLA in ihrem Kampf gegen die MPLA unter-
stützen sollte. Auch diese Summe verschwand umgehend in seiner
Tasche.[145]

Im Jahr 1982 warnte Blumenthal den IWF: »Mobutu und seine
Regierung halten es für einen Scherz, daß sie ihre Schulden zurück-
zahlen müssen.«[146] Die Prophezeiung stieß auf taube Ohren, und
Zaïre erhielt in den darauffolgenden Jahren vom Fonds regelmäßig
Unterstützung. Im Mai 1986 billigte der IWF beispielsweise einen
Kredit von mehr als 200 Millionen Dollar.[147] Im Oktober desselben
Jahres bestätigte Mobutu Blumenthals Warnungen und verkündete
ein Schuldenmoratorium.[148] Der Fonds hatte Zaïre bereits geholfen,
dem »Pariser Club« der Kreditgeber insgesamt sieben Umschul-
dungen abzuringen, und hatte damit einen Weltrekord aufgestellt.
Auch jetzt ließ er sich durch diese Dreistigkeit nicht aus der Ruhe
bringen. Statt im Jahr 1987 gegenüber Mobutu einen harten Kurs
einzuschlagen, arrangierte er hilfsbereit eine *achte* Umschuldung
und verschaffte Mobutu neue Kreditzusagen in Höhe von insgesamt
370 Millionen Dollar.[149]

Würde der Präsident alle Mittel, die er in dem Vierteljahrhundert
seiner Herrschaft in Zaïre unterschlagen hat, zurückgeben – und das
ist die eigentliche Ironie –, so könnten die Auslandsschulden des
Landes, nach Schätzungen 5 Milliarden Dollar,[150] bis auf eine
geringfügige Summe abgetragen werden. Sparprogramme des IWF,
die, wie unlängst in Zaïre, aus »Haushaltsgründen« zur Entlassung
von 7000 Grundschullehrern führen und den Armen viele Härten
auferlegen, sind unter solchen Umständen ganz bestimmt *keine*
Lösung[151] – ebensowenig wie neue Kredite und großzügige Um-
schuldungen. Angesichts dieser Fakten muß es dem normalen
Steuerzahler in Brüssel, London oder New York ein Mysterium

bleiben, warum der Westen diesen verschwenderischen Tyrannen weiter unterstützt.

Voodoo à la Duvalier

Die Hauptfunktion der Entwicklungshilfe scheint in Afrika, wie überhaupt überall in der Dritten Welt, häufig darin zu bestehen, den Aufstieg einer »Kleptokratie« – man könnte auch sagen: von Diebesgesindel – zu finanzieren. So zahlte der IWF 1981 als Teil eines Standby-Kredits 22 Millionen Dollar in die Staatskasse Haitis. Als zwei Jahre später ein IWF-Team das Land besuchte, mußten die Finanzexperten feststellen, daß Präsident Jean-Claude Duvalier (»Baby Doc«) 20 Millionen von diesem Geld für seinen persönlichen Gebrauch abgezweigt hatte. Zudem entdeckten sie, daß in den drei Monaten davor weitere 16 Millionen Dollar aus verschiedenen staatlichen Behörden »verschwunden« waren und die Zentralbank der eleganten Präsidentengattin Michèle Duvalier ein Jahresgehalt von 1,2 Millionen Dollar zahlte.[152] Dies alles geschah, lange bevor die pro-amerikanischen Duvaliers den USA so peinlich wurden, daß sie einfach entfernt werden *mußten*. Tatsächlich wurden die Diebstähle bis 1986 bewußt ignoriert, und der IWF verhielt sich die ganze Zeit über so, als sei das von ihm zur Verfügung gestellte Geld ordnungsgemäß verwendet worden. Aber natürlich holte er sich seinen Blutzoll bei den armen Haitianern und verordnete einschneidende Sparmaßnahmen, die vermutlich dazu dienen, Haitis Auslandsschulden zurückzuzahlen.

Haiti war schon 1956 in jeder Hinsicht ein armes Land, doch in den Jahren von 1957 bis 1986, als die Duvaliers (Vater und Sohn) an der Macht waren, wurde es noch ärmer: Der Anteil an der Gesamtbevölkerung, der in »verzweifelter Armut« lebt, wuchs beispielsweise von 48 Prozent im Jahr 1976 auf fast 70 Prozent 1986; gleichzeitig fiel das durchschnittliche Pro-Kopf-Einkommen von 75 Prozent der Haitianer auf unter 140 Dollar im Jahr; nur 10 Prozent der Landbevölkerung konnten einigermaßen lesen und schreiben; 80 Prozent aller Kinder unter sechs hatten mindestens schon einen Malaria-Anfall gehabt; und 75 bis 80 Prozent aller Kinder litten an Unterernährung (über die Hälfte aller Todesfälle im Land werden laut Statistik durch Unterernährung und Magen-Darm-Entzündungen verursacht).[153]

Doch interessanterweise blieb Haiti während der gesamten Duvalier-Ära ein wichtiger Empfänger westlicher Entwicklungshilfe. Als bilaterale Geber taten sich besonders die Vereinigten Staaten, die Bundesrepublik Deutschland und Frankreich hervor, zu den bedeutendsten multilateralen Gebern gehörten Weltbank, FAO, WHO, UNDP und UNICEF.[154] Bei so vielen »Helfern« am Platz drängt sich eine Frage auf: Wurden die armen Haitianer *trotz* oder *wegen* der Entwicklungshilfe zugrunde gerichtet?

Es ist schwer, darauf eine definitive Antwort zu geben, doch wenn man sich die Zahlen der Weltbank über die Wirtschaft des Landes betrachtet, wird zumindest eines auf Anhieb klar: Die unerschöpflich sprudelnden Hilfsgelder erleichterten die Bemühungen der Duvaliers, die extrem niedrigen Steuersätze für ihre Spezies unter den reichen Haitianern beizubehalten. Bis 1986 verdiente 1 Prozent der Bevölkerung 40 Prozent des nationalen Einkommens, mußte aber von diesen Einkünften nur 3,5 Prozent an Steuern abführen.[155] Dieser absonderliche Zustand wurde schlicht und einfach durch ausländisches Geld ermöglicht: Unter der Rubrik öffentliche Entwicklungshilfe schießen die westlichen Steuerzahler einen Großteil zu den Budgets der haitianischen Regierung zu. In den siebziger und achtziger Jahren wurden mit diesen Mitteln zwei Drittel der staatlichen Investitionen finanziert und mehr als die Hälfte der nationalen Importe bezahlt.[156]

Es war weithin bekannt, wie korrupt und verwerflich das Regime war. Dennoch wurde kaum einmal der Versuch unternommen, die Verwendung der Hilfsgelder zu kontrollieren. Die Vereinigten Staaten – der größte bilaterale Geber – erklärten es sogar ganz offen zu ihrer Strategie, »der haitianischen Regierung bei der Auswahl und Planung von Projekten ein Höchstmaß an Verantwortung einzuräumen«.[157] Genausogut hätte sie darauf vertrauen können, daß ein dreifach überführter Mörder nicht mehr mordet, wenn er auf freien Fuß gesetzt wird, oder ein Kleptomane nicht mehr stiehlt, wenn er in einem Kaufhaus unbeobachtet bleibt.

Während USAID eine schier unglaubliche Vertrauensseligkeit an den Tag legte, wartete das US-Handelsministerium mit Zahlen auf, die belegten, daß jedes Jahr nicht weniger als 63 Prozent aller verbuchten Einnahmen der Regierung »zweckentfremdet« wurden. Wenig später – und kurz bevor er von Duvalier entlassen wurde – enthüllte Haitis Finanzminister Marc Bazin, daß jeden Monat durchschnittlich 15 Millionen Dollar von den öffentlichen Mitteln abgezweigt wurden, um »Sonderausgaben« zu decken, unter anderem auch regelmäßige Überweisungen auf das Privatkonto des Präsidenten in der Schweiz.[158] Ein Großteil der fraglichen Mittel war natürlich in Form von Entwicklungshilfe nach Haiti geflossen. Von dem Rest, der nach Duvaliers Plünderungen noch in der Staatskasse verblieben war, nahm sich der Sportminister 2 Millionen Dollar, um damit den Bau eines Stadions zu bezahlen, das in Wirklichkeit nur 200 000 Dollar kostete. Auch das war kein Einzelfall. Etwa zur gleichen Zeit stoppte die kanadische Entwicklungsbehörde CIDA ein von ihr finanziertes, kostspieliges Agrarprogramm, nachdem sie entdeckt hatte, daß gut die Hälfte der 700 Haitianer, die auf ihrer Gehaltsliste standen, in Wirklichkeit gar nicht an dem Projekt arbeitete – vermutlich existierten diese Arbeitskräfte überhaupt nicht.[159]

Nur wenige Geber folgten dem Beispiel der Kanadier: Trotz schamloser, fortwährender Zweckentfremdung der Mittel, tiefverwurzelter Korruption und der gewalttätigen Übergriffe und Menschenrechtsverletzungen durch die gefürchteten »Tonton Macoutes« hielt der Westen den Duvaliers bis zum allerletzten Moment die Stange. Es paßt gut ins Bild, daß die Air Force der USA die Maschine bereitstellte, mit der »Baby Doc« 1986 schließlich aus dem Land und in sein komfortables südfranzösisches Exil flüchtete.

Geld hat Flügel

Die Mächtigen in der Dritten Welt kommen und gehen. Heute residieren sie noch im Präsidentenpalast und wickeln mit internationalen Beamten Geschäfte ab, doch schon morgen kann Aufruhr in den Straßen herrschen, und sie sitzen in einer Maschine, die sie in ihr sorgfältig vorbereitetes Fluchtdomizil nach Kalifornien oder an die Côte d'Azur bringt. Das veruntreute Vermögen hat natürlich schon lange vor ihnen das Land verlassen, gewöhnlich in Richtung Schweiz oder USA. Der frühere US-Finanzminister Don Regan traf den Nagel auf den Kopf, als er sagte: »Unser Land ist zu einer Zufluchtsstätte geworden – nicht nur für Menschen, sondern auch für ihr Geld.«[160]

Es gibt einen Fachausdruck für das, was da vorgeht, und dieser

Ausdruck – »Kapitalflucht« – klingt wie der Name eines neuen aufregenden Brettspiels. Das Spiel geht so: Öffentliches Geld, das man den Armen in den reichen Ländern mittels Steuern aus der Tasche zieht, wird in Form von Entwicklungshilfe an die Reichen in den armen Länder transferiert, und anschließend geben es die Reichen in den armen Ländern zur sicheren Aufbewahrung zurück an die Reichen in den reichen Ländern. Der eigentliche Witz besteht nun darin, daß bei diesem Enteignungszyklus der Anschein gewahrt werden muß, die ganze Zeit werde nur den Armen in den armen Ländern geholfen. Gewonnen hat der Spieler, der es fertigbringt, ohne mit der Wimper zu zucken, auf seinem Bankkonto Milliarden von Dollar anzuhäufen.

Natürlich sind die Dinge im wirklichen Leben etwas komplizierter. Offener Diebstahl im Stil eines Baby Doc ist immer noch selten. Für gewöhnlich sind die Methoden der persönlichen Bereicherung weniger direkt, raffinierter und versteckter. Der wirklich geschickte Spieler hat begriffen, daß jeder Dollar Entwicklungshilfe, der seinen Weg kreuzt, eine Möglichkeit darstellt, sich persönlich zu bereichern, ohne daß es entdeckt wird – selbst dann, wenn der Geber ein wachsames Auge darauf hat, wie seine Mittel ausgegeben werden. Solche Kontrollen sind kein Hindernis für einen Betrüger mit Unternehmungsgeist, dem das Wort »Fungibilität« ein Begriff ist. Nahrungsmittelhilfe ist zum Beispiel äußerst fungibel, weil es den Empfänger von der lästigen Pflicht entbindet, dafür zu sorgen, daß seine Leute nicht hungern. Während wohlmeinende Ausländer die Hungernden füttern, können die Führer eines Landes, in dem eine Hungersnot herrscht, *andere* Mittel, über die sie verfügen, nach Belieben ausgeben: Sie können hochmoderne Waffen damit kaufen, sie können ihren Beamten fette Gehälter bezahlen, sie können aber auch noch eine paar satte Beträge auf ihre Bankkonten in der Schweiz oder in Kalifornien überweisen.

Projekthilfe ist auch fungibel und eröffnet ähnliche Möglichkeiten: Eine Straße, ein Damm oder ein Bewässerungssystem, für die ein anderer bezahlt, fallen dem Fiskus nicht unmittelbar zur Last. Der Präsident und seine Minister können folglich wie gehabt fortfahren und sich aus der Staatskasse wie an einem Geldautomaten bedienen. Doch die größte Chance, die sich korrupten Beamten jemals geboten hat, ist – wie wir in Kapitel zwei gesehen haben – der neue Trend zur »Strukturanpassung«: Als Gegenleistung für Reformen, die gewöhnlich nur die Armen treffen, spielen solche »politischen Kredite« den Empfängerregierungen Millionen von Dollar direkt in die Hände. Weil keine Projekte vollendet, keine Hungernden gefüttert werden müssen und weil niemand Rechenschaft über den Verbleib des Geldes fordert, eignen sich solche Darlehen geradezu ideal für Diebstahl und Kapitalflucht.

Die Summen, die alljährlich aus der Dritten Welt verschwinden, sind denn auch beträchtlich. So wird etwa geschätzt, daß korrupte Venezolaner genug Geld auf ihren Auslandskonten gehortet haben, um damit sämtliche Schulden ihres Landes zu bezahlen – inzwischen etwa 20 Milliarden Dollar.[161]

Ein Studie der Morgan Guarantee Trust Company nahm zwischen 1983 und 1985 zehn hoch verschuldete Entwicklungsländer in Lateinamerika unter die Lupe: Während der Lebensstandard der Armen in diesem Zeitraum sank, gelang es den Reichen in den betreffenden Ländern, 44,2 Milliarden Dollar bei westlichen Banken zu deponieren.[162] Eine andere Langzeitstudie, bei der die Jahre 1976 bis 1986 untersucht wurden, ermittelte für die Kapitalflucht in diesem Zeitraum folgende Zahlen.

Argentinien: 26 Mrd. Dollar; Brasilien: 10 Mrd. Dollar; Indien: 10 Mrd. Dollar; Indonesien: 5 Mrd. Dollar; Südkorea: 12 Mrd. Dollar; Malaysia: 12 Mrd. Dollar; Nigeria: 10 Mrd. Dollar; Philippinen: 9 Mrd. Dollar.[163]

Mexiko verlor in diesen zehn Jahren durch Kapitalflucht die atemberaubende Summe von 56 Milliarden Dollar[164] – das entspricht fast exakt der Hälfte seiner Auslandsverbindlichkeiten.[165] Doch bei ihren Bemühungen, die Entwicklung in diesem Land zu fördern, schenken Entwicklungsbehörden und Finanzinstitutionen diesem dringlichen Problem anscheinend keine Beachtung. So hat die Weltbank bei der Vergabe von Strukturanpassungskrediten, wie ein leitender Beamter einräumt, nie zur Bedingung gemacht, »Korruption und Kapitalflucht einzudämmen – zwei der vordringlichsten Probleme Mexikos«. Die Bank habe die mexikanische Regierung nicht einmal gezwungen, »ein passables Revisionssystem einzurichten, um der Bestechung vorzubeugen«.[166]

Durch und durch schlecht

Trotz aller frommen Sprüche und achtbaren humanitären Motive pflegt Entwicklungshilfe häufig Umgang mit reichlich sonderbaren und brutalen Zeitgenossen. In Mexiko und Zaïre, auf den Philippinen und auf Haiti hat sie sich Diebe und Mörder, Psychopathen und Betrüger zu Verbündeten gemacht. Andernorts hat sie ihre Gunst beständig an kostspielige Großprojekte, ehrgeizige und absurde Entwicklungspläne und hochfliegende Ideen verschwendet und sich mit ihrer Freigebigkeit das Lob großer Unternehmen und aufgeblähter Bürokratien gesichert. Und gleichzeitig hat sie Initiativen auf lokaler Ebene, zweckdienliche realistische Strategien und die Energie und den Unternehmungsgeist der Armen in der Dritten Welt ignoriert.

Doch Entwicklungshilfe ist nicht schlecht, weil sie gelegentlich von korrupten und unfeinen Leuten mißbraucht wird, nein, sie ist ihrem Wesen nach schlecht, durch und durch schlecht, und absolut nicht reformierbar. Als wohltätige Spende, mit der sich der Westen die widerwärtige Loyalität bettelnder, untätiger und böswilliger Regierungen erkauft, oder als versteckte, ineffiziente und unzulänglich geregelte Subventionierung westlicher Unternehmen ist sie möglicherweise das gefährlichste Hindernis für die produktiven Bemühungen der Armen. Sie leugnet die Leistungsfähigkeit der Armen und beleidigt und verkennt in gönnerhafter Arroganz ihre singulären Fähigkeiten.

Die Umsiedlungsprogramme in Brasilien und Indonesien haben pro Siedler Investitionen von etwa 12 000 Dollar verschlungen.[167] Solche Programme, bei denen riesige Mengen westlicher Entwicklungshilfe an repressive und verantwortungslose Regimes transferiert werden, haben die Umwelt in einem nahezu apokalyptischen Ausmaß zerstört, sie haben ganze Stämme von Ureinwohnern ausgelöscht, und sie haben die Mehrheit der Siedler noch tiefer ins Elend gestürzt und ärmer gemacht, als sie *vor* dem Eingreifen der Weltbank und anderer Geber waren. Was wäre geschehen, so frage ich mich, wenn man das Geld nicht menschenverachtenden und gefühllosen Bürokratien anvertraut hätte, wenn man es nicht dazu benutzt hätte, Baufirmen, Rodungsfirmen und andere Unternehmen damit reicher zu machen, sondern das Geld statt dessen in Portionen zu je 12 000 Dollar geteilt und einfach jedem Siedler seinen Anteil gegeben hätte? Was wäre geschehen, wenn jeder von ihnen sogar nur ein Zehntel dieser Summe – 1200 Dollar – bekommen hätte?

Ich nehme an, sie wären keine Migranten geworden, wenn sie in den Genuß eines solchen unverhofften Geldregens gekommen wären. Für einen landlosen Landarbeiter in Brasilien oder einen Kleinbauern, der sich auf Java mühsam durchschlagen muß, sind 1200 Dollar ein Vermögen, vielleicht das Vierfache eines Jahreseinkommens. Ich bin überzeugt, diese Menschen hätten mit dem Geld etwas Nützliches angefangen, wenn man es ihnen direkt anvertraut hätte. Sie hätten es klug und gewinnbringend in ihrer Heimatregion angelegt, ihr Leben damit verändert und die am Boden liegende Landwirtschaft in ihren Ländern wieder neu belebt.

Doch das ist nur ein Wunschtraum. Ob unsere Entwicklungshilfe nun für Dämme in Indien, für Umsiedlung in Indonesien, für Kraftwerke in Bangladesch, für Strukturanpassung in Mexiko oder für Zahlungsbilanzhilfe im Sudan ausgegeben wird, weder ist sie für die einfachen Leuten »Hilfe zur Selbsthilfe«, noch fördert sie den Wohlstand auf breiter Basis. Im Gegenteil, sie macht systematisch jene Kräfte stärker und reicher, die heute am wirkungsvollsten die Initiativen und Talente der Kleinbauern, Nomaden, Slum- und Dorfbewohner ersticken, und zwar überall in der Dritten Welt.

SCHLUSS

Entwicklungshilfe ist keine Hilfe

> Bei seinem Wissen, seinem Ruf verstand er auf
> den Gelderwerb sich unvergleichlich.
> Und Kleider wie Gebühren hatt' er reichlich.
> Er hatte viel zu tun und schien sogar geschäf-
> tiger, als er beschäftigt war.
>
> CHAUCER, *The Canterbury Tales*

In den Jahren 1950 bis 1955 betrug die bilaterale und multilaterale Entwicklungshilfe aus sämtlichen Quellen selten mehr als 1,8 Milliarden Dollar pro Jahr.[1] In den sechziger Jahren jedoch stieg der Umfang beträchtlich: Bereits 1960 wurde für öffentliche Entwicklungshilfe 20 Prozent mehr ausgegeben als im Jahr zuvor.[2] Bis 1962 hatte die Entwicklungshilfe der ganzen Welt fast 6 Milliarden Dollar erreicht, und 1972 gaben allein die Mitgliedstaaten der OECD jährlich 10 Milliarden Dollar aus.[3] Bis 1984 hatte sich diese Zahl der OECD verdoppelt, die OPEC-Staaten hatte sich als wichtige Geber etabliert, und auch die Sowjetunion zweigte beträchtliche Summen für die Entwicklungshilfe ab.[4] Im Jahr 1987 betrug die Entwicklungshilfe sämtlicher Geberstaaten etwas mehr als 50 Milliarden Dollar[5] – das entspricht einer Erhöhung um 7 Prozent gegenüber den 46 Milliarden Dollar im Jahr davor.

Einer der interessantesten Aspekte dieses lebhaften Anstiegs ist der Umstand, daß im Lauf der Jahre »mehr geben« allmählich auf subtile Weise mit »besser machen« gleichgesetzt wurde, also mit einer moralischen Tugend. Durch wirkungsvolle Öffentlichkeitsarbeit haben Interessengruppen, die Entwicklungshilfe befürworten, und die Hilfsinstitutionen selbst dafür gesorgt, daß die Forderung nach »mehr Hilfe« inzwischen gleichbedeutend ist mit der Forderung nach »besserer Hilfe«. Was der britische Ökonom Lord Bauer hierzu sagte, trifft fast auf jedes diplomatische und wirtschaftliche

278

Forum zu: »Länder, die einen höheren Anteil ihres Volkseinkommens für Entwicklungshilfe ausgeben, werden als bessere Helfer angesehen als andere, die einen kleineren Anteil geben.«[6]

Das entspricht den Tatsachen. Öffentliche Entwicklungshilfe ist heute eine heilige Kuh, die nicht geschlachtet werden darf, sondern gefüttert werden muß. Im UN-System dreht sich die ganze Debatte, wie wir in Kapitel zwei gesehen haben, nur um »Zielsetzungen«. Seit den sechziger Jahren hat die Weltorganisation ihre Mitglieder gedrängt, 0,7 Prozent ihres jährlichen Bruttosozialprodukts für Entwicklungshilfe bereitzustellen: Länder, die ihre Hilfe erhöht und das gesteckte Ziel erreicht haben, sind »gut« im Sinne der UNO; andere, die ihre Hilfe gekürzt haben, sind natürlich »schlecht«.

Ein Kampagne, die 1988 vom British Labour Movement inszeniert wurde, leistete dieser naiven und simplifizierenden Vorstellung Vorschub. Aus einem Flugblatt mit dem Aufruf »Support the Just 0,7 Campaign« erfahren wir, daß Großbritannien im Jahr 1979 »von den führenden sieben Industrienationen die *großzügigste* war« – weil es kurz davor stand, die 0,7-Prozent-Marke zu überspringen. Doch seit damals habe infolge der »beschämenden Maßnahmen« der Konservativen ein schmählicher Abwärtstrend eingesetzt. Großbritannien sei auf der Leistungstabelle nun hinter Frankreich, Schweden, Dänemark, die Niederlande, die Bundesrepublik Deutschland und Norwegen zurückgerutscht. Das Land sei »im Begriff, die schäbigste Nation der Welt« zu werden.[7]

Ähnliche Urteile über die Leistungen der Geberländer finden sich auch in den vielbeachteten Berichten der Unabhängigen Kommission für Internationale Entwicklungsfragen, die in den siebziger und achtziger Jahren unter dem Vorsitz Willy Brandts tagte. Während alle Geberländer, die die Wohlverhaltensmarke von 0,7 Prozent übertroffen hatten, uneingeschränktes Lob ernteten, wurde der Umstand, daß viele andere sie nicht erreicht hatten, als »zutiefst enttäuschend« bezeichnet: »Dieses Versäumnis zeigt, daß es am politischen Willen fehlt.«[8] In Anbetracht der Tatsache, daß der Anteil der Entwicklungshilfe am BSP bei mehreren wohlhabenden Ländern sank – wofür es »keine Entschuldigung gibt« –, beschwor die Kommission die widerspenstigen Geber, »die Erfüllung der 0,7-Prozent-Marke noch einmal ins Auge zu fassen«.[9]

Wenn dieses Ziel erreicht wird – so die Argumentation –, muß das den Menschen in der Dritten Welt zwangsläufig auch helfen. Die

Annahme, daß mehr Entwicklungshilfe aus dem Norden die Lebensbedingungen im Süden verbessern wird, gilt als selbstverständliche Wahrheit.

Doch die Annahme ist schlicht falsch. Man braucht sich nur vor Augen zu halten, daß es hier nur um ein paar Hundertstel Prozent vom Bruttosozialprodukt der Geberländer geht. Und vergessen wir eines nicht: Entwicklungshilfe ist nur einer von vielen verschiedenen Kapitalströmen – und diese Ströme fließen genauso von Nord nach Süd wie umgekehrt von Süd nach Nord. Wenn man der Beziehung zwischen den armen und den reichen Nationen auf den Grund gehen will, ist es vielmehr erforderlich, die Zahlen der weltweit geleisteten Entwicklungshilfe mit den Zahlen aller anderen Transaktionen, die in beiden Richtungen ablaufen, zu addieren.

Mit Hilfe dieser vergleichenden Bilanz können wir einen interessanten und kaum erwarteten Trend feststellen: Seit den frühen achtziger Jahren – hauptsächlich dadurch bedingt, daß private Banken erheblich weniger neue Kredite vergaben und gleichzeitig die Rückzahlungen alter Kredite bei steigenden Zinssätzen weiterliefen – sind konstant mehr Mittel in die wohlhabenden Länder geflossen als umgekehrt in den Süden – selbst wenn die Entwicklungshilfe aus staatlichen Kassen berücksichtigt wird. Anfangs war der Gewinn des Nordens unerheblich – 1983 betrug er lediglich 300 Millionen Dollar. Doch schon 1984 stieg er dramatisch auf 12,5 Milliarden Dollar an. Seit 1985 beträgt der Netto-Finanztransfer aus dem armen Süden in den reichen Norden jährlich über 30 Milliarden Dollar;[10] zwischen dem 1. Juli 1987 und dem 30. Juni 1988 waren es beispielsweise 39,1 Milliarden Dollar.[11]

Die Annahme, die entwickelten Staaten würden den Entwicklungsländern helfen, erscheint mir allein schon vor dem Hintergrund dieser erheblichen Kapitalabflüsse äußerst zweifelhaft.

Diese allgemeine Feststellung läßt sich am besten an einigen konkreten Beispielen veranschaulichen. In den drei Jahren zwischen 1986 und 1988 summierten sich die Nettoeinnahmen des Internationalen Währungsfonds aus der Dritten Welt auf annähernd 8 Milliarden Dollar.[12] Unlängst verzeichnete auch die Internationale Bank für Wiederaufbau und Entwicklung einen beträchtlichen Zufluß von Mitteln aus der Dritten Welt: Im Geschäftsjahr bis zum 30. Juni 1988 machte die Bank ein Plus von 1,9 Milliarden Dollar.[13] Doch Kapitalabflüsse im multilateralen Sektor nehmen sich bescheiden aus, vergleicht man sie mit Zahlen aus dem bilateralen Sektor. Im Fall der Bundesrepublik sind die Summen für den Schuldendienst von immerhin 18 Entwicklungsländern inzwischen bei weitem höher als die Summen, die von der BRD jährlich als neue Entwicklungshilfe gewährt werden. Unter diesen »Nettozahlern« befinden sich mehrere der ärmsten Länder der Welt wie Äthiopien und Afghanistan. Im Jahr 1988 erhielt die Bundesrepublik insgesamt 1,531 Milliarden Mark Zinsen von Entwicklungsländern.[14] Noch beeindruckender ist die Tatsache, daß britische Banken zwischen 1982 und 1987 allein aus Lateinamerika mehr als 80 Millionen Pfund für Schuldendienste erhielten.[15] Auf die Bevölkerung umgerechnet, bedeutet dies, daß jeder Mann, jede Frau und jedes Kind auf diesem verarmten Kontinent jedes Jahr 40 Pfund nach London überwiesen haben. Im Vergleich dazu betrug die bilaterale Hilfe Großbritanniens für Lateinamerika pro Jahr und pro Kopf nicht einmal 8 Pence.[16] Nur um das einmal festzuhalten: Indien – Großbritanniens größter »Partner in der Entwicklungshilfe« – erhält in der Regel pro Kopf und pro Jahr 15 Pence, und Kambodscha, eines der ärmsten Länder der Welt, 0,0026 Pence pro Jahr und pro Kopf. Auf der anderen Seite beträgt die britische Entwicklungshilfe für Gibraltar und die Falkland-Inseln pro Kopf und Jahr durchschnittlich 748 bzw. 5350 Pfund.[17]

Solche Differenzen – die sich auch bei jedem beliebigen anderen Geber finden ließen – erhellen einen wichtigen Gesichtspunkt: Entwicklungshilfe ist, volkswirtschaftlich gesehen, viel zu unbedeutend, als daß sie irgend jemandem allzu viel nützen könnte (außer ein paar besonders geförderten Kleinstaaten wie Gibraltar im Fall Großbritanniens oder Israel im Fall der USA). Auch marginale Erhöhungen, wie von der Brandt-Kommission oder der »Just 0,7«-Kampagne vorgeschlagen, ändern an diesem Sachverhalt nichts.

Andererseits sind 60 Milliarden Dollar Entwicklungshilfe pro Jahr mehr als genug, um Schaden damit anzurichten. Wie in diesem Buch ausführlich gezeigt wurde, stellt solche Hilfe für die Armen oft eine Gefahr dar und schadet ihren Interessen: Sie hat monströse Projekte in Angriff genommen, die unter beträchtlichem Kostenaufwand die Umwelt zerstören und Existenzen von Menschen vernichten; sie hat brutale Tyrannen unterstützt und legitimiert; sie hat das Entstehen absurder, byzantinischer Bürokratien gefördert, die ganze Legionen selbstsüchtiger, heuchlerischer Mitarbeiter beschäftigen;

sie hat die Initiative, die Kreativität und den Unternehmungsgeist der einfachen Menschen erstickt und durch oberflächliche, unzweckmäßige Beratung ersetzt; sie hat Intellektuelle und potentielle Unternehmer in den Entwicklungsländern in unproduktive administrative Aufgaben eingebunden; sie hat in die internationale Politik einen »moralischen Ton« gebracht, der die Schwere der Aufgabe, Wohlstand zu schaffen, leugnet und die Härten der Selbsthilfe durch bequeme Almosen ersetzt; und sie hat überall in der Dritten Welt zugelassen, daß eine selbsternannte Herrschaft das Volk in Ketten hält und individuelle Freiheiten unterdrückt.

Entwicklungshilfe hat auch ihre Befürworter, nicht zuletzt die hochbezahlten PR-Leute, die jährlich Millionen von Dollar dafür ausgeben, um das Fortbestehen der Behörden, für die sie arbeiten, zu rechtfertigen. Diese professionellen Meinungsmacher müssen die Schlußfolgerungen dieses Buches natürlich sofort zurückweisen: daß Entwicklungshilfe Zeit- und Geldverschwendung ist, daß ihre Ergebnisse im wesentlichen schlecht sind und daß sie nicht erhöht, sondern im Gegenteil gestoppt werden sollte, bevor sie noch mehr Schaden anrichtet.

Immer wenn solche Überlegungen vorgebracht werden, schlagen die Lobbyisten entsetzt die Hände über dem Kopf zusammen. Trotz einiger bedauerlicher Pannen, protestieren sie, sei Entwicklungshilfe durch vorzeigbare Erfolge gerechtfertigt; trotz einiger Ausrutscher und Probleme funktioniere sie im großen und ganzen; am wichtigsten sei jedoch – und dann kommt der leidenschaftliche Appell an das Gefühl, die Attacke auf die Tränendrüsen –, daß man sie schon deshalb nicht einstellen dürfe, *weil die Armen ohne sie nicht überleben könnten.* Die Brandt-Kommission lieferte ein klassisches Beispiel für diese Haltung: »Ohne Entwicklungshilfe«, erklärte sie kategorisch, »können die ärmsten Länder nicht überleben.«[18]

Aus solchen Erklärungen spricht eine herablassende und geringschätzige Haltung gegenüber den Menschen in den armen Ländern. Solche Statements sind geradezu ein Hohn, wenn sie von ebenjenen Leuten abgegeben werden, die uns glauben machen wollen, daß »Entwicklungshilfe funktioniert«. Ihre ganze Geschichte und Vorgeschichte hindurch sind alle Länder überall sehr gut auch ohne Hilfe ausgekommen. Noch in den fünfziger Jahren sind sie mit viel weniger Hilfe ausgekommen als beispielsweise in den siebziger

Jahren – und es ging ihnen offensichtlich nicht schlechter dabei. Nun, nach fast fünfzig Jahren Entwicklungshilfe, wird mit einemmal behauptet, daß ein Großteil ebendieser Länder die Fähigkeit verloren habe, auch nur kurze Zeit zu überleben, wenn sie nicht noch mehr Hilfe bekommen. Sollte dies tatsächlich der Fall sein – und das einzig greifbare Ergebnis von fast fünf Jahrzehnten Entwicklung folglich darin bestehen, daß beharrlich ums Überleben kämpfende Länder in hilflose Abhängige verwandelt wurden –, dann steht es für mich außer Frage, daß Entwicklungshilfe *nicht funktioniert.*

Wenn andererseits wahr wäre, daß »Entwicklungshilfe funktioniert«, dann müßte es den Armen heute viel besser gehen als vor einem halben Jahrhundert, als sie erstmals Hilfe, welcher Art auch immer, bekamen. Wenn dem so ist, dann müßte die Entwicklungshilfe ihre Aufgabe inzwischen erfüllt haben und sollte schrittweise abgebaut werden können, ohne daß jemandem damit geschadet wird.

Aber natürlich sieht die häßliche Realität anders aus: Der überwiegende Teil der armen Menschen in den meisten armen Ländern hat praktisch *niemals* in irgendeiner greifbaren Form Entwicklungshilfe erhalten oder ist auch nur in Kontakt mit ihr gekommen. Ob sie nun da ist oder nicht, ob sie erhöht oder gekürzt wird – solche Fragen sind für das tägliche Leben der Armen völlig belanglos. Wenn die »Geldflüsse« in Milliardenhöhe das Sieb der überteuerten und nutzlosen Waren passiert haben, die in den Geberländern gekauft werden müssen, durch die Taschen von Hunderttausenden ausländischer Experten und Beamten der Entwicklungsbehörden geschleust wurden und unredliche Kommissionäre, korrupte Minister und Präsidenten ihren Teil abgeschöpft haben, dann bleibt in der Tat wenig übrig, was man verteilen könnte. Und das wenige, das übrigbleibt, wird von den Mächtigen, die kein Mandat von den Armen haben, sie nicht konsultieren und sich kein bißchen um deren Schicksal scheren, gedankenlos, böswillig oder verantwortungslos ausgegeben. Kein Wunder also, daß Entwicklungshilfe für die schwächsten Gruppen der menschlichen Gesellschaft oft so tückische und schädliche Folgen hat.

Aber dies alles einmal außer acht gelassen, was hat es mit den vielgerühmten »Erfolgen« auf sich? Sind sie wirklich ein Grund, die Schlachtung der heiligen Kuh aufzuschieben?

Indien ist ein Land, das häufig als leuchtendes Beispiel dafür angeführt wird, was Entwicklungshilfe zu leisten vermag: Seit seiner Unabhängigkeit verzeichnet es hohe gesamtwirtschaftliche Wachstumsraten, und durch die »Grüne Revolution« hat es sich zu einem bedeutenden Nahrungsmittelexporteur gemausert. Außerdem ist Indien die zehntgrößte Industriemacht der Welt: Es kann voll Stolz eine Reihe von Schwerindustrien, einen aufblühenden High-Tech-Sektor und ein eigenes Raumfahrtprogramm vorweisen. Die Geber vertrauen auf diese Errungenschaften und pumpen weiterhin immense Summen Entwicklungshilfe in den Subkontinent – 1988 ingesamt beeindruckende 5,4 Milliarden Dollar.[19]

Doch die Realität, die sich dahinter verbirgt, ist für die überwiegende Mehrheit der Bevölkerung in Indien ebenso unerbittlich wie in vielen anderen Teilen der Welt. Während für die wohlhabenden Mittelschichten – die reichen 20 Prozent, auf die 49 Prozent der Einkünfte aller Haushalte entfallen – jedes Jahr Millionen Fernsehgeräte produziert werden, liegt das Bruttosozialprodukt pro Kopf durchschnittlich immer noch bei lediglich 250 Dollar.[20] Das bedeutet, daß Indien – nach über 40 Jahren unabhängiger »Entwicklung«, und nachdem es zig Milliarden Dollar an Auslandshilfe aufgesogen hat – immer noch ärmer ist als seine Nachbarn Pakistan und Sri Lanka und ärmer als Somalia am fernen, hungergeplagten Horn von Afrika.

Mehr als 300 Millionen Inder, ein Drittel der Gesamtbevölkerung, leben unterhalb der offiziellen Armutsgrenze und haben nicht einmal genug zu essen. Zwei Drittel der erwachsenen Bevölkerung können immer noch nicht lesen und schreiben, und die Säuglingssterblichkeit ist schockierend hoch – fast doppelt so hoch wie in Vietnam.[21] In den vor Menschen wimmelnden Städten leben nach Schätzungen 30 Millionen Arbeitslose. Für die Mehrheit auf dem Land, die von der Landwirtschaft lebt, haben sich die Lebensbedingungen stetig verschlechtert: Im Jahr 1949 kam die Hälfte des Volkseinkommens aus der Landwirtschaft; mehr als 40 Jahre später ist dieser Anteil auf 30 Prozent gesunken, aber immer noch sind rund 70 Prozent der Bevölkerung auf dem Land beschäftigt – wie schon vor 100 Jahren.[22]

Was die Grüne Revolution angeht, so fielen ihre Resultate sehr unterschiedlich aus. Die relativ wohlhabende Nordwestecke des Subkontinents – insbesondere die Bundesstaaten Haryana, Punjab und der Westen Uttar Pradeshs – und Teile von Tamil Nadu im Süden profitierten unverhältnismäßig stark von der neuen Technologie und von hohen Investitionen des öffentlichen Sektors in Bewässerungsanlagen. Außerdem bekamen sie den Löwenanteil der Agrarsubventionen (hauptsächlich für Exporterzeugnisse). Dies erklärt vielleicht auch, warum trotz gestiegener Agrarproduktion den Indern heute pro Kopf und pro Tag nur 450 Gramm Getreide zur Verfügung stehen – gegenüber 480 Gramm im Jahr 1964. »Man muß schon eine rosa Brille aufsetzen«, bemerkte ein Beobachter, »wenn man über die Entwicklungsleistungen Indiens in den vergangenen Jahrzehnten in Begeisterung ausbrechen soll.«[23]

Soviel zu dem Entwicklungs-Musterland Indien. Es gibt aber auch andere. In Afrika beispielsweise werden die Elfenbeinküste und Malawi – beide mit hohen wirtschaftlichen Wachstumsraten – als definitiver Beweis dafür angeführt, daß Entwicklungshilfe positive Auswirkungen haben kann. Doch der Schuldenberg der Elfenbeinküste ist mittlerweile auf 8 Milliarden Dollar angewachsen, den das kleine 8-Millionen-Volk des Landes wieder abtragen muß – keine ermutigende Perspektive für die Zukunft.[24] Ähnlich erscheint das »Wirtschaftswunder« in Malawi in einem ganz anderen Licht, wenn man sich die harten Tatsachen vor Augen hält, mit denen die Armen konfrontiert sind: Das Land hat die fünfthöchste Säuglingssterblichkeitsrate der Welt, und nur 4 Prozent der erwachsenen weiblichen Bevölkerung können lesen und schreiben.[25]

Aus der Situation in Afrika könnte die Entwicklungshilfe-Lobby so manche Lehre ziehen. Bevor die Entwicklungshilfe erfunden wurde, produzierte Afrika genügend Nahrungsmittel für seine Bewohner, doch in den letzten Jahrzehnten hat sich der selbstversorgende Kontinent in einen Kontinent von Bettlern verwandelt, der von der Großzügigkeit anderer hoffnungslos abhängig ist – die Nahrungsmittelproduktion pro Kopf sinkt seit 1962 von Jahr zu Jahr. Zudem leiden sieben von zehn Afrikanern Not oder stehen am Rande »extremer Armut«. Die Folge: Der Kontinent hat heute die höchste Säuglingssterblichkeitsrate der Welt, die kürzeste durchschnittliche Lebenserwartung, die höchste Analphabetenrate, die wenigsten Ärzte gemessen an seiner Bevölkerungszahl, und nirgendwo sonst auf der Erde besuchen so wenige Kinder eine Schule. Und was besonders aufschlußreich ist: Zwischen 1980 und 1986, als Afrika von allen Kontinenten mit Abstand am stärksten bezuschußt wurde, *fiel* das Bruttoinlandsprodukt um durchschnittlich 3,4 Prozent pro Jahr.[26]

Außerhalb Afrikas bietet sich das gleiche Bild. In den Jahren 1987 und 1988 kletterten die Schulden der gesamten Dritten Welt um 10 Prozent auf 1,21 Billionen Dollar (39 Prozent des Bruttoinlandsprodukt), während die wirtschaftlichen Wachstumsraten von 4,2 Prozent auf 3,5 Prozent absackten.[27] Statistiken wie diese bedeuten für die Mehrheit der Armen ein ständiges Sinken des Einkommens und, daraus resultierend, eine dramatische Verschlechterung des Lebensstandards. So stieg die Säuglingssterblichkeitsrate in Bangladesch erheblich: Noch 1980 starben von 1000 Babys 101, heute sind es schon 120 von 1000;[28] und in Bolivien fiel das Bruttoinlandsprodukt in den vergangenen zehn Jahren um ein Drittel.[29]

Beide, Bangladesch und Bolivien, erhalten viel Entwicklungshilfe. Nicaragua ist dagegen seit dem Sturz des Somoza-Regimes 1979 praktisch von jeder Entwicklungshilfe abgeschnitten, und trotzdem haben sich die Verhältnisse dort während der achtziger Jahre merklich zum Besseren gewendet. Ohne sogenannte Hilfe, die Fremde normalerweise anbieten, ist es der Regierung des Nationalen Wiederaufbaus gelungen, den Anteil der Analphabeten unter den erwachsenen Nicaraguanern von 53 Prozent auf nur 13 Prozent zu senken. Außerdem hat das Land, laut *New England Journal of Medicine,* »in den meisten Bereichen des Sozialwesens mehr Fortschritte erzielt als in den fünfzig Jahren Diktatur unter der Familie Somoza«.[30] Im Jahr 1979 standen – *mit* Entwicklungshilfe – kaum mehr als einem Viertel der nicaraguanischen Bevölkerung medizinische Einrichtungen zur Verfügung; bis 1982 wurden bereits drei Viertel aller Nicaraguaner regelmäßig medizinisch versorgt – und zwar *ohne* Entwicklungshilfe. Die landwirtschaftliche Gesamtproduktion war 1983 – ohne Entwicklungshilfe – um 8 Prozent höher als 1980 – mit Entwicklungshilfe. Hinzu kommt, daß seit Einstellung der Hilfe die Sterblichkeitsrate bei Säuglingen von 120 (1979) auf weniger als 80 von 1000 (1987) sank, die Zahl der Impfungen gegen todliche Krankheiten, die an Kindern vorgenommen wurden, sich in diesem Zeitraum jedes Jahr mehr als verdoppelte, die Zahl neuer Malaria-Erkrankungen um überwältigende 98 Prozent zurückging, und die Mittel, die die Regierung aus dem Staatshaushalt für das Erziehungs- und Gesundheitswesen abzweigte, sich mehr als verdreifachten.[31]

Wie es scheint, ist Auslandshilfe also für »Entwicklung« weder notwendig noch ausreichend. In einigen Ländern erzielen die Armen ohne sie Erfolge. In anderen, in denen Hilfe reichlich zur Verfügung steht, leiden sie tiefste Not. Und diese Leiden – das habe ich in diesem Buch immer wieder gezeigt – müssen sie nicht *trotz*, sondern *wegen* Entwicklungshilfe erdulden.

Deshalb erscheint es mir absurd, diese Farce weiterzuspielen. Wenn Entwicklungshilfe auch im Namen der mittellosen und schwächsten Gruppen beibehalten und gerechtfertigt wird, so hat ihre Hauptfunktion im vergangenen halben Jahrhundert doch nur darin bestanden, eine neue mächtige Klasse von Reichen und Privilegierten zu schaffen und zu etablieren. Die Entwicklungshilfe – und nichts anderes – hat diesem Club von notorischen Schmarotzern und Mitläufern, den die Vereinten Nationen, die Weltbank und bilaterale Behörden gegründet haben, Hunderttausende von »Jobs für die Jungs« verschafft und zugelassen, daß in puncto Eigennutz, Arroganz, Bevormundung, moralischer Feigheit und Heuchelei neue Maßstäbe gesetzt wurden. Gleichzeitig hat sie in den Entwicklungsländern die Herrschaft inkompetenter und korrupter Männer zementiert, die sich ohne sie nie an der Macht hätten halten können. Sie hat Regierungen, die sich durch Ignoranz gegenüber der Geschichte, durch Habgier und Verantwortungslosigkeit auszeichneten, die Möglichkeit geboten, sich zu bereichern. Und schließlich hat sie die gravierendsten Menschenrechtsverletzungen, die seit dem Mittelalter in irgendeinem Teil der Welt begangen wurden, nicht nur geduldet, sondern in manchen Fällen sogar erleichtert.

Unser Jahrhundert neigt sich dem Ende zu, und es ist an der Zeit, daß die Händler der Armut abtreten. Doch ihre Abdankung ist nur zu erreichen, wenn Entwicklungshilfe in ihrer bisherigen Form abgeschafft wird – eine Maßnahme im übrigen, die sich nicht nur für die Armen im Süden, sondern auch für die Steuerzahler in den reichen Ländern als sehr nützlich erweisen könnte. Wenn die Mittelsmänner der Entwicklungshilfe-Industrie ausgesperrt sind, werden die Menschen endlich Gelegenheit haben, nach neuen Wegen zu suchen, einander direkte »Hilfe« zu leisten, je nachdem, wo sie ihre Bedürfnisse sehen, welche Ziele sie sich stecken, welche Prioritäten sie setzen und was sie selbst – und nicht andere – für wichtig halten.

Anmerkungen

Einleitung

1 Zitiert in der Zeitschrift *South*, Januar 1987.
2 P. T. Bauer, *Equality, the Third World and Economic Delusion*, Weidenfeld & Nicolson, London, 1981.
3 Ibid.
4 Ibid.

Kapitel eins

1 *The Independent*, London, 3. Dezember 1986.
2 *Sunday Times*, London, 30. November 1986.
3 Zahlen aus *Aid for Development: The Key Issues*, Weltbank, Washington, DC, 1986.
4 Oxfam-Schätzung.
5 *Der Spiegel*, Nr. 2, 1985.
6 Frank Balance, *State of the Aid Mandate in the United States and Canada*, Weltbank, Washington, DC, 1984.
7 The European Omnibus Survey, 1983, durchgeführt von der Pariser Sachverständigengruppe Faits et Opinions im Auftrag der Europäischen Kommission für landwirtschaftliche Entwicklung.
8 Paul A. Laudicina, *World Poverty and Development: A Survey of American Opinion*, Overseas Development Council, Washington, DC, 1973.
9 Die gesamte öffentliche Entwicklungshilfe lag 1985 bei fast 36 Milliarden Dollar und war damit gegenüber 1983 um 5 Prozent gestiegen. Dies war in erster Linie auf die »außergewöhnlichen Hilfsmaßnahmen für die von der Dürre betroffenen Länder Afrikas« zurückzuführen. *Twenty-Five Years of Development Co-operation: A Review*, OECD, Paris, 1985.

10 B. E. Harrell-Bond, *Imposing Aid: Emergency Assistance to Refugees*, OUP, Oxford, 1986.
11 *The Independent*, London, 15. und 17. August 1988.
12 Gerhard Müller-Werthmann: *Markt der offenen Herzen – Spenden – ein kritischer Ratgeber*, Hoffmann & Campe, Hamburg, 1985.
13 *Sunday Times*, London, 15. Juni 1986.
14 National Charities Information Bureau, New York, 29. April 1986.
15 *Sunday Times*, London, 7. Dezember 1986.
16 *Daily Mail*, 14. Januar 1985.
17 Louis L. Knowles, *A Guide to World Hunger Organisations*, Seeds/Alternatives, USA, 1984; nach Zahlen, die auf veröffentlichten ICA-Jahresberichten basieren.
18 *Daily Mail*, London, 14. Januar 1985.
19 *The Plain Dealer*, Cleveland, Ohio, 21.-27. Dezember 1982.
20 *Misereor Jahresbericht*, Aachen, 1987, und *Deutsche Welthungerhilfe, Jahresbericht*, Bonn, 1987.
21 *The Observer*, London, 9. November 1986.
22 B. E. Harrell-Bond, op. cit.
23 William Shawcross, *The Quality of Mercy*, Fontana, London, 1985.
24 B. E. Harrell-Bond, op. cit.
25 Ibid.
26 Persönliche Information eines Lieferanten von World Vision.
27 *The Plain Dealer*, op. cit.
28 Aus einem unveröffentlichten Papier von Sydney R. Waldron, einem ehemaligen Mitarbeiter eines freien amerikanischen Wohlfahrtsverbands.
29 Zeitung *World Vision*, November 1982.
30 Louis L. Knowles, op. cit., und Bericht des deutschen Hilfswerks Pax Christi International. Bei eigenen Untersuchungen der Vorkommnisse stieß World Vision auf viele Mißstände im Personalbereich. Die Folge: Eine Anzahl von Mitarbeitern wurde entlassen oder versetzt. Verursacht wurde das Problem wohl eher durch Mängel bei der Einstellungspraxis, weniger durch die Politik von World Vision.
31 *Voluntary Funds Administered by the United Nations High Commissioner for Refugees: Audited Financial Statements for the Year Ended 31 December 1984*, UNO-Generalversammlung, New York.
32 Private Mitteilung eines leitenden Beamten im UNHCR.
33 B. E. Harrell-Bond, op. cit.
34 Brief von Robin MacAlpine an Bishara Ali, 12. November 1987.
35 Brief von Bishara Ali an den Autor, 14. März 1988.
36 Sydney R. Waldron, op. cit.
37 Ibid.
38 Ibid.
39 *The Plain Dealer*, op. cit.
40 Ibid.
41 *Help Yourself: The Politics of Aid*, Third World First Links Magazine Nr. 20, Oxford, September 1984.
42 *The Independent*, London, 13. März 1987.

43 *One World News,* London, April 1988.
44 *The Plain Dealer,* op. cit.
45 Zitiert in Anders Wijkman und Lloyd Timberlake, *Natural Disasters: Acts of God or Man?* Earthscan, London, 1984.
46 Ibid.
47 *The Plain Dealer,* op. cit.
48 Ibid.
49 Obwohl Trockenmilch von geringerem Nährwert ist als Muttermilch, wurde sie von multinationalen Firmen zu Beginn der siebziger Jahre in der Dritten Welt verstärkt auf den Markt gebracht. Eine großangelegte Werbe-kampagne in den Entwicklungsländern brachte viele Mütter dazu, ihren Kindern statt der Brust die Flasche zu geben – mit dem Ergebnis, daß viele Kinder an Mangelernährung starben. Ein Teil des Problems ließe sich dadurch lösen, daß man das Produkt mit Vitaminen anreichert. Erschwe-rend kommt allerdings hinzu, daß Trockenmilch mit Wasser vermischt werden muß – und das verfügbare Wasser oft stark verunreinigt ist. Viele Mütter in armen Dörfern wissen nicht, daß sie das Wasser abkochen müssen, bevor sie es der Trockenmilch zugeben, und oft haben sie nicht die Mittel dazu.
50 Europäischer Rechnungshof, *Sonderbericht Nr. I/87 über die Qualität der Nahrungsmittelhilfe,* Amtsblatt der Europäischen Gemeinschaften Nr. C 219/I, Brüssel, 17. August 1987.
51 Ibid.
52 Ibid.
53 Ibid.
54 *The Guardian,* London, 22. April 1986.
55 Europäischer Rechnungshof, *Sonderbericht,* op. cit.
56 *The Times,* London, 6. Februar 1988.
57 *The Plain Dealer,* op. cit.
58 *The Independent,* London, 25. November 1987; *Spin* Magazine, 2. Jg., Nr. 2, New York, Juli 1986. Siehe auch Kurt Jansson u. a., *The Ethiopian Famine,* Zed Books, London und New Jersey, 1987.
59 *The Independent,* London, 25. November 1987.
60 *The Plain Dealer,* op. cit.
61 Peter Gill, *A Year in the Death of Africa,* Paladin, London, 1986.
62 Zitiert in *The Plain Dealer,* op. cit.
63 Vertraulicher Bericht des Australischen Kirchenrats vom April 1985.
64 Gerhard Müller-Werthmann, op. cit.
65 Persönliche Mitteilungen an den Autor.
66 *The Plain Dealer,* op. cit.
67 Ibid. Siehe auch die Zeitschrift *Crusade,* Christian Aid, London, Mai 1981.
68 Ibid.
69 Ibid.
70 Zitiert in B. E. Harrell-Bond, op. cit.
71 Bernd Gross und Ilse Harms-Emig, *The Image of Africa. Das Afrikabild der Deutschen.* Eine internationale Studie anläßlich des »Tag für Afrika« im Auftrag der FAO, der UNO und EG sowie der deutschen Welthungerhilfe. ISOPLAN Institut, Saarbrücken und Bonn, 1987.

72 Brief in *The Independent*, London, 15. Juli 1987.

73 B. E. Harrell-Bond, op. cit.

74 Sydney R. Waldron, op. cit.

75 R. C. Kent, *Anatomy of Disaster Relief*, Pinter Publishers, London, 1987.

76 Ibid.

77 *The Times*, London, 21. August 1987.

78 *Assistance to Refugees: Alternative Viewpoints*, Internationales Symposium in Oxford, 1984.

79 *Evaluation of the Office of the United Nations Disaster Relief Co-ordinator*, Gemeinsame Inspektionsgruppe der Vereinten Nationen, Genf, Oktober 1980.

80 Ibid.

81 Ibid.

82 Ibid.

83 Ibid.

84 Lloyd Timberlake, »The Politics of Food Aid«, in E. Goldsmith und N. Hildyard (Hgg.), *Earth Report*, Mitchell Beazley, London, 1988.

85 Otto Matzke, *German Review of Foreign Affairs*, Stuttgart, April/Juni 1982.

86 *Politik der Partner 1987 – Aufgaben, Bilanz und Chancen der deutschen Entwicklungspolitik*, Bundesministerium für wirtschaftliche Zusammenarbeit, Bonn, 1987.

87 Interview in der Dokumentation *African Calvary*, BBC, Ostern 1985.

88 B. E. Harrell-Bond, op. cit.

89 Ibid.

90 R. Chambers, *Rural Development: Putting the Last First*, Longman, New York, 1983. Hervorhebung durch den Autor.

91 Wer sich mit dem Thema Entwicklungshilfe näher beschäftigen will, findet in Somalia, dessen Wirtschaft weitgehend von Auslandshilfe beherrscht wird, eine Fülle von Anschauungsmaterial. Außerdem ist das Land »anfällig für Katastrophen«; deshalb nimmt es bei der Analyse der Katastrophenhilfe in diesem Kapitel einen so breiten Raum ein. In den vergangenen Jahren litt Somalia wiederholt unter Dürrekatastrophen und Hungersnöten (seit 1974, als mehr als eine Million verarmter Nomaden in Siedlungslagern untergebracht werden mußten, waren es mindestens fünf). Der Ogaden-Krieg 1977/78 setzte einen riesigen Flüchtlingsstrom nach Somalia in Gang, und periodisch wiederaufflammende Kämpfe entlang der Grenze haben seitdem noch mehr Menschen zur Flucht veranlaßt. Heuschreckenplagen und Choleraepidemien sind keine Seltenheit. Vielleicht ist es kein Zufall, daß der letzte Pockenfall auf der Welt in Somalia registriert wurde.

92 Persönliche Mitteilungen im Laufe des Jahres 1987 der Firma Samuel Montague and Co. Ltd., die damals die somalische Regierung in finanziellen Fragen beriet.

93 Persönliche Mitteilung eines ehemaligen USAID-Mitarbeiters in Somalia.

94 Gemeinsame Inspektionsgruppe, *Staff Costs and Some Aspects of the Utilisation of Human and Financial Resources in the United Nations*, New York, 26. September 1984.

95 Minister der somalischen Regierung verdienen weniger als 10 000 Somalische Schilling monatlich. Dies sind zum amtlichen Wechselkurs etwa 100 Dollar, also 1200 Dollar im Jahr – somit müßte ein somalischer Minister etwas mehr als 45 Jahre arbeiten, um die Summe zu verdienen, die ein repräsentativer UN-Angestellter in nur einem Jahr erwarten kann. Legt man den Schwarzmarkt-Kurs zugrunde, der die reale Kaufkraft des Somalischen Schilling widerspiegelt, beträgt das Monatsgehalt eines Ministers ganze 50 Dollar, also 600 Dollar im Jahr. Somalische Beamte der mittleren Ebene (zum Beispiel Ministerialdirektoren, die in vielen Fällen einen Universitätsabschluß vorweisen können) verdienen nur 2600 Schilling im Monat. Am Schwarzmarkt-Kurs gemessen, müßten sie folglich 352 Jahre lang arbeiten, um das Jahreseinkommen eines UN-Angestellten zu verdienen.

96 Von dem ich, wie ich mit einigem Stolz sagen kann, im Februar 1988 ausgeschlossen wurde. In dem schwülstigen Brief, der meine Mitgliedschaft beendete, hieß es: »Es ist nicht bindend, daß Gründe angeführt werden.« Dies war insofern amüsant, als ich zu der Zeit in Wirklichkeit überhaupt kein Mitglied war (wenngleich ich den Club gelegentlich besuchte und früher vorübergehend Mitglied gewesen war). Der Grund für meinen »Ausschluß« war klar: Ich hatte mich in Sachen Dürre auf die Seite der Einheimischen geschlagen und wurde deshalb von der verschworenen, fremdenfeindlichen Ausländergemeinde in Mogadishu geächtet.

97 Detaillierter Bericht bei Graham Hancock, *Ethiopia, the Challenge of Hunger*, Victor Gollancz, London, 1985, und Peter Gill, op. cit.

98 Tony Vaux, Oxfam Disasters Unit, zitiert in Peter Gill, op. cit.

99 Detaillierter Bericht siehe Hal Sheets und Roger Morris, *Disaster in the Desert: Failures of International Relief in the West African Drought*, Special Report, Humanitarian Policy Studies, The Carnegie Endowment for International Peace, Washington, DC, 1974.

100 Ibid.

101 *The Independent*, London, 5. August 1987.

Kapitel zwei

1 Rede Barber B. Conables vor dem Gouverneursrat der Weltbank und der Internationalen Finanzkorporation, Washington, DC, 30. September 1986.

2 *Washington Post*, 28. September 1986. Für detaillierte Berichte über die Konferenz siehe diese Ausgabe der *Post* und ebenso die Ausgabe vom 1. Oktober 1986. Siehe auch *New York Times*, 30. September 1986.

3 Errechnet nach Zahlen in Ruth Leger Sivard, *World Military and Social Expenditures 1987–88*, World Priorities, Washington, DC, 1987.

4 *Wall Street Journal*, New York, 18. Juli und 27. September 1985.

5 *The Guardian*, London, 18. Mai 1987; *The Independent*, London, 11. August 1987; *South*, London, September 1987.

6 Errechnet nach Zahlen in Ruth Leger Sivard, op. cit.

7 Rede Barber B. Conables vor dem Gouverneursrat der Weltbank und der Internationalen Finanzkorporation, Washington, DC, 29. September 1987.

8 Ibid.

9 Zitiert in Hal Sheets und Roger Morris, *Disaster in the Desert: Failures of International Relief in the West African Drought,* Special Report, Humanitarian Policy Studies, The Carnegie Endowment for International Peace, Washington, DC, 1974.

10 Anders Wijkman und Lloyd Timberlake, *Natural Disasters: Acts of God or Man?* Earthscan, London, 1984.

11 *Twenty-Five Years of Development Co-operation: A Review,* OECD, Paris, 1985.

12 Aus der Charta der Vereinten Nationen, 1945.

13 Diese Definition wird vom Entwicklungshilfeausschuß der OECD verwendet und von sämtlichen in der Entwicklungshilfe tätigen Organisationen anerkannt. Sie ist zu finden in *Twenty-Five Years of Development Co-operation: A Review,* op. cit.

14 *World Bank Annual Report 1987,* Weltbank, Washington, DC; *British Overseas Aid 1986,* Overseas Development Administration, London, Sommer 1987; *The Independent,* London, 3. September 1987.

15 Allgemeine Zahlen über Militärausgaben von Ruth Leger Sivard, op. cit.

16 *The Independent,* London, 24. Oktober 1987.

17 Das Verteidigungs-Weißbuch 1988 der britischen Regierung liefert detaillierte Angaben. Das Budget umfaßte 19 Milliarden Pfund und war damit vierzehnmal höher als das Entwicklungshilfebudget. Siehe *The Independent,* London, 23. Mai 1988.

18 *Bundeshaushaltsplan für das Haushaltsjahr 1988,* Bonn, 1988.

19 *Sunday Times,* London, 19. Juli 1987.

20 *Time-Magazine,* New York, 1986, Sonderbeilage zum Duty-free-Handel.

21 William U. Chandler, *Improving World Health: A Least Cost Strategy,* Worldwatch Institute, Washington, DC, 1984.

22 *Time-Magazine,* New York, 17. August 1987.

23 *Guinness Book of Records,* Guinness, London, 1986.

24 *The Independent,* London, 17. Oktober 1986.

25 *Sunday Times,* London, 11. Oktober 1987.

26 *The Independent,* London, 24. Juli 1987.

27 *United Nations: Image and Reality,* United Nations Department of Public Information, New York, 1986.

28 Ibid.

29 Ibid.

30 Zahl errechnet aus Informationen in Derrik Mercer, *Rural England,* Queen Anne Press, London, 1988.

31 Die Weltbank definiert das Bruttosozialprodukt als den Marktwert des End-Outputs aller Sachgüter und Dienstleistungen, die von den Bewohnern eines Landes in einem Jahr produziert bzw. erbracht werden. Siehe *World Bank Atlas 1987,* Weltbank, Washington, DC.

32 Resolution Nr. 1522 (XV) der Generalversammlung.

33 Die Algier-Charta der Gruppe der 77, angenommen bei UNCTAD II, Algier, 1967.

34 Angabe in *Twenty-Five Years of Development Co-operation: A Review,* op. cit.

35 Ibid.

36 *World Development Report 1987*, Weltbank, Washington, DC. Die Zahl für die britische Entwicklungshilfe des Jahres 1987 (0,28 Prozent des BSP) gab Entwicklungshilfe-Minister Christopher Patten in einer schriftlichen Antwort auf eine parlamentarische Anfrage im Unterhaus durch den entwicklungspolitischen Sprecher der Labour Party, Joan Lester (zitiert in einer Publikation der *One World: Just 0,7 Campaign*, London, 1988). Bemerkenswert ist, daß die ölexportierenden arabischen Länder inzwischen einen beträchtlich höheren Anteil ihres BSP als Entwicklungshilfe geben als die westlichen Industriestaaten. Im Jahr 1986 gab Saudi-Arabien 4,5 Prozent, Kuwait 3 Prozent. Trotz rapide fallender Einnahmen aus dem Ölgeschäft betrug der Anteil der Entwicklungshilfe am BSP in allen OPEC-Staaten durchschnittlich 0,9 Prozent (*World Bank Annual Report 1987*, Weltbank, Washington, DC).

37 Es ist auch kleiner als British Petroleum und Texaco und viel kleiner als Shell und Exxon. Für detaillierte Zahlen über Umsätze und Profite multinationaler Unternehmen siehe Axel Madson, *Private Power*, Abacus, London, 1981.

38 Dies gilt zum Beispiel für die USA und für Großbritannien. Siehe *Facts About Aid*, US Agency for International Development, Washington, DC, 1986. In Großbritannien belaufen sich die öffentlichen Ausgaben insgesamt auf etwa 155 Milliarden Pfund (*The Independent*, London, 24. Juli 1987); das Budget für Entwicklungshilfe ist mit seinen 1,4 Milliarden Pfund davon weniger als 1 Prozent. Siehe *British Overseas Aid 1986*, op. cit.

39 *British Overseas Aid 1986*, op. cit.

40 *Bundeshaushalt für das Haushaltsjahr 1988*, Bonn, 1988; *Deutsche Gesellschaft für Technische Zusammenarbeit (GTZ) Jahresbericht 1987*, GTZ, Eschborn, 1988; *Kreditanstalt für Wiederaufbau (KfW) Jahresbericht 1987*, KfW, Frankfurt a. M., 1987. *Deutsche Finanzierungsgesellschaft für Beteiligungen in Entwicklungsländern GmbH (DEG) Jahresbericht 1987*, DEG, Köln, 1987.

41 *Bundeshaushaltsplan für das Haushaltsjahr 1988*, Bonn, 1988; *Journalisten-Handbuch Entwicklungspolitik 1988*, BMZ, Bonn 1988.

42 Ibid. Siehe auch *Real Aid: Missed Opportunities*, Bericht der Independent Group on British Aid, London, 1986.

43 *The Economist Development Report*, London, Juni 1985.

44 *British Overseas Aid 1986*, op. cit.

45 *Journalisten-Handbuch Entwicklungspolitik 1988*, BMZ, Bonn, 1988; *OECD Development Aid Review*, OECD, Paris, 1989.

46 *Deutsche Entwicklungspolitik – Memorandum der Bundesrepublik zur DAC Jahresprüfung 88/89*, BMZ, Bonn, 5. August 1988.

47 Ibid. Siehe auch *Ten Years of Lomé; A Record of EEC-ACP Partnership*, Bericht der Generaldirektion Entwicklung der Kommission der Europäischen Gemeinschaften, Brüssel, 1986. Die Zahlen über den Europäischen Entwicklungsfonds und Titel 9 sind aus *ODA Flows and Prospects*, ein von der Weltbank erstellter Bericht für die Sitzung (3. September 1986) des Gemeinsamen Ministerausschusses der Gouverneursräte von Bank und

Fonds für den Transfer realer Ressourcen an Entwicklungsländer, kurz: Entwicklungsausschuß.

48 *United Nations: Image and Reality*, op. cit.

49 Ibid.

50 Ibid. Siehe auch *ODA Flows and Prospects*, op. cit.

51 *United Nations Development Programme: 1985 and towards the 1990s*, UNDP, New York, 1986.

52 Ibid.

53 Ibid.

54 Die genaue Zahl des FAO-Personals ist nicht bekannt. Die Frage wird kompliziert durch die Unterscheidung zwischen ständigen Mitarbeitern – die auf den offiziellen Listen geführt werden – und solchen, die mit Zwei- oder Dreijahresverträgen eingestellt wurden (und nicht immer mitgezählt werden). Das Problem liegt bei der Geheimniskrämerei der Organisation. Ein höherer Beamter meint dazu: »Wir sind so geheim, daß niemand weiß, was wir eigentlich tun.« Ich schließe mich der Schätzung Rosemary Righters an: »Der Personalchef der FAO sagt, die Organisation beschäftige 7000 Leute. Der FAO-Computer sagt dagegen 8279. Die wirkliche Zahl liegt vermutlich bei 9730.« *The Sunday Times*, London, 26. August 1984.

55 *Wall Street Journal*, New York, 18. Dezember 1986.

56 *FAO: What It Is, What It Does*, FAO, Rom, 1984.

57 Ibid.

58 Ibid.

59 Douglas Williams, *The Specialized Agencies and the United Nations*, C. Hurst, London, 1987. Siehe auch Christopher Stevens, *Food Aid and the Developing Countries*, Croom Helm for the Overseas Development Institute, London, 1979.

60 Douglas Williams, op. cit.

61 Ibid. (Zitat).

62 Ibid.

63 Ibid.

64 *UNICEF Annual Report 1986*, UNICEF, New York.

65 Ibid.

66 Aus dem Artikel 1 der UNESCO-Satzung, die am 16. November 1945 in London verabschiedet wurde.

67 Douglas Williams, op. cit.

68 *The Guardian*, London, 4. Oktober 1985 und 6. Dezember 1985.

69 Douglas Williams, op. cit.

70 Ibid. Siehe auch *UNIDO: Programme and Budget 1986–87*, UNIDO, Wien, Januar 1988.

71 *United Nations: Image and Reality*, op. cit.

72 Siehe *British Overseas Aid 1986*, op. cit., und Douglas Williams, op. cit.

73 *Journalisten-Handbuch Entwicklungspolitik 1988*, op. cit.

74 *Journalisten-Handbuch Entwicklungspolitik 1988*, op. cit.; *Deutsche Entwicklungspolitik – Memorandum der Bundesrepublik zur DAC-Jahresprüfung 88/89*, op. cit.

75 *British Overseas Aid 1986*, op. cit.

76 *World Bank Annual Report 1987*, op. cit.
77 Ibid.
78 Ibid.
79 Ibid.
80 *IDA in Retrospect*, Oxford University Press for the World Bank, 1982.
81 *World Bank Annual Report 1987*, op. cit.
82 *World Bank Atlas 1987*, op. cit. Jedes dieser fünfunddreißig Länder hat ein jährliches Pro-Kopf-Einkommen von 400 Dollar oder weniger.
83 *World Bank Annual Report 1987*, op.cit., und *World Bank Annual Report 1986*.
84 *British Overseas Aid 1986*, op. cit. Siehe auch *World Bank Annual Report 1987*, op. cit.
85 *World Bank Annual Report 1987*, op. cit.
86 Ibid.
87 Ibid.
88 Ibid.
89 Ibid.
90 Ibid.
91 *Asian Finance*, 15. September 1987. Siehe auch *The Economist*, London, 27. September 1986.
92 Morris B. Goldman, »Multilateral Institutions and Economic Development«, in Doug Bandow (Hg.), *US Aid to the Developing World,* Heritage Foundation, Washington, DC, 1985.
93 *The World Bank and International Finance Corporation*, Weltbank, Washington, DC, 1986.
94 Ibid.
95 Ibid.
96 *World Bank Annual Report 1987*, op. cit.
97 Ibid.
98 Ibid.
99 Ibid.
100 Ibid.
101 Ibid.
102 *The World Bank and International Finance Corporation*, op. cit.
103 *The Economist*, London, 27. September 1986.
104 *World Bank Annual Report 1987*, op. cit.
105 *The Economist*, London, 27. September 1986.
106 Siehe z. B. James Bovard, *The World Bank vs. the World's Poor,* Cato Institute Policy Analysis Nr. 92, Washington, DC, 28. September 1987.
107 *World Bank Annual Report 1987*, op. cit.
108 Rede vor dem Gouverneursrat, 29. September 1987, op. cit.
109 Vortrag am Royal Institute of International Affairs, Chatham House, London, 18. März 1987.
110 Hans Klein, *Wege und Ziele deutscher Entwicklungszusammenarbeit,* Rede von Bundesminister Hans Klein auf dem Hambacher Schloß, 16. September 1987. Bonn, Presse- und Informationsamt der Bundesregierung, Bulletin Nr. 88/8757.

111 *Facts about AID,* US Agency for International Development, Washington, DC, November 1986.
112 *IMF Annual Report 1987,* International Monetary Fund, Washington, DC.
113 *The Role and Function of the International Monetary Fund,* International Monetary Fund, Washington, DC, 1985.
114 *The IMF and the Debt Crisis,* Zed Books, London, 1986.
115 *IMF Annual Report 1986,* International Monetary Fund, Washington, DC.
116 Ibid., und auch *IMF Annual Report 1987,* op. cit.
117 Caleb M. Fundanga, Papier über Sambia und den IWF, vorgelegt bei der Konferenz des Institute for African Alternatives über die »Wirkung von Maßnahmen des IWF und der Weltbank auf die Völker Afrikas«, City University, London, 7.–10. September 1987.
118 *German Views on the Debt Crisis,* in »Development and Cooperation«, 1985/5; Reiner Falk, *Die heimliche Kolonialmacht – Bundesrepublik und die Dritte Welt,* Pahl-Rugenstein, Köln, 1985.
119 Vortrag an der Royal Institution of International Affairs, op. cit.
120 Zahlen von Susan George, *A Fate Worse than Debt,* Penguin Books, London, 1988.
121 *Structural Adjustment Lending: An Evaluation of Programme Design,* Staff Working Paper Nr. 735, Weltbank, Washington, DC, 1985.
122 *Brazil: A Paradise Lost,* Institute for Food and Development Policy, San Francisco, 1987.
123 Susan George, op. cit.
124 Dieser Punkt und andere wurden aus einer Reihe von Papieren deutlich, die bei der IFAA-Konferenz 1988 sichtbar wurden, op. cit. Siehe vor allem Vali Jamal, *Somalia: Economics for an Unconventional Economy.*
125 Giovanni Andrea Cornia, Richard Jolly und Frances Stewart (Hgg.), *Adjustment with a Human Face: Protecting the Vulnerable and Promoting Growth,* Oxford University Press for UNICEF, 1987.
126 Ibid.
127 Ibid.
128 Ibid.
123 Ibid.
130 Ibid.
131 Ibid.
132 Ibid.
133 Cornia u.a., op. cit.
134 Ibid.
135 Ibid.
136 *Food Monitor* (World Hunger Year), Nr. 37, Sommer 1986. Siehe auch Susan George, op. cit.
137 Cornia u.a., op. cit. Siehe auch Vorträge der IFAA Konferenz von 1987, op. cit.
138 Vortrag an der Royal Institution of International Affairs, op. cit.
139 *Structural Adjustment Lending: An Evaluation of Programme Design,* op. cit.
140 *Structural Adjustment Lending,* Bericht Nr. 6409, Weltbank, Washington, DC, 1986.

141 *Structural Adjustment Lending: An Evaluation of Programme Design,* op. cit.
142 Ibid.
143 *Structural Adjustment Lending,* Bericht Nr. 6409, op. cit.
144 *Washington Post,* 26. September 1985.
145 Personalstatut der Vereinten Nationen, Artikel I, 1.5.
146 Siehe Patricia Adams, »The World Bank: A Law Into Itself«, in *The Ecologist,* 15. Jahrgang, Nr. 5/6, 1985. Die USA sind das einzige Mitgliedsland, das ein Gesetz verabschiedet hat, in dem festgelegt ist, daß keine Mittel für »internationale Finanzinstitutionen bewilligt werden, deren US-Vertreter auf Anfrage nicht jedes Dokument erhalten, das vom Management der internationalen Finanzinstitution ausgearbeitet wurde«.
147 Ibid.
148 *International Monetary Fund Annual Report 1987,* op. cit. Hervorhebung durch den Autor. Es erscheint mir recht befremdlich, daß dem Gouverneursrat einer internationalen Finanzinstitution von seinen Mitgliedern erlaubt wird, auf diese Weise nationale Souveränität aufzuheben.
149 *Aus Fehlern lernen: Neun Jahre Erfolgskontrolle der Projektwirklichkeit: Ergebnisse und Schlußfolgerungen,* BMZ, Bonn 1986; *Wie wirksam sind Entwicklungsprojekte? Querschnittsauswertung der im Jahre 1985 durchgeführten Evaluierungen,* BMZ, Bonn, 1987.
150 Ruth Leger Sivard, op. cit.
151 Zitiert in D. Seers und G. M. Mair (Hgg.), *Pioneers in Development,* OUP, Oxford, 1984.
152 Zitiert in Cheryl Payer, *The World Bank: A Critical Analysis,* Monthly Review Press, New York und London, 1982.
153 *Generation: Portrait of the United Nations Development Programme 1950–1985,* UNDP, New York, 1985.
154 Ibid.
155 Ibid.
156 Zitiert in P. T. Bauer, *Equality, the Third World and Economic Delusion,* Weidenfeld & Nicolson, London, 1981.
157 Ibid.
158 Zitiert in Maggie Black, *The Children and the Nations,* UNICEF, New York, 1986.
159 Zitiert in Teresa Hayter, *The Creation of World Poverty,* Selectbook Service Syndicate, New Delhi, 1982.
160 Zitiert in Susan George, *How the Other Half Dies,* Penguin Books, Harmondsworth, 1976.
161 Zitiert in Teresa Hayer, op. cit.
162 Ibid.
163 Ibid.
164 Kwame Nkrumah, *Africa Must Unite,* Heinemann, London, 1963.
165 *Sunday Times,* London, 23. Februar 1969.
166 Zitiert in P. T. Bauer, op. cit.

Kapitel drei

1 US International Development Co-operation Agency, Congressional Presentation, Haushaltsjahr 1988, Washington, DC, Mai 1987.

2 *United Nations: Image and Reality*, UN Department of Public Information, New York, 1985.

3 Ibid. Siehe auch David Pitt und Thomas G. Weiss (Hgg.), *The Nature of United Nations Bureaucracies*, Croom Helm, London und Sydney, 1986. Ein Großteil der 5,5 Milliarden Dollar, die die UNO ausgeben muß, kommt in Form freiwilliger Beiträge von Regierungen. Sie sind von den Pflichtbeiträgen zum ordentlichen Haushalt zu unterscheiden.

4 *United Nations: Image and Reality,* op. cit.

5 Richard Hoggart, *An Idea and Its Servants: UNESCO from Within*, Chatto & Windus, London, 1978.

6 *The Times,* London, 10. August 1987.

7 Interview in »Mister Famine«, einer Dokumentation in der Reihe »This Week«, die von der britischen ITV am 5. November 1987 ausgestrahlt wurde. Über den Vorfall berichtete auch die *Times*, London, 5. November 1987. Ausführlicherer Bericht siehe Dawit Wolde-Giorgis, *Red Tears*, The Red Sea Press, Trenton, NJ, 1989.

8 Bericht in *The Independent,* London, 30. Oktober 1987.

9 Ibid.

10 *The Observer,* London, 21. Juni 1987.

11 Ibid.

12 *The Independent,* London, 30. Oktober 1987.

13 Näheres zu Saoumas Manipulation der FAO-Statuten und zur deutschen Opposition gegen diese Manipulation (die später aufgegeben wurde) siehe: Bruno Bandulet, *Schnee für Afrika – Entwicklungshilfe: Vergeudete Milliarden*, F. A. Herbig, München, 1978.

14 Otto Matzke, *German Review of Foreign Affairs*, Stuttgart, April/Juni 1982.

15 Ibid.

16 Siehe *FAO Dossier*, veröffentlicht von *Daily American*, Rom, 20. Mai 1983. Siehe auch *African Business*, London, August 1982; *The Sunday Times*, London, 26. August 1984, und Marcus Linnear *Zapping the Third World*, Pluto Press, London und Sydney, 1985.

17 *Africa Is Starving and the United Nations Shares the Blame*, Heritage Foundation, Washington, DC, 14. Januar 1986.

18 *Sunday Times,* London, 26. August 1984; *African Business*, London, August 1982; *Globe and Mail,* Toronto, 5. November 1986.

19 *Sunday Times,* London, 26. August 1984.

20 *The Times,* London, 10. November 1987.

21 *The Times,* London, 10. August 1987.

22 *Sunday Times,* 26. August 1984; Marcus Linnear, op. cit.; *African Business*, op. cit.

23 *The Times,* London, 10. November 1987.

24 Handout, das die FAO dem Autor übersandte, 4. Januar 1989.

25 Nach Informationen, die der Autor am 4. Januar 1989 von Richard Lydiker (Direktor der FAO-Informationsabteilung) erhielt, bezieht Saouma jährlich einschließlich nachträglicher Gehaltsanpassung und Spesen 135 546 Dollar.

26 Raymond Lloyd, *Memorandum of Resignation from FAO*, 10. Dezember 1979.

27 *FAO Dossier*, op. cit.

28 *New York Times*, 18. Juni 1986.

29 Abschnitt 143 des Foreign Relations Authorisation Act, Haushaltsjahr 1986 und 1987, Seite 21. Das Amendment lautet wie folgt:
»*Unterabschnitt A:* Der Kongreß vertritt die Ansicht, daß die Vereinten Nationen und ihre Sonderorganisationen, die durch Pflichtbeiträge von Mitgliedstaaten finanziert werden, bei der Aufstellung ihrer Budgets die Standpunkte der Mitgliedsregierungen, die zu diesen Budgets die größten Beiträge entrichten, nicht genügend berücksichtigt haben. *Unterabschnitt B:* Um die finanzielle Verantwortung bei der Vorbereitung der Budgets der Vereinten Nationen und ihrer Sonderorganisationen zu fördern, soll der Außenminister … die Annahme von Verfahren erwirken, die jedem Mitglied bei Angelegenheiten, die Auswirkungen auf das Budget haben, Stimmrechte einräumen. Solche Stimmrechte sollen anteilsmäßig entsprechend dem Beitrag, den jeder Mitgliedstaat an die Vereinten Nationen und ihre Sonderorganisationen entrichtet, vergeben werden. *Unterabschnitt C:* Für Pflichtbeiträge an die Vereinten Nationen oder ihre Sonderorganisationen sollen im Haushaltsjahr 1987 der Vereinigten Staaten und in den darauffolgenden Jahren keine Zahlungen geleistet werden, die zwanzig Prozent des gesamten Jahresbudgets der Vereinten Nationen oder ihrer Sonderorganisationen (respektive) übersteigen, es sei denn, die Vereinten Nationen und ihre Sonderorganisationen haben den Stimmrechten zugestimmt, auf die in Unterabschnitt B Bezug genommen wird.«
Die Vereinten Nationen, die traditionell nach dem Prinzip »ein Land – eine Stimme« verfuhren – unabhängig von der Höhe der Beiträge –, reagierten auf das Kassebaum Amendment Ende 1986 mit der Bildung eines 21köpfigen Ausschusses für Programmkoordination, in dem alle wichtigen Gebernationen und Repräsentanten der Dritten Welt vertreten sind. Damit beauftragt, Ausgabenprioritäten zu setzen und einen Haushaltsentwurf zu erstellen (der später der Generalversammlung zur Verabschiedung vorgelegt werden muß), ist dieser Ausschuß gezwungen, einstimmig zu operieren. Das bedeutet, daß die USA und andere wichtige Geber theoretisch in der Lage sind, bei Haushaltsentscheidungen, die nicht ihre Billigung finden, Veto einzulegen.

30 *Congressional Record*, Washington, DC, 7. Juni 1985.

31 *The Times*, London, 1. Dezember 1987.

32 *The Guardian*, London, 29. April 1986 und 10. Mai 1986.

33 *The Independent*, London, 9. Dezember 1986, und *APS Newsletter*, Rom, Dezember 1986/Januar 1987.

34 *The Guardian*, London, 10. Mai 1986.

35 *Sunday Times*, London, 16. März 1986.

36 *The Guardian*, London, 10. Mai 1986.

37 Ibid.

38 *The United Nations Continues to Duck Needed Reforms,* Heritage Foundation, Washington, DC, Juli 1987.

39 Ibid.

40 Ein UN-Berater, mit dem ich sprach, sah in den Tagegeldern eine willkommene Gehaltsaufbesserung. Dadurch, daß er bei Hotels spart und teure Restaurants meidet, kann er nach eigenen Schätzungen 40 bis 50 Dollar am Tag sparen: »Das macht bei einer zehntägigen Reise 500 Dollar.« In einem Durchschnittsjahr, so erzählte er mir, könne er so 3000 Dollar auf die Seite bringen. »Nicht schlecht, wenn man bedenkt, daß man dieses Einkommen nicht der Steuer melden muß.«

41 *How the UN Spends Its 1 Billion Dollar From US Tax-payers,* Heritage Foundation, Washington, DC, 1984.

42 *FAO Dossier,* op. cit.

43 *How the United Nations Can Be Reformed: The Recommendations of Four Former Ambassadors to the UN,* Heritage Foundation, Washington, DC, August 1986.

44 David Pitt und Thomas G. Weiss, op. cit.

45 *Follow-Up Report on Organisation and Methods of Official Travel,* Gemeinsame Inspektionsgruppe, Generalversammlung der Vereinten Nationen, New York, 25. Februar 1986.

46 Ibid.

47 Ibid.

48 David Pitt und Thomas G. Weiss, op. cit.

49 *Follow-Up Report on Organisation and Methods of Official Travel,* op. cit.

50 Ibid.

51 *Standard of Accommodation, Travel Time and Rest Stopovers,* Sekretariat der Vereinten Nationen, New York, 15. August 1983.

52 UNICEF verstößt regelmäßig gegen die Regel; UNDP und UNFPA haben sich ebenfalls sehr viel Zeit gelassen, die Regel anzuwenden. Siehe z. B. *Proceedings of the Committee on Administrative and Budgetary Questions,* 4. Oktober 1985 (UN Document A/C.5/40/SR.7).

53 *Standard of Accommodation, Travel Time and Rest Stopovers,* op. cit. Doch es gibt Ausnahmen von der Neunstunden-Regel: »Wenn die Mitarbeiter beauftragt sind, den Generalsekretär bei feierlichen Gelegenheiten zu repräsentieren, sollen sie einen Platz in der ersten Klasse erhalten, ungeachtet der Dauer des betreffenden Fluges.« Der Generalsekretär selbst fliegt immer erster Klasse, von Zeit zu Zeit auch mit der Concorde.

54 Ibid.

55 Ibid.

56 Ibid.

57 *New York Times,* 30. April und 2. Mai 1986.

58 *Daily Telegraph,* London, 4. Oktober 1986; *New York Times,* 5. Oktober 1986; *The Guardian,* London, 6. Oktober 1986.

59 *FAO Dossier,* op. cit.

60 David Pitt und Thomas G. Weiss, op. cit.

61 *The United Nations: Its Problems and What to Do About Them,* Heritage Foundation, Washington, DC, September 1986.

62 Gemeinsame Inspektionsgruppe, *United Nations Common System: Staff Costs and Some Aspects of Utilisation of Human and Financial Resources in the United Nations Secretariat*, Generalversammlung der Vereinten Nationen, New York, 26. September 1984.

63 Ibid.

64 Aus Anlagen, die E. J. Freeman dem Autor mit einem persönlichen Schreiben vom 26. Oktober 1987 übersandte.

65 *APS Newsletter*, Rom, Mai/Juni 1987.

66 UNESCO-Schätzung, zitiert in Paul Harrison, *Inside the Third World*, Penguin Books, Harmondsworth, 1985.

67 UNICEF, *State of the World's Children: 1987*, Oxford University Press, Oxford und New York, 1987.

68 Gemeinsame Inspektionsgruppe, *Staff Costs and Some Aspects of Utilisation of Human and Financial Resources...*, op. cit., Paragraph 30.

69 Ibid., Paragraph 31.

70 Ibid., Paragraph 32.

71 Ibid., Paragraph 29.

72 Ibid., Paragraph 51 und Tabelle II.

73 Ibid., Paragraph 28.

74 Ibid., Paragraph 42.

75 Ibid., Paragraph 92(b).

76 Javier Pérez de Cuéllar, *Report of the Secretary General on the Work of the Organisation*, Vereinte Nationen, New York, 1986.

77 Maurice Bertrand, *Some Reflections on Reform of the United Nations*, Gemeinsame Inspektionsgruppe der Vereinten Nationen, Genf, 1985, Paragraph 39.

78 Ibid., Paragraph 37.

79 Ibid., Paragraph 38.

80 Gemeinsame Inspektionsgruppe, *Personnel Questions, United Nations Common System: Follow-Up Report on Staff Costs in the United Nations Secretariat*, Generalversammlung der Vereinten Nationen, New York, 18. September 1985.

81 Ibid.

82 Ibid. Im Jahr 1986 empfahl eine zwischenstaatliche Sachverständigengruppe auf hoher Ebene dringend, daß Gewerkschaften und Vereinigungen des Personals in Zukunft »ihre Tätigkeit aus eigenen Mitteln finanzieren sollten«. Bis heute wurde diese Empfehlung nicht befolgt.

83 Richard Hoggart, op. cit.

84 Gemeinsame Inspektionsgruppe, *Staff Costs and Some Aspects of Utilisation of Human and Financial Resources in the United Nations*, op. cit.

85 *Proceedings of the Committee on Administrative and Budgetary Questions*, 12. November 1985 (UN Document A/C.5/40/SR.30).

86 Beratender Ausschuß für Verwaltungs- und Haushaltsfragen, *First Report on the Proposed Programme Budget for the Biennium 1986-87*, Vereinte Nationen, New York, 1985.

87 UN Document A/C.5/40/SR.30, op. cit.

88 Richard Hoggart, op. cit.

89 *Report of the Group of High-Level Intergovernmental Experts to Review the Efficiency of the Administrative and Financial Functioning of the United Nations*, Generalversammlung, New York 1986. Siehe auch *First Report on the Proposed Programme Budget for the Biennium 1986-87*, op. cit.

90 *FAO Dossier*, op. cit.

91 *Report of the Group of High-Level Intergovernmental Experts*, op. cit.

92 *United Nations Reform: Where's the Beef?* Heritage Foundation, Washington, DC, 10. März 1987.

93 UN Document A/C.5/40/SR.45, Vereinte Nationen, New York, 4. Dezember 1985.

94 Raymond Lloyd, op. cit.

95 *UNICEF Annual Report 1986*, UNICEF, New York.

96 *The Star*, London, 19. Juni 1987; *New York Times*, New York, 25. Juni 1987; *Newsweek*, 6. Juli 1987. Ebenso Gespräche mit UNICEF, Belgien und New York.

97 *UNICEF's Mounting Troubles*, Heritage Foundation, Washington, DC, 1. September 1987. Im Oktober desselben Jahres setzte Australien seine freiwilligen Beiträge aus. Die Begründung: »Sorge um das finanzielle Mißmanagement.«

98 *United Nations Conferences and Special Observances*, UN Reference Paper Nr. 26, Department of Public Information, New York, Januar 1987.

99 Ibid.

100 Ibid.

101 Zahlen von Maurice Bertrand, op. cit.

102 Siehe Johan Galtung in David Pitt und Thomas G. Weiss (Hgg.), op. cit.

103 Maurice Bertrand, op. cit.

104 *How the UN Spends Its 1 Billion Dollar from US Tax-payers*, op. cit.

105 *The UN Department of Conference Services*, Heritage Foundation, Washington, DC, 20. Juni 1986.

106 Ibid.

107 *Problems of Storage and Its Costs in Organisations of the United Nations System*, Gemeinsame Inspektionsgruppe, New York, 1986.

108 *Wall Street Journal*, New York, 27. August 1974.

109 *Globe and Mail*, Toronto, 1. September 1980.

110 *United Nations Conference and Special Observances*, op. cit.

111 Richard Hoggart, op. cit.

112 *The Guardian*, London, 8. Januar 1988.

113 *Daily Telegraph*, London, 8. Oktober 1986.

114 *Report of the Group of High-Level Intergovernmental Experts*, op. cit., S.7.

115 Maurice Bertrand, op. cit.

116 Siehe Paul Streeten in David Pitt und Thomas G. Weiss (Hgg.), op. cit.

117 Maurice Bertrand, op. cit.

118 Douglas Williams, *The Specialised Agencies and the United Nations*, C. Hurst, London, 1987.

119 *The United Nations: Its Problems and What to Do About Them*, op. cit.

120 Maurice Bertrand, op. cit.

121 Maurice Bertrand, op. cit. Hervorhebung durch den Autor.

122 Ibid.
123 Ibid.
124 *Report of the Group of High-Level Intergovernmental Experts*, op. cit.
125 Ibid.
126 Ibid.
127 Ibid., Seite 7, Empfehlung 8(1).
128 Siehe *United Nations Reform: Where's the Beef?*, op. cit.
129 Ibid.
130 Ibid. Siehe auch *Proposed Programme Budget for the Biennium 1988-89: Revised Estimates under Section 32, Construction, Alteration, Improvement and Major Maintenance of Premises*, Generalversammlung der Vereinten Nationen, New York, 14. September 1987. UN Document A/C.5/42/4.
131 *The UN Department of Public Information*, Heritage Foundation, Washington, DC, 23. Februar 1984.
132 Maurice Bertrand, op. cit.
133 Zitiert in *International Herald Tribune*, Paris, 6. Februar 1987.
134 *The UN Department of Public Information*, op. cit.
135 *New York Times*, 28. Mai 1982.
136 *The UN Department of Public Information*, op. cit.
137 *The GAO Renders Its Verdict*, Heritage Foundation, Washington, DC, 9. Juni 1986.
138 Brief des betreffenden Journalisten an *The Times*, London, 2. Dezember 1986.
139 *Development Forum*, UN Division for Economic and Social Information, Genf, März 1987.
140 *Generation: Portrait of the United Nations Development Programme*, UNDP, New York, 1985.
141 *UNICEF News*, Nummer 123/1986, UNICEF Division of Communication and Information, New York, 1986.
142 Dieser Satz, ursprünglich von Cheryl Payer in bezug auf die Weltbank zitiert, ist bei Furnival entlehnt, der vom British Colonial Office sagte, »es versteckt sich wie ein Tintenfisch hinter einer Wolke von Tinte«. John S. Furnival, *Colonial Policy and Practice*, New York University Press, New York, 1956.
143 *United Nations: Image and Reality*, op. cit.
144 Siehe Paul Streeten in David Pitt und Thomas G. Weiss (Hgg.), op. cit.
145 Maurice Bertrand, op. cit.; siehe Paragraphen 100 und 101.
146 Ibid., Paragraph 51.
147 Ibid., Paragraph 19.

Kapitel vier

1 *Sunday Times Magazine*, London, 3. April 1988.
2 *New York Times*, 29. September 1987. Berichte über den Mord an Filho, siehe z. B. *The Independent*, London, 24. Dezember 1988 und (Nachruf) 27. Dezember 1988.

3 *Survival International Urgent Action Bulletin,* London, 3. Januar 1985.

4 Gustavo Esteva, »Development: Metaphor, Myth, Threat«, in *Seeds of Change,* Band III, Washington, DC, 1985.

5 *Famine: A Man-Made Disaster,* Bericht für die Independent Commission on International Humanitarian Issues, Pan Books, London und Sydney, 1985.

6 E. S. Ayensu, »Aid to Africa«, Papier für die World Commission on Environment and Development, dritte Tagung, Oslo, Norwegen, 21. bis 28. Juni 1985.

7 Johan Galtung, »An Anthropology of the United Nations System«, in David Pitt und Thomas G. Weiss (Hgg.), *The Nature of United Nations Bureaucracies,* Croom Helm, London und Sydney, 1986.

8 *International Daily News,* 1. April 1982.

9 Paul Streeten, »The United Nations: Unhappy Family«, in David Pitt und Thomas G. Weiss (Hgg.), op. cit.

10 *1985 – And Towards the 1990s,* Entwicklungsprogramm der Vereinten Nationen (UNDP), New York, Oktober 1986.

11 Ibid.

12 *Twenty-Five Years of Development Co-operation: A Review,* OECD, Paris, 1985.

13 Robert Cassen und Mitarbeiter, *Does Aid Work?,* Oxford University Press, Oxford und New York, 1986.

14 Maurice Bertrand, *Some Reflections on Reform of the United Nations,* Gemeinsame Inspektionsgruppe der Vereinten Nationen, Genf, 1985.

15 Zahlen zur öffentlichen Entwicklungshilfe siehe Kapitel zwei.

16 Robert Cassen und Mitarbeiter, op. cit.

17 Siehe V. S. Baskin, *Western Aid: Myth and Reality,* Progress Verlag, Moskau, 1985.

18 Harka Grung, »Economic Implications of Foreign Aid«, *The Motherland,* Katmandu, 30. Juni 1970.

19 Bihari K. Shresta, »Technical Assistance and Growth of Administrative Capability in Nepal«, Papier für ein Seminar über Auslandshilfe und Entwicklung in Katmandu, Nepal, 4. bis 5. Oktober 1983.

20 Hari Mohan Mathur, »Experts of the United Nations in Third World Development: A View from Asia«, in David Pitt und Thomas G. Weiss (Hgg.), op. cit.

21 V. S. Baskin, op. cit.

22 Bruno Bandulet, *Schnee für Afrika – Entwicklungshilfe: Vergeudete Milliarden,* F. A. Herbig, München 1978.

23 Zitiert in Bernard Lecomte, *Project Aid: Limitations and Alternatives,* Development Centre of the OECD, Paris, 1986.

24 Ibid.

25 Ibid.

26 Robert Cassen und Mitarbeiter, op. cit.

27 *UN Special,* New York, Oktober 1985.

28 Bernard Lecomte, op. cit.

29 Warren C. Baum und Stokes M. Tolbert, *Investing in Development: Les-*

sons *of World Bank Experience,* Oxford University Press for the World
Bank, Oxford, Dezember 1985.

30 *Rural Development: World Bank Experience, 1965-86,* Operations Evaluation Department, Weltbank, Washington, DC, April 1988, S. 33–34.

31 Bernard Lecomte, op. cit.

32 Hari Mohan Mathur in David Pitt und Thomas G. Weiss (Hgg.), op. cit.

33 V. S. Baskin, op. cit.

34 Robert Chambers, *Rural Development: Putting the Last First,* Longman
Scientific and Technical, Harlow, 1983.

35 *Sunday Times,* London, 26. August 1984.

36 Ibid.

37 Ibid.

38 Persönliche Mitteilungen des Biologen William W. Cross. Cross, freiberuf-
licher Ökologe, lehrt an britischen Universitäten und Schulen Aquakultur
und arbeitet als Berater für Methoden und Techniken der Aquakultur in den
Entwicklungsländern. Er lebt als Fischzüchter in Großbritannien.

39 Interview mit David Deppner, ehemaliger USAID Official, Washington,
DC, 2. Oktober 1987.

40 Als eine meiner Mitarbeiterinnen am 27. Juni 1988 die ODA-Bibliothek
besuchte, um Kopien der Prüfungsberichte zu bekommen (auch über den
Victoria-Damm und die Straße in Nepal), durfte sie nur wenig Material
einsehen. Ein Großteil war »geheim« oder »nicht verfügbar«. Sie schreibt:
»Ich durfte nur eine dünne Akte sehen, die kurze Zusammenfassungen der
Beurteilungen enthielt. In diesen Zusammenfassungen blieb die Kritik auf
ein Minimum beschränkt, dafür wurden die erfolgreicheren Teile bestimmter Projekte besonders herausgehoben ... Von den wenigen Beurteilungen,
die ich mir genauer ansehen durfte, hatten diejenigen, die ein bestimmtes
Entwicklungsprojekt kritisierten, einen zweiten Teil, und der war geheim.«

41 *The Lessons of Experience: Evaluation Work in ODA,* HMSO, London,
1983.

42 Ibid.

43 Warren C. Baum und Stokes M. Tolbert, op. cit. Dieses Buch, das von
leitenden Beamten geschrieben wurde und die »wichtigsten Lehren«, die
von der Weltbank aus den Erfahrungen vor Ort gezogen wurden, zusammenfassen und vermitteln will, verbannt das Thema »soziale Analyse« in ein
kleines Kapitel am Ende des Buches. Dort ist zu lesen: »Die Bank ist noch
immer dabei, geeignete Methoden der sozialen Analyse zu entwickeln.«
Solche Methoden sollten aber, wie es weiter heißt, auf Projekte beschränkt
bleiben, die an »Menschen orientiert« sind. Welche Projekte sind eigentlich
nicht an »Menschen orientiert« – und warum?

44 *The World Bank and International Finance Corporation,* Weltbank, Washington, DC, April 1986.

45 Adrian Adams, »An Open Letter to a Young Researcher«, *African Affairs,*
78, Nr. 313, London, Oktober 1979.

46 Guy Gran, »If Africans Are to Eat: Whose Knowledge Matters?«, Vortrag
beim Annual National Meeting of the International Association of Political
Psychology, 19. Juni 1985.

47 *The World Bank and International Finance Corporation,* op. cit. Siehe auch Warren C. Baum, *The Project Cycle,* Weltbank, Washington, DC, 1983, und *The World Bank,* Weltbank, Washington, DC, Januar 1985.

48 *The World Bank and International Finance Corporation,* op. cit.

49 Ibid.

50 Ibid.

51 Ibid.

52 Guy Gran, op. cit.

53 *Rural Development: World Bank Experience, 1965–86,* op. cit., S. 60.

54 Teresa Hayter und Catherine Watson, *Aid Rhetoric and Reality,* Pluto Press, London und Sydney, 1985.

55 Ibid.

56 Warren C. Baum, op. cit.

57 Zitiert in Hayter und Watson, op. cit.

58 Ibid.

59 *Rural Development: World Bank Experience, 1965-86,* op. cit., S. 57.

60 Zitiert in Cheryl Payer, *The World Bank: A Critical Analysis,* Monthly Review Press, New York und London, 1982.

61 *The Economist,* London, 27. September 1986.

62 *The World Bank,* op. cit.

63 *Institutional Development in Africa: A Review of World Bank Project Experience,* Weltbank, Washington, DC, Mai 1984 (zwei Bände, unveröffentlicht).

64 Hayter und Watson, op. cit.

65 Guy Gran, op. cit.

66 James E. Austin, *Confronting Urban Malnutrition: The Design of Nutrition Programmes,* Johns Hopkins University Press for the World Bank, Baltimore, Md, 1980.

67 *Poverty and Hunger: Issues and Options for Food Security in Developing Countries,* Weltbank, Washington, DC, Februar 1986. Hervorhebung durch den Autor.

68 Cheryl Payer, »Effects of World Bank Project Lending on Borrowing Countries«, Vortrag am Centro de Estudios Economicos y Lociales del Tercer Mundo, Mexiko City, April 1982. Hervorhebung durch den Autor.

69 *Toward Sustained Development in Sub-Saharan Africa,* Weltbank, Washington, DC, 1984.

70 Ibid. Siehe insbesondere S. 40 und 44.

71 Ibid. Siehe Vorwort.

72 Siehe Guy Gran, op. cit., S. 12.

73 Siehe Cheryl Payer, *The World Bank: A Critical Analysis,* op. cit., 1. Kapitel, für eine detaillierte Erörterung von Kofinanzierung und geistiger Führungsrolle der Weltbank. In ihrer Publikation *The World Bank* (Washington, DC, Januar 1985) teilt die Bank mit Genugtuung mit: »Im Rahmen besonderer Kooperationsvereinbarungen leisten Mitarbeiter von vier Sonderorganisationen der Vereinten Nationen in ihren jeweiligen Fachgebieten der Bank bei ihrer Tätigkeit Unterstützung. Dies sind die Ernährungs- und Landwirtschaftsorganisation der Vereinten Nationen (FAO), die Organisa-

tion der Vereinten Nationen für Erziehung, Wissenschaft und Kultur, die Weltgesundheitsorganisation (WHO) und die Organisation der Vereinten Nationen für Industrielle Entwicklung (UNIDO). Die Weltbank unterhält fast ständigen Kontakt und enge Arbeitsbeziehungen zu anderen UN-Behörden und -Ausschüssen, regionalen Entwicklungsbanken, zur Organisation für wirtschaftliche Zusammenarbeit und Entwicklung (OECD), zu regionalen Organisationen wie der Europäischen Gemeinschaft und dem Ständigen Exekutivausschuß des Interamerikanischen Wirtschafts- und Sozialrats der Organisation Amerikanischer Staaten sowie zu den meisten nationalen Behörden, die technische Hilfe und Entwicklungsfinanzierung leisten. Darüber hinaus ist sie im Begriff, engere Bande zu nichtstaatlichen Organisationen zu knüpfen, die in der Entwicklungshilfe tätig sind. Die Bank spielt eine führende Rolle bei der Koordinierung der Hilfe aus der Vielfalt von Quellen in den einzelnen Länder. Zu diesem Zweck hat sie eine Anzahl von Koordinationsgruppen nationaler und internationaler Organisationen eingerichtet, bei denen sie zur Zeit den Vorsitz führt ... *Für alle diese Gruppen sind die Länderberichte und Analysen der Bank ein Teil der grundlegenden Dokumentation.*« Hervorhebung durch den Autor.

74 Aussage von Bruce Rich, Senior Attorney, Environmental Fund, vor dem Unterausschuß des Repräsentantenhauses für Internationale Entwicklungsinstitutionen und Finanzen. Anhörung zu den ökologischen Folgen der Tätigkeit multilateraler Entwicklungsbanken.

75 Ibid.

76 Siehe Cheryl Payer, *The World Bank,* op. cit. Details über den Kreditumfang siehe *Statement of Loans 94,101 (31 December 1984),* IBRD, Washington, DC.

77 *The New York Times,* 11. Mai 1987; *Christian Science Monitor,* 7. Mai 1987. Siehe auch Bruce Rich, *Ecology Law Quarterly,* 12. Jahrgang, Nr. 4, University of California, Berkeley, 1985.

78 Bruce Rich, *Ecology Law Quarterly,* op. cit.

79 Bruce Rich, Senior Attorney, Environmental Defense Fund, zitiert in *The Orlando Sentinel,* 10. März 1987. Siehe auch *Bankrupting the Environment,* Central Independent Television, Birmingham, 1987.

80 *The Independent,* London, 22. September 1987.

81 *Brazil: A Paradise Lost?,* The Institute for Food and Development Policy, San Francisco, 1987.

82 Ibid.

83 Cheryl Payer, *The World Bank,* op. cit. Siehe S. 346.

84 *Washington Post,* 15. Mai 1986.

85 *Brazil: A Paradise Lost?,* op. cit.

86 *Bankrupting the Environment,* op. cit.

87 *Polonoroeste Information Packet,* Environmental Defense Fund, Washington, DC (regelmäßig auf den neuesten Stand gebracht).

88 Aussage von Bruce Rich, op. cit.

89 Siehe: (1) *Wall Street Journal,* New York, 24. Dezember 1986 (4,3 Millionen Menschen waren bis zu diesem Tag umgesiedelt worden); (2) *Indonesia,*

Transmigration Sector Review, Bericht Nr. 6508-IND, Weltbank, Washington DC, 24. Oktober 1986. Das Ziel, im Haushaltsjahr 1986–87 100 000 Familien umzusiedeln und voll zu unterstützen, wurde auf 36 000 Familien reduziert; (3) *Jakarta Post,* Djakarta, 6. Januar 1988. Die Regierung gab eine Aufstockung des Budgets für Transmigrasi um 56 Prozent bekannt und erhöhte die Zahl der im Haushaltsjahr 1987-88 umzusiedelnden Familien auf 160 000.

90 *Indonesia, Transmigration Sector Review,* op. cit., Paragraph 83.

91 Ibid., S. 156.

92 *The Ecologist,* 16. Jahrgang, Nr. 2/3, Bodmin, Cornwall, 1986.

93 Basic Forestry Act, Clarification Act Nr. 2823 von 1967.

94 *The Ecologist,* 16. Jahrgang, Nr. 2/3, 1986, op. cit.

95 *Indonesia, Transmigration Sector Review,* op. cit., Paragraph 62.

96 Ibid.

97 *The Ecologist,* 16. Jahrgang, Nr. 2/3, op. cit., zitiert werden Entwicklungshelfer und UNHCR-Quellen.

98 Rede vom 20. März 1985, Bericht in *The Ecologist,* 16. Jahrgang, Nr. 2/3, 1986, op. cit.

99 Kenneth Davidson schreibt darüber in *The Melbourne Age,* Melbourne, 1. Juni 1986.

100 Ibid.

101 Ibid.

102 James Bovard berichtet darüber in *The World Bank vs. the World's Poor,* Cato Institute Policy Analysis, Washington, DC, 29. September 1987.

103 *Wall Street Journal,* New York, 30. September 1985.

104 *Indonesia, Transmigration Sector Review,* op. cit., Kapitel 5, Paragraph 23.

105 *Forest Policies in Indonesia: The Sustainable Development of Forest Lands* (vier Bände), Regierung Indonesiens/ International Institute for Environment and Development, Washington, DC, 1985.

106 Ibid.

107 *Five Year Plan 1984-1989.* Siehe Graham Searle, *Major World Bank Projects,* Wadebridge Ecological Centre, Camelford, Cornwall, 1987.

108 Brief an M. Peter McPherson, Administrator, USAID, Washington, DC, 11. Juni 1986.

109 Graham Searle, op. cit., S. 151.

110 *Information Packet on World Bank Financed Transmigration in Indonesia,* Environmental Defense Fund, Washington, DC (regelmäßig auf den neuesten Stand gebracht).

111 *Forest Policies in Indonesia,* op. cit.

112 Interview mit David Deppner, op. cit.

113 *Indonesia, Transmigration Sector Review,* op. cit., Paragraph 44(a).

114 Ibid., Paragraph 44(b).

115 Ibid., Paragraph 10.

116 Ibid., Paragraph 6.

117 Ibid., Paragraph 44(b).

118 *List of Upcoming MDB Projects with Possible Environmental Issues,* The Bank Information Center, Washington, DC (Anlage eines Briefes an Friends of the Earth, Großbritannien, vom 22. März 1988).

119 Brief vom 6. Mai 1988 an Stephen Corry, den Direktor von Survival International, von Russel J. Cheetham, Direktor der Länderabteilung 5, Region Asien, Weltbank.

120 Telex (Ref. AS 5 AG) der Weltbank an den Autor, vom 30. Juni 1988. Es dauerte einen Monat, bis die Bank auf meine wiederholten Fernschreiben antwortete, in denen ich um Auskunft über Umfang und Zweck der Kredite für die Transmigration in Indonesien bat.

121 Ibid.

122 Brief vom 6. Mai 1988, op. cit.

123 *Indonesia: World Bank Maintains Support for Transmigration,* Survival International Occasional Report Nr. 8, London, Januar 1988.

124 *Indonesia: News and Views VI (21),* Indonesische Botschaft, Washington, DC, 1986.

125 Ibid.

126 *Jakarta Post,* 15. Dezember 1987, weitere Stellungnahmen zitiert in Survival International Occasional Report Nr. 8, op. cit.

127 Brief von Russel Cheetham, Weltbank, datiert vom 6. Mai 1988, op. cit. In ihrer klassischen Manier, erst Löcher aufzureißen und sie dann wieder zu stopfen, beschloß die Weltbank im April 1988, für ein »Projekt zur Erhaltung der natürlichen Ressourcen« in Indonesien 34 Millionen Dollar zur Verfügung zu stellen. Ein Hauptziel des Projektes ist es, den »Raubbau« in den Wäldern einzudämmen, der durch das Umsiedlungsprogramm verursacht wurde – welches die Weltbank ebenfalls unterstützt. Bei ihrer Bekanntgabe des Kredits kommentierte die Bank kritisch den Umfang der Umsiedlung von Javanern auf die Außeninseln und die Schäden, die durch das nachfolgende »Vordringen von Siedlern« in Waldgebiete entstünden. Siehe News Release Nr. 88/63, Weltbank, Washington, DC., 6. April 1988.

128 Survival International Occasional Bericht Nr. 8, op. cit.

129 Ibid.

130 Ibid.

131 Ibid.

132 Ibid.

133 Brief von Russel Cheetham, Weltbank, op. cit.

134 *Indonesia: Transmigration Sector Review,* op. cit., S. 95, Paragraph 5.18.

135 Zitiert in Bruce Rich, *Ecology Law Quarterly,* op. cit.

136 Barber B. Conable, Rede am World Resources Institute, Washington, DC, 5. Mai 1987.

137 Ibid.

138 Thomas Fuller, Medicinae Doctor, *Gnomologia,* 1732.

139 *The Independent,* London, 3. Januar 1989. Bemerkenswert ist auch, daß 1986 von der Bank und der Regierung ein Kreditabkommen über 500 Millionen Dollar für Brasiliens Elektrizitätssektor unterzeichnet wurde. Dieses Projekt kann zur Folge haben, daß die Zerstörung von Wäldern in Amazonien bis ins 21. Jahrhundert fortgesetzt wird. Dazu Bruce Rich, Senior Attorney des Environmental Defense Fund: »Mit einem Großteil der Mittel aus diesem Kredit werden im Amazonasbecken und anderswo verschiedene Wasserkraftprojekte fortgesetzt. Von einigen dieser Projekte weiß

man sogar in Brasilien, daß sie eine ökologische Katastrophe und ein wirtschaftliches Debakel sind.« Siehe Aussage vor dem Unterausschuß des Repräsentantenhauses für Internationale Entwicklungsinstitutionen und Finanzen.

140 *Financing Ecological Destruction: The World Bank and the International Monetary Fund*, Broschüre nichtstaatlicher Umweltorganisationen, die bei der jährlichen Tagung von Weltbank und IWF vorgelegt wurde, Washington, DC, 29. September bis 1. Oktober 1987.
141 Ibid., und *Washington Post*, 29. Mai 1986.
142 *Financial Times*, London, 3. September 1986.
143 Cheryl Payer, *The World Bank*, op. cit., Kapitel 9.
144 Zahlen aus D. Hart, *The Volta River Project*, Edinburgh University Press, 1980.
145 Siehe insbesondere E. Goldsmith und N. Hildyard (Hgg.), *The Social and Environmental Effects of Large Dams* (zwei Bände), Wadebridge Ecological Centre, 1984 und 1986.
146 Robert Repetto, *Skimming the Water*, World Resources Institute, Washington, DC.
147 E. Goldsmith und N. Hildyard (Hgg.), op. cit.
148 Ibid.
149 Ibid.
150 Ibid.
151 Ibid. Siehe auch Blackwelder und Carlson, op. cit.
152 Blackwelder und Carlson, op. cit.
153 *Financing Ecological Destruction*, op. cit.
154 Ibid.
155 Aussage von Bruce Rich, 8. April 1987, op. cit.
156 Ibid., Anlage mit Aussage.
157 *Express Magazine*, Indien, 22. September 1985.
158 *Financing Ecological Destruction*, op. cit. Nach mehreren Schätzungen liegt die Kostensteigerung des Projekts bei etwa 2,5 Millionen Dollar *pro Tag*. Siehe auch Graham Searle, op. cit.
159 Ibid.
160 *Structural Adjustment Lending: A First Review of Experience*, Weltbank, (Bericht Nr. 6409), Washington, DC, 1986. Näheres über Strukturanpassungskredite in Kapitel zwei dieses Buches.
161 *The Future of the World Bank*, Konferenzbericht des Overseas Development Council, Washington, DC, 23.–24. Juni 1986, Abschnitt III, »The World Bank and Poverty«.
162 *Le Monde*, Paris, 25. Juli 1987. Hervorhebung durch den Autor. Wie in Kapitel zwei gesehen, beliefen sich die Kreditzusagen der Bank im Geschäftsjahr 1987 auf insgesamt 19,207 Milliarden Dollar (Zusagen der IDA, der IFC und der Sonderfazilität für die afrikanischen Länder südlich der Sahara sowie der IBRD). Siehe *World Bank Annual Report 1987*, Weltbank, Washington, DC.
163 *The Twelfth Annual Review of Project Performance Results*, Operations Evaluations Department, Weltbank, Washington, DC, Juni 1987, Paragraph 2.50.

164 Ibid., Paragraph 2.51.
165 Ibid., Paragraph 2.51.
166 Ibid., Paragraph 2.52.
167 Ibid., Paragraph 2.52.
168 Ibid., Paragraph 1.16 und 1.19.
169 Ibid., Paragraph 1.62.
170 Ibid., Paragraph 2.13.
171 *Project Performance Results for 1986*, Operations Evaluation Department, Weltbank, Washington, DC, Mai 1988, Paragraph 1.08.
172 *Rural Development: World Bank Experience 1965–86*, op. cit., S. 35.
173 *Project Performance Results for 1986*, op. cit., Paragraph 1.18 und 1.45.
174 R. Ehrhardt, *Canadian Development Assistance to Bangladesh*, Canadian International Development Agency, Ottawa, 1983.
175 Frank Bliss, *Die kulturelle Dimension von Entwicklung*, »Politik und Zeitgeschichte«, Beilage zu Wochenzeitung *Das Parlament*, 30. August 1986.
176 Gerald Braun, *Nord-Süd-Konflikt und Entwicklungspolitik*, Opladen, 1985.
177 Interview mit David Deppner, op. cit.
178 *Audit of AID Renewable Energy Projects*, Prüfungsbericht Nr. 9-00-86-3, Regional Inspector General for Audit, Washington, DC, 21. Februar 1986.
179 Ibid.
180 Ibid.
181 *Audit of Safaga Grain Silos Complex*, Prüfungsbericht Nr. 6-263-87-1, Regional Inspector General for Audit, Kairo, 27. Oktober 1986.
182 *Audit of USAID/Peru Integrated Development Project*, Prüfungsbericht Nr. 1-527-86-18, Regional Inspector General for Audit, Tegucigalpa, 18. Juni 1986.
183 *Handelsblatt*, 12./13. Dezember 1988.
184 Barbara Dinham und Colin Hines, *Agribusiness in Africa*, Earth Resources Research, London, 1983.
185 Ibid. Siehe auch Jon Bennett und Susan George, *The Hunger Machine*, Polity Press, Cambridge, 1987.
186 Bennett und George, op. cit.
187 Ibid.
188 Ibid.
189 Ibid.
190 Brigitte Erler, *Tödliche Hilfe – Bericht von meiner letzten Dienstreise in Sachen Entwicklungshilfe*, Dresam Verlag, Freiburg i. Br., 1987. Siehe auch Heribert Weiland, *Unvorhergesehene Folgekosten durch Vernachlässigung sozio kultureller Gegebenheiten*, in Walter Koch, *Folgekosten von Entwicklungsprojekten*, Verein für Sozialpolitik, Berlin, 1984.
191 *Real Aid: Missed Opportunities*, The Independent Group on British Aid, London, 1986. Beteiligt an diesem Projekt war die Internationale Finanzkorporation, eine Weltbanktochter, die auf die Förderung von Privatinvestitionen in den Entwicklungsländern spezialisiert ist.
192 *The Ecologist*, 13. Jahrgang, Nr. 5. Bodmin, Cornwall, 1983, und 15.

Jahrgang, Nr. 5/6, 1985. An verschiedenen Orten rissen Bauern Eukalyptussetzlinge aus und pflanzten statt dessen Tamarindensamen ein. Siehe auch John Clark, *For Richer, for Poorer,* Oxfam, Oxford, 1986.

193 John Clark, op. cit.

194 *Christian Science Monitor,* 1. Mai 1987.

Kapitel fünf

1 *The Ecologist,* 14. Jahrgang, Nr. 2, Bodmin, Cornwall, 1984.

2 Ibid.

3 Jon Bennett und Susan George, *The Hunger Machine,* Polity Press, Cambridge, 1987.

4 *British Overseas Aid 1986,* Overseas Development Administration, London, Sommer 1987.

5 Jon Bennett und Susan George, op. cit.

6 Siehe J. Michael Luhan, »Too Much Aid, Too Little Development«, in *Development International,* 1. Jahrgang, Nr. 4, Arlington, Virginia, Juli/August 1987.

7 Ibid.

8 Siehe Penny Lernoux, *Cry of the People: The Catholic Church in Conflict with US Policy in Latin America,* Penguin, Harmondsworth, 1982.

9 *AID Highlights,* United States Agency for International Development, Washington, DC, Winter 1987.

10 Ibid.

11 Ibid.

12 Bundesministerium für wirtschaftliche Zusammenarbeit, *Entwicklungspolitik – Jahresbericht 1987,* BMZ, Bonn, 1987.

13 *Journalisten-Handbuch Entwicklungspolitik 1988,* BMZ, Bonn, 1988.

14 Die Grünen im Bundestag, *Warnkes Milliardengeschäfte. Die Vergeudung der Entwicklungspolitik. Dritte Dokumentation der Grünen im Bundestag über den Mißbrauch der Entwicklungshilfe durch den Bundesminister für wirtschaftliche Zusammenarbeit, Jürgen Warnke,* Die Grünen, Bonn, September 1986; und Bundesministerium für wirtschaftliche Zusammenarbeit, *Entwicklungspolitik – Jahresbericht 1987,* BMZ, Bonn, 1987.

15 Siegfried Pater und Torsten Striepke, *Entwicklungspolitik nach der Wende,* PAD Verlag, Dortmund, 1986.

16 *British Overseas Aid 1986,* op. cit. Siehe S. 11.

17 Siehe *British Overseas Aid 1986* (S. 47) sowie frühere und spätere Jahresberichte der Overseas Development Administration, London.

18 *Real Aid: Missed Opportunities,* Bericht der Independent Group on British Aid, London, 1986.

19 *The Aid and Trade Provision: Guidelines for Applicants,* Department of Trade and Industry, London, Oktober 1986.

20 *Financial Times,* London, 24. Mai 1985. Die Verfasser des unterdrückten Berichts analysierten sechs Projekte und kamen zu dem Schluß: »Man kann

nicht mit derselben Gabel sein Dinner essen und den Garten umgraben.«
D.h., Entwicklungshilfe sollte entweder den Exporteuren oder den Entwicklungsländern nutzen, aber sich nicht an beidem gleichzeitig versuchen.

21 *Bilateral Aid: Country Programmes (Second Report, Session 1986–87)*,
House of Commons Foreign Affairs Committee, London, 22. April 1987.
Siehe insbesondere Anhang 11, Memorandum von Graham Clark und
Professor John Toye.
22 *Press Release: ‾21 Million Increase in ATP*, Overseas Development Administration, London, 1. September 1986.
23 *British Overseas Aid 1985*, Overseas Development Administration, London, 1986.
24 *British Overseas Aid 1984*, Overseas Development Administration, London, 1985.
25 *British Overseas Aid 1986*, op. cit. Siehe auch *Some Aid and Development
Issues*, Background Information Paper, Februar 1986, und *The British
Overseas Aid Programme: Some Basic Facts*, November 1986, beide veröffentlicht von der Overseas Development Administration, London.
26 *UNDP: The Development Connection*, Centre for World Development
Education, London, Juli 1983.
27 Ibid.
28 *African Business*, London, August 1982.
29 Ibid.
30 *United Nations: Image and Reality*, UN Department of Public Information, New York, April 1986.
31 Ibid.
32 *The New York Times*, 24. September 1985.
33 *United Nations: Image and Reality*, op. cit.
34 *World Bank Annual Report 1986*, Weltbank, Washington, DC. Siehe insbesondere S. 32.
35 Ibid. Siehe S. 31, Tabelle 1.13.
36 *World Bank Annual Report 1987*, Weltbank, Washington, DC. Siehe S. 38,
Tabelle 2.10.
37 Siehe z. B. Richard T. Montoya, »The Foreign Aid Cancer«, Vortrag vor
der Heritage Foundation, Washington, DC, 28. Mai 1987. Montoya war zu
der Zeit Assistant Secretary for Territorial and Internal Affairs am US-
Innenministerium.
38 James Bovard, *The World Bank vs. the World's Poor*, Cato Institute Policy
Analysis Nr. 92, Washington, DC, 28. September 1987.
39 Brief und Anlage aus Joel A. Kurtzman, Hg., *Development Business*,
Vereinte Nationen, New York, 9. März 1987.
40 Bundesministerium für wirtschaftliche Zusammenarbeit, *Entwicklungspolitik – Jahresbericht 1977*, BMZ, Bonn, 1977.
41 *AID Highlights*, Winter 1981, op. cit.
42 *British Overseas Aid 1983*, Overseas Development Administration, London.
43 Rede vor dem Gouverneursrat der Weltbank und der Internationalen Finanzkorporation, Washington, DC, 30. September 1986.

44 Erklärung von Außenminister Cyrus Vance vor dem Senatsausschuß für Auswärtige Beziehungen zu den Entwicklungshilfe-Programmen der Regierung im Haushaltsjahr 1979, Washington, DC, 2. März 1978.

45 *Congressional Presentation Fiscal Year 1988*, US International Development Cooperation Agency (in der AID 1980 aufgegangen ist und einen wesentlichen Teil darstellt), Washington, DC, Mai 1987.

46 *British Overseas Aid 1984*, op. cit.

47 *The Changing Emphasis in British Aid Policies: More Help for the Poorest*, Weißbuch 1975 (HMSO, London). Es gibt kein späteres Weißbuch, somit bleibt die britische Regierung formell an die Implikationen dieses Dokuments von 1975 gebunden.

48 Zitiert in *AID Highlights*, Winter 1987, op. cit.

49 Rede am Royal Institute of International Affairs, London, 18. März 1987.

50 *Some Aid and Development Issues*, op. cit.

51 P. T. Bauer, *Equality, the Third World and Economic Delusion*, Weidenfeld & Nicolson, London, 1981.

52 P. T. Bauer und B. S. Yamey, *Development Forum*, Jahrgang XIV, Nr. 3, Vereinte Nationen, Genf, April 1986.

53 Aussage von Bruce Rich vor dem Unterausschuß des Repräsentantenhauses für Internationale Entwicklungsinstitutionen und Finanzen. Anhörung zu den ökologischen Folgen der Tätigkeit multilateraler Entwicklungsbanken.

54 Roger C. Riddell, *Foreign Aid Reconsidered*, Johns Hopkins University Press, Baltimore, Md, 1987.

55 Brigitte Erler, *Tödliche Hilfe – Bericht von meiner letzten Dienstreise in Sachen Entwicklungshilfe*, Dreisam Verlag, Freiburg i. Br., 1987.

56 *Foreign Aid Reconsidered*, op. cit.

57 Kurt Gerhardt, *In den Händen des Volkes. Erfahrungen mit Entwicklungshilfe im Niger*, in Rupert Neudeck und Kurt Gerhardt (Hgg.), *Sorgenkind Entwicklungshilfe*, Bastei-Lübbe, Bergisch-Gladbach, 1987.

58 Aktion Dritte Welt e. V., *Entwicklungspolitik – Hilfe oder Ausbeutung? Die entwicklungspolitische Praxis der Bundesrepublik Deutschland und die wirtschaftlichen Hintergründe*, Aktion Dritte Welt e. V., 8. Aufl. 1984, Freiburg i. Br. Gesellschaft für Technische Zusammenarbeit, *Projekte ...*, GTZ, Eschborn, 1985.

59 *Sorgenkind Entwicklungshilfe*, op. cit.

60 *Bilateral Aid: Country Programmes*, op. cit. Siehe S. 158. Trotz dieses Vertrags ging Willowbrook International kurz nach Lieferung der Karosserien an Sambia in Konkurs.

61 B. E. Cracknell, *Evaluation of ODA's Cofinancing with IBRD for Cargo-Handling Equipment in Port Sudan*, ODA, London, Oktober 1984.

62 *The Times*, 19. März 1987.

63 *Bilateral Aid: Country Programmes*, op. cit. Siehe S. 101-102.

64 *Daily Telegraph*, London, 3. Mai 1985.

65 Ibid.

66 *Overseas Development*, Nr. 102, Overseas Development Administration, London, März 1986.

67 *Real Aid*, op. cit.

68 *The Guardian*, London, 14. Dezember 1987; *The Independent*, London, 12. August 1988.

69 *The Guardian*, London, 14. Dezember 1987.

70 Ibid.

71 *Overseas Development*, Nr. 102, op. cit.

72 *Bilateral Aid: Country Programmes*, op. cit. Siehe Anhang 11.

73 *Financial Times*, London, 26. August 1986.

74 Ibid.

75 *Financial Times*, London, 17. Dezember 1986.

76 Ibid.

77 Ibid.

78 *Bilateral Aid: Country Programmes*, op. cit. Siehe S. 160.

79 *The Guardian*, London, 13. Februar 1987.

80 *Bilateral Aid: Country Programmes*, op. cit. Siehe S. 106-107.

81 *British Overseas Aid 1985*, op. cit.; *British Overseas Aid 1986*, op. cit.

82 *British Overseas Aid 1986*, op. cit.

83 Jon Bennett und Susan George, op. cit. Siehe auch *British Overseas Aid 1986*, op. cit.

84 Christopher Flavin, *Electricity for a Developing World*, Worldwatch Institute, Washington, DC, Juni 1986.

85 Tom Learmouth und Francis Rolt, *Underdeveloping Bangladesh*, War on Want, London, 1987.

86 Christopher Flavin, op. cit.

87 Gesundheitsminister Mohamed Abdul Matin, zitiert in *The Independent*, London, 4. Juni 1988.

88 *The Independent*, London, 14. Juni 1988.

89 Ibid.

90 R. Young, *Canadian Development Assistance to Tanzania*, North-South Institute, Ottawa, 1983.

91 Derek Warren, »Aid Grows a Crop of Problems«, *The Guardian*, London, 2. Dezember 1983.

92 Ibid.

93 *Africa Guide 1986*, World of Information, UK, 1986.

94 *The Ecologist*, 14. Jahrgang, Nr. 2, op. cit.

95 *USAID Highlights*, US Agency for International Development, Washington, DC, Frühjahr 1987.

96 *AID Highlights*, US Agency for International Development, Washington, DC, Winter 1987.

97 Ibid.

98 *USAID Highlights*, Frühjahr 1987, op. cit.

99 J. Tendler, *Inside Foreign Aid*, Johns Hopkins University Press, Baltimore, Md, 1975.

100 *Washington Post*, 12. März 1975.

101 Siehe Frances Moore Lappe, Joseph Collins und David Kinley, *Aid as Obstacle*, Institute for Food and Development Policy, San Francisco, 1980, S. 95.

102 Ibid., S. 97.

103 Andreas von Schuhmann, »*Die Dritte Welt und Überfluß Europas*«, in *Entwicklung und Zusammenarbeit*, 28 (10) 1987.

104 *Audit of PL480 Title I Programme in Somalia*, Audit Report Nr. 3-649-87-2, Regional Inspector General for Audit, Nairobi, 26. Januar 1987.

105 Ibid.

106 Ibid.

107 Ibid.

108 *Entwicklungspolitik – Siebenter Bericht zur Entwicklungspolitik der Bundesregierung*, BMZ, Bonn, 1988.

109 Jonathan Kwitny, *Endless Enemies*, Congdon & Weed, New York, 1984. Siehe auch Diskussion in Susan George, *A Fate Worse than Debt*, Penguin Books, London und New York, 1988.

110 Jonathan Kwitny, op. cit.

111 *Christian Science Monitor*, 1. Mai 1987.

112 Ibid.

113 Ibid.

114 *Washington Post*, 26. Juli 1986.

115 Betsy Hartman und James Boyce, *Bangladesh Aid to the Needy?*, Washington Center for International Policy, Mai 1978.

116 *Audit of USAID/Jamaica Agricultural Development Foundation* (Projekt Nr. 532-0105), Regional Inspector General for Audit, Tegucigalpa, 11. Juli 1986.

117 Rehman Sobhan, *The Crisis of External Dependence: The Political Economy of Foreign Aid to Bangladesh*, Zed Press, London, 1982.

118 Ibid.

119 Die Forscher waren Betsy Hartman und James Boyce. Berichtet wird darüber in Lappe u. a., op. cit.

120 Ibid.

121 *Christian Science Monitor*, 1. Mai 1987.

122 Ibid.

123 *Wall Street Journal*, New York, 10. November 1977.

124 *Financial Times*, London, 26. Oktober 1986.

125 Weitere Details siehe Walden Bello, David Kinley und Elaine Elison, *Development Débâcle: The World Bank in the Philippines*, Institute for Food and Development Policy, San Francisco, 1982.

126 *The Independent*, London, 22. Juli 1987.

127 Siehe R. T. Naylor, *Hot Money*, Unwin Hyman, London und Sydney, 1987.

128 Ibid.

129 *The Independent*, London, 12. November 1987.

130 Ibid.

131 Lappe u. a., op. cit.

132 Ibid. Siehe auch Walden Bello u. a., op. cit.

133 Prognose des philippinischen Finanzministers für die kommenden fünf Jahre; Bericht in *Financial Times*, 20. Oktober 1986. Ein Jahr später betrug der Schuldendienst 40 Prozent der Exporteinnahmen und machte 36 Prozent des gesamten Staatshaushalts aus – Geld, das sonst für die wirtschaftli-

che Entwicklung hätte verwendet werden können. Siehe Richard Gourlay, »Philippine Politicians Attack Deal on Debt«, *Financial Times,* London, Oktober 1987.

134 Zitiert in David Lamb, *The Africans,* Vintage Books, New York, Mai 1985.
135 Ibid.
136 Ibid.
137 Ibid.
138 *The Guardian,* London, 10. Mai 1985.
139 Peter Korner u. a., *The IMF and the Debt Crisis,* Zed Books, London, 1986. Siehe S. 97-105. Siehe auch *Fiche d'information du CRI,* Nr. 3, Centre de Recherche et d'Information, Brüssel, 1985.
140 *World Bank Atlas 1987,* Weltbank, Washington, DC, 1987.
141 Peter Korner u. a., op. cit. Siehe auch David Lamb, op. cit.
142 Ibid.
143 *Info Zaïre,* Nr. 36, Oktober 1982. Herausgegeben vom Comité Zaïre, Brüssel.
144 Peter Korner u. a., op. cit.
145 Siehe Ghislain Kabwit, »The Roots of Continuing Crisis«, in *Journal of Modern African Studies,* Nr. 3, 1979.
146 *Info Zaïre,* op. cit.
147 *Financial Times,* London, 31. Oktober 1986.
148 Ibid.
149 Susan George, op. cit.
150 *Financial Times,* London, 31. Oktober 1986.
151 Giovanni Andrea Cornia, Richard Jolly und Frances Stewart (Hgg.), *Adjustment with a Human Face: Protecting the Vulnerable and Promoting Growth,* Oxford University Press für UNICEF, 1987.
152 *Le Monde diplomatique,* 21. und 22. Mai 1983. Siehe auch Peter Korner u. a., op. cit. Einige dieser Vorfälle sind außerdem zitiert in Riddell, op. cit., und in *Haiti: Family Business,* veröffentlicht vom Latin America Bureau, London, 1985. Ich schickte dem IWF am 8. Juli 1988 ein längeres Telex, in dem ich um weitere Einzelheiten bezüglich der verschwundenen 20 Millionen Dollar oder um ein Dementi bat. Graham Newman von der Abteilung für externe Beziehungen übersandte mir am 25. Juli 1985 folgende zweideutige Antwort: »Wie Ihnen gewiß bekannt sein dürfte, stellt der Fonds seine Finanzmittel seinen Mitgliedern als allgemeine Zahlungsbilanzhilfe zur Verfügung, während sie Korrekturmaßnahmen vornehmen, um ihre Zahlungsprobleme zu entschärfen. Da die Finanzhilfe des Fonds in dem Sinne ungebunden ist, als die Mittel, die den Mitgliedern zur Verfügung gestellt werden, nicht für einen bestimmten Zweck vorgesehen sind, dieses Geld also fungibel ist, ist es unmöglich zu ermitteln, wie die bewilligten Mittel letztlich verwendet werden. Jedesmal, wenn in einem Land, das IWF-Mittel zieht, öffentliches Geld unterschlagen wird, könnte man, so vermute ich, behaupten, daß IWF-Kredite mit ihm Spiel sind ...«
153 Aus Zahlenmaterial, zitiert in Riddell, op. cit.
154 Ibid.
155 Ibid.

156 Ibid.
157 C. Zuvekas, *Agricultural Development in Haiti*, USAID, Washington, DC, 1978.
158 Riddell, op. cit.
159 Ibid.
160 Zitiert in *Arab News*, London, 28. Oktober 1983.
161 *Christian Science Monitor*, Boston, 9. September 1985; *The Economist*, London, 24. Oktober 1986.
162 *Chicago Tribune*, 31. März 1987.
163 *Wall Street Journal*, 27. Mai 1986.
164 Ibid.
165 *Financial Times*, London, 23. Februar 1987.
166 Zitiert in James Bovard, *The World Bank and the World's Poor*, Cato Institute Policy Study Nr. 92, Washington, DC, 28. September 1987.
167 *Ecology Law Quarterly*, 12. Jahrgang, Nr. 4, School of Law, University of California, 1985.

Schluß

1 Guy Arnold, *Aid and the Third World*, Robert Royce, London, 1985.
2 *Twenty-Five Years of Development Co-operation: A Review*, OECD, Paris, 1985.
3 Ibid.
4 Ibid. Die öffentliche Entwicklungshilfe der Mitgliedstaaten des OECD-Entwicklungshilfeausschusses betrug 1984 28,7 Milliarden Dollar.
5 *British Overseas Aid 1987: Annual Review*, Overseas Development Administration, London, Sommer 1988.
6 P. T. Bauer, *Equality, the Third World and Economic Delusion*, Weidenfeld & Nicolson, London, 1981.
7 *One World*, Just 0,7 Campaign, April und Juli 1988.
8 *Das Überleben sichern*, Bericht der Unabhängigen Kommission für Internationale Entwicklungsfragen (Nord-Süd-Kommission) unter dem Vorsitz von Willy Brandt, Kiepenheuer & Witsch, Köln, 1980.
9 *Common Crisis*, Pan Books, London, 1983.
10 UN-DIESA 1986. Zitiert nach Tabelle 1.2 in Giovanni Andrea Cornia, Richard Jolly und Frances Stewart (Hgg.), *Adjustment with a Human Face*, Oxford University Press für UNICEF, 1987.
11 Nach Zahlen, die vom Catholic Fund for Overseas Development, London, gemeinsam mit sieben anderen nichtstaatlichen Organisationen zusammengestellt wurden. Siehe *The Times*, London, 26. September 1988.
12 Ibid.
13 Ibid.
14 Thomas Fues, »Entwicklungshilfe für den Bundeshaushalt – zaghafte Bonner Entschuldungs-Schritte vor der IWF-Weltbank-Tagung« in *EPD-Entwicklungspolitik*, Juli 1988.

15 *Christian Aid News*, London, Juli – September 1987.
16 Errechnet nach *British Overseas Aid 1986*, Overseas Development Administration, London, 1987, und *World Bank Atlas 1987*, Weltbank, Washington, DC.
17 House of Commons Foreign Affairs Committee, *Bilateral Aid: Country
   Programmes*, HMSO, London, 1987.
18 *Das Überleben sichern*, op. cit.
19 *Financial Times*, London, 24. Mai 1988.
20 *World Bank Atlas 1987*, op. cit. Siehe auch Michael Prowse, *Financial Times*,
   London, 15. Oktober und 25. November 1987.
21 Michael Prowse, *Financial Times*, London, 15. Oktober 1987 und 25. November 1987.
22 *The Independent*, London, 12. August 1987.
23 Michael Prowse, op. cit.
24 *Financial Times*, London, 23. Juni 1987.
25 John Clark, *For Richer, for Poorer*, Oxfam, Oxford, 1986.
26 Laurence Harris, *The Bretton Woods System and Africa*, Papier bei der
   IFAA-Konferenz »Africa, the IMF and the World Bank«, City University,
   London, 7. September 1987.
27 *The Times*, London, 26. September 1988.
28 *The Independent*, London, 29. Januar 1987.
29 Richard Gott, *The Guardian*, London, 1987.
30 *The Guardian*, London, 13. Februar 1987.
31 Dianna Melrose, *Nicaragua: The Threat of a Good Example?*, Oxfam,
   Oxford, 1985. Siehe auch Jon Bennett und Susan George, *The Hunger
   Machine*, Polity Press, Cambridge, 1987.